Das Sicherungsverfahren (§§ 413–416 StPO)

Schriften zum Strafrecht und Strafprozeßrecht

Herausgegeben von Manfred Maiwald

Band 57

PETER LANG
Frankfurt am Main · Berlin · Bern · Bruxelles · New York · Oxford · Wien

Natascha Sëyfi

Das Sicherungsverfahren (§§ 413-416 StPO)

PETER LANG
Europäischer Verlag der Wissenschaften

Die Deutsche Bibliothek - CIP-Einheitsaufnahme

Sëyfi, Natascha

Das Sicherungsverfahren (§§ 413–416 StPO) / Natascha Sëyfi. -
Frankfurt am Main ; Berlin ; Bern ; Bruxelles ; New York ;
Oxford ; Wien : Lang, 2002
(Schriften zum Strafrecht und Strafprozeßrecht; Bd. 57)
Zugl.: Hamburg, Univ., Diss., 2001
ISBN 3-631-38448-3

D 18
ISSN 0938-6181
ISBN 3-631-38448-3

www.peterlang.de

Ich danke

Herrn Prof. Dr. Fezer, der diese Arbeit vorbildlich betreut hat,

Frau Dipl.-Bibl. Regina Wohlers, die mit traumhafter Sicherheit unauffindbare Bücher entdeckte und für die lange Zeit der Bearbeitung zur Verfügung stellte,

Frau Dr. Johanna Schulenburg, die sich trotz eigener Belastungen immer für Diskussionen, Anregungen und Hinweise Zeit nahm,

Frau Ute Ehrk, für manch aufmunterndes Wort,

Herrn Prof. Dr. Maiwald, für die Bereitschaft, meine Arbeit nach gründlicher Prüfung in seine Reihe aufzunehmen,

meinem Mann Sasan Seyfi, dessen Hilfe die Vorlage einer druckfertigen Fassung des Manuskripts erst ermöglichte

und
meinen Eltern, für alles!

Inhaltsverzeichnis

Das Sicherungsverfahren ist eine besondere Art des Strafverfahrens, das dem Staat die Möglichkeit gibt, strafbewehrte Handlungen strafrechtlich nicht verantwortlicher Personen mit Strafrechtsfolgen zu belegen, um die Allgemeinheit vor weiteren Taten dieser Personen zu schützen.
Zu diesem Zweck ließ das 1933 in die Strafprozeßordnung eingefügte Sicherungsverfahren in den §§ 429a ff. StPO erstmals die *selbständige*, d.h. ohne gleichzeitige Verurteilung zu Strafe erfolgende Anordnung der Unterbringung in einer Heil- und Pflegeanstalt nach § 42b StGB (heute § 63 StGB) zu. Diese Regelung entsprach dem damaligen materiellen Recht. Dieses ließ die selbständige Maßregelanordnung nur für eine von insgesamt sieben Maßregeln, nämlich für die des § 42b StGB zu. Voraussetzung war, daß jemand im Zustand der Zurechnungsunfähigkeit (im heutigen Sprachgebrauch Schuldunfähigkeit) den Tatbestand eines Verbrechens rechtswidrig verwirklichte und daß die öffentliche Sicherheit die Unterbringung erforderte.
Diese Regelung bedurfte der verfahrensrechtlichen Ergänzung, denn das allgemeine Strafverfahren kann (damals wie heute) nur mit dem Ziel betrieben werden, festzustellen, ob eine bestimmte Person die Tatbestandsmerkmale eines Strafgesetzes rechtswidrig und schuldhaft verwirklicht hat. Die Erhebung der öffentlichen Klage ist daher abzulehnen, wenn der Beschuldigte nicht hinreichend verdächtig ist, zur Tatzeit schuldfähig gewesen zu sein. Um aber auch in diesen Fällen eine strafgerichtliche Entscheidung über die Unterbringung herbeiführen zu können, wurde das Sicherungsverfahren geschaffen.

Notwendigkeit und Berechtigung des Sicherungsverfahrens sind seit dessen Einführung niemals wissenschaftlich erforscht worden. Zwar gab es zahlreiche Vertreter der Rechtswissenschaft, die sich gegen die Einführung des materiellen Maßregelrechts wendeten, dessen Maßnahmen als Bestandteil des Gefahrenabwehrrechts reklamierten und die Übertragung präventiv-polizeilicher Aufgaben auf die Strafgerichte kritisierten. Auch melden sich in den letzten Jahren vermehrt die niemals ganz verstummten Gegner des zweispurigen Sanktionensystems zu Wort; diese kritisieren den Widerspruch, der durch die Kumulation von Strafe und Maßregel entsteht, wenn der Täter einerseits als verantwortlich handelnde Person bestraft und andererseits durch gleichzeitige Anordnung unselbständiger Maßregel als nicht verantwortliche Person gemaßregelt wird. All diese Kritik richtet sich aber auf das materielle Maßregelrecht und seine Durchsetzung im allgemeinen Strafverfahren, während das Sicherungsverfahren keiner eigenständigen Betrachtung unterzogen wird.

Seine Einführung wurde als überfälliges Mittel zur wirksamen Bekämpfung des sog. Gewohnheitsverbrechertums durchweg begrüßt, seine Beschränkung auf die Unterbringungsmaßregel des § 42b StGB schon bald bemängelt und die Zulässigkeit einer selbständigen Entscheidung der Sicherungsfrage, die sich aus Anlaß der Begehung einer Straftat stelle, für alle Fälle gefordert, in denen ein Strafverfahren aus irgendwelchen Gründen undurchführbar und die Verbindung von Straf- und Sicherungsfrage daher unmöglich ist, die Prüfung der Sicherungsfrage aber unabhängig von der Straffrage zum Schutz der Allgemeinheit dringlich scheint.

Da der Gesetzgeber nichts unternahm, um diese von der Rechtspraxis als berechtigt anerkannte Forderung umzusetzen, entwickelte sich sehr bald eine umfassende und detaillierte obergerichtliche Rechtsprechung, die nur geringe Anforderungen an die Voraussetzungen der unselbständigen Maßregelanordnung im allgemeinen Strafverfahren stellte, um den mit der Einführung des Maßregelrechts erstrebten Schutz der Rechtsgemeinschaft auch hinsichtlich der gemeingefährlichen vermindert Zurechnungsfähigen, der Gewohnheitsverbrecher und der gefährlichen Sittlichkeitsverbrecher zu gewährleisten. Ausgehend von dem zukunftsgerichteten präventiven Zweck der Maßregeln, setzte sich die Auffassung durch, daß, anders als bei der Strafe, nicht die Tat, sondern allein die im Täter liegende Gefahr Rechtsgrund der Maßregelanordnung sei. Die Tat wurde lediglich als Anknüpfungspunkt für das strafrichterliche Vorgehen und als ein gesetzlich vorgeschriebenes Symptom der Gefährlichkeit des Täters angesehen. Damit das Maßregelrecht seinen vorbeugenden Zweck erfüllen konnte, wurde an den symptomatischen Zusammenhang zwischen dem Täter und seiner Tat nur geringe Anforderungen gestellt, und eine innere Beziehung als ausreichend angesehen, die einen Rückschluß vom Wesen der Tat auf das gefährliche Wesen des Täters gestattete. So konnten unselbständige Maßregeln wegen jeder Tat angeordnet werden, die den Täter in irgendeiner Weise für die Rechtsgemeinschaft gefährlich erscheinen ließ.

Da die materiell-rechtliche Beschränkung der selbständigen Maßregelanordnung und die korrespondierende Beschränkung des Sicherungsverfahrens auf die Unterbringungsmaßregel des § 42b StGB dem Bestreben nach einer möglichst umfassenden Sicherung der Allgemeinheit nicht entsprach, der Gesetzgeber aber untätig blieb, entschied der *Bundesgerichtshof* 1959, daß neben der Unterbringung nach § 42b StGB nun auch die 1952 eingeführte Maßregel der Fahrerlaubnisentziehung (§ 42m StGB) im Sicherungsverfahren angeordnet werden könne, obwohl es für die selbständige Anordnung dieser Maßregel keinerlei materiellrechtliche Grundlage gab. Diese wurde erst durch § 71 StGB geschaffen, der mit Wirkung vom 01.01.1975 die Voraussetzungen der selbständigen Anordnung von

Maßregeln der Besserung und Sicherung in zwei Richtungen erweiterte. Zunächst wurde die Zahl der Maßregeln, die selbständig angeordnet werden können, vermehrt; das Sicherungsverfahren ist nun zulässig zur Anordnung der Unterbringung in einem psychiatrischen Krankenhaus, in einer Entziehungsanstalt sowie zur Anordnung der Fahrerlaubnisentziehung und des Berufsverbots. Ferner ist die selbständige Anordnung dieser Maßregeln auch gegen zur Tatzeit schuldfähige Täter zulässig, wenn ein Strafverfahren gegen sie wegen inzwischen eingetretener Verhandlungsunfähigkeit undurchführbar ist. Insbesondere hier, wo entgegen den Regeln des allgemeinen Strafverfahrens ein Sicherungsverfahren in Abwesenheit des verhandlungsunfähigen Täters zugelassen wird, weil von ihm, aus der Tat erkennbar, eine Gefahr für die Allgemeinheit drohen kann, zeigt sich das fortwährende Streben nach präventiver Gefahrenabwehr, das den Blick auf die zahlreichen Probleme des Sicherungsverfahrens bisher versperrt hat.

Die vorliegende Arbeit setzt sich mit den Zulässigkeitsvoraussetzungen des Sicherungsverfahrens und dessen verfahrensrechtlichen Besonderheiten gegenüber dem allgemeinen Strafverfahren, vom Ermittlungsverfahren bis zum Erlaß des Sicherungsurteils auseinander. Da das Sicherungsverfahren nur eine verfahrensrechtliche Ergänzung der materiell-rechtlich selbständigen Maßregelanordnung ist, sind im 1. Kapitel zunächst einige Grundfragen des materiellen Maßregelrechts zu klären. Den Ausgangspunkt bildet hier die Frage nach der grundsätzlichen Legitimierbarkeit des mit der selbständigen Maßregelanordnung verbundenen Eingriffs in verfassungsmäßig garantierte Rechte des Individuums, denn wäre dieser Eingriff nicht legitimierbar, so wäre auch ein seiner Durchsetzung dienendes Verfahren unzulässig. Das gleiche gilt, wenn der Maßregeleingriff zwar grundsätzlich, nicht aber als Teil der Strafrechtsanwendung legitimierbar ist. Ausgehend von der Legitimierbarkeit des selbständigen Maßregeleingriffs als Teil der Strafrechtsanwendung, sind sodann die notwendigen Voraussetzungen des materiell-rechtlich selbständigen Maßregeleingriffs zu erörtern. Dabei steht die Kritik an der eingangs dargestellten Rechtsprechung im Vordergrund, die den für die Maßregel als Strafrechtsfolge erforderlichen Zusammenhang zwischen der begangenen Tat und der zu erwartenden Gefährlichkeit des Täters in unvertretbarer Weise ausgedehnt hat. Schließlich ist auch die Notwendigkeit des Maßregeleingriffs gerade als Strafrechtsfolge zu begründen, um den Fortbestand des Sicherungsverfahrens de lege ferenda befürworten zu können.

Das 2. Kapitel beschäftigt sich mit den verfahrensrechtlichen Besonderheiten des Sicherungsverfahrens gegenüber dem allgemeinen Strafverfahren. Dabei ist zunächst festzustellen, daß das Sicherungsverfahren keine eigenständige Verfahrensregelung erhalten hat. Es läuft seit seiner Einführung grundsätzlich in den Formen und nach den Regeln des allgemeinen Strafverfahrens ab, obwohl es sich von diesem infolge seiner präventiven Ausrichtung wesensmäßig unterscheidet. Normiert wurden nur einige wenige Abweichungen vom allgemeinen Strafverfahren, die den vom Sicherungsverfahren betroffenen Täter gegenüber dem Angeklagten im allgemeinen Strafverfahren benachteiligen, indem sie verfassungsmäßig garantierten Verfahrensrechte (z.B. durch die gegenüber § 230 StPO erweiterte Möglichkeit der Abwesenheitsverhandlung) beschränken. Die gesetzlich normierten Abweichungen vom allgemeinen Strafverfahren entsprechen der Gestaltung von Verwaltungsverfahren und betonen die Bedeutung der Gefahrenabwehr im Sicherungsverfahren. Dennoch gibt es dort keine Sonderregelung, die das materiell-rechtliche Ziel der Spezialprävention auf verfahrensrechtlicher Ebene berücksichtigt. Infolge dieses unbefriedigenden Rechtszustandes entstand der im 2. Kapitel formulierte und kommentierte Gesetzentwurf zur Reform des Sicherungsverfahrens. Dabei wurden zahlreiche Anregungen aus den Reformdiskussionen zum allgemeinen Strafverfahren aufgegriffen und die Forderung nach einer Zweiteilung der Hauptverhandlung für das Sicherungsverfahren de lege ferenda übernommen. Da der Reformvorschlag die Besonderheiten in allen Verfahrensstadien -vom Ermittlungsverfahren bis zum Erlaß des Sicherungsurteils - zu erfassen versucht, wurden die mit dem geltenden Rechtszustand verbundenen Probleme und Streitstände an den entsprechenden Stellen des Reformvorschlages eingearbeitet. Der Entwurf erhebt keinen Anspruch auf Vollständigkeit. Er versteht sich als Diskussionsentwurf, der die überfällige Neuregelung des Sicherungsverfahrens, die inhaltlich eine Erstregelung wäre, in dogmatisch sauberer und praktisch durchführbarer Weise anregen soll.

Kapitel 1: Die Maßregel als Rechtsfolge der Strafrechtsanwendung

I. Die verschiedenen Strafrechtsfolgen

Bis zum 24. November 1933 enthielt das deutsche Strafgesetzbuch nur eine Art von Sanktion für Rechtsbrüche, die Strafe.[1] Sinn und Zweck der Strafe sind bis heute umstritten.[2] Der Gesetzgeber hat eine Definition bereits seit den ersten Gesetzen zur Reform des Strafrechts bewußt vermieden.[3] Für das traditionelle Verständnis steht aber jedenfalls fest, daß Strafe Schuld voraussetzt und daß sie zumindest nicht ausschließlich nach Gesichtspunkten der Spezialprävention bemessen werden kann. Rang und Zielrichtung des in diesem Zusammenhang bedeutsamen Grundsatzes nulla poena sine culpa (keine Strafe ohne Schuld) wird in einer 1966 ergangenen Entscheidung des *Bundesverfassungsgerichts*[4] klargestellt: Der Grundsatz, daß jede Strafe, nicht nur die Strafe für kriminelles Unrecht, sondern auch die strafähnliche Sanktion für sonstiges Unrecht, Schuld voraussetzt, hat verfassungsrechtlichen Rang. Begründet ist er im Rechtsstaatsprinzip, das zu den elementaren Prinzipien des Grundgesetzes zählt.[5] Zur Rechtsstaatlichkeit gehört nicht nur die Rechtssicherheit, sondern auch die materielle Gerechtigkeit, die fordert, daß Tatbestand und Rechtsfolge in einem sach-

---

1 Das Strafgesetzbuch für das Deutsche Reich vom 15. Mai 1871 (RGBl. I, 127) nennt als *Hauptstrafen* die Todesstrafe (§ 13), die Freiheitsstrafen (Zuchthaus, §§ 14, 15, 19 II, 20; Gefängnis, § 16; Festungshaft, § 17, 20; Haft, § 18, 362 I), die Geldstrafe (§ 27) und den Verweis (§ 57), sowie *Nebenstrafen* an der Freiheit (Polizeiaufsicht, §§ 38, 39, 76, 45, 57; Überweisung an die Landespolizeibehörde, § 362; Ausweisung von Ausländern, § 285a II), der Ehre (gänzliche oder teilweise Aberkennung der Ehrenrechte, §§ 32 - 34, der Zeugnisfähigkeit, § 151, der Eisenbahnbeamtenfähigkeit, § 319; die Veröffentlichung des Strafurteils, §§ 165, 200) und am Vermögen (Einziehung, §§ 42, 152; Unbrauchbarmachung von Schriften, §§ 41, 42; Entziehung der Gewerbebefugnis, § 143 GewO).

2 Vgl. *Eb. Schmidt*, Einführung, S. 353 ff.; *Frommel*, S. 42 ff.; *Westphalen*, S. 221 ff.; *Seidl*, S. 14 ff.; *R. Schmidt*, S. 1 - 141.

3 Vgl. BTag 230. Sitzung der 5. Wahlperiode, Prot. V/1270f.; BT-Drucks. V/4095, S. 3 zum 1. StrRG vom 25.06.1969 (BGBl. I, 645) und 2. StrRG vom 04.07.1969 (BGBl. I, 717); anders § 2 Alternativ-Entwurf eines Strafgesetzbuches, Allgemeiner Teil, 2. Aufl., Tübingen, 1966: „§ 2 Zweck und Grenze von Strafe und Maßregel
(1) Strafen und Maßregeln dienen dem Schutz der Rechtsgüter und der Wiedereingliederung des Täters in die Rechtsgemeinschaft. (2) Die Strafe darf das Maß der Tatschuld nicht überschreiten, die Maßregel nur bei überwiegendem öffentlichen Interesse angeordnet werden.".

4 *BVerfGE* 20, 323, 331.

5 *BVerfGE* 1, 14 ff., Leitsatz 28; 7, 194, 196.

gerechten Verhältnis zueinander stehen.[6] Im Gegensatz zur reinen Präventionsmaßnahme ist die Strafe dadurch gekennzeichnet, daß sie - wenn nicht ausschließlich, so doch auch - auf Repression und Vergeltung für ein rechtlich verbotenes Verhalten abzielt. Mit der Strafe wird dem Täter ein Rechtsverstoß zum Vorwurf gemacht, was aber Vorwerfbarkeit, also strafrechtliche Schuld voraussetzt. Andernfalls wäre die Strafe eine mit dem Rechtsstaatsprinzip unvereinbare Vergeltung für einen Vorgang, den der Betroffene nicht zu verantworten hat. Die strafrechtliche oder strafrechtsähnliche Ahndung der Tat eines schuldlos Handelnden ist demnach rechtsstaatswidrig und verletzt den Betroffenen in seinem Grundrecht aus Art. 2 Abs. 1 GG.

Die vom *BVerfG* mehrfach anerkannte[7] und auch in der vorgenannten Entscheidung als Kennzeichen der Strafe hervorgehobene *Vergeltung begangenen Unrechts*, tritt auch in den Urteilen des *Bundesgerichtshofs* dominierend hervor.[8] Dagegen hat der Gesetzgeber den Vergeltungsgedanken schon 1969 nicht mehr in die Erörterung zum 1. und 2. Strafrechtsreformgesetz einbezogen. Daß der Begriff Vergeltung im Strafrecht heute überhaupt gemieden wird, ist wohl mit der im Schrifttum weit verbreiteten Ablehnung des Vergeltungsgedankens als Sinn der Strafe zu erklären, wie er am eindringlichsten von der Vergeltungstheorie (auch Sühne- oder Gerechtigkeitstheorie genannt) postuliert wurde. Diese erblickte den Sinn der Strafe nicht in der Verfolgung sozial nützlicher Zwecke[9],

---

6 *BVerfGE* 7, 89, 92.

7 *BVerfGE* 21, 391, 404; 22, 125, 132; 28, 264, 278; 32, 98, 109; 45, 187, 254; 64, 261, 271. Zur Strafe in der Rechtsprechung des *BVerfG* siehe *Volk* ZStW 1971 (83), 405ff.

8 Z.B. *BGHSt* 19, 201, 206: „Der anerkannte Sühnezweck der Strafe beruht gerade darauf, daß der Bestrafte das Straf- urteil nicht nur gezwungenermaßen erträgt, sondern kraft freien, unbezwingbaren sittlichen Entschlusses als gerecht hinnimmt und seine Tat auf diese Weise sühnt."

BGHSt 24, 132, 134: „Von ihrer Bestimmung als gerechter Schuldausgleich darf sich die Strafe weder nach oben noch nach unten inhaltlich lösen."

9 Die Vergeltungstheorie wurde maßgeblich durch *Hegels* Philosophie des Deutschen Idealismus fundiert, der ihr damit wissenschaftlich für lange Zeit überragenden Einfuß sicherte. Ob man jedoch die gerechte Vergeltung nach dieser Lehre als „Zweck" der Strafe bezeichnen darf, ist umstritten. So sieht z.B. *Kant* die Strafe losgelöst von allen Zweckerwägungen („poena absoluta ab effectu") und versteht sie als reines Gebot der Gerechtigkeit. Nur so auch erscheint ihm der Bestrafte in seiner Würde als Persönlichkeit geachtet. *Kant* glaubt diese Gerechtigkeit der einzelnen Strafen nur in der Talion gesichert zu sehen, das also „Gleiches mit Gleichem" vergolten werde, *Kant*, Allg. Anm. E zu §§ 43 - 49. Dagegen begnügen sich andere Vertreter der absoluten Straftheorien nicht damit, die Strafe als Gebot der Gerechtigkeit darzustellen. So bezieht z.B. *Hegel* in seinen Grundlinien der Philosophie des Rechts, §§ 97, 99, die Strafe in den dialektischen Dreischritt ein, den er überall zu finden sucht und der sich jeweils als These, Antithese und Synthese (als Position, Negation und Negation der Negation) zeigt. Auf diesem Weg

sondern allein im gerechten Ausgleich der Schuld, die der Täter durch seine Tat auf sich geladen hat.[10] Im fortschreitenden 20. Jahrhundert fanden dann zunehmend präventive Aspekte wie Generalprävention oder die Verteidigung der Rechtsordnung in den Straftheorien Berücksichtigung, was zur wissenschaftlichen Überholung der Vergeltungstheorie führte.[11] Heute herrscht zumindest Einigkeit darüber, daß die Vergeltung nicht Selbstzweck der Strafe sein kann. Die Vergeltungstheorie bleibt jedoch als Bestandteil der früher herrschenden und auch heute für die Rechtsprechung bestimmenden Vereinigungstheorien relevant. Diese sehen die Spezial- und Generalprävention als neben der Vergeltung zu verfolgende Strafzwecke an, wobei der Vergeltungszweck gleichrangig neben den anderen Strafzwecken steht oder diese dominiert. Der Begriff des Vergeltens bezeichnet dabei nicht das heute gebräuchliche Synonym „rächen/belohnen" (ausgleichen, sühnen), sondern die alte Bedeutung „zurückerstatten; zurückzahlen"[12] in gutem wie bösem Sinne. Die Strafe drückt die Mißbilligung des Verhaltens aus, auf das sie vergeltend antwortet, und sie erfüllt durch Zufügung von etwas, was gemeinhin als Übel angesehen und erlebt wird, die

---

geht *Hegel* von dem allgemeinen Willen der Rechtsordnung als Position aus, sieht sodann im Verbrechen die Negation und schließlich in der Strafe die Negation der Negation (so ausdrücklich der auf *Hegels* Vorlesungen zurückgehende Zusatz von *Gans* zu § 97 der Grundlinien der Philosophie des Rechts, S. 152). Die Strafe ist ideele Wiederherstellung des verletzten Rechts und als solche notwendig, weil sie die Übereinstimmung des besonderen Willens mit dem Allgemeinwillen wiederherstellt (vgl. dazu *H. Mayer*, AT, S. 33f.). Für die Entscheidung der Frage kommt es darauf an, ob man den Zweckbegriff nur auf soziale, empirische Ziele oder auch auf die Verwirklichung einer Idee (der Gerechtigkeit) für anwendbar hält. Bejaht man die zweite Möglichkeit, was eine rein terminologische Frage ist, so kann man sagen, die Vergeltungstheorie sehe den Zweck der Strafe in der gerechten Vergeltung.

10 Schon der frühe *Platon* hat im „Gorgias" die Strafe absolut gesehen. Sie reinige die durch das Verbrechen befleckte Seele des Übeltäters und nur um deswillen sei Strafen gut und also geboten, *Platon*, Gorgias, S. 472a-e, 479a-e, 480a-e, 527b. Weitere interessante Beispiele für das absolute Verständnis der Strafe (man spricht von absoluten Theorie, weil für diese Lehren der Sinn der Strafe von ihrer gesellschaftlichen Wirkung „losgeslöst" [lat.: absolutus] ist) finden sich neben einer Darstellung der Straftheorien mit ausf. Kritik bei *Schmidhäuser*, Sinn der Strafe, S. 19ff., 42ff. In der neueren Literatur gibt einen instruktiven und kritischen Überblick über die Straftheorien und ihren Begründungszusammenhang *Köhler*, AT, S. 38ff.; *Gössel*, FS-*Pfeiffer*, S. 13ff. Vgl. auch *Binding*, zusammen mit *v. Birkmeyer* Führer der klassischen Richtung im Schulenstreit, 1972/77, S. 215ff., 415ff.; *ders.*, AT, S. 226. Vgl. über ihn *Eb. Schmidt*, Einführung, S. 304ff. sowie über *Hegels* §§ 82ff. der Grundlinien der Philosophie des Rechts zusammenfassend *Mohr* in L. Siep (Hrsg.), S. 95ff.

11 Von einer wissenschaftlichen Unhaltbarkeit spricht *Roxin*, AT I, § 3 Rn. 8.

12 Vgl. *Grimm/Grimm*, Deutsches Wörterbuch, Leipzig, 1956, Band 25, 12. Band, I. Abteilung, Zeile 408.

weitere Funktion der Abschreckung des Täters und der Allgemeinheit von derartigem Verhalten.
Angesichts der höchstrichterlichen Anerkennung des Vergeltungsgedankens als Strafzweck erscheint es vertretbar, die Strafe als *vergeltende Strafrechtsfolge* zu bezeichnen, ohne damit eine Stellungnahme im Schulenstreit verbinden zu müssen. Die hier im Anschluß an *Schmidhäuser*[13] erfolgende Begriffswahl dient ausschließlich zur terminologischen Unterscheidung verschiedener Strafrechtsfolgen.

Nach Auffassung des *BVerfG* setzt der strafrechtliche Vorwurf strafrechtliche Schuld voraus, „andernfalls wäre die Strafe eine mit dem Rechtsstaatsprinzip unvereinbare Vergeltung für einen Vorgang, den der Betroffene nicht zu verantworten hat.“[14] Der Schuldgrundsatz führt damit notwendig zu einer Begrenzung des Anwendungsbereichs vergeltender Strafrechtsfolgen. Ein Rechtssystem, dem als Reaktion auf eine Straftat ausschließlich vergeltende Strafrechtsfolgen zur Verfügung stehen, muß beispielsweise hinnehmen, den infolge Trunksucht straffälligen Täter nicht heilen zu können. Es muß den unheilbar krankhaft veranlagten, oder dauerhaft vermindert schuldfähigen Triebtäter nach Verbüßung einer schuldangemessenen Strafe in Freiheit setzen, wo dieser sein Treiben wieder aufnehmen kann, und es darf die Tat eines schuldlos Handelnden strafrechtlich nicht sanktionieren. Die Strafe ist also eine unzulängliche Rechtsfolge, wenn es gilt, die ebenfalls zur Rechtsstaatlichkeit gehörenden Prinzipien der Rechtssicherheit und der materiellen Gerechtigkeit mit strafrechtlichen Mitteln durchzusetzen. Dies wurde bereits am Anfang des 20. Jahrhunderts als unbefriedigend empfunden.[15]
Die Einführung einer weiteren Strafrechtsfolge in das Strafgesetzbuch von 1871 erfolgte jedoch erst am 24.11.1933, als das „Gesetz gegen gefährliche Gewohnheitsverbrecher und über Maßregeln der Sicherung und Besserung“ (GewVerbrG) in Kraft gesetzt wurde.[16] Das GewVerbrG verwirklichte kein nationalsozialistisches Gedankengut, sondern das einer ins 19. Jahrhundert zurückreichenden Reformbewegung, die auf den Vorentwurf zu einem Schweizerischen Strafgesetzbuch 1893 von *Carl Stooss* zurückgeht. Dieser entwickelte dort erstmals ein zweispuriges System der Strafrechtsfolgen, indem er den Strafen

13 Vgl. *Schmidhäuser*, Einführung, S. 8ff., 11; 257ff; *ders.*, AT, S. 743ff., 816ff.
14 *BVerfGE* 20, 323, 331.
15 Vgl. Entwurf eines Allgemeinen Deutschen Strafgesetzbuchs 1925, S. 36ff.; Entwurf eines Allgemeinen Deutschen Strafgesetzbuchs 1927, S. 42ff.
16 RGBl. 1933, 995ff.

sog. sichernde Maßnahmen zur Seite stellte.[17] So sollte z.B. die über die Strafe hinausgehende „Verwahrung" vielfach rückfälliger Täter die Gesellschaft vor künftigen Verbrechen schützen. Der Vorschlag von *Stooss* wurde von der deutschen Strafrechtsreformbewegung schon vor dem Ersten Weltkrieg aufgegriffen[18] und mündete im Erlaß des GewVerbrG, das im Deutschen Strafrecht nun erstmals vergeltende *und* nicht-vergeltende Strafrechtsfolgen zuließ (sog. Zweispurigkeit des Strafrechts). Nicht-vergeltende Maßregeln konnten unter der Voraussetzung der Begehung einer vorsätzlichen, rechtswidrigen Straftat angeordnet werden, um den Täter an ein gesetzmäßiges und geordnetes Leben zu gewöhnen,[19] oder wenn die öffentliche Sicherheit es erforderte.[20] Damit wurde die Spezialprävention erstmals zu einem Ordnungsziel des materiellen Strafrechts.

Anders als die Strafe sind Maßregeln primär nicht auf die Schuld, sondern auf die künftige Gefährlichkeit des Täters bezogen. Nicht die Vergeltung begangenen Unrechts ist ihr Zweck, sondern die präventive Einwirkung auf den Täter zur Abwehr von ihm ausgehender Gefahr. Durch diese Orientierung an der Zukunft schließen die Maßregeln die Lücke, welche die vergangenheitsbezogene Strafe hinsichtlich des Schutzes der Allgemeinheit lassen muß. Die Zweispurigkeit des strafrechtlichen Rechtsfolgensystems wurde so geregelt, daß je nach Voraussetzungen und Inhalt der Strafrechtsfolge im Einzelfall entweder auf der einen oder auf der anderen Spur, evtl. auch auf beiden Spuren zugleich vorgegangen werden kann. Auf der einen wird der strafrechtlich verantwortliche Täter wegen der Tat bestraft, auf der anderen der strafrechtlich nicht verantwortliche Täter wegen des Fortbestehens der Gefährlichkeit gemaßregelt, die in seiner Tat zum Ausdruck gekommen ist.

Der Gesetzgeber geht seit jeher davon aus, daß die Verhütung künftiger Straftaten durch Maßregeln entweder durch Behebung der in dem Rechtsbrecher wirkenden Verbrechensursachen erfolgen kann, oder aber durch dessen Unterwerfung unter Bedingungen, in denen sein Zustand weitere Rechtsbrüche nicht auszulösen vermag.[21] Entsprechend finden sich seit jeher zwei Arten von Maßre-

---

17 *Stooss* SchwZStr 1905 (18), 1ff.; 1930 (44), 261ff.; vgl. über *Stooss* die Diss. von *Kaenel*; zu den Maßregeln *Jescheck* SchwZStr 1958 (73), 189ff.; *Schultz* ZStW 1969 (81), 787ff. sowie zur Entstehung des GewVerbrG *Müller*, S. 30ff.

18 Besonders der Kriminalpolitiker *Franz v. Liszt* plädierte für die Ergänzung des Strafensystems durch sichernde Maßregeln; instruktiv über *v. Liszt Eb. Schmidt*, Einführung, S. 371ff.

19 Vgl. §§ 42c, 42d StGB, abgedruckt im Anhang I.

20 Vgl. §§ 42b, 42e, 42l StGB, abgedruckt im Anhang I.

21 Durch das GewVerbrG wurden als Maßregeln *der Besserung* die Unterbringung in einer Heil- oder Pflegeanstalt (§ 42b), die Unterbringung von suchtkranken Tätern in einer

geln, die bessernden (z.B. Unterbringung in einer Entziehungsanstalt) und die sichernden (z.B. Untersagung der Berufsausübung). Je nach der vom Täter ausgehenden Gefahr und seiner Persönlichkeit kann die Maßregel nur einen Zweck (z.B. sichernde Maßregel gegen den Täter, der keine Besserung erwarten läßt) oder auch beide Zwecke verfolgen (z.B. Unterbringung in einer Heil- und Pflegeanstalt oder einem psychiatrischen Krankenhaus). De lege lata enthält § 61 StGB einen abschließenden Katalog der sechs zulässigen Maßregeln. Die Nummern 1 bis 3 nennen die freiheitsentziehenden Maßregeln der Unterbringung in einem psychiatrischen Krankenhaus, in einer Entziehungsanstalt und in der Sicherungsverwahrung, die Nummern 4 - 6 enthalten die nicht freiheitsentziehenden Maßregeln der Führungsaufsicht, der Entziehung der Fahrerlaubnis und des Berufsverbots. Gemeinsam für alle Maßregeln gelten der Verhältnismäßigkeitsgrundsatz (§ 62 StGB) und die Regelung über die Verbindung von Maßregeln, soweit die Voraussetzungen mehrerer Maßregeln erfüllt sind (§ 72 StGB). Für nur einen Teil der Maßregeln gilt § 71 StGB, dem für die Schutzfunktion des Strafrechts besondere Bedeutung zukommt: Gemeinsame Aufgabe vergeltender und nicht-vergeltender Strafrechtsfolgen ist es, der Rechtsgemeinschaft Schutz gegen erheblich störende Eingriffe zu gewähren und ein gedeihliches Gemeinschaftsleben zu ermöglichen. Die mit ihren verschiedenen Funktionen an die Grundlage der Schuld gebundene Strafe erfüllt diese Aufgabe generalpräventiv (mögen auch schon in die Verhängung und den Vollzug der Strafe spezialpräventive Ziele einfließen), die Maßregel hingegen erfüllt sie spezialpräventiv (mögen auch z.B. die freiheitsentziehenden Maßregeln zugleich generalpräventiv wirken). Entsprechend der unterschiedlichen Eigenart von Strafe und Maßregel gilt auch nach der Strafrechtsreform von 1969 (wie im früheren Recht[22]) im Grundsatz das sogenannte Kumulationsprinzip: die Maßregel tritt neben die Strafe für die die Rechtsfolge veranlassende Tat (Anknüpfungstat[23]). § 71 StGB

Trinkerheil- oder Entziehungsanstalt (§ 42c) und die Unterbringung von nach § 361 verurteilten Landstreichern, Bettlern, Prostituierten etc. in einem Arbeitshaus oder Asyl (§ 42d) sowie als Maßregeln *der Sicherung* die Sicherungsverwahrung gefährlicher Gewohnheitsverbrecher (§ 42e), die Entmannung gefährlicher Sittlichkeitsverbrecher (§ 42k), die Untersagung der Berufsausübung bei kriminellem Mißbrauch des Berufs (§ 42l) sowie die Reichsverweisung von ausländischen Straftätern (§ 42m) eingeführt. Die Normen sind, bis auf § 42m, im Anhang I in der Fassung abgedruckt, in der sie 1933 in Kraft traten. Dort findet sich auch der später die Entziehung der Fahrerlaubnis regelnde § 42m in der Fassung, die er durch das 1. StrVSichG vom 19.12.1952 erhalten hat.

22 Vgl. §§ 42b Abs. 2, 42c a.E., 42d Abs. 1, 42e , 42k Abs. 1, 42l Abs. 1, 42m Abs. 1, abgedruckt im Anhang I.

23 In Rechtsprechung und Schrifttum wird überwiegend von der das Verfahren veranlassenden Tat gesprochen oder der Begriff Anlaßtat verwendet, vgl. *RGSt* 69, 242ff.; *BGHSt* 5, 140ff.; LK-*Hanack* Vor §§ 61ff. Rn. 52 m.w.N.

läßt jedoch im Interesse eines umfassenden Schutzes der Rechtsgemeinschaft bei vier der sechs Maßregeln Ausnahmen von diesem Grundsatz zu, bei der Unterbringung in einem psychiatrischen Krankenhaus (§ 63 StGB) und der Entziehungsanstalt (§ 64 StGB), bei der Entziehung der Fahrerlaubnis (§ 69 StGB) und dem Berufsverbot (§ 70 StGB). Hier kann die Maßregelanordnung auch allein erfolgen, wenn eine Bestrafung des Täters wegen dessen Schuldunfähigkeit nicht erfolgen kann. In diesen Fällen ist die Anordnung einer nicht-vergeltenden Maßregel das einzig mögliche strafrechtliche Reaktionsmittel.[24]

II. Probleme des Maßregelstrafrechts

Die Einführung der Maßregeln in das Strafrecht wirft mehrere Fragen auf. Erstens die nach der Legitimation des mit ihrer Anordnung verbundenen Eingriffs in verfassungsmäßig garantierte Rechte, zweitens diejenige nach der Zulässigkeit nicht-vergeltender, präventiver Rechtsfolgen im Strafrecht, drittens die Frage nach deren materiell-rechtlichen Voraussetzungen und viertens nach der Notwendigkeit solcher Rechtsfolgen, gerade als Strafrechtsfolgen.

1. Die Legitimation des sichernden Maßregeleingriffs

Die Legitimierbarkeit staatlich präventiver Eingriffe hängt zunächst von deren Zweck ab. Soll eine Maßnahme ausschließlich die Besserung eines Individuums bewirken, ist die Anwendung staatlicher Zwangsmittel nicht zu rechtfertigen, weil diese eine Anknüpfung an den Rechte- oder Pflichtenstatus der betroffenen Person voraussetzen. Der staatlich präventive Eingriff ist deshalb generell nur legitimierbar, wenn er zumindest auch der Gefahrenabwehr dient.[25] Die Rechtsgrundlage des konkreten Eingriffs richtet sich dann danach, ob der von dem Eingriff Betroffene ausschließlich sich selbst oder aber (auch) andere Personen gefährdet. Gefährdet der Betroffene ausschließlich sich selbst, so kommt allein die Anordnung einer *rein bessernden* Maßnahme, wie z.B. die Unterbringung zum Wohl eines „Betreuten" gem. § 1906 BGB in Betracht. Da sie ausschließlich der Abwendung einer auf anderem Wege nicht zu beseitigenden Ei-

---

24 Die verbleibenden zwei Maßregeln der Sicherungsverwahrung und Führungsaufsicht (§§ 66, 67 StGB) werden im folgenden nicht berücksichtigt, da das Thema der Arbeit nur solche Maßregeln berührt, die wegen der Möglichkeit ihrer *selbständigen* Anordnung Gegenstand des Sicherungsverfahrens sein können.

25 So auch *Grünwald* ZStW 1964 (76), 635.

gengefahr dient, wird der Eingriff durch die Fürsorgepflicht des Staates legitimiert.
Der strafrechtliche Maßregeleingriff unterscheidet sich jedoch grundlegend von solchen Maßnahmen, da er die Realisierung einer von dem Betroffenen ausgehenden Drittgefährdung verhindern soll. Dies gilt auch für die Besserungsmaßregel, deren Bezeichnung ihren auch sichernden Zweck verdeckt, denn solange die Drittgefährdung andauert, dient die bessernde Einwirkung auch zum Schutz der Allgemeinheit vor dem noch ungebesserten Betroffenen. Der auf Sicherung der Allgemeinheit gerichtete Zweck ist gemeinsamer Ausgangspunkt aller strafrechtlichen Maßregeln, die im Folgenden vereinfachend unter dem Begriff der *sichernden Maßregeln* zusammengefaßt werden.[26]

Daß die Notwendigkeit, sichernde Maßregeln dem betroffenen Individuum gegenüber zu legitimieren, erst relativ spät erfaßt wurde, ist überraschend, da Reichweite und Schwere des Maßregeleingriffs ebenso legitimationsbedürftig sind, wie die mit den Maßregeln verbundenen Wertungen.[27] Zudem greift der Staat im Anordnungsverfahren, z.B. durch Erforschung der Täterpersönlichkeit, in das Recht auf informationelle Selbstbestimmung ein, weshalb insbesondere die freiheitsentziehenden Maßregeln (die zu einer weit längeren Freiheitsentziehung führen können, als die Freiheitsstrafe[28]) im Hinblick auf die Rechtsstaatlichkeit zu Recht als kritisch empfunden wurden.[29]

---

26 Der Begriff der *sichernden Maßregeln* umfaßt also unabhängig davon, ob von der Person eine Eigen- oder Drittgefahr ausgeht, die ausschließlich der Verhinderung der Gefahrrealisierung dienenden, rein-sichernden Maßregeln und die nicht rein-bessernden, im StGB als Maßregeln der Besserung bezeichneten Präventionsmaßnahmen.

27 Die stigmatisierende Einordnung des Täters als (gemein-)gefährlich, sozial schädlich, psychisch abnorm, unverbesserlich oder gewohnheitsverbrecherisch berührt immer das Recht auf Ehre. In diesem Sinne auch *Kaenel*, S. 121ff. und *Albrecht*, S. 11, der für die sichernden Maßregeln einen „erhöhten Legitimationsbedarf" konstatiert.

28 Nach § 70 I Nr. 3 i.V.m. § 70f I Nr. 3 FGG muß die Entscheidung über die Anordnung einer freiheitsentziehenden Unterbringung nach den Landesgesetzen den Zeitpunkt enthalten, zu dem die Unterbringungsmaßnahme endet, wenn sie nicht vorher verlängert wird. Dieser Zeitpunkt darf höchstens ein Jahr, bei offensichtlich langer Unterbringungsbedürftigkeit höchstens zwei Jahre nach Erlaß der Entscheidung liegen. In den Unterbringungsgesetzen der Länder sind entsprechende Höchstunterbringungsdauern festgelegt. Im Gegensatz dazu ist die Unterbringung nach § 63 StGB unbefristet, so daß sich eine Befristung im Urteil verbietet, *BGHSt* 30, 305, 307. Dies ergibt sich aus einem Umkehrschluß zu § 67d I StGB. Für die Unterbringung nach § 64 StGB ordnet § 67d I StGB eine gesetzliche Höchstdauer von 2 Jahren an. Es ist jedoch unzulässig, die Dauer der Unterbringung in einer Entziehungsanstalt von vornherein auf 1 Jahr zu begrenzen, *OLG Düsseldorf* NStZ-RR 1996, 293.

29 *W. Schmidt*, S. 142f.

Die sich mit der Legitimationsfrage befassenden Arbeiten gelangen sämtlich zu dem Ergebnis, daß der sichernde Maßregeleingriff legitimierbar und entsprechende Maßregeln mit der Rechtsstaatlichkeit vereinbar sind. Unterschiedlich sind allein die Begründungsansätze, über die ein kurzer Überblick gegeben werden soll.[30]

In der älteren Literatur vertraten *Welzel* und *Mayer* die Auffassung, daß gegenüber demjenigen eine Beschränkung der äußeren Freiheit zulässig sei, der infolge seines Zustandes von seiner inneren Freiheit nicht den rechten Gebrauch machen könne, bzw. diesen aus anderen Gründen nicht mache.[31] Dem Ansatz *Mayers*

---

30 Weitere Ansätze vertieft *Ukena*, S. 46ff.; s. auch *Gössel*, FS-*Pfeiffer*, S. 13ff.

31 Nach *Welzel*, S. 244f. ist bei allen sichernden Maßnahmen neben der Zweckmäßigkeit stets ihre sittliche Zuverlässigkeit gegenüber dem Einzelnen zu ermitteln. Allen Sicherungsmaßregeln liege der allgemeine sozialethische Gedanke zugrunde, daß am Gemeinschaftsleben nur der ungeschmälert teilnehmen könne, der sich von den Normen des Gemeinschaftslebens leiten lassen kann. Alle äußere oder soziale Freiheit rechtfertige sich letztlich aus dem Besitz der inneren oder sittlich gebundenen Freiheit. Wer (wie Geisteskranke) dieser inneren, von sittlicher Selbstbestimmung gelenkten Freiheit überhaupt nicht fähig oder infolge schlechter Anlagen, Laster und Gewohnheiten nicht mehr hinreichend mächtig sei, könne die volle soziale Freiheit nicht beanspruchen. Dieser Standpunkt hat in der Folge einzelne Anhänger gefunden, z.B. *Bruns* ZStW 1959 (71), 211f.; *Bockelmann*, in der 3. Sitzung der Großen Strafrechtskommission, Niederschriften über die Sitzungen der Großen Strafrechtskommission, Bonn, Band 1, 1956, S. 56 und in der 11. Sitzung, Band 1, S. 247; *ders.*, Schuld und Sühne, S. 21f.; *Dreher* DRiZ 1957, 51; *Lang-Hinrichsen*, S. 42ff.; *ders.*, in LK (9. Aufl., 1974), Vor § 42a Rn. 13f.; krit. *Stree*, Deliktsfolgen, S. 217ff. Einen anderen Ausgangspunkt wählt *Mayer*, AT, S.179ff., indem er zunächst auf den Rechtscharakter der Maßnahme eingeht. Die rechtliche Natur einer Sanktion ergebe sich nicht aus ihrem Zweck, sondern aus ihrem Inhalt und dem Rechtsgrund, auf den sie sich dem Betroffenen gegenüber berufe. Für die Sicherungsverwahrung bleibe z.B. kein anderer Rechtsgrund als der Gedanke der gerechten Vergeltung übrig. Soweit sie sich nicht hierauf berufen könne, widerspreche sie der Rechtsidee und sei verfassungswidrig. Eine andere Rechtfertigung erhalten indessen die sogenannten personenrechtlichen Maßnahmen (früher die Irrenversorgung oder Unterbringung in einer Trinkerheilanstalt). Nach der Meinung von *Mayer*, 1936, S. 141f. findet hier die Unterbringung ihren Rechtsgrund darin, „daß der Irre und der Süchtige bereits durch den Zustand, in dem sie sich befinden, der rechtlichen Freiheit entbehren. Die Unterbringung ist also keine Freiheitsentziehung, sondern die Auswirkung der schon vorhandenen Unfreiheit, der vorhandenen personenrechtlichen Stellung." Diese Lehre ist - soweit sie die Sicherungsverwahrung betrifft - fast durchweg auf Ablehnung gestoßen (zustimmend aber *Geerds* MSchKrim 1961 (43), 115; siehe auch *Hellmer* ZStW 1961 (73), 460f.). Was die Rechtfertigung der „personenrechtlichen" Maßnahmen betrifft, so kommt *Mayer* im Ergebnis nicht weiter als *Welzel*, weshalb gegen seine Position dieselben Bedenken geltend gemacht werden, daß nämlich der Standpunkt, daß es Menschen geben soll, die im Hinblick auf ihre Persönlichkeit keinen Anspruch auf äußere Freiheit haben, dem heute allgemein anerkannten Verständnis der

folgt in der neueren Literatur z.B. *Köhler*,[32] demzufolge sich ein Maßregelrecht eigentlichen Sinnes - im Gegensatz zum Strafrecht - nur als Zwangsrecht gegen den „natürlichen Willen" Unvernünftiger begründen läßt. Die Grundlage bilde ein Notrecht, worin der natürliche Wille im vernünftigen Willen aufgehoben werde, so daß auch der Zurechnungsunfähige, vermöchte er rechtsvernünftig zu reflektieren, solcher Behandlung nach Grund und Maß zustimmen könnte. Als Rechtsverhältnis unterscheide sich das Maßregelrecht daher von einer bloßen Zweckmaßnahme. Im Erziehungsverhältnis zu noch Unvernünftigen legitimiere es sich aus der zu entfaltenden Freiheit des jungen Menschen. Im Verhältnis zu gefährlichen Geisteskranken sei es um leidensfürsorgende und -bessernde Tätigkeit zu tun, die aber gleichfalls an ein Rechtsverhältnis rückgebunden bleibe, in dem Recht und Wohl des Kranken auf der einen und ein Schutzrecht anderer vor ihm auf der anderen Seite stehe.
Demgegenüber sollen nach einem von *Nowakowski* entwickelten Begründungsansatz, alle freiheitsbeschränkenden Maßnahmen schuldunabhängig nach dem Prinzip des überwiegenden öffentlichen Interesses gerechtfertigt sein. Auf der einen Seite stehe das Sicherungsbedürfnis der Gesellschaft, auf der anderen stünden die Persönlichkeitsrechte, in die zu dessen Befriedigung eingegriffen werden müsse. Die Gefahr, die von dem Individuum drohe, sei gegen den Nachteil abzuwägen, der ihm zu ihrer Beseitigung zugefügt werden müsse.[33] Bei der auf das Prinzip des überwiegenden Interesses gestützten, schuldunabhängigen Sicherungsmaßregel sollen „Wert und Würde" des Täters in der Abwägung ein verhältnismäßiges Gewicht behalten. Der wenig konturierte Begriff des öffentlichen oder überwiegenden Interesses verdeutlicht bereits Gesagtes, daß nämlich Präventionsmaßnahmen nur legitimierbar sind, wenn sie auch der Gefahrenabwehr dienen.
Schließlich wird ein generalpräventiver Ansatz vertreten.[34] Rückfalldelinquenz erschüttere die allgemeine Normtreue schwerer, so daß Maßregeln als generalpräventive Ergänzung der Einzeltatstrafe fungieren müßten - zur Herstellung

---

Grundrechte, die allen Menschen zustehen, widerspreche und zudem aus der Tatsache, daß jemand von seiner inneren Freiheit keinen richtigen Gebrauch gemacht hat, keineswegs zwingend folge, daß er dazu nicht in der Lage sei, so *Nowakowski*, S. 107f.; *Albrecht*, S. 11ff.; *W. Schmidt*, S. 144f.

32 *Köhler*, AT, S. 55 m.w.N.

33 *Nowakowski*, S. 98, 103ff.; siehe auch *Stratenwerth*, AT, S. 27; *Kaiser*, Maßregeln, S. 12f., 48f.; krit. *Köhler*, Vielfalt des Rechts, S. 61ff.; *ders.*, AT, S. 57f. mit dem Einwand, daß ein solches Prinzip der allgemeinen Abwägung von Rechtsgütern nicht existiere. Die Auffassung des Rechts als unmittelbare Regulation von Interessen verfehle den kategorischen Voraussetzungscharakter allen Rechts. Kollisionsrechtsregeln seien - von einigen hier nicht vorliegenden Ausnahmefällen abgesehen - aus dem Prinzip der Unrechtsverantwortung abzuleiten.

34 *Jakobs*, AT, S. 30ff.; *ders.*, Schuld und Prävention, S. 10f.

„kognitiver Erwartungssicherheit", zur „Normstabilisierung" in der Gemeinschaft.[35]

Der Sache nach hat sich der von *Nowakowski* gewählte Begründungsansatz allgemein durchgesetzt.[36] Einigkeit besteht darüber hinaus auch über die Grundsätze, nach denen ein bestimmter Eingriff zu rechtfertigen ist. So hat sich z.B. zu den freiheitsbeschränkenden Eingriffen die Auffassung herausgebildet, daß zum Schutz der Allgemeinheit (oder auch Einzelner) vor Gefahren, die von einem Menschen drohen, dessen Freiheit nur eingeschränkt werden darf, wenn dies erforderlich und verhältnismäßig ist, d.h. wenn der Gefährlichkeit des Täters nicht anders begegnet werden kann, und wenn die Freiheitsbeschränkung selbst in einem angemessenen Verhältnis zu dem Ausmaß und der Wahrscheinlichkeit der drohenden Verletzung steht.[37] Das zulässige Maß des Eingriffs wird also in erster Linie durch den Grad der Gefährlichkeit bestimmt, eben weil der Eingriff nur zum Zwecke der Gefahrenabwehr legitimierbar ist.
Kann demnach die Legitimierbarkeit des sichernden Maßregeleingriffs als allgemein anerkannt gelten, so stellt sich die Frage nach dessen Zulässigkeit als *strafrechtlicher* Rechtsfolge.

2. Der sichernde Maßregeleingriff als Teil der Strafrechtsanwendung - Zulässigkeit der Übertragung sicherheitspolizeilicher Aufgaben ins Strafrecht

Das Maßregelsystem ist polizeirechtlichen Ursprungs. Systematisch gehört es zum gefahrenvorbeugenden Polizeirecht und dort insbesondere zum Unterbrin-

---

35 So zusammenfassend *Köhler*, AT, S. 57, der die Auffassung vertritt, diese Meinung teile den allgemeinen Mangel des generalpräventiven Ansatzes, den Täter für andere zu instrumentalisieren. Zwar könne habituelle Delinquenz das Unrechtsgewicht von Taten erhöhen, eine Sanktionsbegründung gegenüber dem Täter müsse aber straf- und schuldtheoretisch geleistet werden; krit. auch *Albrecht*, S. 25ff., der auf die fehlende Rechtfertigung der Maßnahme dem betroffenen Delinquenten gegenüber abstellt.

36 Vgl. z.B. in etwas anderer Formulierung *Sax*, S. 954ff., 964f., der die Legitimation auf den Gedanken der Notwehr stützt und die Menschenwürde als Maßkriterium für die Proportionalität zwischen Angriff und Verteidigung verwendet. Ebenso *W.Schmidt*, S. 143f.; zustimmend LK-*Hanack* Vor § 61 Rn. 28f.; dazu krit. *Nowakowski*, S. 108 f., der die Voraussetzungen für die Verhängung von Maßnahmen ebenso wie die der Notwehrlage (wie *Sax*) für nicht rechtsähnlich hält; *Stree*, S. 223 Fn. 28.

37 Siehe dazu: *Bockelmann* und *Welzel* in der 3. Sitzung der Großen Strafrechtskommission, Niederschriften, 1. Band, 1956, S. 56f., 59f.; *Dreher* in der 140. Sitzung der Großen Strafrechtskommission. Niederschriften, 12. Band, 1959, S. 335ff.; *Lang-Hinrichsen*, S. 42 ff.

gungsrecht. Im verwaltungsrechtlichen Bewußtsein und in der öffentlich-rechtlichen Praxis erschien es zunächst als Aufgabe der Polizei, die öffentliche Sicherheit und Ordnung zu wahren und in diesem Rahmen auch Vorkehrungen gegen die Begehung von Straftaten zu treffen. So wurde z.B. in Abänderung des Art. 66 des Rheinischen Strafgesetzbuchs den Strafgerichten die Zuständigkeit für die Bestimmung der Dauer der Unterbringung jugendlicher Verbrecher in einer Besserungsanstalt entzogen und der dem Besserungshause vorgesetzten Regierung zugewiesen.[38] In § 42 des Strafgesetzbuchs für die Preußischen Staaten findet sich die Befugnis der der Strafanstalt vorgesetzten Verwaltungsbehörde, Angeschuldigte unter 16 Jahren, die infolge mangelnden Unterscheidungsvermögens straflos sind, so lange (maximal bis zum 20. Lebensjahr) in einer Besserungsanstalt einzusperren, wie sie es für erforderlich erachtet.[39] Nach § 8 des Gesetzes über die Bestrafung von Landstreichern, Bettlern und Arbeitsscheuen bestimmte über die bis zu 3 Jahren dauernde Bestrafung und Einsperrung von Müßiggängern und Obdachlosen die Landespolizeibehörde.[40] Nach § 15 des Preußischen Polizeiverwaltungsgesetzes war die Polizeibehörde befugt, gemeingefährliche Geisteskranke in Verwahrung zu nehmen,[41] und nach § 53 der Gewerbeordnung[42] konnten bestimmte Genehmigungen und Bestallungen von der Verwaltungsbehörde zurückgenommen werden, wenn aus Handlungen oder Unterlassungen des Inhabers der Mangel derjenigen Eigenschaften deutlich wurde, die bei der Erteilung der Genehmigung oder Bestallung obligatorisch vorausgesetzt wurden. Nur die Frage, inwiefern durch die Handlung oder Unterlassung bereits eine Strafe verwirkt wurde, blieb der richterlichen Entscheidung vorbehalten.

Schon diese Beispiele zeigen, daß der präventivpolizeiliche Auftrag ursprünglich zwar den Sicherheitsorganen des Staates, keineswegs aber der Strafrechtspflege zugedacht war. Erst das GewVerbrG übertrug dem Strafrecht die Aufgabe, sicherheitspolizeiliche Belange wahrzunehmen. Grundvoraussetzung für die Zulässigkeit dieser Funktionsübertragung ist, daß sich der sichernde Maßre-

---

38 Allerhöchste Kabinettsorder vom 22. Juni 1839, betreffend die Abänderung des Art. 66 des Rheinischen Strafgesetzbuchs, Gesetzes-Sammlung für die Königlichen Preußischen Staaten, 1839, Nr. 2030, S. 222.

39 Strafgesetzbuch für die Preußischen Staaten vom 14. April 1851, Gesetzes-Sammlung für die Königlichen Preußischen Staaten, 1851, Nr. 3375, S. 101ff., 109.

40 Gesetz über die Bestrafung der Landstreicher, Bettler und Arbeitsscheuen vom 06. Juni 1843, Gesetzes-Sammlung für die Königlichen Preußischen Staaten, 1843, Nr. 2320, S. 19f.

41 Gesetz vom 01. Juni 1931, verkündet in der Preußischen Gesetzessammlung 1931, S. 77; Amtl. Begr., Allg. Teil, abgedruckt bei *Scheer/Trubel*, Preußisches Polizeiverwaltungsgesetz, 6. Aufl., S. 95ff., 103.

42 Gewebeordnung idF vom 30. Juni 1900, RGBl. I, 871ff., 892.

geleingriff als Teil der Strafrechtsanwendung darstellt, die allein im Strafgesetzbuch geregelt werden kann. Der Gesetzgeber erfüllte diese Voraussetzung durch eine spezifisch strafrechtliche Gestaltung der Maßregeln. Diese setzen neben dem Tätermoment, auf das sie bezogen sind, ein Tatmoment voraus, nämlich eine vorsätzliche, mit Kriminalstrafe bedrohte, rechtswidrige Anknüpfungstat. Durch die Anknüpfung der Maßregel an das Tatmoment wird sie zu einem Teil der Strafrechtsanwendung, denn zu dieser zählt jedes Geschehen, welches durch dafür bestellte Organe im Hinblick auf den Verdacht einer tatbestandlich-rechtswidrigen Tat ausgelöst wird: die polizeiliche Ermittlung im Auftrag der Staatsanwaltschaft, die staatsanwaltschaftliche oder gerichtliche Verfahrenseinstellung, der rechtskräftige Abschluß des Strafverfahrens durch Verurteilung oder Freispruch sowie der Strafvollzug. Die Berücksichtigung sicherheitspolizeilicher Belange durch das Strafrecht und die Einführung polizeirechtlich gewachsener Präventionsmaßnahmen in das Strafrecht wird also durch deren Anknüpfung an eine vorsätzliche rechtwidrige Tat möglich, denn schon diese Anknüpfung macht den sichernden Maßregeleingriff zu einem Teil der Strafrechtsanwendung.

3. Die Voraussetzungen sichernder Maßregeln als Strafrechtsfolge

Die Anknüpfung einer Maßregel an die vorsätzliche Begehung einer rechtswidrigen Tat reicht dagegen allein nicht aus, um die Maßregel auch zu einer *Rechtsfolge* der Strafrechtsanwendung zu machen. Zu einer Strafrechtsfolge kann die Maßregel nur werden, wenn zwischen der Anknüpfungstat und der Gefährlichkeit des Täters ein strafrechtsspezifischer Zusammenhang besteht. Würde dieser fehlen, so würde der Täter entweder wegen der Tat sanktioniert oder wegen der von ihm ausgehenden Gefährlichkeit gemaßregelt. Die Bestrafung schuldlos handelnder Täter ist jedoch unzulässig und eine allein wegen der Gefährlichkeit einer Person angeordnete Maßregel wäre eine Rechtsfolge der Anwendung des Gefahrenabwehrrechts und nicht des Strafrechts. Sichernde Maßregeln können deshalb nur dann *Strafrechts*folgen sein, wenn die das Sicherungsbedürfnis auslösende Gefährlichkeit des Täters und die Anknüpfungstat derart aufeinander bezogen werden, daß die Gefährlichkeitsprognose zumindest auch auf der begangenen Tat beruht. Ein *ausschließliches* Beruhen der Prognose auf der Tat zu fordern, wäre verfehlt, denn das vom Täter begangene Unrecht wird in der Regeln nur punktuellen Aufschluß über die künftige Gefährlichkeit geben können. Soll aber die Allgemeinheit vor dieser Gefährlichkeit geschützt und der Täter selbst verhältnismäßig behandelt werden, so ist es notwendig, die Prognoseentscheidung auf eine umfassende Erkenntnisgrundlage zu stellen. Deshalb erfordert die Gesamtwürdigung des Täters und seiner Tat eine umfassende Rückschau auf das frühere Verhalten im Krankheitszustand, insbes. auch auf die Gründe für die Begehung der bisherigen Delikte.[43]

Um Anknüpfungstat und Gefährlichkeitsprognose aufeinander beziehen zu können, ist es erforderlich, daß der Anknüpfungstat ein bestimmter Aussagewert hinsichtlich der künftigen Gefährlichkeit des Täters zukommt. In diesem Aussagewert liegt die grundlegende Bedeutung der Anknüpfungstat für das materielle Maßregelstrafrecht, die bisher vom wissenschaftlichen Schrifttum und der Rechtsprechung durchgehend verkannt bzw. geleugnet wird.[44]

a) Mögliche Qualität der Anknüpfungstat (reine Anlaßtat, symptomatische Anlaßtat, Symptomtat)

Nach Vorhandensein und Reichweite des Aussagewertes lassen sich drei Arten von Taten unterscheiden, die *reine Anlaßtat*, die *symptomatische Anlaßtat* und die *Symptomtat*.

Eine reine Anlaßtat liegt vor, wenn sich aus der Tat selbst keinerlei Anzeichen für eine künftige Gefährlichkeit ergeben, so daß ihr kein Aussagewert im vorgenannten Sinne zukommt. Wer etwa infolge eines schuldausschließenden Rauschzustandes beleidigende Briefe schreibt, kann strafrechtlich nicht gemaßregelt werden, wenn bei der gerichtlichen Untersuchung eine psychische Krankheit diagnostiziert wird, die die Prognose zuläßt, der Täter werde während künftiger Krankheitsphasen zu Gewalttätigkeiten neigen. Ein *strafrechtlicher* Maßregeleingriff wäre in diesem Fall schon deshalb unzulässig, weil er trotz des Vorliegens einer vorsätzlichen, rechtswidrigen Straftat außerhalb der Grenzen der dem Strafrecht von Verfassungs wegen zugewiesenen Eingriffszuständigkeit erfolgen würde[45]:

---

43 Vgl. *BGH* MDR 1979, 280; *BGH* NJW 1983, 350.

44 Soweit ich sehe, bildet einzig *Keller* eine Ausnahme, der die wesentliche Bedeutung der Tat für das Sicherungsverfahren herausarbeitet, vgl. S. 46ff.

45 Ebenso wäre es unzulässig, die (unselbständige) Anordnung der Sicherungsverwahrung in der Zeit zwischen der Rechtskraft des Urteils und der vollständigen Verbüßung der Strafe zuzulassen, da damit die Akzessorietät der Gesamtwürdigung zu der Tat aufgelöst würde. Den hierauf abzielenden Anträgen der Länder Hessen und Bayern (BRats-Drucks. 822/00 und 176/01), die mit ihrem Begehren (bewußt oder unbewußt) eine Sanktion ohne Tat fordern und deren Anordnung dem erkennenden Gericht zugunsten der Stravollstreckungskammer entziehen wollen, wird mit aller Schärfe entgegen zu treten sein.

Ausgehend von den Verfahrenszielen[46] und Verfahrenszwecken[47] lassen sich auf der Grundlage des gegenwärtigen Strafprozeßrechts mehrere Funktionen des Strafprozesses unterscheiden.[48] Im Vordergrund steht unverändert die Klärung der Frage, ob die materiell-rechtlichen Voraussetzungen dafür vorliegen, jemanden strafrechtlich zur Verantwortung zu ziehen und mit einer Sanktion zu belegen. Dies ergibt sich auch aus Art. 103 Abs. 2 GG. Dieser bestimmt, daß eine Tat nur bestraft werden kann, wenn die Strafbarkeit gesetzlich bestimmt war, bevor die Tat begangen wurde und spricht damit auch aus, daß eine Bestrafung nur *wegen* einer Tat erfolgen kann, daß also die Tat der Rechtsgrund der Bestrafung ist. Entsprechend regelt das materielle Strafrecht im weitesten Sinne, die mit einem sozialen Unwerturteil verbundene Sanktionierung eines abweichenden und gemeinschaftsschädlichen Verhaltens. Damit sind notwendigerweise Regelungen verbunden, die den Weg zur Sanktionierung bestimmen. Strafverfahrensrecht im allgemeinsten Sinne stellt die Summe derjenigen Regelungen und Bedingungen dar, unter denen das Unwerturteil der Rechtsgemeinschaft ausgesprochen wird.

---

46 Mit einer gewissen Verwandtschaft zur materiell-rechtlichen Vorstellung der Integrationsprävention als dem dominanten Strafzweck erscheint es gegenwärtig sachgerecht, die (Wieder)Herstellung von Rechtsfrieden als das oberste Ziel des Strafverfahrens anzusehen. Dabei handelt es sich um eine komplexe Verfahrenszielbestimmung, die eine Beziehung derjenigen Bedingungen erfordert, unter denen Rechtsfrieden hergestellt wird. Dazu gehört nach der gegenwärtig allen Kulturvölkern, unbeschadet der unterschiedlichen Vorstellungen über den Weg dorthin, gemeinsamen Auffassung, daß der Prozeß an Wahrheit, Gerechtigkeit und der Verwirklichung des materiellen Strafrechts orientiert ist. Ziel des Strafprozesses ist die Herstellung oder Erhaltung von Rechtsfrieden, durch eine justizförmige, den Wertvorstellungen des Grundgesetzes entsprechende, auf Wahrheitsfindung ausgerichtete und an Gerechtigkeitsvorstellungen orientierte Realisierung des materiellen Strafrechts. Diese am Rechtsfrieden orientierte Verfahrenszielbestimmung dürfte mit mancherlei Akzentunterschieden im einzelnen im neueren wissenschaftlichen Schrifttum vorherrschend sein. Das ältere Schrifttum legte dagegen den Schwerpunkt auf die Verwirklichung des sog. staatlichen Strafanspruchs oder die Durchsetzung des materiellen Strafrechts. Weitaus enger ist die Vorstellung, die als Verfahrensziel lediglich die Herstellung von Rechtskraft versteht und sich dadurch der Möglichkeit einer inhaltlichen Bestimmung weitgehend begibt; LR-*Rieß* Einl. Abschn. B Rn. 4f.

47 Als Verfahrenszweck, nicht als Verfahrensziel, erscheint die Aufgabe eines modernen Strafverfahrens, die Macht der Staatsgewalt einzuschränken, um die Rechte des Einzelnen zu gewährleisten. Dies geschieht dadurch, daß das Strafverfahrensrecht die Position insbesondere des Beschuldigten durch die Anerkennung seiner Subjektsqualität und die Einräumung von Handlungsbefugnissen sichert, daß es auch den übrigen Verfahrensbeteiligten gesicherte Rechtspositionen einräumt und daß es die Zulässigkeit von Maßnahmen der Sachverhaltserforschung und der Wahrheitsermittlung in vielfacher Weise begrenzt. Darüberhinaus gehört auch die Gewährleistung eines geordneten Verfahrensablaufs zu den Verfahrenszwecken; LR-*Rieß* Einl. Abschn. B Rn. 6f.

48 Vgl. LR-*Rieß* Einl. Abschn. B Rn. 10ff.

Mit einer strafrechtlichen Rechtfolge, die durch eine reine Anlaßtat ausgelöst würde, wäre ein solches Unwerturteil jedoch niemals verbunden. Vielmehr wäre ein solcher Vorwurf gerade wegen der Schuldlosigkeit des Täters ausgeschlossen und würde auch mit dem strafrechtlichen Maßregeleingriff nicht erhoben, wenn dieser unabhängig von der Tat erfolgt, um die Allgemeinheit vor einer Gefahr zu schützen, die in der Tat selbst keinen Ausdruck gefunden hat. Ein strafrechtlicher Maßregeleingriff würde daher als Rechtsfolge einer reinen Anlaßtat die Grenzen der strafrechtlichen Eingriffszuständigkeit überschreiten, trotzdem zunächst der strafrechtliche Aufgabenbereich durch die Tatbegehung berührt und die Zuständigkeit der Strafverfolgungsbehörden ausgelöst wurde.

Darüberhinaus stehen der Anknüpfung von Strafrechtsfolgen an eine reine Anlaßtat das Rechtsstaatsprinzip, die Verpflichtung zur Achtung der Menschenwürde und die allgemeine Handlungsfreiheit (Art. 1 I i.V.m. Art. 2 I GG) entgegen:
Gegenüber der ursprünglichen Konzeption der Reichsstrafprozeßordnung von 1877 sind dem Strafverfahren besondere Aufgaben und Funktionen zugewachsen, die über die ursprüngliche Vorstellung einer bloßen Durchsetzung des staatlichen Strafanspruchs hinausgehen.[49] Dem Strafverfahren kommt jedoch kein umfassender präventiver Sicherungsauftrag zu, der über die innerprozessuale Verfahrenssicherung hinausgeht; auch aus dem Verfahrensziel der Wiederherstellung des Rechtsfriedens kann das nicht abgeleitet werden. Daher gelten für die strafrechtliche Anordnung präventiver Maßnahmen grundsätzlich die strafprozessualen Regelungen, die in erster Linie auf den Beschuldigten ausgerichtet sind. Während dieser im Inquisitionsprozeß weitgehend als bloßes Objekt des Verfahrens betrachtet wurde, erwuchs aus dem reformierten Strafprozeß eine andere Betrachtungsweise, die durch den Rechtsstaat des Grundgesetzes weiterentwickelt wurde. Die den Beschuldigten schützenden, seine Handlungsmacht anerkennenden und seine Verteidigungsrechte gewährleistenden Rechtspositionen sind hierbei so ausgebaut worden, daß er nun ganz überwiegend als Subjekt des Verfahrens mit eigener Handlungs- und Einwirkungskompetenz erscheint.[50] Diese Rechtsstellung ist in ihrem Kern durch das Rechtsstaatsprinzip und die Pflicht zur Achtung der Menschenwürde verfassungsrechtlich garan-

---

49 Elemente präventiver Verbrechensbekämpfung begegnen beispielsweise im Sicherungsverfahren und im objektiven Verfahren; ihnen ist aber auch der Haftgrund der Wiederholungsgefahr (§ 112a StPO) und die einstweilige Unterbringung (§ 126a StPO) zuzuordnen; vgl. LR-*Rieß* (24) Einl. Kap. 6 Rn. 34ff.

50 Allg. Meinung; mit zahlr. Nachw. *Kahlo* KritV 1997, 189ff., mit dem Versuch einer allgemein- und rechtsphilosophischen Ableitung.

tiert.[51] Leitaussagen über die Stellung des Beschuldigten als Passivbeteiligter lassen sich den zahlreichen Vorschriften entnehmen, die im einzelnen bestimmen, welchen Duldungspflichten er unterliegt und welchen Zwangsmaßnahmen er ausgesetzt sein kann.[52] Alle diese Maßnahmen setzen voraus, daß der Beschuldigte einer Straftat verdächtig ist, deren Aufklärung zur Gewährleistung einer effektiven Rechtspflege erforderlich ist.[53] Strafprozessuale Zwangsmaßnahmen und Eingriffe gegenüber dem Beschuldigten sind nur zulässig, wenn sie der Verdachtsklärung und der gerichtlichen Feststellung der Schuld im Hinblick auf eine bestimmte Tat dienen.[54]
Ergeben die Ermittlungen aber, daß die Tat von einem für die Allgemeinheit gefährlichen, schuldunfähigen Täter begangen wurde, dessen Gefährlichkeit in der Tat selbst nicht zum Ausdruck gelangt ist, so würde die Weiterführung des strafrechtlichen Verfahrens allein zu Präventionszwecken erfolgen, nicht aber der Sicherung einer funktionsfähigen Strafrechtspflege dienen. Die *isolierte* Verfolgung des Präventionszwecks ist jedoch den zur Gefahrenabwehr berufenen Verwaltungsbehörden zugewiesen. Im Strafverfahren ist sie unzulässig, denn das Rechtsstaatsprinzip und die Pflicht zur Achtung der Menschenwürde würde verletzt, wenn der Beschuldigte aus Anlaß einer Straftat Eingriffe der Strafverfolgungsbehörden zu dulden hätte. Die Ausforschung der Persönlichkeit, die mit der Ermittlung der Tat in keinerlei Zusammenhang steht, würde die Allgemeine Handlungsfreiheit des Beschuldigten beeinträchtigen und insbesondere dessen Recht auf informationelle Selbstbestimmung mißachten. Im Beispielsfall läge zudem ein Verstoß gegen den Verhältnismäßigkeitsgrundsatz vor, da die Unterbringung des schuldlosen Täters außer Verhältnis zu den von ihm begangenen Beleidigungsdelikten stünde. Unabhängig davon darf eine reine Anlaßtat aber schon aus den zuvor genannten Gründen nicht als Anknüpfungstat verwendet werden.

---

51 *BVerfGE* 57, 250, 275; 63, 380, 390f.; 64, 135, 145; 65, 171, 174f.; 66, 313, 318; *BGHSt* 14, 358, 364f.

52 Hinzuweisen ist etwa auf die Möglichkeit der Untersuchungshaft (§§ 112ff. StPO), auf die Zulässigkeit körperlicher Untersuchungen (§ 81a StPO), auf die Durchsuchung (§§102ff StPO), die Überwachung des Brief- und Fernmeldeverkehrs (§§ 99 – 100d StPO), die Vornahme sonstiger verdeckter Ermittlungsmaßnahmen (§§ 100c, 100d StPO) oder die Ausschreibung zur polizeilichen Beobachtung (§ 163e StPO).

53 Die Notwendigkeit einer funktionsfähigen Strafrechtspflege ist ebenfalls verfassungsrechtlich garantiert. Sie gehört zum Rechtsstaatsprinzip, so zuerst *BVerfGE* 33, 367, 383; weitere Nachw. der Rechtsprechung bei *Niemöller/Schuppert* AöR 107 (1982) 394ff.; *Hassemer* StV 1982, 275f.; LR-*Rieß* Einl. Abschn. G Rn. 10ff.

54 Vgl. hierzu auch LR-*Rieß* Einl. Abschn. J Rn. 68 zur Bedeutung des Tatbegriffs im Ermittlungsverfahren.

Im Gegensatz zur reinen Anlaßtat lassen symptomatische Anlaßtat und Symptomtat Aussagen hinsichtlich der Gefährlichkeit des Täters zu, die sich aber ihrer Reichweite nach unterscheiden. Die symptomatische Anlaßtat ist insofern nur Anlaßtat, als sie selbst weder die Allgemeinheit gefährdet, noch für sich allein genommen die konkrete Gefährlichkeit der Täterpersönlichkeit erkennen läßt. Sie ist aber insofern symptomatisch, als ihr Bedeutung vor allem als Symptom für den *Zustand* des Täters zukommt, aus dem sich die künftige Gefährlichkeit ergibt. Eine symptomatische Anlaßtat läge z.B. vor, wenn der Täter infolge einer die Schuldfähigkeit ausschließenden Geisteskrankheit beleidigende Briefe schreibt und bei der gerichtlichen Untersuchung prognostiziert wird, daß er *infolge dieser* Geisteskrankheit künftig gewalttätig werden wird. Die symptomatische Anlaßtat enthält also einen Aussagewert über den gefährlichen Täterzustand.
Die *Symptomtat* läßt darüberhinaus auch eine Aussage über die konkrete Art und die künftige Richtung der dem Täter eigentümlichen Gefährlichkeit zu, denn sie ist unmittelbare Folge des gefährlichen Zustandes des Täters, dessen eigentümliche Gefahr sich *in der* konkreten *Tat* realisiert hat. Von einer Symptomtat kann nur dann gesprochen werden, wenn die in der Tat zum Ausdruck gekommene Gefährlichkeit derjenigen entspricht, die den Maßregeleingriff erforderlich macht. Im Beispielsfall läge also eine Symptomtat vor, wenn die beleidigenden Briefe infolge eines die Schuldfähigkeit ausschließenden Zustandes geschrieben wurden und infolge dieses Zustandes weitere beleidigungs(ähnliche) Delikte zu erwarten sind.[55]

Die Beispielsfälle zeigen, daß die Frage nach dem Aussagewert der Anknüpfungstat für die Anwendung des Maßregelstrafrechts von erheblicher Bedeutung ist. Muß die Anknüpfungstat für den gefährlichen Täterzustand lediglich symptomatisch sein, so kann der Täter wegen jeder Tat, aus der sich Anzeichen für diesen Zustand ergeben, einer sichernden Maßregel unterworfen werden, da ein Zusammenhang lediglich zwischen der Tat und dem Täterzustand und dem Täterzustand und der künftigen Gefährlichkeit bestehen muß. Ist dagegen eine Symptomtat erforderlich, so ist die strafrechtliche Maßregelung erschwerten

[55] Das Beispiel verdeutlicht, daß (abgesehen von der Frage der Verhältnismäßigkeit) auch Bagatelldelikte als Symptomtat eingestuft werden können, weil es bei deren systematischer Einordnung nur auf die Frage ankommt, ob sich der gefährliche Zustand des Täters in der Anknüpfungstat realisiert hat. Davon ist die das Verhältnismäßigkeitsgebot (§ 62 StGB) berührende Frage zu unterscheiden, ob die Maßregel Rechtsfolge eines Bagatelldelikts sein darf, was grundsätzlich verneint wird, vgl. *BGHSt* 20, 232; LK-*Hanack* § 62 Rn. 11; mit entsprechender Tendenz *BGH* NJW 1970, 1242; *OLG Celle* NStZ 1989, 492. Dagegen für das Sicherungsverfahren bejahend *BGHSt* 5, 140ff.; 24, 134ff.; ablehnend AK-*Keller* § 413 Rn. 10 a.E.

Voraussetzungen unterworfen. Sie kann nur erfolgen, wenn eine erneute Beeinträchtigung des verletzten Rechtsguts zu befürchten ist. Deckt sich dagegen die in der Anknüpfungstat zum Ausdruck gelangte Gefährlichkeit nicht mit derjenigen, die den sichernden Maßregeleingriff erfordert, so kann dieser nur im landesrechtlichen Verwaltungsverfahren erfolgen, das für den Täter weniger belastend ist und regelmäßig zu kürzeren Unterbringungszeiten führt.[56]

Ob der strafrechtliche Maßregeleingriff de lege lata schon als Rechtsfolge einer symptomatischen Anlaßtat erfolgen darf, oder ob er nur als Rechtsfolge einer Symptomtat zulässig ist, bleibt nach dem Gesetzeswortlaut unklar. Konkrete Anforderungen im Sinne einer Symptomtat sind nur bei der Entziehung der Fahrerlaubnis und der Anordnung des Berufsverbots normiert. Die Fahrerlaubnis wird gem. § 69 StGB entzogen, wenn sich *aus der Tat* ergibt, daß der Täter zum Führen von Kraftfahrzeugen ungeeignet ist, wobei Abs. 2 beispielhaft Symptomtaten aufzählt, aus denen sich die die Prävention erforderlich machende Gefährlichkeit (mangelnde Eignung zum Kraftfahrzeugführer) ergibt. Die Berufsausübung kann nach § 70 StGB verboten werden, wenn die Gesamtwürdigung des Täters und der Tat die Gefahr erkennen läßt, daß er bei weiterer Ausübung des Berufs erhebliche rechtswidrige *Taten der bezeichneten Art* begehen wird, wobei die Maßregel an eine Tat geknüpft wird, die unter Mißbrauch des Berufs oder unter grober Verletzung der mit ihm verbundenen Pflichten begangen wird.
Die anderen (überwiegend freiheitsentziehenden) Maßregeln lassen eine Normierung der an den Aussagewert zu stellenden Anforderungen von jeher vermissen, was angesichts der überragenden Bedeutung dieser Frage erstaunen muß. Die durch das GewVerbrG erstmals zugelassene strafrechtliche Unterbringung in einer Heil- oder Pflegeanstalt nach § 42b StGB setzte neben einer im Zustand der verminderten Zurechnungsfähigkeit oder der Zurechnungsunfähigkeit begangenen Straftat lediglich voraus, daß die öffentliche Sicherheit die Unterbringung erforderte. Dem Wortlaut nach hätte die Unterbringung also auch Rechtsfolge einer reinen Anlaßtat sein können.
Das geltende Strafrecht benennt als Anknüpfungsvoraussetzung der Unterbringungsmaßregeln lediglich, daß die Gesamtwürdigung des Täters und seiner Tat ergeben muß, daß von ihm infolge seines Zustandes (§ 63 StGB) bzw. infolge seines Hanges zu berauschenden Mitteln (§ 64 StGB) oder zu erheblichen Straftaten (§ 66 StGB) erhebliche, die Allgemeinheit gefährdende rechtswidrige Taten zu erwarten sind. Damit bleibt die erforderliche Qualität der Anknüpfungstat offen.

---

56 Vgl. die Begr. in Fn. 28.

b) Die Anforderungen an die Anknüpfungstat in der Vorstellung des historischen Gesetzgebers

Nach der Amtlichen Begründung zum GewVerbrG[57] fiel die Aufgabe, die Volksgemeinschaft vor gefährlichen Zurechnungsunfähigen und vermindert Zurechnungsfähigen zu schützen, nur dann dem Strafrichter zu, wenn diese Personen objektiv gegen die Strafgesetze verstoßende Handlungen vornahmen. Das Einschreiten gegen Geisteskranke, deren Gefährlichkeit sich nicht aus der Begehung einer mit Strafe bedrohten Handlung, sondern aus sonstigen Umständen ergab, war dagegen nach wie vor eine Aufgabe der Verwaltungsbehörde, deren konkurrierende Zuständigkeit neben der des Strafrichters auch für die übrigen Fälle unberührt blieb.[58]

Da die Amtliche Begründung nur diejenigen Vorschriften ausführlich behandelt, die in den früheren Entwürfen eines Allgemeinen Deutschen Strafgesetzbuches (ADStGB) *nicht* enthalten sind, fehlen dort Ausführungen zum erforderlichen Aussagewert der Anknüpfungstat, denn die als § 42b StGB in Kraft getretene Bestimmung über die Unterbringung in einer Heil- oder Pflegeanstalt ist als § 43 in dem Entwurf von 1925 und als § 56 in dem Entwurf von 1927 enthalten. Auf die ergänzende Funktion der Entwurfsbegründungen wird in der Amtlichen Begründung zum GewVerbrG ausdrücklich verwiesen.[59] Während im Entwurf 1925 der Aussagewert der Tat unerwähnt bleibt und nur betont wird, das Gericht müsse die Gefährdung der öffentlichen Sicherheit durch den Täter besonders feststellen,[60] wird die Erforderlichkeit einer Symptomtat im Entwurf 1927 als selbstverständlich vorausgesetzt. Es verstehe sich von selbst, daß zwischen der allgemeinen Gefährlichkeit des Rechtsbrechers und der von ihm in dem zu entscheidenden Einzelfall begangenen strafbaren Handlung ein solcher Zusammenhang bestehen müsse, daß gerade diese Handlung als Beweis für seine Gefährlichkeit erscheine. Daher sei es nicht angängig, daß das Gericht die Unterbringung eines Sittlichkeitsverbrechers, der als gefährlich bekannt sei, für zulässig erkläre, wenn dieser im Zustand verminderter Zurechnungsfähigkeit eine Sachbeschädigung begehe.[61] Der historische Gesetzgeber hielt den strafrechtlichen Maßregeleingriff also auch dann für unzulässig, wenn die Krankheit des Täters mit großer Wahrscheinlichkeit erhebliche Taten anderer Art erwarten ließ.

---

57 Staatsanzeiger 1933, Nr. 227.

58 Amtl. Begründung zum GewVerbrG, Staatsanzeiger 1933, Nr. 227, S. 3 (zu § 42b).

59 Amtl. Begr. zum GewVerbrG, Staatsanzeiger 1933, Nr. 227, S. 2.

60 Entwurf ADStGB 1925, Zweiter Teil, S. 39 (zu § 43).

61 Entwurf ADStGB 1927, Begr., S. 45 (zu § 56).

c) Die Anforderungen an die Anknüpfungstat in der Rechtsprechung zu § 42b Abs. 1 StGB

Die Rechtsprechung vertritt seit 1935 eine entgegengesetzte Position. In der für die heutige Rechtspraxis grundlegenden Entscheidung des *BGH*[62] aus dem Jahr 1953 hatte der Beschuldigte zwei beleidigende Briefe an die späteren Zeuginnen geschrieben. Das Gericht stellte fest, daß die Briefe in unmittelbarem Zusammenhang mit einer diagnostizierten Schizophrenie des Beschuldigten standen, die sich in einer gestörten Denktätigkeit, Gefühlsarmut, einem Wahnsystem mit vorwiegend geschlechtlichem Inhalt und Gehörhalluzinationen äußerte. Da das Gericht zu der Überzeugung gelangte, es bestehe eine große Wahrscheinlichkeit, daß der Beschuldigte sich unter dem Einfluß solcher Halluzinationen zu Unrecht angegriffen und bedroht fühlen könnte und in diesem Gefühl zu gefährlichen, vermeintlichen Notwehrhandlungen schreiten werde, ordnete es seine Unterbringung nach § 42b StGB an. Die Revision, eingelegt mit der Begründung, die Unterbringung sei nicht gerechtfertigt, weil sich aus den beleidigenden Briefen selbst keine Gefährdung ergebe, hatte keinen Erfolg. Der *BGH* setzte damit die Rechtsprechung des *Reichsgerichts*[63] fort. Dieses forderte zwar einen Zusammenhang zwischen der Handlung und der Gefahr, die von dem Zurechnungsunfähigen oder beschränkt Zurechnungsfähigen ausgehe, stellte jedoch klar, daß an diesen Zusammenhang keine allzu strengen Anforderungen gestellt werden dürften, wenn das Gesetz seinen vorbeugenden Zweck erfüllen solle. Es genüge, daß die mit Strafe bedrohte Handlung im Zusammenhang mit dem sonstigen Verhalten des Täters die Gefahr erkennen lasse, die von ihm ausgehe. Die Handlung, die das Verfahren veranlasse, müsse nur auf dieselbe Quelle zurückzuführen sein wie diejenige, die von dem Täter seiner Veranlagung oder seiner Geistes- oder Willensverfassung nach in Zukunft zu erwarten sei, d.h. auf den Geisteszustand des Täters. In Fortführung dieser Rechtsprechung nimmt der *BGH* in seinen zu § 42b Abs. 1 StGB ergangenen Entscheidungen[64] an, die Maßregel könne auch an Taten geknüpft werden, aus denen selbst sich keine Allgemeingefährlichkeit, sondern nur ein gefährlicher Geisteszustand des Täters ergebe. Bei den dort als Anlaßtat bezeichneten Anknüpfungstaten handelt es sich nach der hier verwendeten Terminologie um symptomatische Anlaßtaten.

Der *BGH* stützt seine Auffassung auf einen Wortlautvergleich von § 42b und § 20a StGB. Letzterer normierte eine Strafschärfung für gefährliche Gewohn-

---

62 *BGHSt* 5, 140ff. zu § 42b StGB im Anschluß an die 1935 ergangene Entscheidung *RGSt* 69, 242.

63 *RGSt* 69, 242f.

64 *BGHSt* 5, 143; *BGHSt* 20, 232f.

heitsverbrecher.[65] Während die Anordnung der Maßregel der Unterbringung in einer Heil- oder Pflegeanstalt nur voraussetzte, daß die öffentliche Sicherheit diese erforderte, war für die Strafschärfung nach § 20a StGB erforderlich, daß die Gesamtwürdigung *der Taten* zur Einstufung des Täters als gefährlichem Gewohnheitsverbrecher führte. Als gefährlich wurde der Täter angesehen, wenn im Zeitpunkt der Hauptverhandlung eine bestimmte Wahrscheinlichkeit bestand, daß er auch in Zukunft durch weitere, aus seinem Hang entspringende Straftaten den Rechtsfrieden erheblich stören, also Straftaten von erheblicher Schwere begehen werde.[66] Der verbrecherische Hang des Täters konnte im wesentlichen nur aus den bereits verübten Straftaten entnommen werden. Eine gesetzliche Konkretisierung der erforderlichen Gefährlichkeitsrichtung erfolgte nicht, obwohl bei den für die Rechtsentwicklung entscheidenden Beratungen der Internationalen Kriminalistischen Vereinigung (IKV) darauf hingewiesen wurde, daß der Begriff der Gefährlichkeit leer bleibt, wenn man nicht sagt, worauf sich die Gefahr bezieht.[67]
Der *BGH* [68] hat aus der unterschiedlichen Tatbestandsformulierung geschlossen, daß bei der Unterbringung nach § 42b StGB nicht die in der Tat zum Ausdruck gelangte Gefährlichkeit, sondern allein das Vorhandensein einer Geisteskrankheit über die Allgemeingefährlichkeit des Täters entscheide. In dieser Auslegung der Tatbestandsformulierung als Rechtsfolgenvoraussetzungen hätte sich der *BGH* durch die Allgemeinen Ausführungen zu den Maßregeln in den Entwürfen 1925 und 1927 bestätigt fühlen können, denn dort wird ausgesprochen, daß sich strafrechtliche Maßregeln nicht gegen eine vergangene Tat, sondern gegen eine gegenwärtige Gefahr richten. Die Tat sei nur ein Mittel zur Erkenntnis dieser Gefahr, die anzunehmen sei, wenn weitere Angriffe auf strafrechtlich geschützte Güter zu besorgen seien und die Zurechnungsunfähigkeit oder verminderte Zurechnungsfähigkeit in einem dauernden Zustand ihren Grund habe. Dagegen könnten akute Bewußtseinsstörungen ohne dauernde krankhafte Anlage, wie z.B. ein Fieberdelirium oder die unverschuldete Trunkenheit eines nicht Trunksüchtigen eine solche Gefahr nicht begründen.[69]

Dem *BGH* ist zuzugestehen, daß es für die Beantwortung der Frage, ob der Täter an einer die Allgemeinheit gefährdenden Krankheit leidet, tatsächlich nicht in

---

65 Der dem Urteil vom 1.12.1953 zugrundeliegende Wortlaut der Normen, in der Fassung des 3. StrÄndG vom 04.08.1953 (RGBl. I, 735), ist abgedruckt im Anhang I.

66 *BGHSt* 1, 94ff.; Dreher/Maassen § 20a Anm. 6.

67 *Rittler*, in Mitteilungen der IKV, Bd. 1, 1926, S. 95ff., insbes. 99ff.; zust. *H. Mayer* ZStW 1968 (80), 152.

68 *BGHSt* 5, 140, 143; *BGHSt* 20, 232f.

69 Entwurf ADStGB 1925, Zweiter Teil, S. 39f. zu § 43; anders der Entwurf ADStGB 1927, Begr., S. 45 a.E.

erster Linie auf den gefährlichen Charakter der begangenen Tat ankommt, sondern auf die Art jener Krankheit, auf deren Vorhandensein die Tat hinweist. Insofern ist es konsequent, wenn für die Unterbringung nach § 42b StGB als ausreichend angesehen wird, daß die Tat Folge einer bestimmten Krankheit ist, die ihrer Art nach die Wahrscheinlichkeit begründet, der Täter werde in Zukunft gemeingefährliche Taten begehen. Der *BGH* übersieht jedoch bei der Auslegung des § 42b StGB die Tatsache, daß nicht jeder Zurechnungsunfähige gefährlich ist, und daß selbst die Begehung einer mit Strafe bedrohten Handlung nicht unter allen Umständen ein Symptom der Gefährlichkeit sein muß - beim Geisteskranken ebensowenig wie beim Geistesgesunden. Es bedarf deshalb außer der Feststellung der Zurechnungsunfähigkeit bzw. der verminderten Zurechnungsfähigkeit des Täters noch der besonderen Feststellung, daß er die öffentliche Sicherheit gefährdet.[70]

d) Die Anforderungen an die Anknüpfungstat in der Rechtsprechung zu §§ 63, 64, 69, 70 StGB[71]

Die besondere Feststellung der Gefährlichkeit wird auch vom heute geltenden Recht gefordert. Die Maßregeln des StGB knüpfen im Hinblick auf die dadurch begründete Gefahr weiterer Straftaten durchweg an die Gefährlichkeit des Täters an. Je nach Art und Schwere der Maßregel wurden jedoch die Bezugspunkte und der Grund der Gefährlichkeit unterschiedlich geregelt. Entsprechend unterschiedlich ist die Rechtsprechung des *BGH* zum erforderlichen Aussagewert der Anknüpfungstat. Vereinzelt wurden reine Anlaßtaten für ausreichend gehalten, überwiegend aber symptomatische Anlaßtaten oder Symptomtaten verlangt. Die von *Hanack*[72] behauptete Einigkeit darüber, daß die vorausgesetzte Anlaßtat zumindest symptomatisch sein, d.h. für die *Gefährlichkeit* des Täters Indizwert besitzen müsse, besteht tatsächlich nicht. Vielmehr handelt es sich bei dieser Annahme um eine Rechtsprechungsinterpretation, deren Unrichtigkeit sichtbar wird, sobald der Terminus Anlaßtat inhaltlich präzise bestimmt wird.

§ 63 StGB, für den eine symptomatische Anlaßtat für ausreichend erachtet wird, läßt die Unterbringung in einem psychatrischen Krankenhaus zu, wenn die Gesamtwürdigung des Täters und seiner Tat ergibt, daß von ihm infolge seines Zu-

---

70 So bereits die Allgemeine Begründung zum Entwurf des ADStGB 1925, Zweiter Teil, S. 39.

71 Ein Überblick über die Entwicklung der selbständigen Maßregeln und deren Gesetzestext in der geltenden Fassung findet sich in Anhang II.

72 LK-*Hanack* Vor § 61 Rn. 52.

standes in Zukunft erhebliche rechtswidrige Taten zu erwarten sind, und er deshalb für die Allgemeinheit gefährlich ist.
Nach Ansicht des *BGH* kann jede, auch die nicht erhebliche rechtswidrige Tat zur Unterbringung führen.[73] Der *BGH* folgt dabei offenbar weiterhin der Ansicht des *Reichsgerichts,* derzufolge es weder auf die Schwere oder besondere Gefährlichkeit der einzelnen Tat, noch auf die Höhe des angerichteten Schadens ankomme.[74] Da sich aber die Wahrscheinlichkeit künftiger erheblicher Rechtsverletzungen nach dem Wortlaut des § 63 StGB aus der Gesamtwürdigung des Täters und seiner Tat ergeben muß, müsse zwischen der das Verfahren veranlassenden Tat und der künftigen Gefahr ein gewisser Zusammenhang bestehen. Für diesen Zusammenhang müsse die Tat symptomatisch sein „und zwar symptomatisch für einen Zustand von nicht lediglich vorübergehender Natur, der eine ungünstige Prognose zu begründen geeignet ist."[75] Hierfür genüge, daß die Tat Folge der geistigen Erkrankung sei, die die Gefährlichkeit des Täters begründe, und daß sie die künftige Gefahr für die Allgemeinheit auf irgendeine Weise erkennen lasse. Nicht erforderlich sei dagegen, daß die Tat selbst die Allgemeinheit gefährdet, daß sie schon für sich allein die Gefährlichkeit des Täters begründet, oder daß sie vergleichbare Taten erwarten läßt. Entscheidend sei, daß sie auf dieselbe psychische Störung zurückzuführen ist, die auch die Gefahr weiterer Taten begründet.[76]

Demgegenüber finden sich in ***§ 64 StGB*** konkretisiertere Anforderungen des Gesetzgebers an die Anknüpfungstat, denn die Unterbringung in einer Entziehungsanstalt kann nur wegen einer Tat erfolgen, die im Rausch begangen wurde oder die auf den Hang des Täters zurückgeht.
Die Rechtsprechung stellt jedoch keine strengeren Anforderungen an die Unterbringung nach § 64 StGB als an die nach § 63 StGB. Nach ihrer Ansicht geht die Tat im Sinne des Gesetzes auf den Hang zurück, wenn sie mit diesem in ursächlichem Zusammenhang steht.[77] Der Zusammenhang soll vorliegen, wenn die

---

73 *BGH* NStZ 1986, 237, in Anschluß an *BGHSt* 24, 134ff und *BGHSt* 5, 140 (beide zu § 42b StGB)
74 *RG* JW 1938, 166 (zu § 42b StGB).
75 So auch *Exner*, S. 297; vgl. auch *Lenckner*, S. 189f.
76 *BGH* MDR 1972, 196; vgl. *Sch/Sch/Stree* § 63 Rn. 8, 18; LK-*Hanack* § 63 Rn. 76, mit zahlr. Nachw. zur Rspr.; *BGH* StV 1999, 207 m. zahlr. Nachw. zur älteren Rspr; NStZ 1986, 237.
77 LK-*Hanack* § 64 Rn. 36; *Lackner/Kühl* § 64 Rn. 3, m.w.N. zur Rspr. Vom früheren Recht wurde das ausdrücklich ausgesprochen: „oder das mit einer solchen Gewöhnung in ursächlichem Zusammenhang steht", § 42c StGB.

Tat in der Alkohol- oder Rauschsucht „ihre Wurzel“ hat.[78] Damit wird auch eine nur möglicherweise symptomatische, u.U. also auch eine reine Anlaßtat für ausreichend gehalten, die z.B. die Unterbringung eines infolge seiner Sucht sozial verfallenen Täters rechtfertigen soll, der seine Unterhalts-, Fürsorge- oder Erziehungspflicht verletzt (§§ 170, 171 StGB), andere Personen exhibitionistisch belästigt (§183 StGB) oder körperlich verletzt (§§ 223 ff. StGB), weil diese Taten „nicht selten auf den Hang zurück[gehen].“[79] Daß darüberhinaus auch andere Taten symptomatischen Charakters, wie z.B. die Beschaffungsstraftaten, die im oben genannten Sinne Symptomtaten sind, zur Unterbringung führen können, ist allgemein anerkannt.[80]
Im Rausch begangen soll die Tat sein, wenn sie während des für das jeweilige Rauschmittel typischen, die geistig-psychischen Fähigkeiten beeinträchtigenden Intoxikationszustandes begangen wird, und der Rausch Einfluß auf die Begehung der Straftat gehabt hat, diese also ohne den Rausch unterblieben wäre.[81] Demzufolge wird hier eine reine Anlaßtat für ausreichend gehalten. Der Hinweis *Hanacks*[82], die Anlaßtat müsse „wie bemerkt, Symptomwert für den Rausch bzw. den Hang des Täters haben, so daß sich in ihr seine Gefährlichkeit äußert“, ist in diesem Zusammenhang irreführend und unzutreffend. Da nach seiner eigenen Darstellung die Tat allein mit dem Rausch, dieser jedoch nicht mit dem Hang des Täters in Zusammenhang stehen muß, wird bei konsequenter Anwendung der hier entwickelten Terminologie keine symptomatische, sondern eine reine Anlaßtat für ausreichend gehalten. Davon abweichend wird im Schrifttum z.T. vertreten, daß nur ein Rausch ausreiche, der auf den Hang des Täters zurückzuführen ist,[83] womit eine zumindest symptomatische Anlaßtat gefordert wird, die je nach Art des begangenen Deliktes auch eine Symptomtat sein kann.

Auch ***§ 69 StGB*** konkretisiert die Anforderungen an die Anknüpfungstat. Diese muß entweder im Zusammenhang mit dem Führen eines Kraftfahrzeugs (Variante 1) oder unter Verletzung der Pflichten eines Kraftfahrzeugführers (Vari-

---

78 Allg. Meinung, vgl. nur *BGH* NStZ-RR 1997, 231; *OLG Celle* NJW 1958, 270; SK-*Horn* § 64 StGB Rn. 8; *Schönke/Schröder/Stree* § 64 Rn. 7; LK-*Hanack* § 64 Rn. 36.

79 So LK-*Hanack* § 64 Rn. 37, was die Annahme nahe legt, daß für die Unterbringung ein indirekter symptomatischer Zusammenhang der Art, daß die Sucht den sozialen Verfall des Täters verursacht, der ihn auf kriminelle Wege führt, ausreichend sein soll.

80 Vgl. *BGH* MDR 1990, 886; LK-*Hanack* Rn. 37 und ihm folgend *Sch/Sch/Stree* § 64 Rn. 7; SK-*Horn* § 64 StGB Rn. 8.

81 LK-*Hanack* § 64 Rn. 33, der hinzufügt: „steht der Rausch, was freilich kaum je denkbar ist, nur in zufälligem Zusammenhang mit der Tat, liegt kein „Begehen im Rausch“ vor.“

82 LK-*Hanack* § 64 Rn. 38 m.w.N.

83 Vgl. SK-*Horn* § 64 StGB Rn. 7; im Ergebnis ebenso *BGH* JR 1991, 161 m. Anm. *Stree*, jew. m.w.N.

ante 2) begangen worden sein. Da sich die mangelnde Eignung zum Kraftfahrzeugführer *aus der Tat* ergeben muß, liegt die Annahme nah, daß der Gesetzgeber hier das Erfordernis einer Symptomtat normieren wollte.[84] Eindeutig belegen läßt sich diese Annahme jedoch nicht.

In der Rechtsprechung wird für keine der Varianten eine Symptomtat gefordert. Der Grund dafür ist vor allem in der Bestimmung des § 69 I Var. 1 StGB zu sehen, der die Anordnung der Maßregel auch wegen einer Tat zuläßt, die bei oder im Zusammenhang mit dem Führen eines Kraftfahrzeugs begangen wird. Die Rechtsprechung hat diesen, nicht auf Verkehrsverstöße beschränkten Begriff, von Anfang an sehr extensiv ausgelegt, wobei sie sich auf die Amtliche Begründung zum 1. StraßenVSichG berufen konnte. In dieser wurde ein solcher Zusammenhang beispielhaft schon bejaht, „wenn der Täter sich mit dem Kraftfahrzeug an den Tatort begeben oder wenn er es benutzt hat, um nach der Tat die Beute wegzuschaffen.“[85] Entsprechend wurde ein Zusammenhang mit dem Führen eines Kraftfahrzeuges im Sinne des Gesetzes angenommen, wenn der Täter unter Ausnutzung des Besitzes des Kraftfahrzeugs Betrügereien beging[86] oder wenn er sich unter betrügerischer Ausnutzung seines Führerscheins in den Besitz eines Kraftfahrzeugs gesetzt hatte, um mit diesem Fahrten zu unternehmen.[87] Diese Interpretation bedeutet, daß für die Fahrerlaubnisentziehung die Anknüpfung eine reine Anlaßtat ausreicht, was aus den eingangs genannten Gründen[88] entschieden abzulehnen ist.[89]

Zu § 69 I Var. 2 StGB wird vertreten, daß die Verletzung der Pflichten eines Kraftfahrzeugführers nicht nur bei den als Symptomtaten einzuordnenden, typischen Verkehrsdelikten (wie z.B. dem Verstoß gegen die Vorschriften der StVO,

---

84 Unklar insofern LK-*Hanack* § 69 Rn. 56ff. m.w.N., der einerseits hervorhebt, daß sich die Ungeeignetheit des Täters aus der Tat ergeben, diese ein Symptom für die Gefährlichkeit des Täters sein muß, andererseits aber meint, daß die Tat als Symptom bloß Anstoß und Indiz zur Entdeckung des hinter der Tat liegenden Gefahrzustandes ist.

85 Zitiert nach *Guelde*, S. 14.

86 *BGHSt* 5, 179 = NJW 1954, 163 m. abl. Anm. *Schmidt-Leichner*, S. 159ff. = LM Nr. 2 zu § 42m StGB m. Anm. *Busch*.

87 *BGHSt* 17, 218 ergangen auf Vorlagebeschluß des *OLG Celle* NJW 1962, 128; siehe auch die weiteren Nachw. bei LK-*Hanack* § 69 Rn. 33. Allerdings gibt es inzwischen auch Entscheidungen, ausweislich derer der *BGH* nunmehr ebenfalls von einem deutlich engeren Verständnis der „Zusammenhangstat“ auszugehen beginnt, vgl. etwa *BGH* NStZ 1995, 229, der den Zusammenhang einer Straftat (hier: einer versuchten Vergewaltigung) mit dem Führen eines Kraftfahrzeugs verneint, wenn der Täter den Tatentschluß erst nach Beendigung der Fahrt gefaßt hat; *BGH* DAR 1995, 185.

88 Siehe S. 28ff.

89 Ebenfalls ablehnend *Hartung* JZ 1954, 137; *ders.* aber zust. zu *BGH* JR 1954, 306; *Schmidt-Leichner* NJW 1954, 163; *Guelde* RdK 1954, 115; *Kulemeier*, Fahrverbot, S. 68ff., 282ff.; NZV 1993, 212ff.; Sch/Sch/*Stree* § 69 Rn. 16; *Hentschel*, Rn. 580ff.

StVZO und dem StVG) in Betracht käme, sondern auch bei anderen mit Strafe bedrohten Handlungen, die nicht in erster Linie dem Schutz des Straßenverkehrs dienen und als symptomatische Anlaßtaten einzustufen sind. So soll z.B. die unbefugte Benutzung eines Kraftfahrzeugs i.S.d. § 248b StGB ebenso wie der Diebstahl eines Kraftfahrzeugs ausreichen, wenn der Täter hierdurch seine charakterbedingte Nicht-Eignung als Kraftfahrzeugführer bewiesen habe.[90]

Nur für ***§ 70 StGB*** wird das Erfordernis einer Symptomtat offenbar übereinstimmend anerkannt.
Zwischen den in § 70 StGB genannten Möglichkeiten der Tatbegehung (unter Mißbrauch des Berufs oder Gewerbes oder durch grobe Verletzung der mit diesen verbundenen Pflichten), ist nach allgemeiner Meinung eine scharfe Trennung nicht möglich, weshalb eine alternative Feststellung ausreichen soll. Für beide Varianten soll jedoch eine unmittelbare Beziehung der rechtswidrigen Tat zum ausgeübten Beruf oder Gewerbe erforderlich sein. Die Tat muß sich als Ausfluß der Berufstätigkeit selbst oder doch wenigstens als ein mit der regelmäßigen Gestaltung der Berufsausübung in Beziehung gesetztes Verhalten darstellen[91] und auf diese Weise symptomatisch die Unzuverlässigkeit des Täters erkennen lassen.
Nach dem Gesetzeswortlaut muß die Gefahr künftiger Taten bei weiterer Ausübung des Berufs, Berufszweiges, Gewerbes oder Gewerbezweiges bestehen, und die Gefahr muß sich auf Taten der *bezeichneten* Art beziehen, d.h. auf solche, die unter Mißbrauch des Berufs oder Gewerbes bzw. unter grober Verletzung der damit verbundenen Pflichten begangen werden.[92] Entsprechend nimmt die Literatur an, daß ein Berufsverbot nur angeordnet werden darf, sofern auch die zu erwartenden Taten berufs- oder gewerbespezifisch sind. Andere Taten seien keinesfalls ausreichend. Zur Beurteilung seien die gleichen Grundsätze heranzuziehen, die zur Beurteilung der Anknüpfungstat maßgebend seien. Allerdings wird nicht verlangt, daß die künftigen Taten, wenn sie nur in dem geschilderten Sinne berufs- oder gewerbespezifisch sind, ihrer Art nach genau der Anlaßtat entsprechen. Ausreichend sei, daß etwas anders akzentuierte Taten drohen.[93]

Zusammenfassend ist damit festzustellen, daß der *BGH* bei § 64 I Var. 1 und § 69 I Var. 1 StGB eine reine Anlaßtat als Anknüpfungstat für den sichernden Maßregeleingriff ausreichen läßt, während er bei den §§ 63, 64 I Var. 2 und

---

90 *BGHSt* 5, 179; 17, 218; *Bruns* GA 1954, 188.

91 Amtl. Begr. zum GewVerbrG, Staatsanzeiger 1933, Nr. 227, S. 4; *BGHSt* 22, 144, 146.

92 Vgl. Sch/Sch/*Stree* § 70 Rn. 5, 9, 11; LK-*Hanack* § 70 Rn. 11, 18, 20, 27, 37 jew. m.w.N.

93 So LK-*Hanack* § 70 Rn. 37 m.w.N.

69 I Var. 2 StGB immerhin eine symptomatische Anlaßtat verlangt und für § 70 StGB als Anknüpfungstat sogar eine Symptomtat für erforderlich hält.

e) Wertung der Rechtsprechung des BGH

Die vom *BGH* zu den §§ 64 I Var. 1 und 69 I Var. 1 StGB vertretene Ansicht ist aus den eingangs genannten Gründen abzulehnen.[94] Für die Beantwortung der Frage, ob jemand den Hang hat, berauschende Substanzen im Übermaß zu sich zu nehmen (§ 64 StGB) oder ob die sich aus der Tat ergebende Nichteignung zum Kraftfahrzeugführer (§ 69 StGB) die präventive Anordnung einer Maßregel erfordert, kommt es gerade auch auf den Aussagewert der begangenen Tat hinsichtlich des Täterzustandes an. Entsprechendes gilt für die §§ 63 und 70 StGB. Die selbständigen Maßregeln entsprechen damit nicht dem § 42b StGB, sondern der Regelung des § 20a StGB und setzen schon ihrem Wortlaut nach eine zumindest symptomatische Anlaßtat voraus.

Allerdings läßt der Wortlaut der selbständig zulässigen Maßregeln für die verbleibende Frage, ob die Anknüpfungstat nicht sogar eine Symptomtat sein muß, keine eindeutigen Schlüsse zu. Eine Ausnahme bildet nur die Maßregel des Berufsverbots nach § 70 StGB, bei der das Erfordernis einer Symptomtat im Wortlaut aller Varianten so deutlich normiert wurde, daß es von Rechtsprechung und Literatur übereinstimmend anerkannt wird.
Im Gegensatz dazu sind die §§ 63 und 64 StGB so offen formuliert, daß das Erfordernis einer Symptomtat als Anknüpfungstat durch reine Wortlautauslegung nicht begründet werden kann. § 63 StGB fordert nur, daß die begangene und die zu erwartende Tat auf demselben Zustand beruhen, nicht aber daß die in der Tat zum Ausdruck gekommene Gefährlichkeit der Art nach die gleiche ist, wegen derer die Sicherung der Allgemeinheit erforderlich wird. Der Wortlaut des § 63 StGB läßt daher die Auffassung zu, daß es bei der Unterbringung nur darum gehe, ob der Täter infolge seines Zustandes gefährlich sei,[95] und daß die Gefährlichkeit deshalb auch aus Anlaß einer zustandsbedingten und damit symptomatischen Anlaßtat erforscht werden könne. Ähnlich verhält es sich bei § 64 I StGB, dessen 1. Variante als Unterfall der 2. Variante angesehen wird, so daß diese den Oberbegriff darstellt.[96] Deshalb muß bei beiden Varianten des § 64 I StGB zwischen dem Hang des Täters zum Alkoholmißbrauch und seiner

---

94 Siehe S. 28ff.

95 LK- *Hanack* § 63 Rn. 76; so i.E. schon *BGHSt* 5, 140, 143; 20, 232f; 24, 134, 136 und die h.M. zu § 42b StGB.

96 So auch *BGH* JR 1991, 161.

Tat ein symptomatischer Zusammenhang bestehen. Dieser muß aber nicht zwingend durch eine Symptomtat vermittelt werden, denn § 64 läßt die Unterbringung bereits zu, wenn die Gefahr besteht, daß der Täter *infolge* seines Hanges erhebliche rechtswidrige Taten begehen wird. Daher werden vom Wortlaut nicht nur die Taten erfaßt, die eine unmittelbare Folge des Hanges darstellen (z.B. Beschaffungstaten), sondern auch solche, die sich nur mittelbar auf den Hang zurückführen lassen.[97]

Etwas anders verhält es sich mit dem Wortlaut des § 69 StGB. Denn bei entsprechender Auslegung ist diesem das Erfordernis einer Symptomtat als Voraussetzung der Fahrerlaubnisentziehung durchaus eindeutig zu entnehmen. § 69 StGB bezweckt die Verhinderung einer bestimmten Gefahr durch Ausschluß ungeeigneter Personen vom Straßenverkehr. Die ausführliche Amtliche Begründung[98] hat den Tatbestand[99] näher erläutert und dabei u.a. darauf hingewiesen, daß z.B. auch demjenigen Täter die Fahrerlaubnis entzogen werden kann, der sich mit dem Kraftfahrzeug zum Tatort begibt oder der das Kraftfahrzeug zum Fortschaffen der Diebesbeute benutzt. Die Fahrerlaubnisentziehung sollte also nicht auf Verkehrverstöße im engeren Sinne beschränkt werden.[100] § 69 Var. 1 StGB läßt als Grundlage der Fahrerlaubnisentziehung genügen, daß die Tat *bei oder in Zusammenhang mit dem Führen eines Kraftfahrzeugs* begangen wurde. Vor diesem Hintergrund ist die bereits zu § 42m StGB vertretene Ansicht des *BGH*, die Maßregel setze nicht notwendigerweise die mangelnde Eignung zum verkehrssicheren Führen von Kraftfahrzeugen voraus, an sich nicht zu beanstanden. Zu kritisieren ist jedoch, daß der *BGH* in seinem Bestreben, dem gesetzgeberischen Willen zu entsprechen, eine in sachlicher Hinsicht nicht zu rechtfertigende Auslegung der Begriffe „Zusammenhang" und „Führen des Kraftfahrzeuges" entwickelt hat, die weit über Wortlaut und Zweck der Norm hinausgeht und zudem in krassem Widerspruch zu dem Inhalt steht, der den Begriffen in anderen Normen zukommt.[101] Am deutlichsten wird dies bei der

---

97 Z.B. §§ 183, 170, 171 StGB als „eigensüchtige" Taten, die auf den Verlust des Scham- oder familiären Verantwortungsgefühls zurückgehen, wobei nur dieser Verlust, nicht aber die Tat selbst unmittelbare Folge der Sucht ist.

98 Amtl. Begr. zum 2. StraßenVSichG 1964, VkBl. 1965, 20. Zur Entstehungsgeschichte der Norm siehe Anhang II.

99 Gemeint ist wiederum der Tatbestand als Gesamtvoraussetzung der Rechtsfolge.

100 Dieser Wille des Gesetzgebers ist schon dem Vorläufer des § 69 StGB, § 42m StGB (abgedruckt im Anhang I) ausdrücklich zu entnehmen.

101 Die folgenden Ausführungen beschränken sich auf die Darstellung der hier vertretenen Auslegung der Norm, derzufolge eine Symptomtat erforderlich ist. Eine Auseinandersetzung mit divergierenden Ansichten wird nicht stattfinden (vgl. zu diesen *BGHSt* 5, 179; 17, 218; *Bruns* GA 1954, 161, 185ff.; LK-*Jagusch* (8) § 42m Anm. 5; a.A.: *Hartung* JZ 1954, 137, 139; *ders.*, Anm. zu *BGH* JR 1954, 306ff.; *Schmidt-Leichner* NJW 1954,

2. Variante des § 69 Abs. 1 StGB. Hier muß die Tat, aus der sich die mangelnde Eignung des Täters ergibt, unter Verletzung der Pflichten eines Kraftfahrzeugführers begangen worden sein. Aus dieser Formulierung ergibt sich m.E. sehr wohl das Erfordernis eines als Symptomtat einzuordnenden Verkehrverstoßes, der auch bei der Verwirklichung von Delikten allgemeiner Art, wie z.B. der fahrlässigen oder vorsätzlichen Tötung gegeben ist. Die unbefugte Weg- oder Ingebrauchnahme eines Kraftfahrzeugs, die der *BGH* hier ausreichen lassen will, verletzt nicht die Pflichten eines Kraftfahrzeugführers, sondern die allgemeine Pflicht, Gewahrsam, Besitzberechtigung und Eigentum Dritter zu respektieren. Daß sich die Fahrerlaubnisentziehung nach Variante 2 nur auf Fälle beschränkt, in denen sich der Täter als ungeeignet zum *verkehrssicheren* Führen von Kraftfahrzeugen erwiesen hat, ergibt sich insbesondere aus dem Begriff Kraftfahrzeug*führer*. Das Merkmal des Führens weist auf die Person, wie auf die Betätigung hin und setzt eigenverantwortliches Inbetriebsetzen voraus.[102] Führer eines Kraftfahrzeugs ist derjenige, der das Fahrzeug selbst unter bestimmungsgemäßer Anwendung seiner Antriebskraft und unter Allein- oder Mitverantwortung in Bewegung setzt, um es unter Handhabung seiner technischen Vorrichtungen während der Fahrbewegung durch den Verkehrsraum ganz oder teilweise zu leiten.[103] Nach dem grundlegenden Urteil des *BGH* aus dem Jahr 1989[104] verlangt die Rechtsprechung entgegen früherer Auffassung nunmehr (wie auch bei § 316 StGB) einhellig ein Inbewegungsetzen des Fahrzeugs. Nur dem Führer eines Fahrzeugs obliegen spezifische Pflichten, deren Verletzung eine besondere Sanktion rechtfertigt. Wird der Täter hingegen nicht in der Eigenschaft als Fahrzeugführer, sondern in der eines Diebes o.ä. tätig, so verletzt er keine spezifischen Pflichten, mit der Folge, daß die Sanktion nur nach den für jeden Bürger geltenden Regeln erfolgen kann.

Entsprechendes gilt für § 69 Abs. 1 Variante 1, die erfordert, daß die Tat, aus der sich die mangelnde Eignung des Täters ergibt, *bei oder im Zusammenhang mit dem Führen eines Kraftfahrzeugs* begangen wird. Denn auch hier ergibt sich aus dem Begriff des Führens (früher Führung) das Erfordernis einer Symptomtat als Anknüpfungstat. Das Gesetz unterscheidet zwar zwischen Straftaten bei dem

---

159 ff.; *Kohlrausch-Lange* § 42m Anm. IVb; einschr. *Arndt-Guelde*, S. 70). Sie würde zu einer Vertiefung materiell-rechtlicher Probleme führen, die hier unnötig ist, weil am Ende des Kapitels das Ergebnis stehen wird, daß alle selbständigen sichernden Maßregeln an Symptomtaten angeknüpft werden müssen, um zu Rechtsfolgen des Strafrechts zu werden.

102 *BGH* VM 1977, 74.

103 Allg. Meinung zu §§ 315c, 316 StGB, vgl. *BGH* NJW 1962, 2069; *BGHSt* 35, 390ff.; 36, 341ff.; *BGH* JR 1990, 30ff.; *OLG Celle* NJW 1965, 1773; *OLG Oldenburg* MDR 1975, 421; *Jagusch/Hentschel* § 21 StVG Rn. 11.

104 *BGH* JR 1990, 30ff. m. Anm. *Hentschel*.

Führen, d.h. in Ausübung der Führungstätigkeit, und solchen, die damit nur im Zusammenhang stehen. Entgegen der *BGH*-Ansicht ist jedoch für beide Untervarianten eine Beziehung gerade zur Betätigung der Fahrerlaubnis in Form des In-Bewegung-Setzens zu verlangen. *Bei* dem Führen ist eine Tat begangen, wenn der Täter sie während der Führungstätigkeit begeht (z.B. bei sexueller Belästigung einer Mitfahrerin durch den Fahrer). Im Zusammenhang mit dem Führen ist die Tat (ähnlich der Wertung des § 316a StGB) begangen, wenn der Täter das Fahrzeug benutzt, um dadurch die Tatausführung zu ermöglichen (z.B. Verbringen des Opfers zum Tatort, um es dort zu vergewaltigen). Bei der 2. Untervariante ist zwar keine Führungstätigkeit, wohl aber ein enger Zusammenhang mit dieser erforderlich. Der vom *BGH*[105] für ausreichend erachtete Betrug und die Zechprellerei, jeweils begangen unter Ausnutzung des Besitzes eines Kraftfahrzeugs, durch welchen der Täter seine Kreditwürdigkeit vorspiegelte, läßt diesen Zusammenhang vermissen. Beide Taten stehen nur im Zusammenhang mit dem Besitz, nicht aber mit dem Führen des Kraftfahrzeugs, und zwar auch dann nicht, wenn der Täter mit dem Fahrzeug zum Tatort gefahren ist, um den Besitz zu demonstrieren. Denn weder die Kreditvergabe der Bank, noch die Vorleistung des Wirts beruht auf dem Umstand, daß der Täter mit dem Wagen vorfährt, sondern auf dem Vertrauen des Kreditgebers in die Erfüllungsbereitschaft des Täters. In beiden Fällen hat die Fahrerlaubnis nur die Funktion, die Glaubwürdigkeit der Täuschungshandlung zu erhärten. Ein irgendwie gearteter Zusammenhang mit der Führungstätigkeit wird dadurch jedoch nicht begründet. Allenfalls begeht der Täter die Tat im Zusammenhang mit der ihm erteilten *Fahrerlaubnis*. Allein dadurch erweist es sich jedoch nicht als ungeeignet zum Führen von Kraftfahrzeugen, so daß für eine Entziehung der Fahrerlaubnis kein Bedürfnis besteht.

Diese strenge Auslegung des Führens und des Zusammenhangs mit dem Führen, wird durch den 1964 eingefügten Absatz 2 des § 69 StGB gestützt.[106] Die dort genannten Vergehen sind typische Symptomtaten, aus denen sich die den sichernden Maßregeleingriff erforderlich machende Gefährlichkeit unmittelbar ergibt, weil der Täter das Fahrzeug nicht verkehrssicher führt.[107]

---

105 Z.B. in *BGHSt* 5, 179ff.

106 Absatz 2, eingefügt durch das 2. StraßenVSichG, s. Anhang II.

107 Ein ähnlich verkehrsspezifischer Zusammenhang wird auch für den in § 69 II Nr. 3 StGB genannten § 142 StGB gefordert. Nach allg. Meinung liegt kein Unfall i.S.d. §142 I StGB vor, wenn ein Kraftfahrzeug ausschließlich als Tatwerkzeug für eine Sachbeschädigung benützt (*LG Frankfurt* VRS 61, 349ff.) oder zu verkehrsatypischem Verhalten eingesetzt wird (*BGHSt* 24, 382, 384) oder wenn aus einem Fahrzeug (z.B. durch Werfen von Flaschen) Sachbeschädigungen begangen werden (*OLG Hamm* NJW 1982, 2456f.), weil die in diesen Fällen verursachten Unfälle keinen Zusammenhang mit den verkehrstypischen Gefahren aufweisen.

f) Eigener Lösungsansatz

Die vorstehenden Ausführungen zeigen, daß die in Rede stehende Frage nach dem erforderlichen Aussagewert der Anknüpfungstat durch Auslegung des materiellen Rechts nicht zu beantworten ist. Die materiell-rechtliche Uneindeutigkeit ist vor allem eine Folge der Zulassung des Kumulationsprinzips, das die Etablierung eines typischerweise auf Selbständigkeit zugeschnittenen Maßregelrechts entbehrlich machte.[108] Eine eindeutige Antwort ergibt sich jedoch, wenn das materielle Recht der selbständigen Maßregeln mit dem entsprechenden Strafverfahrensrecht in Beziehung gesetzt und in dessen Licht auslegt wird. Dabei handelt es sich der Sache nach um systematische Rechtsauslegung, die nur insofern ungewöhnlich ist, als sie zwischen materiellem und prozessualem Recht, also zwei unterschiedlichen Disziplinen des Strafrechts stattfindet. Werden allgemeine strafprozessuale Grundsätze berücksichtigt, so wird deutlich, daß alle sichernden Maßregeln des materiellen Rechts an eine Symptomtat angeknüft werden *müssen*, wenn ihre Anordnung selbständig erfolgen soll:
Die gesetzgeberische Entscheidung,[109] auch denjenigen Täter mit Strafrechtsfolgen zu belegen, dem infolge seiner Schuldunfähigkeit ein strafrechtlicher Vorwurf nicht gemacht werden kann, löst auf prozessualer Ebene die Notwendigkeit zur Schaffung eines entsprechenden Strafverfahrens aus. Der Täter kann nicht im allgemeinen, auf Schuldfeststellung und Bestrafung gerichteten Strafverfahren verurteilt werden, sondern es bedarf eines atypischen Strafverfahrens, dessen vorrangiger Gegenstand die Spezialprävention ist. Die im allgemeinen Strafverfahren im Vordergrund stehende Frage nach dem Normbruch und der Verteilung der Verantwortung tritt demgegenüber zurück. Ihre Beantwortung bleibt aber als sekundäre Aufgabe bestehen,[110] denn Opfer und verletzte Norm

---

108 Nach dem Kumulationsprinzip (hierzu LK-*Hanack* Vor § 61 Rn. 65) ist die Anordnung einer Maßregel an sich nur bei gleichzeitiger Verhängung von Strafe zulässig. Auf diese Situation sind auch die traditionellen Normierungen des allgemeinen Strafverfahrens zugeschnitten, das sich, weil Strafe Schuld voraussetzt, ausschließlich gegen *schuldfähige* Täter richten kann.

109 AK-*Keller* Vor § 413 Rn. 4 führt diese auf die Appellfunktion der Rechtsgutsverletzung zurück. Verwirkliche sich die angenommene Gefährlichkeit des Täters in einem strafbewehrten Normbruch, so gehe davon ein Appell aus, es nicht noch einmal zur Verletzung kommen zu lassen; andernfalls würden das gegenwärtige und die potentiellen Opfer nicht ernstgenommen.

110 So auch AK-*Keller* Vor § 413 Rn. 3; LR-*Gössel* Vor § 413 Rn. 4, die zu Recht kritisieren, daß das Sicherungsverfahren z.T. als rein exekutivisch, auf Gefahrenabwehr orientiert verstanden wird (so z.B. KMR-*Paulus* Vor § 413 Rn. 2; *Roxin*, Strafverfahrensrecht, § 64 Rn. 3). Denn bei diesem Verständnis wäre der Nachweis der den Anlaß des Verfahrens bildenden Tat überflüssig, so daß nicht verständlich ist, weshalb die Gefah-

können nur dadurch ernstgenommen werden, daß der Normbruch festgestellt und die Verantwortung verteilt wird. Hier zeigt sich wiederum, daß der materiellen Tat auch im präventionsgerichteten Strafverfahren selbständige Bedeutung zukommt.[111]

Das zwingende Erfordernis einer Symptomtat als Anknüpfungstat läßt sich jedoch erst aus dem Legalitätsprinzip herleiten. Dieses knüpft die Zuständigkeit der Strafverfolgungsbehörden an den Anfangsverdacht einer Straftat und bestimmt, daß diese Tat zum Gegenstand des Verfahrens zu machen ist.[112] Zwar stimmt der von der StPO verwendete Begriff der (prozessualen) Tat mit dem materiellen Begriff der Straftat oder auch nur der rechtswidrigen Tat nicht überein.[113] Da aber der prozessuale Tatbegriff weiter ist und den gesamten in der Anklage beschriebenen Lebensvorgang umfaßt, muß die materielle Anknüpfungstat zumindest auch Gegenstand dieses Verfahrens sein.

Die symptomatische Anlaßtat kann kein solcher Verfahrensgegenstand sein. Da sie nur einen gefährlichen Zustand erkennen läßt, der sich bei der Tatbegehung gerade nicht konkretisiert hat, können die für die Prognoseentscheidung erforderlichen Umstände nicht aus der Tat sondern ausschließlich aus anderen, mit der Tat nicht in Zusammenhang stehenden Daten und Umständen entnommen werden. Die Gefährlichkeitsprognose wäre damit von der Anknüpfungstat unabhängig, die lediglich den Anlaß zur präventiven Ausforschung der Täterpersönlichkeit geben würde. Wenn aber die Gefährlichkeitsprognose ganz unabhängig von der Anknüpfungstat erstellt würde, so wäre das Strafverfahren insofern tatbestandsunabhängig, als weder die Sachverhaltsermittlung noch die rechtliche Würdigung der Tat für die Maßregelentscheidung von Bedeutung wäre. Verfahrensgegenstand wäre also nicht die Tat, sondern der krankhafte Täterzustand als Anknüpfungspunkt der strafrechtlichen Sanktion. Da dies mit dem Legalitätsprinzip nicht vereinbar ist, darf die Maßregelanordnung entgegen herrschender Ansicht nicht als Folge allein schon einer rechtswidrigen Tat erstrebt werden, die die Wahrscheinlichkeit begründet, der Täter werde Taten begehen, die ihn für

---

renabwehr in den (wenn auch modifizierten) strengen Formen des Strafverfahrens betrieben wird.

111 AK-*Keller* Vor § 413 Rn. 4 entwickelt diese Bedeutung überzeugend aus der geltenden Regelung des Sicherungsverfahrens und dem Verhältnismäßigkeitsgrundsatz des § 62 StGB. Aus diesem ließe sich auch das Erfordernis einer Symptomtat ableiten, wenn man das Verbot einer außer Verhältnis zur begangenen Tat stehenden Maßregelanordnung dahingehend versteht, daß die Maßregelanordnung einen inneren Zusammenhang mit der begangenen Tat haben muß.Ob aber der Verhältnismäßigkeitsgrundsatz schon bei den Anordnungsvoraussetzungen (so SK-*Horn* § 62 StGB Rn. 3) und nicht erst bei deren Folgen zu berücksichtigen ist, ist strittig, vgl. LK-*Hanack* § 62 Rn. 9.

112 Vgl. §§ 155, 161 iVm *160 I*, 170 I, *200 I 1*, *203*, *207 I*, *II Nr. 3*, 237 i.V.m. 3, 243 II, III, 244 II, 260 IV, 265, *266 I*, 267 und insbes. § *264 I*, *II* StPO.

113 Vgl. LR-*Rieß* Einl. Abschn. J Rn. 57ff. m. zahlr. Nachw. auch zur Rspr.

die Allgemeinheit gefährlich erscheinen lassen.[114] Ebensowenig genügt die Überzeugung der Staatsanwaltschaft, das Gericht werde zu dem Ergebnis gelangen, die begangene Tat sei Folge einer bestimmten Krankheit, die ihrer Art nach erwarten läßt, der Beschuldigte werde Taten verüben, die ihn für die Allgemeinheit gefährlich erscheinen lassen.[115] Vielmehr setzt die Einleitung eines auf Maßregelanordnung gerichteten Verfahrens voraus, daß der Betroffene einer Symptomtat hinreichend verdächtig ist.[116]

Betrachtet man die Formulierungen des materiellen Rechts nochmals vor diesem Ergebnis, so finden sich einige Formulierungen, die erkennen lassen, daß die Beurteilung der Gefährlichkeit des Täters auf die von ihm begangene Tat zu beziehen ist. Am deutlichsten wird dies bei der Entziehung der Fahrerlaubnis (§ 69 StGB), die nur angeordnet werden kann, wenn sich *aus der Tat* ergibt, daß der Täter zum Führen von Kraftfahrzeugen ungeeignet ist. Läßt die Tat selbst keinen Rückschluß auf die mangelnde Eignung zu, so kann weder die mangelnde Eignung noch die künftige Gefährdung des Straßenverkehrs aus anderen Umständen geschlossen werden. Selbst wenn die Gefahr aufgrund anderer, nicht tatbezogener Umstände mit Sicherheit zu erwarten wäre, gäbe es nach dem Wortlaut der Norm keine Möglichkeit, die Fahrerlaubnisentziehung anzuordnen. Die Prognostizierung der Gefährlichkeit setzt also nicht nur die Feststellung der Täterschaft voraus, sondern auch, daß die Tat die spezifische Gefährlichkeit widerspiegelt. Eine entsprechende Folgerung kann auch aus dem Wortlaut der §§ 63, 64 und 70 StGB abgeleitet werden. Die obligatorische Unterbringung nach § 63 StGB und das fakultative Berufsverbot nach § 70 StGB werden angeordnet, wenn die Gesamtwürdigung des Täters *und seiner Tat* ergibt, daß von ihm auch künftig rechtswidrige Taten zu erwarten sind. Die Unterbringung nach § 64 StGB wird angeordnet, wenn der Täter eine *suchtbedingte Tat* begangen hat und die Sucht weitere Taten erwarten läßt. Die Gefährlichkeitsprognose setzt also wiederum die Feststellung der Tat und der Täterschaft des Betroffenen voraus. Nur wenn die Tatbestandsmäßigkeit des Verhaltens festgestellt ist,[117] darf die Gefährlichkeit prognostiziert werden, die wiederum in der Tat ihren symptomatischen Ausdruck gefunden haben muß.[118] Die Abhängigkeit der Gefährlichkeitsprognose von der Feststellung der tatbezogenen Umstände zeigt sich also

---

114 A.A. KK-*Fischer* § 413 Rn. 12.

115 A.A.: KMR-*Paulus* § 413 Rn. 14 in Anschluß an *BGHSt* 5, 140, 143.

116 So wohl auch *Albrecht*, S. 63, der die Sozialgefährlichkeit des Täters nur für insoweit beachtlich hält, als sie sich in den Anlaßtaten realisiert hat.

117 Vgl. hierzu LK-*Hanack* § 63 Rn. 31f., demzufolge auch das Eingreifen von Rechtfertigungs- und Entschuldigungsgründen zweifelsfrei ausgeschlossen werden muß.

118 In diesem Sinne sind wohl auch die Ausführungen von *Weigend* NStZ 1991, 98, 99 zu verstehen.

auch in den Formulierungen des materiellen Rechts. Zwingend kommt das Erfordernis einer Symptomtat für die selbständigen Maßregeln aber erst bei Berücksichtigung des Strafverfahrensrechts zum Ausdruck. Diese Unzulänglichkeit macht eine Konkretisierung des Wortlauts de lege ferenda notwendig. Ein entsprechender Vorschlag findet sich im Anhang III.

4. Die Notwendigkeit sichernder Maßregeln gerade als Strafrechtsfolge

Fragt man nun nach der Notwendigkeit des sichernden Maßregeleingriffs gerade als Strafrechtsfolge, so drängen sich einige Einwände geradezu auf: Das Maßregelrecht ist polizeirechtlichen Ursprungs; der Sicherungszweck hätte auch auf anderem Wege erreicht werden können, was am deutlichsten daran zu sehen ist, daß den selbständigen Maßregeln inhaltlich identische Maßnahmen des Gefahrenabwehrrechts gegenüber stehen,[119] und schließlich gibt es keinen dogmatischen Grund, der die Funktionsübertragung zwingend erfordert hätte. Denn auch wenn die Begehung einer Straftat wegen des Legalitätsprinzips zunächst die vorrangige Zuständigkeit der Strafverfolgungsbehörden auslöst, so könnte die Entscheidung über die Gefährlichkeit des Täters an die zuständige Verwaltungsbehörde verwiesen werden, sobald feststeht, daß der Täter mangels Schuldfähigkeit nicht bestraft werden kann. Und umgekehrt könnte der schuldhaft Handelnde bestraft und anschließend einem verwaltungsrechtlichen Maßregelverfahren unterworfen werden, in dem seine Gefährlichkeit beurteilt wird. Der Gesetzgeber ließ eine solche Abtrennung der Gefahrenprognose von der Tat, mit der Folge eines Nebeneinanders von straf- und verwaltungsgerichtlicher Entscheidungskompetenz z.B. in § 15b I StVZO[120] zu. Dieser verpflichtete die nach § 68 StVZO zuständige Verwaltungsbehörde zur Entziehung der Fahrerlaubnis, wenn sich jemand als ungeeignet zum Führen von Kraftfahrzeugen erwies. Nach Satz 2 war insbesondere ungeeignet, wer wegen körperlicher oder geistiger

119 § 61 Nr. 1 und Nr. 2 StGB entsprechende, gegen den Willen des Betroffenen erfolgende freiheitsentziehende Maßnahmen, über die auf Antrag der Verwaltungsbehörde das Amtsgericht beschließt, sind insbesondere in den Unterbringungsgesetzen der Länder vorgesehen, s. Zusammenstellung der geltenden Gesetze bei LR-*Gössel* § 413 Rn. 21. Die dem Berufsverbot gemäß § 61 I Nr. 6 StGB entsprechende Untersagung der Gewerbeausübung kann im Verfahren nach § 35 GewO durch die Verwaltungsbehörde erfolgen und im Verwaltungsverfahren konnte bis zur Aufhebung des Verfahrens nach § 15b StVZO im Jahre 1998 auch die Entziehung der Fahrerlaubnis angeordnet werden. Nur die mit Bestrafung verbundenen und daher zwingend unselbständigen Maßregeln der Unterbringung in der Sicherungsverwahrung (§ 61 Nr. 3 StGB) und der Führungsaufsicht (§ 61 Nr. 4 StGB) sind und konnten ausschließlich im Strafrecht geregelt werden.

120 §§ 1 - 15l StVZO aufgehoben durch Art. 2 VO vom 18.08.1998 (BGBl. I, 2214ff., 2294).

Mängel ein Kraftfahrzeug nicht sicher führen kann, wer unter erheblicher Wirkung geistiger Getränke oder anderer berauschender Mittel am Verkehr teilgenommen oder sonst gegen verkehrsrechtliche Vorschriften oder Strafgesetze erheblich verstoßen hat. Damit konnte die Fahrerlaubnisentziehung auch im Verwaltungsverfahren auf die Begehung einer Straftat gestützt und die Fahrerlaubnis entzogen werden, wenn eine strafrechtliche Fahrerlaubnisentziehung nach § 69 StGB unterblieb.[121] Das mit der Einführung sichernder Maßregeln verfolgte Ziel erforderte demnach nicht zwingend, verwaltungrechtliche Aufgaben auf die Strafgerichte zu übertragen, sondern es hätte auch durch ein Nebeneinander von straf- und verwaltungsgerichtlichen Entscheidungskompetenzen erreicht werden können.

Der Gesetzgeber mußte sich mit diesen Einwänden seit jeher auseinandersetzen. Der Vorschlag eines Nebeneinanders von straf- und verwaltungsrichterlichen Kompetenzen findet sich schon im Entwurf eines Allgemeinen Deutschen Strafgesetzbuchs von 1925, der in Deutschland erstmals die Idee eines neben die Strafen tretenden Maßregelsystems zu etablieren versuchte. Dem gleichzeitig vorgebrachten Einwand des polizeirechtlichen Rechtscharakters der Maßregeln, demzufolge die Maßregelanordnung kein Akt der Rechtspflege, sondern ein Verwaltungsakt sei,[122] hielt der Gesetzgeber Rechtssicherheitserwägungen entgegen. Viele Besserungs- und Sicherungsmaßregeln führten zu empfindlichen Eingriffen in die persönliche Freiheit des Individuums, weshalb es geboten sei, sie mit den Garantien der richterlichen Unabhängigkeit zu umgeben. Es sei jedoch nicht ratsam, die Anordnung von Sicherungsmaßregeln in die Hand von Verwaltungsgerichten zu legen und die Entscheidung über die Strafe bei den Strafgerichten zu belassen. Denn die Rechtssicherheit würde schwer darunter leiden, wenn es möglich wäre, daß die eine Behörde die Straffähigkeit und die andere den gefährlichen Zustand verneint, und das verbrecherische Individuum weder gestraft noch einer Besserungs- oder Sicherungsmaßregel unterworfen würde. Schließlich sprächen auch prozeßökonomische Gründe dafür, die vom Richter bei der Untersuchung eines Straffalls angestellten Nachforschungen zur Persönlichkeit des Beschuldigten zugleich für die Entscheidung über die Anwendung der Maßregel nutzbar zu machen und der Behörde, die den Lebens-

---

121 Allerdings durfte die Verwaltungsbehörde gem. § 4 II StVG den strafrechtlichen Sachverhalt nicht berücksichtigen, solange gegen den Inhaber der Fahrerlaubnis ein Strafverfahren anhängig war, in dem die Entziehung der Fahrerlaubnis nach § 69 StGB in Betracht kam. Darüberhinaus hatte die strafgerichtliche Feststellung des Sachverhalts, die Beurteilung der Schuldfrage und der Eignung zum Führen von Kraftfahrzeugen gem. § 4 III StVG präjudizierende Wirkung.

122 Entwurf ADStGB 1925, Zweiter Teil, S. 37f.

wandel und Charakter des Beschuldigten schon genügend kennt, auch die Entscheidung zu übertragen, ob sein Zustand eine sichernde Maßnahme erfordert.
Zur Begründung der vorgesehenen Zuständigkeit des Strafrichters wurde auf das geltende Recht verwiesen, das die Entscheidung über die Anordnung von Erziehungsmaßregeln gegen Jugendliche und über die Zulässigkeit anderer, den Sicherungsmaßregeln des Entwurfs verwandter Maßregeln[123] dem Strafrichter zuwies.[124]

Von diesen Erwägungen ist vor allem der Hinweis auf die mögliche Rechtsunsicherheit von überragender Bedeutung. Den heute verstummten Kritikern, die immer wieder an die polizeirechtliche Herkunft des Maßregelstrafrechts erinnerten und dieses als Verwaltungsrecht reklamierten,[125] sei die Berechtigung ihres Einwands zugestanden. Das Maßregelrecht ist Verwaltungsrecht, das jedenfalls der Sache nach nicht zwingend ins Strafrecht gehört. Auch war die Überwälzung des polizeilichen Zweckgedankens damals systemfremd, da das rigide tatstrafrechtliche Verständnis des Sanktionensystems der 1930er bis 1960er Jahre präventive Bedürfnisse der Rechtsgemeinschaft ebenso vernachlässigte, wie die Resozialisierung des Einzelnen. Im Verlauf der letzten Jahrzehnte hat sich dieses Verständnis jedoch grundlegend gewandelt. Präventive, prognostische und individualisierende Gesichtspunkte haben längst in das Strafensystem Eingang gefunden. Die Abwägung tat- und täterbezogener Umstände mit dem Ziel einer positiven oder negativen Prognoseentscheidung ist insbesondere durch die Strafzumessungserwägungen des § 46 StGB zur täglichen Aufgabe des Strafrichters geworden. Daneben geht es aber auch bei der Strafaussetzung zur Bewährung und bei zahlreichen anderen Entscheidungen im Maßregelbereich um die Erstellung möglichst zuverlässiger Sozialprognosen. Gerade in diesem Bereich überlappen sich fortwährend strafrechtliche und gefahrenabwehrrechtliche Kompetenzen, so daß der Einwand der Systemfremdheit heute zu Recht nicht mehr erhoben wird.
War die Einführung des Maßregelrechts im Jahre 1933 eine systemfremde Erweiterung strafrichterlicher Aufgaben, so führte sie im Wandel der Zeit dazu, daß die Verbrechensverhütung zu einem Bestandteil der den Strafrechtsorganen übertragenen Verbrechensbekämpfung wurde.

---

123 Z.B. die Einweisung in ein Arbeitshaus oder Asyl (§ 362 II, III StGB) und die Polizeiaufsicht (§ 38 StGB).

124 Die Amtliche Begründung des Entwurfs ADStGB 1925, Zweiter Teil, S. 37f. wurde fast wörtlich in die Begründung des Entwurfs ADStGB 1927, S. 42ff. übernommen. In der Amtlichen Begründnung zum GewVerbrG, Staatsanzeiger 1933, Nr. 227 wird auf diese Begründung ausdrücklich Bezug genommen (S. 2 Spalte 3).

125 Bewußt polarisierend vor allem *von Hippel*, S. 31 ff.; LK-*Jagusch* (8) Vorbem. III 1 zu § 42a ff.; vermittelnd *Müller-Dietz*, S. 70f.

Ein Neben- oder Nacheinander straf- und verwaltungsgerichtlicher Entscheidungskompetenzen in diesem Bereich würde jedoch zu einer inakzeptablen Gefährdung der Rechtssicherheit führen. Da keines der Gerichte an die Entscheidungen des anderen gebunden ist, besteht nicht nur die im Entwurf 1925 hervorgehobene Gefahr divergierender Einschätzungen hinsichtlich der Gefährlichkeitsprognose, sondern auch die Gefahr der unterschiedlichen Beurteilung der strafrechtlichen Verantwortlichkeit des Täters im Tatzeitpunkt. Würde das Verwaltungsgericht die Schuldfähigkeit des Täters anders beurteilen als das Strafgericht und hielte es den Täter für schuldfähig, so müsste es das Verfahren an das die Schuldfähigkeit verneinende Strafgericht zurückverweisen. In derselben Sache wäre damit ein Wechsel der Staatsgewalt in unterschiedlichen Verfahrensstadien und gegebenenfalls sogar mehrmals möglich, wodurch Rechtssicherheit, Prozeßökonomie und Verfahrensbeschleunigung gefährdet würden.
Entscheidend ist jedoch ein anderer Aspekt: Soll die selbständige Maßregelanordnung im Verwaltungsverfahren wegen einer Straftat erfolgen, so ist auch das verwaltungsgerichtliche Verfahren tatbestandsabhängig. D.h., das durch die strafgerichtlichen Feststellungen nicht gebundene Verwaltungsgericht müsste zunächst eigene Feststellungen zur Tat und Täterschaft treffen, um diese der Prognoseentscheidung zugrunde legen zu können. Damit müsste aber das Strafrecht durch ein mit dem Strafrecht nicht vertrautes Organ einer anderen Staatsgewalt ausgelegt und angewendet werden, was die Einheit der Rechtsanwendung in unzumutbarer Weise gefährdet. Ein Nebeneinander von straf- und verwaltungsgerichtlichen Entscheidungskompetenzen ist deshalb abzulehnen.

Als Ergebnis der materiell-rechtlichen Vorfragen kann damit festgestellt werden, daß nur der an eine Symptomtat anknüpfende, sichernde Maßregeleingriff eine (nicht-vergeltende) Rechtsfolge der Strafrechtsanwendung ist. Die Übertragung der Entscheidungskompetenz für die von Strafe unabhängige Maßregelanordnung auf die Strafgerichte war dogmatisch nicht zwingend, jedoch zur Wahrung grundlegender Verfahrensmaximen geboten. Wegen der Schuldunfähigkeit des Täters muß die Entscheidung über die selbständige Anordnung einer Maßregel allerdings in einem besonderen Strafverfahren mit primär präventiver Zweckrichtung ergehen.

Kapitel 2: Das Verfahren der selbständigen Maßregelanordnung (Sicherungsverfahren)

I. Materiell-rechtliche Grundlage, Gegenstand und gesetzliche Regelung

Die prozessuale Ergänzung der selbständigen Maßregel (§ 42b StGB), das sog. Sicherungsverfahren, wurde ebenfalls durch das GewVerbrG von 1933 eingeführt und in den §§ 429a bis 429e StPO normiert. Während das Verfahrensrecht weitgehend unverändert blieb,[126] wurde die materiell-rechtliche Regelung durch das 2. StrRG 1969 erheblich erweitert. Seitdem regelt § 71 StGB die Zulässigkeit der selbständigen Maßregelanordnung.[127]
Während früher nur die Unterbringung in einer Heil- oder Pflegeanstalt nach § 42b StGB (nach unrichtiger Ansicht der Rechtsprechung später auch die Fahrerlaubnisentziehung)[128] selbständig angeordnet werden konnte, erweitert § 71 StGB die Zulässigkeit der selbständigen Maßregelanordnung auf alle Maßregeln des geltenden Rechts, die (mit Besonderheiten für die Unterbringung im psychiatrischen Krankenhaus) bei Schuldunfähigkeit angeordnet werden können. Die Möglichkeit selbständiger Anordnung besteht damit für die Unterbringung in einem psychiatrischen Krankenhaus (§§ 61 Nr. 1, 63 StGB), in einer Entziehungsanstalt (61 Nr. 2, 64 StGB) für die Entziehung der Fahrerlaubnis (§§ 61 Nr. 5, 69ff. StGB) und das Berufsverbot (§§ 61 Nr. 6, 70ff. StGB).

Das den § 71 StGB verfahrensrechtlich ergänzende, in § 413 StPO legaldefinierte Sicherungsverfahren, dient der Durchsetzung des staatlichen Sicherungsanspruchs. Es richtet sich primär auf die Frage, ob die Anordnung strafrechtlicher Maßregeln zum Schutz der Allgemeinheit erforderlich und verhältnismäßig ist. Als Strafrechtsfolge setzt die selbständige Maßregelanordnung jedoch voraus,

---

126 Vgl. die Gegenüberstellung der gesetzlichen Regelung im Anhang IV; einen Überblick über die Entstehungsgeschichte des Sicherungsverfahrens gibt LR-*Gössel* Vor § 413 Rn. 1, 3.

127 § 71 StGB, in Einschränkung der §§ 103 E 1962 (Begr. S. 233), 81 II AE-AT, unter terminologischer Änderung durch Art. 18 II Nr. 37 EGStGB, eingefügt durch das 2. StrRG v. 04.07.1969.

128 *BGHSt* 13, 91ff. erklärte die Anordnung der Fahrerlaubnisentziehung nach § 42m StGB gegen einen zur Tatzeit Zurechnungsunfähigen im Sicherungsverfahren für zulässig, obwohl es dafür damals an einer verfahrensrechtlichen Grundlage fehlte. Zwar sah § 42m StGB die Entziehung der Fahrerlaubnis bei erwiesener oder nicht auszuschließender Zurechnungsunfähigkeit vor, es fehlte aber eine dem heutigen § 71 II StGB entsprechende Regelung zur Möglichkeit der selbständigen Anordnung. Zu dieser Entscheidung LR-*Gössel* § 413 Rn. 16.

daß ein strafbewehrter Normbruch festgestellt werden kann, für den der Täter strafrechtlich nicht verantwortlich ist. Liegen diese beiden Voraussetzungen nicht vor, ist ein Sicherungsverfahren unzulässig.

Angesichts der vorrangig präventiven Ausrichtung überrascht es, daß sich die prozessuale Gestaltung des Sicherungsverfahrens seit dessen Einführung eng an der des allgemeinen Strafverfahrens orientiert, das spezialpräventive Aspekte ja erst seit Erlaß des 2. StrRG 1969 und seitdem auch nur im Rahmen der Strafzumessung berücksichtigt. Auch heute noch gelten gem. § 414 I StPO für das Sicherungsverfahren sinngemäß die Vorschriften über das allgemeine Strafverfahren, soweit nichts anderes bestimmt ist. Die insgesamt vier das Sicherungsverfahren regelnden Normen (§§ 413 - 416 StPO) enthalten nur wenige abweichende Bestimmungen. Die wichtigsten Besonderheiten des Sicherungsverfahrens sind die Durchbrechung des Legalitätsprinzips (§ 152 II StPO) durch ein der Staatsanwaltschaft eingeräumtes Ermessen hinsichtlich der Stellung des Sicherungsantrags (§ 413 StPO), die Zulässigkeit eines Verfahrens gegen Verhandlungsunfähige entgegen § 206a StPO (§ 413 StPO), die entgegen § 230 StPO grundsätzlich bestehende Möglichkeit der Verhandlung in teilweiser oder vollständiger Abwesenheit des Maßregelbetroffenen[129] (§ 415 StPO) und die Einschränkung des Öffentlichkeitsgrundsatzes (§ 171a GVG).

129 Die korrekte Bezeichnung der Person, gegen die das Sicherungsverfahren geführt wird, wirft einige Probleme auf. Das Gesetz spricht in §§ 415, 416 StPO vom „Beschuldigten", in § 413 StPO vom „Täter". Letzteres ist, wie auch sonst im Prozeßrecht vor Verurteilungsrechtskraft, angesichts der Unschuldsvermutung prozessual verfehlt (so auch KMR-*Paulus* Vor § 413 Rn. 8). Gegen die Bezeichnung „Beschuldigter" ist einzuwenden, daß, soweit das Sicherungsverfahren gegen eine zur Tatzeit schuldunfähige Person geführt wird, dieser strafrechtliche Schuld gerade nicht vorgeworfen wird. Der Beschuldigtenbegriff ist jedoch nicht gänzlich unangebracht, denn erstens ist das Sicherungsverfahren de lege lata auch gegen im Tatzeitpunkt schuldfähige im Verhandlungszeitpunkt jedoch verhandlungsunfähige Personen zulässig und zweitens umfaßt die gerichtliche Prüfungspflicht im Sicherungsverfahren wegen der Möglichkeit des Übergangs ins Strafverfahren (§ 416 StPO) stets auch die Frage einer möglicherweise schuldhaften Tatbegehung. De lege ferenda sollte der Beschuldigtenbegriff jedoch nicht verwendet werden, weil nach der hier vertretenen Ansicht das Sicherungsverfahren *ausschließlich* gegen schuldunfähige Personen zulässig ist (vgl. § 1 Abs. 2 dieses Entwurfs [im folgenden: d. Entw.]), die (selbst wenn man wie z.B. KMR-*Paulus*, aaO, den Beschuldigtenbegriff als rein formale Bezeichnung des einer Straf- oder rechtswidrigen Tat Verdächtigen als Subjekt eines strafprozessualen Verfahrens versteht) im Sicherungsverfahren allenfalls *Eventual*beschuldigte sind. Eine entsprechende Bezeichnung (z.B. „schuldunfähiger Eventualbeschuldigter") kommt jedoch wegen des unverhältnismäßigen Mehraufwandes an umschreibenden Worten nicht in Betracht.
Die wohl überwiegende Ansicht in der Literatur favorisiert die schon in § 413 StPO-Entw. 1939 vorgeschlagene Bezeichnung „Betroffener" ihrer angeblichen Neutralität

Neben diesen gesetzlich geregelten Abweichungen sollen sich auch die Nichtanwendbarkeit des § 265 II StPO,[130] der Ausschluß der Nebenklage[131]

---

wegen (LR-*Gössel* Vor § 413 Rn. 8; KK-*Fischer* § 413 Rn. 4; *Peters*, Strafprozeß, S. 569). Dabei wird weder die (angesichts der Zulässigkeit des Sicherungsverfahrens gegen schuldfähige Personen eigentlich nahe liegende) Frage nach der Angemessenheit einer neutralen Bezeichnung gestellt, noch wird die Neutralität der Bezeichnung selbst in Frage gestellt. Letzteres ist jedoch nötig, da der Betroffenenbegriff im Nebenstrafrecht verwendet und von diesem geprägt wird: Betroffener i.S.d. § 1 OWiG ist derjenige, der wegen einer Ordnungswidrigkeit verfolgt wird (*Rebmann/Roth/Herrmann*, § 66 Rn. 2). Da das OWiG ebenso wie das Strafrecht die Vorwerfbarkeit der Tat voraussetzt, begegnet die Behauptung, der Betroffenenbegriff sei im Sicherungsverfahren zu favorisieren, weil er dem im Vordergrund stehenden Untersuchungsthema (Bestehen des staatlichen Sicherungsanspruchs) am besten entspreche (so LR-*Gössel* Vor § 413 Rn. 8) berechtigten Zweifeln. Allerdings bereitet die Konzeption einer an den Besonderheiten des Sicherungsverfahrens orientierten Bezeichnung einige Schwierigkeiten. So erinnern die auf den Sicherungsantrag bezogenen Bezeichnungen (z.B Antragsgegner, Sicherungsgegner, Sicherungsantragsgegner oder Maßregelgegner) zu sehr an das Verfahren der einstweiligen Verfügung und der Klageerzwingung während die an den Verfahrenszweck angelehnten Bezeichnungen (zu Maßregelnder, zu Bessernder, zu Sichernder) einen unangenehm pädagogischen Beigeschmack aufweisen, den sich überlagernden Maßregelzwecken überwiegend nicht gerecht werden (zu Bessernder, zu Sichernder) oder den von der Staatsanwaltschaft erstrebten Ausgang des Verfahrens in unangemessener Weise vorweg nehmen (Maßregelunterworfener). Daher ist die Verwendung eines spezifizierten Betroffenenbegriffs wie Maßregel- oder Sicherungsverfahrensbetroffener geboten, von denen ersterer im Folgenden verwendet wird.

130 So LR-*Gössel* § 414 Rn. 24 (für dieVeränderung der Maßregelbewertung); *Kleinknecht/Meyer-Goßner* § 414 Rn. 4; KK-*Fischer* § 414 Rn. 2, 7. Nach § 265 II StPO darf der Angeklagte nicht verurteilt werden, ohne daß er zuvor auf die Änderung des rechtlichen Gesichtspunktes besonders hingewiesen und ihm Gelegenheit zur Verteidigung gegeben worden ist, wenn sich in der Verhandlung vom Strafgesetz besonders vorgegebene Umstände ergeben, welche die Anordnung einer Maßregel rechtfertigen. - Vereinzelt wurde früher auch die Anwendbarkeit des § 265 I StPO bzgl. der Veränderung der *Tat*bewertung abgelehnt, weil es auf die genauere rechtliche Qualifikation nicht ankomme, KMR-*Müller-Sax* § 429a , 1c). Dagegen die nun wohl herrschende Literatur, LR-*Gössel* § 414 Rn. 24 m.w.N.; KMR-*Paulus* § 414 Rn. 20; AK-*Keller* § 414 Rn. 11: Da sich die Anordnung im Sicherungsverfahren auf einzelne rechtswidrige Taten stützen muß, bilden diese die „rechtlichen Gesichtspunkte“ im Sinne der genannten Bestimmung. - Für die Verteidigung des Maßregelbetroffenen sei sehr wohl von Bedeutung welchen Straftatbestand das Gericht als Grundlage der Anordnung in Erwägung ziehe, weshalb der Maßregelbetroffene auf eine Änderung der rechtlichen Qualifikation der dem Sicherungsantrag zugrunde liegenden Tat hinzuweisen sei; so auch § 20 Abs. 3 S. 4 d. Entw. Entsprechendes gilt nach § 28 Abs. 2 d. Entw. für die Veränderung der Maßregelbewertung.

131 Vgl. die bisher h.M.: *BGH* NJW 1974, 2244; *BGH* NStZ 1992, 30; *BGHR*-StPO § 395 Ausschlußbefugnis 1; *OLG Hamm* StV 1992, 460; *OLG München* MDR 1994, 402; *OLG*

sowie die Beschränkung der Reichweite des § 264 I StPO[132] aus dem Wesen des Sicherungsverfahrens ergeben. Letztere führt zur Nichtanerkennung der Begrenzungsfunktion der prozessualen Tat, mit der Folge, daß bei der Urteilsfindung im Rahmen der Prognosentscheidung Taten berücksichtigt werden können, die mit der Anknüpfungstat nicht in Verbindung stehen.
Weitere Einschränkungen der prozessualen Rechte folgen aus der erst in der Hauptverhandlung obligatorischen Mitwirkung eines Sachverständigen (§§ 414 III, 415 V StPO), der nicht notwendigen Verfahrensbeteiligung eines für den Maßregelbetroffenen bestellten Betreuers (§ 1896 BGB), der Nichtanfechtbarkeit des den Maßregelbetroffenen von der Hauptverhandlung ausschließenden Beschlusses nach § 415 I StPO (§ 305 S. 1 StPO), der Unanwendbarkeit des § 231a III S. 3 StPO[133] und der bei Abwesenheitsverhandlungen durch § 415 IV StPO eröffneten Möglichkeit, die in einem richterlichen Protokoll enthaltenen Erklärungen des Maßregelbetroffenen ohne die Einschränkungen des § 254 StPO, d.h. auch zu anderen Zwecken als der Beweisaufnahme über ein Geständnis oder der Aufklärung von Widersprüchen in der Aussage des Maßregelbetroffenen (also etwa zur Feststellung früherer Zwischenfälle oder zu Anamnesezwecken) zu verlesen.[134]

Oldenburg NStZ-RR 1996, 310; *LG Ravensburg* NStZ 1995, 303; offengelassen in *BGH* NStZ 1996, 244; LR-*Gössel* (24) Vor § 413 Rn. 6, § 414 Rn. 1; *Kleinknecht/Meyer-Goßner* Vor § 395 Rn. 5; KMR-*Fezer* Vor § 395 Rn. 10, § 395 Rn. 4. Wenn die begangene Tat zu den in § 395 StPO aufgeführten Taten gehört, hielt die Nebenklage dagegen für zulässig: *OLG Köln* NJW 1993, 3279 = JR 1994, 344 m. zust. Anm. *Gössel*; *OLG-Frankfurt* NJW 1994, 3243; *OLG Hamburg* NJW 1997, 1719; *OLG Saarbrücken* NStZ 1997, 453; *LG Essen* NStZ 1991, 98ff. m. zust. Anm. *Weigend*; *LG München II* NStZ-RR 1998, 78; *Gruhl* NJW 1991, 1875; Anm. *Gössel* JR 1995, 128; *Kurth* NStZ 1997, 6; *ders.*, in HK § 414 Rn. 4; KK-*Fischer* Vor § 395 Rn. 2; AK-*Keller* § 414 Rn. 4. Die von KMR-*Paulus* Vor § 413 Rn. 9 vertretene Ansicht, die Nebenklage sei mit dem Ziel zulässig, eine Überleitung ins allgemeine Strafverfahren zu bewirken (ebenso LR-*Wendisch* § 395 Rn. 12), nähert sich dem praktisch an (vgl. *Weigend* NStZ 1991, 99). § 395 StPO-neu (Anhang V) erklärt die Nebenklage für zulässig.

132 So LR-*Gössel* (24) § 414 Rn. 24; AK-*Keller* § 414 Rn. 3; KMR-*Paulus* § 414 Rn. 20. Nach § 264 I StPO ist nur die prozessuale Tat Gegenstand der Urteilsfindung.

133 Nach dieser Norm ist gegen den Beschluß, mit dem das Gericht die Verhandlung in Abwesenheit des selbstverschuldet verhandlungsunfähigen Angeklagten beschließt, sofortige Beschwerde zulässig; anders für das Sicherungsverfahren *OLG Koblenz* MDR 1976, 602; *Kleinknecht/Meyer-Goßner* § 415 Rn. 12.

134 So *Kleinknecht/Meyer-Goßner* § 415 Rn. 10; LR-*Gössel* § 415 Rn. 3, KK-*Fischer* § 415 Rn. 11. Anders als in § 251 IV 1 StPO erfolgt die Anordnung der Verlesung nach § 254 StPO nicht durch Gerichtsbeschluß sondern durch sachleitende Verfügung des Vorsitzenden. Ein Gerichtsbeschluß ergeht erst nach Beanstandung gem. § 238 II StPO.

II. Reformbedürftigkeit des Sicherungsverfahrens

Bei näherer Betrachtung des seit 1933 im wesentlichen unveränderten Sicherungsverfahrens fällt dreierlei auf. Erstens entsprechen die normierten Abweichungen der Gestaltung von Verwaltungsverfahren[135] und betonen die Bedeutung der Gefahrenabwehr im Sicherungsverfahren.[136] Zweitens trägt keine einzige Sonderregelung dem materiell-rechtlichen Ziel der Spezialprävention auf verfahrensrechtlicher Ebene besonders Rechnung und drittens bewirken die geschriebenen und hergeleiteten Besonderheiten des Sicherungsverfahrens eine erhebliche Minderung der Rechte, die dem Beschuldigten im allgemeinen Strafverfahren zustehen. Dies gilt insbesondere für den bereits angesprochenen § 264 I StPO und für § 230 StPO, demzufolge gegen einen ausgebliebenen Angeklagten eine Hauptverhandlung nicht statt findet. Die Verhandlung in Abwesenheit des Maßregelbetroffenen ist i.d.R. mit einer Einschränkung der Verteidigung und Sachverhaltsaufklärung[137] verbunden. Zudem wird die Unterrichtung des Maßregelbetroffenen über den wesentlichen Inhalt dessen, was während seiner Abwesenheit ausgesagt oder sonst verhandelt worden ist, für erläßlich und § 247 S. 4 StPO[138] für nicht anwendbar gehalten.[139]
Eine weitere Einschränkung prozessualer Rechte erfolgt durch die vom *BGH* anerkannte Möglichkeit, auch die Angaben eines geisteskranken oder geistesschwachen Maßregelbetroffenen als Beweismittel zu würdigen.[140] Diese Rechtsprechung ist schon wegen des nemo-tenetur-Grundsatzes bedenklich, soweit der Maßregelbetroffene die ihm zustehenden Rechte nicht versteht. Überprüfungsbedürftig ist sie aber vor allem wegen § 415 StPO, der die Durchführung der *gesamten* Sicherungshauptverhandlung ohne den Maßregelbetroffenen zuläßt. Dieser ist dann zwar vor der Sicherungshauptverhandlung durch einen beauftragten Richter zu vernehmen, dabei müssen aber weder sein Verteidiger

---

135 Zu nennen sind hier vor allem das Ermessen der Staatsanwaltschaft hinsichtlich der Antragstellung, die Möglichkeit der Abwesenheitsverhandlung und die Sachverständigenvernehmung nach § 415 V StPO, die den im Sicherungsverfahren nicht anwendbaren (*BGH* NJW 1967, 990) § 246a StPO erweitert.

136 Vgl. *BGHSt* 22, 1, 3 mit Verweis auf die Amtliche Begründung zum GewVerbrG; *BGH* NJW 1968, 412; AK-*Keller* Vor § 413 Rn. 6.

137 Vgl. § 244 II StPO: „Das Gericht hat zur Erforschung der Wahrheit die Beweisaufnahme von Amts wegen auf *alle* Tatsachen und Beweismittel zu erstrecken, die für die Entscheidung von Bedeutung sind."

138 § 247 S. 4 StPO verpflichtet den Vorsitzenden zur Unterrichtung des Angeklagten über den wesentlichen Inhalt des in seiner Abwesenheit Ausgesagten oder Verhandelten, sobald dieser wieder anwesend ist.

139 Vgl. *BGH* 5 StR 544/59 vom 15.12.1959 (zu § 429c StPO).

140 *BGHSt* 2, 269ff.; zust. LR-*Gössel* § 414 Rn. 23; AK-*Keller* § 414 Rn. 2.

noch der gesetzliche Vertreter anwesend sein, sondern gem. § 415 II 3 StPO nur ein Sachverständiger, womit die Verteidigung weiter eingeschränkt wird. Kann der Verteidiger den Vernehmungstermin nicht wahrnehmen, so fehlt ihm jeglicher Einfluß auf das Aussageverhalten des Maßregelbetroffenen, das durch die Vernehmung des Sachverständigen über die von ihm gemachten Wahrnehmungen nach § 415 V StPO in allen Einzelheiten als Befund- oder Zusatztatsache in die Sicherungshauptverhandlung eingeführt und verwertet werden kann.[141] Darüberhinaus fehlt in diesen Fällen auch der Einfluß der Verteidigung auf die wichtige Frage weiterer Beweiserhebungen. Da im Sicherungsverfahren auch *freiheitsentziehende* Maßregeln trotz vollständiger Abwesenheit des Maßregelbetroffenen angeordnet werden können, kann die Einschränkung der Verteidigung bei der Vorvernehmung in der Sicherungshauptverhandlung gravierende Konsequenzen nach sich ziehen. Im allgemeinen Strafverfahren ist die Abwesenheitsverhandlung deshalb nur ausnahmsweise zugelassen. Auch darf dort abgesehen von der Entziehung der Fahrerlaubnis (§ 232 I 2, 3 StPO) keine Maßregel verhängt werden (§§ 232, 233 StPO), weil dies eine eingehende Prüfung der Persönlichkeit des Beschuldigten erfordern würde, die in dessen Abwesenheit nicht möglich ist.[142]

Es ist vor allem diese Benachteiligung des Maßregelbetroffenen, aus der das dringende Bedürfnis nach einer Reform des Sicherungsverfahrens entsteht. Im übrigen ist diese Reform aber als verfahrensrechtliche Konsequenz eines nunmehr die Täterpersönlichkeit in den Vordergrund stellenden materiellen Maßregelrechts schon seit langem geboten. Im Gegensatz zum allgemeinen Strafverfahren, in welchem die Klärung der Tatfrage die eigentliche Aufgabe darstellt, sind die tatbezogenen Feststellungen im Sicherungsverfahren nur Vorstufe der wesentlichen Aufgabe, nämlich der Erforschung der Täterpersönlichkeit und der Bewertung von Tat und Täterpersönlichkeit im Hinblick auf die Prognoseentscheidung. Die Wahrnehmung dieser Aufgabe erachtete der Gesetzgeber für so überaus wichtig, daß er das Prinzip der Zweispurigkeit in das deutsche Strafrecht einführte. Eben diese Aufgabe kann aber durch entsprechende Anwendung der allgemeinen Strafverfahrensnormen nicht erfüllt werden, weil bei diesen die Klärung der Tatfrage im Vordergrund steht, während die im Sicherungsverfahren entscheidenden Prognoseentscheidungen des materiellen Rechts einer prozessualen Entsprechung entbehren.[143]

---

141 Zu den rechtsstaatlichen Bedenken *Haddenbrock* NJW 1981, 1302.

142 So LR-*Gössel* § 415 Rn. 1.

143 Seit der Wandlung des Tat- zum Täterstrafrechts wird die fast ausschließlich an Schuld und Generalprävention, an Tatstrafrecht und Rechtsgüterschutz orientierte StPO als Gesetz, welches das materielle Strafrecht durchzusetzen in der Lage sein muß, auch für das allgemeine Strafverfahren als „hoffnungslos rückständig" empfunden, *Wolter* GA 1980,

III. Reformierung durch Teilung der Sicherungshauptverhandlung

Reformbedürftig ist vor allem die Sicherungshauptverhandlung, die den Besonderheiten eines strafrechtlichen Präventionsverfahrens derzeit nicht gerecht wird. So werden z.B. die persönlichen Lebensumstände des Maßregelbetroffenen schon zu Beginn der Hauptverhandlung und zumeist öffentlich[144] erörtert, ehe die Frage der Täterschaft überhaupt geklärt ist.[145] Wird der Sicherungsantrag später abgewiesen, weil der Maßregelbetroffene nicht Täter war oder sich dieses nicht beweisen läßt, so bedeutet dieser Verfahrensgang eine Härte, die im Hinblick auf den Persönlichkeitsschutz verfassungsrechtliche Bedenken hervorruft. [146] Zudem war dann die genaue Durchleuchtung der Persönlichkeit prozessual überflüssig. Und selbst wenn es zur Anordnung einer Maßregel kommt, kann sich ergeben, daß die Erörterung nicht oder nicht in diesem Umfang erforderlich war. Ein gleichermaßen wirksames wie prozeßökonomisches Verfahren, das nicht die retrospektive Tatvergeltung, sondern ausschließlich die Anordnung spezialpräventiv-individualisierter Strafrechtsfolgen zum Ziel hat, erfordert demnach eine umfassende Ausleuchtung des Maßregelbetroffenen und seiner

---

84f. m.w.N. Der gesetzlich normierten Pflicht der Strafverfolgungsorgane, persönliche und soziale Daten über die Täterpersönlichkeit zusammenzutragen entspricht die richterliche Pflicht, in den Urteilsgründen die Umstände anzuführen, die für die Strafzumessung bestimmend gewesen sind, § 267 III StPO. Jedoch regeln auch nach zahlreichen Reformen nur wenige Vorschriften das Verfahren, durch das die einer Individualisierung der Rechtsfolgen dienlichen Strafzumessungstatsachen zu ermitteln sind (z.B. § 160 III StPO).

144 Allerdings sehen §§ 171a, 172 Nr. 2 GVG i.d.F. des mit dem 2. StrRG in Kraft getretene EGStGB vom 2.3.1974 (BGBl. I, 469) den fakultativen Ausschluß der Öffentlichkeit vor, wenn das Verfahren eine freiheitsentziehende Maßregel zum Gegenstand hat oder wenn „Umstände aus dem persönlichen Lebensbereich eines Prozeßbeteiligten zur Sprache kommen, durch deren Erörterung überwiegende schutzwürdige Interessen verletzt werden." Doch vermag diese dem Ermessen des Gerichts unterliegende Kann-Vorschrift den gebotenen Schutz nicht zu garantieren. Zudem kann die Abwägungsklausel dazu führen, daß der Öffentlichkeitsausschluß an überwiegenden öffentlichen Interessen scheitert.

145 §§ 414 I i.V.m. 243 II 2 StPO.

146 Auf das gerade für den Gesetzgeber geltenden Gebot des Art. 1 GG zur Achtung auch des straffällig geworden Menschen in seiner Personenwürde verweisen *Eb. Schmidt* NJW 1969, 1145f.; *Dahs sen.* NJW 1970, 1707; grundsätzlich *Krauß*, *Gallas*-FS, S. 365ff. Weitere Bedenken werden auf den im Rechtsstaatsprinzip (Art. 20, 28 GG) enthaltenen Grundsatz der Verhältnismäßigkeit, das daraus abgeleitete Verbot übermäßig belastender Eingriffe und die Unschuldsvermutung des Art. 6 II EMRK gestützt, *Krauß*, Unschuldsvermutung, S. 163; *Wolter* GA 1980, 84f.; *Achenbach* JR 1974, 401 spricht von einer durch nichts zu rechtfertigenden Diskriminierung eines Unschuldigen.

soziodemographischen Daten[147] erst zu einem Zeitpunkt, in dem zumindest die Täterschaft feststeht. Die dadurch notwendige Trennung des Verfahrensstoffs kann verfahrensrechtlich durch eine entsprechende Teilung der Sicherungshauptverhandlung umgesetzt und abgesichert werden. In dieser wären zunächst die tatbezogenen Sicherungsanspruchsvoraussetzungen zu prüfen. Liegen diese vor, folgt die Untersuchung der Täterpersönlichkeit zwecks Gefahrendiagnose und -prognose.

Die Forderung nach einer solchen Teilung der Sicherungshauptverhandlung wurde bisher nicht erhoben. Im allgemeinen Strafverfahren gehörte sie dagegen zu den jahrzehntelang ausgereiften[148] und in der Wissenschaft weitgehend anerkannten Reformvorschlägen,[149] deren zentrales Anliegen die Teilung der Hauptverhandlung durch ein Interlokut[150] war. Die für ein Interlokut sprechenden Gründe sind in einer langen und lebhaften Diskussion herausgearbeitet worden.[151] Trotz der erfolgversprechenden praktischen Erprobung der Teilung durch

---

147 Der Begriff wurde in bewußter Abkehr zu dem der „persönlichen Verhältnisse“ gewählt. Dieser sollte de lege ferenda nur noch i.S.der Identitätsfeststellung des § 111 OWiG verwendet werden. Entgegen der praktischen Anwendung ist er richtigerweise schon heute auf die dort bezeichneten Angaben beschränkt, vgl. insbes. RiStBV Nr. 13 I. Zu den soziodemographischen Daten zählen alle persönlich, psychologisch, wirtschaftlich und sozial relevanten Daten des Maßregelbetroffenen, d.h., die in § 111 OWiG genannten persönlichen Verhältnisse sowie Angaben über Schulabschluß, berufliche Ausbildung und Werdegang, Vorleben, Vorstrafen, den Gesundheitszustand und dessen Anamnese, familiäre und wirtschaftliche Verhältnisse etc.

148 Die Übernahme einer Zäsur zwischen Schuld- und Strafspruch nach englischem Vorbild wurde erstmals 1925 auf dem Londener Internationalen Gefängniskongreß befürwortet, vgl. Nachw. bei *Blau* ZStW 1969 (81), 39 Fn. 16. In Deutschland wurde über diesen Kongreß seinerzeit sehr ausführlich berichtet, ZStW 1927 (47), S. 191ff. Zur rechtsvergleichenden und geschichtlichen Entwicklung der Idee in Deutschland grundlegend die Dissertation von *Herrmann* sowie *Heckner*, S. 13ff. und *Blau* ZStW 1969 (81), 38ff.

149 *Brandt* JW 1925, 2719, 2721; ausführlich *Grünhut*, *von Weber*-FS, S. 362ff. mit Schilderung der englischen Verhältnisse; *Dahs sen.*, FS-*Schorn* , S. 37; *Bruns* Strafzumessungsrecht (1), S. 227ff.; *Fischinger* ZStW 1969 (81), S. 50; *Jescheck*, AT (1), S. 511; *Peters*, Verhandlungen, S. 48ff.; *Eb. Schmidt* NJW 1969, 1145f., sowie die umfassende Darstellung der Probleme bei *Blau* ZStW 1969 (81), S. 31ff.

150 Begrifflich ist die förmliche Teilung durch ein Interlokut von einer bloß informellen Verfahrenszäsur zu unterscheiden.

151 Umfassende Literaturnachweise bei *Schöch/Schreiber* ZRP 1978, S. 63ff.; *Dölling*, S. 2ff.; *Dahs sen.* NJW 1970, 1705 Fn. 3; *Knittel*, *Schwinge*-FS, S. 215 Fn. 1; ablehnend nur *Heinitz*, *von Lübtow*-Festgabe, S. 835ff.; *Horn* ZStW 1973 (85), 7ff. der mit dem Vorschlag eines Tat-Schuld-Interlokuts allein auf die Strafzumessung abzielt.

eine informelle Verfahrenszäsur,[152] ebbte die wissenschaftliche Diskussion, die Mitte der 70er bis Anfang der 80er Jahre ihren Höhepunkt erreichte, nach 1985 überraschend ab. Der 1985 von einem Arbeitskreis deutscher und schweizerischer Strafrechtslehrer vorgelegte Alternativ-Entwurf zur Reform der Hauptverhandlung (AE-StPO-HV) wurde vom Gesetzgeber nicht umgesetzt, die Idee der zweigeteilten Hauptverhandlung - wohl infolge der Tendenz zu Kosteneinsparung und Verfahrensverkürzung - endgültig ad acta gelegt.

Für das allgemeine Strafverfahren ist der Rückzug der Interlokutbewegung durchaus nachvollziehbar. Seine Regelung hat sich über viele Jahrzehnte hinweg bewährt und insbesondere in der Hauptverhandlung zu einem ausgewogenen Verhältnis von Beschuldigtenrechten einerseits und materieller Wahrheitsfindung zur Durchsetzung des staatlichen Strafanspruchs andererseits geführt. Für eine grundlegende Reformierung, die von der Mehrheit der Justiz abgelehnt wurde, bestand damit kein Handlungsbedarf. Das gilt jedoch nicht für das Sicherungsverfahren, das seit jeher einer eigenständigen, auf seine strafrechtsuntypischen Zwecke und Bedürfnisse zugeschnittenen Regelung entbehrt. Seine Anlehnung an das Strafverfahren führt zur unangemessenen Einschränkung grundlegender Prozeßrechte. Für die materiell-rechtlich notwendigen Prognoseentscheidungen fehlen prozessuale Grundlagen. All dies bedarf einer grundsätzlichen Veränderung, bei der das Problem der Verfahrensverzögerung keineswegs ein gravierendes Hindernis darstellt. Es liegt nahe, daß eine Verhandlung länger dauert, wenn zweimal plädiert, zweimal beraten und entschieden werden muß.[153] Das würde insbesondere dann gelten, wenn nach dem Interlokut umfangreiche Gutachten über die Zweckmäßigkeit dieser oder jener Maßregel eingeholt würden, deren Folge eine lange Verhandlungspause wäre. Da der Gesetzgeber beklagt, daß die Verfahren heute zu lange dauern und auf weitere Be-

---

152 Unter Berufung auf die Vorschläge von *Bruns*, Strafzumessungsrecht (2), S. 182ff., *Kleinknecht* (33) § 244 Rn. 22ff., § 258 Rn. 8, *ders.*, FS-*Heinitz*, S. 651ff. und *Peters*, Verhandlungen, S. 55 war es *Schöch* und *Schreiber* mit Unterstützung des Niedersächsischen Justizministeriums im Sommer 1976 möglich, im Raum Göttingen-Hannover-Braunschweig in Schöffengerichts- und Einzelrichterverhandlungen des allgemeinen Strafverfahrens eine Zweiteilung systematisch zu erproben und wissenschaftlich zu kontrollieren. Eine ausführliche Darstellung und Kommentierung des gesamten Experiments findet sich in den Dissertationen von *Dölling* und *Schunck*, eine kurze Zusammenfassung bei *Schreiber* BewHilfe 1980, 134ff.

153 Vgl. mit wohl genauester Begründung Ständige Strafrechtskommission der Fachgruppe Richter und Staatsanwälte in der Gewerkschaft ÖTV 1975, 20f.; ähnlich der Beschluß des Deutschen Richterbundes vom April 1976, in Informationen des Deutschen Richterbundes Nr. 5 (1976), S. 17; zum Ausmaß der durch die Zweiteilung bewirkten Prozeßverlängerung *Dölling*, S. 231ff.; *Schöch/Schreiber* ZRP 1978, 67; *Schunck*, S. 226ff. m.w.N.

schleunigung drängt, würde eine zeitraubende Zerdehnung der Hauptverhandlung seinem Konzept zuwiderlaufen und eine Reform schon deshalb wenig Chancen haben. Jedoch erscheinen diese Bedenken bei näherer Betrachtung teils als übertrieben, teils als überwindbar.[154] Man muß zum einen berücksichtigen, daß die Abschichtung des Verfahrensstoffs im Einzelfall sogar zu einer Verkürzung der Sicherungshauptverhandlung führen kann, weil - anders als heute – die Erörterung der rechtsfolgenrelevanten Umstände von vornherein unterbleibt, wenn die Täterschaft nicht erwiesen werden kann.[155] Zum anderen muß man sich klar machen, daß durch umfassende Persönlichkeitserforschung bedingte Verzögerungen keine Folge der Teilung, sondern des auf solche Ermittlungen zielenden kriminalpolitischen Konzepts sind, denn der Verhandlungsstoff, der bei einer Teilung der Sicherungshauptverhandlung dem zweiten Verfahrensabschnitt zugewiesen würde, müßte de lege lata ebenfalls bewältigt werden. Eine systembedingte Prozeßverzögerung kann daher nicht eintreten.

In der Praxis könnte es allerdings durch die eingehende Ermittlung der rechtsfolgenrelevanten Umstände zu einer Verfahrensverlängerung kommen. Jedoch würde auch die Hauptverhandlung in Strafsachen heute länger dauern, wenn man der Untersuchung der Strafzumessungserwägungen den vom materiellen Strafrecht geforderten Raum gewähren würde.[156] Insofern wäre die Verlängerung nur der Preis für die als erwünscht[157] anzusehende intensivere Rechtsfolgenverhandlung.

Weiter muß man sich bewußt sein, daß die vielbeklagte Dauer unserer Strafverfahren in aller Regel nicht auf die Länge der Hauptverhandlung, sondern auf die schleppende Bewältigung der einzelnen Verfahrensabschnitte zurückzuführen ist. Wenn im Sicherungsverfahren die gerichtliche Voruntersuchung und der Eröffnungsbeschluß abgeschafft würden, könnte das zu einer solchen Straffung des Verfahrens führen, daß für eine gründliche Erforschung der Täterpersönlichkeit und die ihr dienende Teilung der Hauptverhandlung genügend Zeit bliebe und die

---

154 Sie erwiesen sich auch bei der praktischen Erprobung eines informellen Interlokuts als überwiegend unbegründet, *Schöch/Schreiber* ZRP 1978, 63f., 67; *Dölling*, S. 85ff., 147ff., 231ff. sowie ausführlich *Römer* GA 1969, 342f.

155 So auch *Roxin*, Reform, S. 63; *Dahs jun.* GA 1971, 354.

156 Nach § 46 StGB sind bei der Strafzumessung insbesondere zu berücksichtigen die Beweggründe und die Ziele des Täters, die Gesinnung die aus der Tat spricht, seine persönlichen und wirtschaftlichen Verhältnisse, sein Verhalten nach der Tat und die Wirkungen, die von der Strafe für das künftige Leben des Täters in der Gesellschaft zu erwarten sind.

157 Während der Reformdiskussion war man sich weitgehend einig, daß die Teilung der Hauptverhandlung aus praktischen und kostenrechtlichen Gründen unmöglich bei sämtlichen Verfahren durchgeführt werden könne. Für die obligatorische Einbeziehung wurden u.a. diejenigen Verfahren vorgeschlagen, bei denen die Verhängung einer freiheitsentziehenden Maßregel ernstlich in Betracht kommt, vgl. *Wolter* GA 1980, 102f. m.w.N.

Verfahren immer noch kürzer würden als heute, nicht zuletzt, weil die verbesserte Rechtsfolgenverhandlung u.U. eine Korrektur der Entscheidung im Rechtsmittelverfahren entbehrlich macht. Schließlich ist auch zu bedenken, daß im Verhältnis zum allgemeinen Strafverfahren nur wenige Fälle im Sicherungsverfahren verhandelt werden,[158] so daß sich teilungsbedingte Verfahrensverzögerungen auf den allgemeinen Geschäftsgang kaum auswirken würden. Auch würden für die einfache Abschichtung des Verhandlungsstoffes keine zusätzlichen Kosten entstehen.

1. Vorteile eines Interlokuts

Die Gründe für die Einführung einer zweigeteilten Hauptverhandlung sind in der wissenschaftlichen Literatur weitgehend unbestritten und wurden auch von den Fachverbänden der Richter und Staatsanwälte im Prinzip anerkannt.[159] Entsprechend sollten mit dem 1985 vorgelegten Vorschlag zur Reform der Hauptverhandlung im allgemeinen Strafverfahren folgende Ziele verwirklicht werden:[160]

- Anpassung der rechtsstaatlich gebotenen Garantien des Strafprozeßrechts an das veränderte Verständnis von Persönlichkeitsrechten und der Subjektstellung des vom Strafverfahren betroffenen Bürgers. Durch diese Anpassung der seit der sog. kleinen Strafrechtsreform von 1964[161] nur unwesentlich ausgebauten Garantien sollte die in anderen Rechtsgebieten längst realisierte Synthese von rechts- und sozialstaatlichen Elementen auch im Strafrecht umgesetzt werden.
- Wegen der grundlegenden Wandlung des Tat- zum Täterstrafrechts[162] und des seitdem eher spezialpräventiv ausgestalteten Rechtsfolgensystems, [163] sollte dem

---

158 Vgl. die Angaben des Statistischen Bundesamtes Wiesbaden für 1990 - 1999 in Anhang VI.

159 Strafrechtskommission des Deutschen Richterbundes 1975; Ständige Strafrechtskommission der Fachgruppe Richter und Staatsanwälte in der Gewerkschaft ÖTV 1975.

160 AE-StPO-HV, S. 2f.; 53ff.

161 Vollzogen durch das StPÄG v. 19.12.1964 (BGBl. I, 1067), das vielfältige Neuerungen gebracht hat. Die wichtigsten sind die durchgreifende Überarbeitung des Rechts der Untersuchungshaft (§§ 112 - 126a StPO), die Verstärkung der Verteidigerstellung durch Erweiterung des Akteneinsichtsrechts und des Rechts zum Verkehr mit dem Beschuldigten (§§ 147, 148 StPO) sowie die Einführung einer Pflicht zur umfassenden Belehrung des Beschuldigten über sein Aussageverweigerungsrecht (§§ 136, 163a, 243 IV StPO).

162 Vollzogen insbes. durch das 1. und 2. StRG v. 26.06. und 04.07.1969.

163 Die Vorschriften zur Strafzumessung, zur Strafaussetzung zur Bewährung, zur Verwarnung mit Strafvorbehalt oder zu den Maßregeln der Besserung und Sicherung verlangen die Feststellung vielfältiger täterbezogener Umstände („persönliche und wirtschaftliche

Gericht eine bessere Persönlichkeitserforschung und eine intensivere Auseinandersetzung mit den voraussichtlichen Sanktionswirkungen ermöglicht werden. Zu diesem Zweck sollte, durch Abschichtung der unterschiedlichen Sachfragen, die Kommunikationsstruktur in der Hauptverhandlung ausgewogener und transparenter gestaltet werden.

Die Umsetzung dieser Ziele muß gerade im extrem täterorientierten Sicherungsverfahren vorrangig sein. Die Teilung der Hauptverhandlung kann hierfür die geeignete Hilfestellung leisten, weil sie grundlegende Strukturmängel der jetzigen Sicherungshauptverhandlung beseitigt und die Synthese rechts- und sozialstaatlicher Elemente in mehrfacher Hinsicht realisiert: [164] Sie gewährleistet den Persönlichkeitsschutz des Maßregelbetroffenen, garantiert eine unvoreingenommene Beweiswürdigung[165] und beseitigt das Verteidigungsdilemma des Maßregelbetroffenen ebenso wie das Antragsdilemma seines Verteidigers.[166]

Verhältnisse", „Gesinnung, die aus der Tat spricht", „Vorleben des Täters", 46 StGB, „Persönlichkeit des Verurteilten", § 56, „schwere Persönlichkeitsstörung", § 65 StGB u.ä.). Der gesamte Strafzumessungsvorgang ist keine dem Schuldspruch nachfolgende irrationale Entscheidung von untergeordneter Bedeutung, sondern ein gleichwertiger Akt rationaler Rechtsfindung. Die hierfür zu ermittelnden persönlichen Umstände können nur durch ein - im Vergleich zum früheren Rechtszustand vertieftes - Eindringen in die Persönlichkeitssphäre des Angeklagten festgestellt werden, für das der Richter u.U. einen eigenen Verfahrensabschnitt benötigt, z.B. weil Gerichtshelfer, Gewährspersonen aus dem persönlichen Umfeld des Angeklagten und psychologische Sachverständige zu vernehmen sind.

164 Vgl. AE-StPO-HV, S. 4f., 53ff. sowie die Zusammenstellung der Argumente bei *Schöch/Schreiber* ZRP 1978, 63f.

165 Vor allem soll verhindert werden, daß die gem. §§ 24, 28, 74 I S. 2, 76 GVG mitwirkenden Laienrichter unter dem Mantel der freien Beweiswürdigung zur Überzeugung der Tatbegehung gelangen, weil einem „Vorbestraften" eine weitere Straftat eher „zuzutrauen" ist, vgl. *Schöch*, FS-*Bruns*, S. 464 m. zahlr. Nachw.; *Ulmen*, S. 26ff.; *Dölling*, S. 80ff.; *Roxin*, Reform, S. 62; *Dahs jun.* GA 1971, 354; *Römer* GA 1969, 335ff.; AE-StPO-HV, S. 54f.

166 In der gegenwärtigen einheitlichen Hauptverhandlung kommt der Maßregelbetroffene in eine schwierige Konfliktlage, wenn seine Tatbegehung aus tatsächlichen oder rechtlichen Gründen unsicher ist und er für den Fall der Tatfeststellung für Außenstehende nicht erkennbare Motive wie Liebe, Provokation oder Erpressung anführen könnte, die seine Tat in einem milden Licht erscheinen lassen. Offenbart er sie, liefert er dem Gericht bei der Tatfeststellung belastende Indizien. Macht er von seinem Schweigerecht Gebrauch, kann ein für die Maßregelanordnung erheblicher Umstand bei der Entscheidung nicht berücksichtigt werden. „Wie er sich auch immer bei seiner Verteidigung verhält, die Gerechtigkeit bleibt in jedem Fall auf der Strecke", *Dahs sen.* NJW 1970, 1707. Noch deutlicher kommt diese Konfliktsituation im Antragsdilemma des Verteidigers zum Ausdruck. Da der Verteidiger zum Zeitpunkt seines Plädoyers die Einschätzung des Gerichts zur Tatfrage nicht kennt, ist er gezwungen, ein Eventualplädoyer aufzubauen

Desweiteren werden durch die Möglichkeit einer getrennten Stellungnahme zur Tat- und Rechtsfolgenfrage für die Staatsanwaltschaft bestehende Unsicherheiten bei der Stellung des Rechtsfolgenantrags beseitigt. Da sie de lege lata nur einheitlich Stellung nehmen kann, muß sie ihren Rechtsfolgenantrag auf die von ihr vorgenommene Würdigung der Tat stützen. Weicht das Gericht hiervon ab, kann die Staatsanwaltschaft weder Stellung nehmen noch entsprechend veränderte Rechtsfolgenanträge stellen.[167] Ein weiterer Vorteil des Interlokutverfahrens liegt für das Sicherungsverfahren in der Intensivierung der Persönlichkeitserforschung und der Suche nach der verhältnismäßigen und vor allem unter dem Aspekt der Besserung des Maßregelbetroffenen zweckmäßigen Maßregel,[168] wobei die Kommunikationsstruktur in der Hauptverhandlung durch klare Abschichtung der unterschiedlichen Sachfragen ebenso verbessert wird, wie die Transparenz des Verfahrensablaufs im Sinne der Offenkundigkeit der Überzeugung des Gerichts für Verteidigung und Staatsanwaltschaft.[169]

---

und die Überzeugungskraft seines auf Antragsabweisung gerichteten Plädoyers durch vorsorgliche Ausführungen zur Verhältnismäßig- und Erforderlichkeit der Maßregelanordnung zu beeinträchtigen, vgl. *Ulmen*, S. 40ff.; *Dölling*, S. 82f.; *Roxin*, Reform, S. 63; *Dahs jun.* GA 1971, 355; *Römer* GA 1969, 338f.

167 Vgl. *Ulmen*, S. 42; *Römer* GA 1969, 338.

168 Diese kann strafrechtlicher oder landesrechtlicher Natur sein.

169 Vgl. *Schöch/Schreiber* ZRP 1978, 63; *Ulmen*, S. 39, 45; *Dahs sen.* NJW 1970, 1709; *Blau* ZStW 1969 (81), 31ff. Die für die Rechtsfolgenfestsetzung notwendige Erforschung der Täterpersönlichkeit erfordere den Kontakt zwischen Richter und Maßregelbetroffenem. Dieser werde sich am Beginn der Hauptverhandlung nur schwer einstellen, weil die Tatfrage noch ungeklärt und aller Augen auf die Schuldfrage gerichtet sei. Durch die Entscheidung der Tatfrage werde die Kontaktaufnahme erleichtert und die Geständnisbereitschaft des Maßregelbetroffenen erhöht. In einer solchermaßen verbesserten Rechtsfolgenverhandlung werde es den Verfahrensbeteiligten eher möglich sein, eine allseits überzeugende Sanktion zu finden, die eine Korrektur im Rechtsmittelverfahren entbehrlich mache; so auch *Dahs jun.* GA 1971, 357f.; *Grünhut*, *von Weber*-FS, S. 363: der eigentliche Kampf sei vorüber und damit alle Voraussetzungen für eine sachliche Verhandlung in ruhigerer Atmosphäre gegeben; krit. *Dästner*, Recht und Politik 1976, 88; *Grünwald* bei *Hühnerfeld* ZStW 1973 (85), 457. Hinzu kommt das Argument des Vertrauens in die Rechtsprechung. Der Maßregelbetroffene wird das Urteil eher als gerecht akzeptieren, wenn er den Eindruck hat, er sei objektiv behandelt und nicht wegen seines Vorlebens benachteiligt worden. Die Verlagerung der Erörterung persönlicher Umstände in den zweiten Verhandlungsabschnitt dient der Stärkung dieses Vertrauens.

2. Rechtliche Bedenken

In der wissenschaftlichen Literatur haben nur wenige Autoren Bedenken gegen die Einführung eines strafrechtlichen Interlokutverfahrens erhoben.[170] Hinter ihnen stand allerdings die Mehrheit der Justiz.[171] Das Präsidium des Deutschen Richterbundes hat im April 1976 im Gegensatz zur Mehrheit der Mitglieder seiner Strafrechtskommission nachdrücklich Stellung gegen ein Interlokut genommen.[172] Neben dessen grundsätzlicher Vereinbarkeit mit deutschen Prozeßtraditionen[173] wurde vor allem die Möglichkeit einer Aufteilung des Verfahrensstoffs in Frage gestellt.[174]

---

170 *Grünwald* bei *Hühnerfeld* ZStW 1973 (85), 457; *Heinitz*, Individualisierung, S. 26; *ders.*, *v. Lübtow*- Festgabe, S. 835ff.; *Krey* bei *Hühnerfeld* ZStW 1973 (85), 454; sowie die Nachweise bei *Schöch/Schreiber* ZRP 1978, 63 Anm. 3; *Schöch*, FS-*Bruns*, S. 458.

171 Nachw. bei *Schunck*, S. 3 Fn. 4; *Schöch*, FS-*Bruns*, S. 458 Fn. 6; *Roxin*, Reform, S. 65 Fn. 11.

172 Informationen des Deutschen Richterbundes 1976, Nr. 5, S.17. Die Argumente richteten sich gegen eine Teilung der Hauptverhandlung im allgemeinen Strafverfahren durch das damals favorisierte Schuldinterlokut. Zu dessen Befürwortern zählen *Achenbach*, *Bruns*, *Blau*, *Dahs sen.*, *Dahs jun.*, *Grünhut*, *Hanack*, *Herrmann*, *Horn*, *Jescheck*, *Kaiser*, *Kleinknecht*, *Knittel*, *Krauß*, *Peters*, *Römer*, *Roxin*, *Rudolphi*, *Eb. Schmidt* und *Zipf* (genaue Nachweise finden sich in den Dissertationen von *Heckner*, *Ulmen*, *Biland-Zimmermann* und *Dölling* sowie bei *Achenbach* JR 1974, S. 401; *Roxin*, Reform, S. 62ff.; *ders.*, Strafverfahrensrecht (14), S. 208;. *Dästner* DRiZ 1977, 9ff.). Dagegen hat sich die Fachgruppe der Richter und Staatsanwälte in der ÖTV Anfang 1976, ähnlich wie die Strafrechtskommission des Richterbundes, für ein flexibel gestaltetes Interlokut ausgesprochen, vgl. *Dästner* DRiZ 1977, 9ff.

173 Vgl. z.B. *Hartung*, FS-*Rosenfeld*, S. 243; *ders.* NJW 1952, 201, 204; krit. *Schröder* NJW 1952, 8, der von einem Bruch in der deutschen Prozeßentwicklung spricht.

174 Dieser Einwand wurde gegen das Schuld- und das Tatinterlokut erhoben. Die Gegner des Schuldinterlokuts hielten Schuld und Täterpersönlichkeit für eine untrennbare Einheit, so daß über sie nicht in zwei verschiedenen Verhandlungsabschnitten entschieden werden könne; so schon *Drucker* und *Kohlrausch* gegen den Vorschlag von *Rosenfeld* auf der Breslauer Tagung der IKV im Jahre 1929, Mitt. IKV N.F. (1930), S. 138f.; 177; 198: „Die Untrennbarkeit der Täterpersönlichkeit von der Feststellung des Tatbestandes erfordert die Einheitlichkeit der Hauptverhandlung. Eine Zweiteilung der Hauptverhandlung ist abzulehnen." Diesem Einwand wurde der Hinweis auf ein anderes Verständnis des als terminus technicus zweideutigen Schuldinterlokuts bzw. einer besonderen Schuldfeststellung entgegengehalten: Wohl erfasse „Schuld" im materiellen Sinne die gesamte Persönlichkeitsbewertung des Täters, insbesondere auch die Frage der Schuldfähigkeit, die sich von der Täterpersönlichkeit nicht trennen ließe. Unter Schuldinterlokut sei aber lediglich die Klärung der Frage, ob der Angeklagte die Tat begangen habe, also die Schuld im rein tatbezogenen Sinne zu verstehen, so schon *Eb. Schmidt* DRiZ 1959, 20 im Anschluß an die von *Rosenfeld* auf der Breslauer Tagung 1929/30 zum Schuldinterlokut vertretene Ansicht; *Grünhut*, *von Weber*-FS, S. 366; *Römer* GA

Das Argument der Unvereinbarkeit mit deutschen Prozeßtraditionen wird schon durch einen Blick auf die Rechtslage vor 1929 in Deutschland, nach dem zweiten Weltkrieg in Bayern und das geltende Jugendstrafrecht entkräftet. In diesen Bereichen zeigten und zeigen sich Tendenzen der Trennung. Bis zur Emmingerschen Schwurgerichtsreform vom 04.01.1924 entschieden über die Schuld des Angeklagten die Geschworenen, über die Straffrage hingegen die Berufsrichter.[175] Diese Trennung tauchte in den Jahren 1948 - 1950 noch einmal in Bayern auf, wo das Schwurgericht in modifizierter Form wieder eingeführt wurde.[176] Deutlichere Ansätze einer geteilten Hauptverhandlung finden sich in §§ 57, 27 JGG. Gem. § 57 I JGG kann eine Aussetzung der Jugendstrafe zur Bewährung im Urteil oder solange der Strafvollzug noch nicht begonnen hat, nachträglich

---

1969, 340. Bei diesem Verständnis sei eine Trennung von Tatermittlung und Persönlichkeitserforschung bzw. -bewertung begrifflich sehr wohl möglich. Auch dürften partielle Überschneidungen im Einzelfall einer Trennung nicht grundsätzlich entgegenstehen, vgl. *Ulmen*, S. 67ff.; *Biland-Zimmermann*, S. 49ff.

Für das Tatinterlokut wurde die Möglichkeit einer trennscharfen Abgrenzung der Verhandlungsmaterie verneint. Im System der freien Beweiswürdigung sei das Urteil darüber, ob der Angeklagte die Tat begangen habe, untrennbar mit der Täterpersönlichkeit verbunden, ausführlich *Heinitz*, *von Lübtow*-Festgabe, S. 844, *ders.*, Individualisierung, S. 26f.; *Knittel*, *Schwinge*-FS, S. 222ff. Die Frage der Trennbarkeit stand schon bei der wissenschaftlichen Erörterung der Problematik in der Weimarer Zeit im Vordergrund. Die Trennbarkeit von Tataufklärung und Erforschung der Täterpersönlichkeit verneint auch *Grau*, DJ 1937, 1533. Die Befürworter des Tatinterlokuts räumten diesen Nachteil ein, sahen darin aber kein gegen die prinzipielle Trennbarkeit von Tat und Täter sprechendes Argument, da in der Regel nur einzelne tatrelevante Merkmale im 1. Verhandlungsabschnitt erörtert würden, die sich klar vom sonstigen Persönlichkeitsbereich abgrenzen ließen, vgl. *Schöch*, FS-*Bruns*, S. 465; *Heckner*, S. 158; *Römer* GA 1969, 340; *Roxin*, Reform, S. 69ff.; *Eb. Schmidt* DRiZ 1959, 20. In diesem Sinne regelt § 20 Abs. 2 d. Entw. die Einbeziehung rechtsfolgenrelevanter Umstände in die Tatverhandlung.

175 Vgl. die damalige Fassung des § 314 StPO in LR-*Rosenberg*, 15. Aufl., Leipzig, 1922:
(1) Ist der Angeklagte von den Geschworenen für nicht schuldig erklärt worden, so spricht das Gericht ihn frei.
(2) Andernfalls müssen, bevor das Urteil erlassen wird, die Staatsanwaltschaft und der Angeklagte mit ihren Ausführungen und Anträgen gehört werden.
Trotz des 1916 erfolgten Hinweises (*RGSt* 49, 69, 70), daß hierdurch keine Trennung der Hauptverhandlung erfolge, liegt wegen der Verschiedenheit der Entscheidungsträger doch eine Art Teilung vor; so auch *Blau* ZStW 1969 (81), 32

176 Als Variante zum überkommenen System entschieden die Geschworenen zuerst allein über die Schuld und dann *gemeinsam* mit den Berufsrichtern über die Straffrage. Darin zeigt sich ein Mischsystem aus Geschworenen- und Schöffengericht. Dieses wurde mit dem Vereinheitlichungsgesetz vom 12.9.1950 (BGBl. I, 462f.) wieder beseitigt. In Deutschland galt nun das reine Schöffengerichtssystem, das einer Zweiteilung infolge des Schwurgerichtssystems eine Absage erteilte, *Heckner*, S. 13ff.

durch Beschluß angeordnet werden. Wird das nachträgliche Beschlußverfahren durchgeführt, in dem Staatsanwaltschaft, Jugendlicher und Bewährungshelfer gem. § 58 I 2 JGG zu hören sind, so verläuft die Teilung des Verfahrens gem. § 57 I JGG praktisch innerhalb der Straffestsetzung selbst. § 27 JGG erlaubt es dem Richter, die Schuld des Jugendlichen festzustellen und die Entscheidung über die Verhängung der Jugendstrafe für eine zu bestimmende Bewährungszeit auszusetzen, wenn nach Erschöpfung der Ermittlungsmöglichkeiten nicht mit Sicherheit beurteilt werden kann, ob in der Straftat des Jugendlichen schädliche Neigungen in einem Umfang hervorgetreten sind, die eine Jugendstrafe erforderlich machen. Darin wird eine „Teilung mit spezifischen Besonderheiten" gesehen.[177] Die §§ 57, 27 JGG können wegen der Besonderheiten des Jugendrechts zwar nicht als Grundlage einer Sicherungsverfahrensreform dienen,[178] sie zeigen aber, daß die Teilung der Hauptverhandlung dem deutschen Strafrecht an sich nicht fremd ist.
Weitere praxisorientierte Bedenken hinsichtlich einer Verfahrensverzögerung durch Verdoppelung der Plädoyers und Gerichtsberatungen bzw. -entscheidungen, [179] einer Verringerung der Geständnis- und Mitwirkungsbereitschaft des Angeklagten bei Aufklärung der Tatfrage und der erschwerten Kontaktaufnahme zu ihm, erwiesen sich bei der praktischen Erprobung einer informellen Teilung der Hauptverhandlung überwiegend als unbegründet.[180] Da der Zulässigkeit des Interlokuts mithin keine zwingenden rechtlichen oder tatsächlichen Gründe entgegegenstehen, stellt sich die Frage nach den strukturellen Möglichkeiten, mit denen die Sicherungshauptverhandlung geteilt werden kann.

---

177 *Ulmen*, S. 62 m.w.N.

178 So schon *Blau* ZStW 1969 (81), 38 mit dem Hinweis, daß die Vorschrift des § 27 JGG sowohl wegen der spezifischen Besonderheiten, die durch das Jugendrecht bedingt sind, als auch wegen der Persönlichkeitsermittlung *vor* dem Schuldspruch nicht geeignet ist, als Grundlage für eine Verfahrensreform zu dienen, die auch für das Erwachsenenstrafrecht überzeugen könnte.

179 Vgl. *Heinitz*, *v. Lübtow*-Festgabe, S. 842f.; *Knittel*, *Schwinge*-FS, S. 217ff., 221f.; *Zipf*, Kriminalpolitik (1), S. 91. Ausführlich begründet wird das Argument der Verfahrensverzögerung in der Stellungnahme der Strafrechtskommission der Fachgruppe Richter und Staatsanwälte in der Gewerkschaft ÖTV; vgl. die Darstellung bei *Dästner* DRiZ 1977, 11; *Achenbach* MSchKrim 1977, 247.

180 *Schöch/Schreiber* ZRP 1978, 63f., 67; *Dölling*, S. 85ff., 213ff. Weitere Bedenken werden gegen eine informelle Teilung der Hauptverhandlung geltend gemacht. Da sie nur Geltung beanspruchen, wenn die Teilung nicht gesetzlich verankert werden soll, sind sie hier irrelevant.

3. Interlokutmodelle

Die Sicherungshauptverhandlung kann auf die verschiedenste Weise geteilt werden.[181] Neben einer bloßen Verfahrenzäsur ist eine Teilung durch ein formelles Interlokut denkbar, das die Hauptverhandlung mittels Unterbrechung oder formeller Entscheidung in zwei selbständige Verhandlungsabschnitte aufspaltet. Neben dem *Schuldinterlokut*, das die Hauptverhandlung in eine Tat-Schuld-, und eine Rechtsfolgenverhandlung teilt, kommt ein *Tatinterlokut* in Betracht,[182] bei dem die Frage der Schuldfähigkeit erst im 2. Verfahrensabschnitt geklärt wird,[183] während die Feststellungen zur Tat und Täterschaft des Maßregelbetroffenen Gegenstand des 1. Verfahrensabschnitts sind.

Für beide Modelle stellt sich die Frage nach der Besetzung der Richterbank im zweiten Verfahrensabschnitt, der sog. Rechtsfolgenverhandlung. Neben der Zuweisung beider Verfahrensabschnitte an dasselbe Strafgericht (Identitätsmodell) kommt eine Trennung der Richterbank und die Verweisung der Rechtsfolgenentscheidung an ein anderes Entscheidungsgremium in Betracht, das sich entweder aus Sachverständigen und Richtern (relatives Sachverständigenmodell) oder nur aus Sachverständigen oder Verwaltungsbeamten, also nicht-richterlich zusammensetzen könnte (absolutes Sachverständigenmodell).[184] Auch eine Zuständigkeit von Strafvollstreckungskammern für die Rechtsfolgenverhandlung nach dem Vorbild der §§ 78a, 78b GVG (Vollstreckungsmodell) kommt in Frage.

---

181 Zu den anglo-amerikanischen und kontinental-europäischen Strafverfahrensrechten, den in diesen Prozeßsystemen aufgetretenen Schwierigkeiten und den daraus für unser Verfahrensrecht zu ziehenden Schlüssen *Ulmen*, S. 48ff. Zur Zweiteilung im anglo-amerikanischen Strafverfahren *Andenaes*, S. 659ff.; *Herrmann*, S. 447ff.; *Knittel*, *Schwinge*-FS, S. 217ff. Erfahrungen mit der anglo-amerikanischen Zweiteilung wurden für die deutsche Reformdiskussion zum allgemeinen Strafverfahren verwertet von *Grünhut*, *von Weber*-FS, 362ff.; *Herrmann*, S. 472ff.; *Knittel*, *Schwinge*-FS, S. 215ff.

182 Zu anderen Zwischenentscheidungsmodellen die für das Sicherungsverfahren nicht in Betracht kommen *Wolter* GA 1980, 96ff. m.w.N.

183 *Dahs jun.* GA 1971, 359f.; *Dahs sen.* NJW 1970, 1705; *Romberg* ZRP 1971, 280 sowie die Erwiderung von *Röme* ZRP 1973, 79; *Kaiser*, Selbstkontrolle, S. 92, 98; *ders.*, Kriminologie, S. 133; *Krauß* ZStW 1973 (85), 355f.; *Achenbach* JR 1974, 404; *ders.* MschKrim 1977, 242; *Roxin*, Reform, S. 70; *Schöch*/*Schreiber* ZRP 1978, 63; *Zipf*, Handwörterbuch, S. 129.

184 Zu diesem, im Kalifornischen Strafverfahren zulässigen Verfahren („adult authorities"), *Ulmen*, S. 56ff. sowie zu den „parole boards" in den USA auch *Weigend* ZStW 1978 (90), 1115. Beim Tatinterlokut besteht letztere Verweisungsmöglichkeit jedoch eigentlich nicht, weil die zur Rechtsfolgenverhandlung gehörende Schuldfeststellung eindeutig zum Aufgabenbereich der Strafgerichte gehört.

Die internationale Diskussion über die Zweiteilung des Verfahrens (insbes. die „Bewegung der sozialen Verteidigung“, sog. *Défense Sociale)* hat sich vor allem mit dem absoluten Sachverständigenmodell befaßt, das für die Verwirklichung moderner Strafrechtsideen am interessantesten schien, gleichzeitig aber auch die größten Bedenken aufwarf. Für das Sicherungsverfahren ist diese Idee von Bedeutung, weil sie ein dem deutschen Maßregelrecht entsprechendes Ziel, die Durchsetzung des Täterprinzips, in radikaler Weise anstrebt. Die Idee von Schuld und Strafe soll eliminiert und durch die Begriffe der Gefährlichkeit des Täters und seiner zweckmäßigen Behandlung ersetzt werden. Die Tat soll nur noch als Symptom der Sozialgefährlichkeit gewertet, die Bestrafung durch ein rein spezialpräventives Maßnahmensystem ersetzt und damit der Rechtsgüterschutz hinter die Berücksichtigung des Individuums gestellt werden.[185] Schon 1951 forderte die *Défense Sociale* zur Verwirklichung der zweigeteilten Hauptverhandlung die Bildung einer zweiten Kommission zur Beurteilung der Rechtsfolge, neben einem mit Juristen besetzten Gremium, dem die Schuldfeststellung obliegen sollte. Die Rechtsfolgenkommission sollte entsprechend ihrer Aufgabe eine nicht-juristische Zusammensetzung haben[186] und damit die dem Gericht in der Regel fehlende Qualifikation besitzen, eine im Sinne der Resozialisierung erfolgversprechende Maßnahme festzusetzen.[187]

In der Tat spricht für die Sachverständigenmodelle, daß nicht Rechtsfragen im Vordergrund des zweiten Verhandlungsabschnitts stehen, sondern daß es dort vornehmlich um Persönlichkeits- und Umfeldanalysen, Prognoseprobleme, Indikationen und die Eignung des therapeutischen Instrumentariums im konkreten Einzelfall geht, für deren Beurteilung den Berufsrichtern nicht selten die fachliche Kompetenz fehlen wird. Allerdings käme angesichts der Tatsache, daß auch bei der Rechtsfolgenverhandlung juristische Probleme zu bewältigen sind, nur ein relatives Sachverständigenmodell mit Sachverständigenmehrheit in Betracht.
Allerdings wurde in Deutschland, vor allem im Hinblick auf die verschiedenen Strafzwecke, auch dieses Modell abgelehnt. Die Entbindung des Richters von seiner traditionellen Aufgabe der Strafzumessung sei angebracht, wenn die Bestrafung durch ein rein präventives Maßnahmensystem ersetzt werde, weil das Strafrecht dann nur auf *einen* Strafzweck abziele. Würden jedoch wie im geltenden Recht bei der Straffestsetzung noch andere Strafzwecke berücksichtigt, etwa die Verhältnismäßigkeit der Strafe im Hinblick auf die Tat oder generalpräven-

185 Vgl. *Ancel*, S. 114; *R. Lange*, S. 347.

186 Vorgeschlagen wurde z.B. die Besetzung mit einem kriminalistisch geschulten Arzt, einem Gefängnispfarrer, einem Psychologen, einem Pädagogen und ggbf. einem Nervenarzt.

187 Vgl. *Andenaes*, S. 677.

tive Erwägungen, so könne die Entscheidung hierüber nicht einem Gremium anvertraut werden, dem juristische Erwägungen im weitem Maße fremd seien.[188] Dieser Einwand kann im Sicherungsverfahren keine Geltung beanspruchen, da dort eine Kumulation von Strafe und Maßregel nicht möglich ist. Gegen das Sachverständigen- und für das Identitätsmodell spricht jedoch, daß es sich bei der Rechtsfolgenfestsetzung in allen strafrechtlichen Verfahren um Rechtsprechung handelt, die verfassungsrechtlich den Richtern vorbehalten ist. Mit der Aufstellung besonderer Kautelen für die individuelle, an der Täterpersönlichkeit orientierte Strafreaktion,[189] wurde mit Gesetzeskraft klargestellt, daß der Straffrage eigenständige Bedeutung zukommt, daß sie nicht bloßer Annex der Schuldfrage ist, sondern eine eigene, von der Schuldfrage getrennte Beweiserhebung und Subsumtion erfordert. Die Festsetzung der Strafrechtsfolge ist damit ebenso wie die Schuldfeststellung den Strafrichtern vorbehaltene *Rechtsanwendung*,[190] bei der revisionsgerichtlich kontrollierbare Subsumtion nach konkreten Zumessungsregeln unter konkrete Zumessungsgrundsätze entscheidet.
Weitere Gegenargumente betreffen die Schwierigkeiten bei der Verwirklichung des unabdingbaren Grundsatzes des gesetzlichen Richters, die Gefährdung der Rechtssicherheit durch Zerstörung der Verfahrenskontinuität,[191] die Verfahrensverzögerungen, die sich dadurch ergeben, daß sich die Rechtsfolgenkommission jeweils neu in den jeweiligen Fall einarbeiten muß, die Konflikte, die sich zwischen den Sachverständigen nach § 245 StPO und den Sachverständigen auf der Richterbank ergeben können, die Schwierigkeiten, die sich ergeben, wenn der Sachverständige, der nicht als Richter auftritt, über die überlegenen Forschungsmittel (§ 244 IV StPO) verfügt und die Probleme, die sich aus dem Streit wissenschaftlicher Schulen für die Geeignetheit des jeweiligen Richter-Sachverständigen ergeben können.[192] Für das Identitätsmodell spricht zudem, daß sich das Gericht die benötigten Informationen durch die Ladung von Sachverständigen und sachverständigen Zeugen ohne weiteres beschaffen kann. Aus all diesen Gründen erweisen sich die Sachverständigenmodelle als ungeeignet. Sachverständige gehören nicht auf die Richterbank[193] - weder an die Stelle[194], noch an die Seite des Richters.[195]

---

188 *Ulmen*, S. 81ff. m.w.N.

189 Vgl. §§ 40, 41, 46 - 48, 56, 56 c, 59, 63 - 70 des 2. StrRG.

190 So auch *Dahs sen.* NJW 1970, 1705f.; *Jescheck* JZ 1970, 206; *Heckner*, S. 31f.; *Wolter* GA 1980, 91 m.w.N.

191 *Ulmen*, S. 86f. m.w.N.

192 Weitere Gegenargumente nennt der AE-StPO-HV, S. 62.

193 *Achenbach* MSchKrim 1977, 253; *Blau* ZStW 1969 (81), 42; *Dahs sen.* NJW 1970, 1710; *Fischinger* ZStW 1969 (81), 57 (Arg.: Prozeßökonomie); *Heinitz*, *v. Lübtow-Festgabe*, S. 842; *Jescheck* JZ 1970, 206; vgl. auch die Beiträge während des

Beim Vollstreckungsmodell würden sich die meisten der vorgenannten Schwierigkeiten vermeiden lassen. Da aber die Rechtssicherheits- und die Verzögerungsproblematik in jedem Fall bestehen bleiben würden, empfiehlt sich die Wahl des Identitätsmodells. Dies umso mehr, als die Schwierigkeiten auch bei Mischformen, etwa bei einem relativen Sachverständigenmodell, bei dem die Berufsrichter schon in der Tatverhandlung mitgewirkt haben, insoweit mithin eine Teilidentität erreicht wäre, erheblich gesteigert würden.[196]

Steht damit die Besetzung der Richterbank in den verschiedenen Verfahrensabschnitten des Sicherungsverfahrens im Sinne des Identitätsmodells fest, so bleibt zu klären, wie und wann die Sicherungshauptverhandlung sinnvollerweise zu teilen ist. Zur Wahrung der Persönlichkeitsrechte des Maßregelbetroffenen ist die Trennung des Verfahrensstoffs durch ein formelles Interlokut geboten. Eine bloß informelle Verfahrenszäsur wäre dagegen nicht ausreichend.
Für die Wahl des im Sicherungsverfahren zu favorisierenden Interlokutmodells (Tat- oder Schuldinterlokut) ist die Frage maßgebend, zu welchem Verfahrenszeitpunkt über die *täterbezogene* materiell-rechtliche Maßregelvoraussetzung der Schuldunfähigkeit verhandelt werden soll. Die Feststellungen zur Schuldfähigkeit erfordern häufig noch intensivere Persönlichkeitsanalysen als diejenigen zur Strafzumessung.[197] Vor allem machen sie die Bestellung psychiatrischer oder psychologischer Sachverständiger unumgänglich, wobei zu beachten ist, daß der Maßregelbetroffene bei der „Durchleuchtung" mit Hilfe psychologischer Testverfahren mehr an persönlichen Daten preisgibt als im normalen Leben, mehr auch als gegenüber einem inquisitorischen Gericht.[198] Würde man eine solche Selbstentäußerung des Maßregelbetroffenen bereits im ersten Verhandlungsabschnitt fordern, würde ein wesentliches Ziel des Interlokutverfahrens vereitelt. Daher gebietet der Persönlichkeitsschutz des Maßregelbetroffenen die Erörterung der Schuldfähigkeit im zweiten Verhandlungsabschnitt. Damit ist die Grenzziehung für das Sicherungsverfahren de lege ferenda vorgegeben - das optimale Modell eines konsequent auf die Wahrung der Personenwürde ausgerichteten Sicherungsverfahrens bietet das Tatinterlokut. Danach bleibt der erste

---

X. Internationalen Strafrechtskongresses in Rom 1969, ZStW 1970 (82), 587; *Ulmen*, S. 80ff.; *Zipf*, Handwörterbuch, S. 129 (Arg.: gesetzlicher Richter).

194 So *Blau*, Mitwirkung, S. 94ff., 119; ferner schon *v. Liszt* (bei *Bockelmann*) ZStW 1969 (81), 601.

195 So aber *Blau* ZStW 1969 (81), 45; *Hulsmann* bei *Blau* ZStW 1970 (82), 574; *Krauß* ZStW 1973 (85), 355.

196 AE-StPO-HV, S. 62.

197 So auch *Schöch/Schreiber* ZRP 1978, 66.

198 Mit dieser Begründung gibt auch der AE-StPO-HV dem Tatinterlokut den Vorzug, vgl. S. 5; ähnlich *Schöch*, FS-*Bruns*, S. 460.

Abschnitt der Sicherungshauptverhandlung, die Tatverhandlung im Prinzip der Untersuchung vorbehalten, ob dem Maßregelbetroffenen die Begehung der im Sicherungsantrag bezeichneten Tat nachgewiesen werden kann. Die Schuldfähigkeit wird erst im zweiten Hauptverhandlungsabschnitt, der Rechtsfolgenverhandlung untersucht, die im übrigen auf Feststellung der für den Rechtsfolgenausspruch erheblichen Tatsachen gerichtet ist.[199]

Im Interesse einer gerechten und adäquaten Rechtsfolgenentscheidung sollte die Rechtsfolgenverhandlung als eigenständiger Verhandlungsabschnitt gestaltet, die Tatfrage also am Ende der Tatverhandlung formell entschieden werden. Die Bestimmung der Rechtsfolge im Sicherungsverfahren ist ein Akt rationaler Rechtsfindung, der eine vertiefte Auseinandersetzung mit der Persönlichkeitssphäre des Maßregelbetroffenen erfordert. Neben Zeugen und Gewährspersonen aus dem persönlichen Umfeld des Maßregelbetroffenen können die Gerichtshilfe und Sachverständige zu vernehmen und Vortaten zu berücksichtigen sein. Für eine derart intensive Befassung mit der Persönlichkeit des Maßregelbetroffenen benötigt der Richter einen eigenen Verfahrensabschnitt, in dem er sich nur mit der Rechtsfolge soll befassen können, ohne sich noch mit der Frage beschäftigen zu müssen, ob der Maßregelbetroffene die Tat überhaupt begangen hat. Daher sollte der erste Abschnitt der Sicherungshauptverhandlung de lege ferenda durch eine formelle Entscheidung über die Tatfrage beendet werden, die für die Rechtsfolgenverhandlung grundsätzlich Bindungswirkung entfaltet.[200]

---

199 Diese Aufteilung des Verfahrensstoffs hat zudem den praktischen Vorteil, daß die für die Schuldfähigkeitsprüfung notwendig herbeizuziehenden Sachverständigen auch zur Intensivierung der Rechtsfolgenverhandlung und zur Verbesserung der Prognoseentscheidung des Gerichts beitragen können, ohne daß sie, zwecks Beurteilung der Schuldfähigkeit und prognostischer Fragen, Umstände aus dem Intimbereich des Maßregelbetroffenen vortragen müssen, bevor dessen Täterschaft festgestellt ist, *Schöch*, FS-*Bruns*, S. 461 m.w.N. Das in der einheitlichen Hauptverhandlung im allgemeinen Strafverfahren oft beklagte Sachverständigendilemma (*Haddenbrock* NJW 1981, 1302ff.) kann dazu führen, daß Persönlichkeitseigenschaften, die der Sachverständige nur kraft fachspezifischer Analyse ermittelt und die dem Gericht sonst nicht zur Verfügung stünden, als psychologische Indizien für oder gegen die Täterschaft des Maßregelbetroffenen mißbraucht werden, obwohl sie nur für den Fall *feststehender* Täterschaft relevant werden sollten. Darüberhinaus fällt auch die Zeitersparnis positiv ins Gewicht, da der Sachverständige häufig erst im zweiten Verfahrensabschnitt anwesend sein muß, AE-StPO-HV, S. 56 m.w.N.

200 Zur Rechtsnatur der die Tatverhandlung abschließenden Entscheidung, ihrer Bindungswirkung, Rechtskraft und Anfechtbarkeit siehe Komm. zu § 20 Abs. 4, 5 d. Entw.

4. Probleme des Tatinterlokuts

Das stärkste Bedenken gegen das Tatinterlokut ist die Unmöglichkeit, tat- und sanktionserhebliche Umstände trennscharf gegeneinander abzugrenzen.[201] In der Tat muß man einräumen, daß eine völlige Abschichtung beider Bereiche in manchen Fällen nicht durchführbar ist. [202] Das gilt zunächst für bestimmte Tatbestände, die dieselben Ermittlungen verlangen, die sonst für die Erforschung von Strafzumessungstatsachen notwendig sind und daher eigentlich in den zweiten Verhandlungsabschnitt gehören.[203] Auch allgemeine Verbrechensmerkmale können ein solches Doppelgesicht tragen. Wo es um die Zurechnungsfähigkeit geht, ist eine wissenschaftliche „Zerlegung" des Maßregelbetroffenen und seines Entwicklungsganges unvermeidlich; selbst das Urteil über die Entschuldbarkeit eines Verbotsirrtums erfordert häufig eine Analyse der Täterpersönlichkeit. Aber auch die schlichte Beweiswürdigung würde wichtiger Erkenntnismöglichkeiten beraubt, wenn die persönlichen Verhältnisse des Maßregelbetroffenen und sein früheres Leben dabei überhaupt nicht berücksichtigt werden dürften, z.B. in den sog. „modus-operandi Fällen".[204] Ferner ist eine eingehende Erforschung des Tatmotivs ohne Eindringen in die Persönlichkeitssphäre nicht möglich. Scheitert also die Zweiteilung an der Untrennbarkeit von Tat und Täter? Dieser Schluß wäre voreilig. Es trifft nicht zu, daß Tatfest-

---

201 Im übrigen machte die Rechtspraxis gegen das Interlokut im allgemeinen Strafverfahren die zu erwartende Prozeßverzögerung und den finanziellen und personellen Mehraufwand geltend, der aber angesichts der geringen Anzahl von Sicherungsverfahren (vgl. Anhang VI) hinnehmbar ist. Außerdem sei - so das Präsidium des Deutschen Richterbundes - ein faires Verfahren für den im allgemeinen Strafverfahren Angeklagten auch nach den geltenden Bestimmungen bereits gewährleistet (so die Mitteilungen in: Informationen des Deutschen Richterbundes, Nr. 5 (1976), S. 17; zu den ablehnenden Stimmen *Schöch/Schreiber* ZRP 1978, 63; zur Stellungnahme der Praxis *Achenbach* MschrKrim 1977, 246ff.). Dies ist aber im Sicherungsverfahren eindeutig nicht der Fall.

202 So zutreffend *Heinitz*, Individualisierung, S. 26f.; *ders.*, v. *Lübtow*-Festgabe, S. 842; vgl. auch *Grünwald*, Teilrechtskraft, S. 110ff.

203 So kann das Gericht z.B. die Gewerbsmäßigkeit einer Tat oder eine Verletzung der Unterhaltspflicht nach § 170b StGB nur feststellen, wenn es auch die wirtschaftlichen Verhältnisse des Maßregelbetroffenen erörtert. In diesen Fällen, aber auch bei bestimmten Einzelmerkmalen einer Strafvorschrift wie z.B. dem niedrigen Beweggrund und der Habgier beim Mord, bei privilegierenden und qualifizierenden Tatbestandsmerkmalen sowie bei tatbestandlich ausformulierten Strafzumessungsregeln sind Ausnahmeregelungen nötig, die die Einbeziehung dieser Umstände in die Tatverhandlung erlauben, soweit dies zur Feststellung des Tatbestandes erforderlich ist.

204 Ist die im Sicherungsantrag bezeichnete Tat z.B. ein Trickdiebstahl oder -betrug, so kann man bei der Entscheidung über die Täterschaft nicht von dem Umstand absehen, daß der Maßregelbetroffene durch Anwendung desselben Tricks schon mehrfach in Erscheinung getreten ist.

stellung und Täterpersönlichkeit stets untrennbar sind. Die strafrechtliche Dogmatik kann die täterbezogenen Merkmale der Straftat in der Regel klar von sonstigen Persönlichkeitskriterien abgrenzen, die erst für die Strafzumessung relevant sind. Die Gerichte stehen bei der Teilrechtskraft des Schuldspruchs im Falle der Strafmaßrevision schon lange vor einem parallelen Trennbarkeitsproblem, mit dem sie in einer den praktischen Bedürfnissen entsprechenden Weise fertig geworden sind.[205] Das würde beim Interlokut im Sicherungsverfahren nicht anders sein.

Selbst wenn ausnahmsweise ein Vorgriff auf einzelne persönliche Merkmale in der Tatverhandlung, etwa für die Beweiswürdigung notwendig ist, werden die Grundprinzipien der Teilung nicht in Frage gestellt. Der Schwerpunkt der sanktions- und prognoserelevanten Persönlichkeitserforschung sowie die Gesamtwürdigung unter dem Aspekt der Rechtsfolgenfestsetzung können der Rechtsfolgenverhandlung vorbehalten bleiben. Auch bleiben die unabweisbaren Argumente für ein Interlokut im Sicherungsverfahren (Gleichbehandlung, Unvoreingenommenheit, Prozeßökonomie und Persönlichkeitsschutz) unabhängig von der Abschichtungsproblematik bestehen. Man muß diese nur in ihrem ganzen Gewicht erkennen und ein Modell entwickeln, das den Zweiteilungsgedanken bewahrt, doktrinäre Überspitzungen aber vermeidet und dadurch praktikabel wird.

Einer generellen Lösung bedarf z.B. das Problem der Vorstrafenerörterung. Diese gehört grundsätzlich in die Rechtsfolgenverhandlung, muß aber (etwa im Fall des modus-operandi) schon in der Tatverhandlung erörtert werden können. Im übrigen ist festzulegen, in welchem Umfang doppelrelevante Tatsachen in die Tatverhandlung einbezogen werden dürfen. Auch das aus der Doppelrelevanz bestimmter Tatsachen resultierende Problem der Bindungswirkung der im ersten Abschnitt getroffenen Feststellungen zur Tat bedarf einer grundsätzlichen Entscheidung. Man wird die Täterschaftsfeststellung grundsätzlich für die laufende Instanz als bindend ansehen müssen, wenn man nicht im zweiten Teil ständige Versuche zur Abänderung der bereits entschiedenen Begehungsfrage erleben will, deren Bejahung Zulässigkeitsvoraussetzung der Krankheitsdiagnose und der Gefährlichkeitsprognose ist. Neue Beweisanträge zur Tatfrage müßten also unzulässig sein. Andererseits sollte man auch das Prinzip der Bindungswirkung nicht überstrapazieren. Wenn in der Rechtsfolgenverhandlung Umstände bekannt werden, die nach einstimmigem Urteil des Gerichts bei früherem Auftauchen zur Verwerfung des unzulässigen oder zur Zurückweisung des unbegründeten Sicherungsantrags geführt hätten, wäre es sinnlos, noch über eine

205 Auch hier ist bekanntlich umstritten, ob die Trennung in allen Fällen logisch einwandfrei durchführbar ist; dagegen vor allem *Grünwald*, Teilrechtskraft, S. 91 - 113 mit eingehender Behandlung der dabei auftauchenden Fragen.

Rechtsfolge zu verhandeln, die in der nächsten Instanz ohnehin aufgehoben würde. Daher müssen Verwerfung und Zurückweisung des Sicherungsantrags auch im Schlußurteil erfolgen können.

IV. Gesetzesvorschlag zur Neuregelung des Sicherungsverfahrens

1. Vorbemerkung

Der folgende Entwurf zur Reform des Sicherungsverfahrens regelt das gesamte Verfahren vom Ermittlungsverfahren bis zum Abschluß der Sicherungshauptverhandlung. Dabei konnten zahlreiche Bestimmungen des allgemeinen Strafverfahrens übernommen werden. Diese wurden in der Regel ausformuliert, um eine bessere Lesbarkeit des Entwurfs zu erreichen. Paragraphenverweise sind daher die Ausnahme. Soweit Normen des geltenden Rechts wörtlich oder inhaltlich entsprechend übernommen wurden, ergibt sich dies ausdrücklich aus der Kommentierung der jeweiligen Norm. Dasselbe gilt für Abweichungen vom geltenden Recht. Der Verweis „GVG-neu" bezieht sich auf die Änderung der §§ 24, 74, 74d GVG, als Folge der vorgeschlagenen Zuständigkeitskonzentration für das Sicherungsverfahren beim Landgericht.[206] Außerdem läßt § 395 StPO-neu die Nebenklage im Sicherungsverfahren zu.[207]

Wegen des Umfangs der Neuregelung war deren Einfügung als §§ 413ff. StPO unmöglich. Zur Vereinfachung erfolgte die Nummerierung der Normen in chronologischer Reihenfolge.
Alle Paragraphen ohne Gesetzesangabe beziehen sich auf Normen dieses Entwurfs. In den verweisenden Fußnoten wird dies durch den Zusatz „d. Entw." gekennzeichnet.
Innerhalb der Kommentierung einer Norm sind Absätze, Sätze und Halbsätze bei Erstnennung fettgedruckt und ausgeschrieben. Absätze, Sätze und Halbsätze ohne Paragraphenangabe beziehen sich auf die jeweils kommentierte Norm. Auf außerhalb der kommentierten Norm liegende Entwurfsregelungen wird unter Angabe der Paragraphennummer und der Abkürzungen „Abs.", „S.", „HS." verwiesen.

---

206 Siehe Anhang V.

207 Die mit dem Entwurf eines Sicherungsverfahrens de lege ferenda notwendig verbundene Folgeänderungen in StGB, StPO und GVG sind mit Begründung abgedruckt im Anhang V.

2. Gesetzestext

Sicherungsverfahren

§ 1 Sicherungsverfahren

(1) Führt die Staatsanwaltschaft das Strafverfahren wegen Schuldunfähigkeit des Täters im Tatzeitpunkt (§ 20 StGB) nicht durch, kann sie den Antrag stellen, Maßregeln der Besserung und Sicherung selbständig anzuordnen, wenn dies gesetzlich zulässig und die Anordnung nach dem Ergebnis der Ermittlungen zu erwarten ist (Sicherungsverfahren). Das gleiche gilt, wenn nach Erhebung der öffentlichen Klage das Gericht die Eröffnung des Hauptverfahrens wegen Schuldunfähigkeit ablehnt.

(2) Das Sicherungsverfahren ist unzulässig, wenn feststeht, daß der Täter bei Begehung der Tat erheblich vermindert schuldfähig (§ 21 StGB) war, seine Schuldunfähigkeit jedoch nicht ausgeschlossen werden kann.

1. Abschnitt: Vorbereitung des Sicherungsverfahrens

§ 2 Ermittlungsverfahren

(1) Entstehen während des Ermittlungsverfahrens Zweifel an der Schuldfähigkeit des Beschuldigten im Tatzeitpunkt, so ist er zum Zwecke der Feststellung seiner Schuld- und Vernehmungsfähigkeit umgehend durch einen Arzt als Sachverständigen untersuchen zu lassen. Kann die Vernehmungsfähigkeit des Beschuldigten nicht mit Sicherheit festgestellt werden, ist das Verfahren einzustellen.

(2) War der Beschuldigte nach dem Ergebnis der Sachverständigenuntersuchung im Tatzeitpunkt schuldunfähig, bestellt ihm der Vorsitzende des Gerichts, das für das Sicherungshauptverfahren zuständig wäre, von Amts wegen einen Verteidiger. Kann die Schuldfähigkeit nicht zweifelsfrei festgestellt werden, kann auf Antrag der Staatsanwaltschaft oder des Beschuldigten ein Verteidiger bestellt werden. Über den Antrag entscheidet der Vorsitzende des Gerichts, das für das Hauptverfahren im allgemeinen Strafverfahren zuständig wäre.

(3) Die Ermittlungen der Staatsanwaltschaft sollen sich auch auf die Umstände erstrecken, die für die Bestimmung der Rechtsfolgen der Tat von Bedeutung sind. Dazu hat sie die Gerichtshilfe heranzuziehen, wenn sie die Anordnung einer freiheitsentziehenden Maßregel beantragt.

(4) Die Staatsanwaltschaft ersucht die Gerichtshilfe zum Zeitpunkt der Stellung des Sicherungsantrags um die in § 3 Absatz 1 genannten Ermittlungen. Bei Einverständnis des Beschuldigten kann dies schon geschehen, wenn die Staatsanwaltschaft die Antragsstellung beabsichtigt.
(5) Für den Bericht der Gerichtshilfe und für Ermittlungsergebnisse der Staatsanwaltschaft, die nur für die Rechtsfolgenverhandlung bedeutsam sind, werden von den Tatakten zu trennende Persönlichkeitsakten angelegt.
(6) Hat der Beschuldigte einen Betreuer (§ 1896 BGB), ist dieser zu hören.
(7) Im übrigen gelten §§ 158 - 177 entsprechend.

§ 3 Stellung der Gerichtshilfe

(1) Die Gerichtshilfe hat auf Ersuchen der Staatsanwaltschaft oder des Gerichts die soziodemographischen Daten des Beschuldigten zu ermitteln.
(2) Zu diesem Zweck ist dem Gerichtshelfer der Verkehr auch mit dem nicht auf freiem Fuß befindlichen Beschuldigten gestattet. Er ist befugt, die Akten einzusehen.
(3) Andere Personen als der Beschuldigte sollen nicht befragt werden, wenn dadurch für ihn unverhältnismäßige Nachteile, insbesondere der Verlust des Arbeitsplatzes zu besorgen sind.
(4) Für die Ermittlungen der Gerichtshilfe gelten §§ 136 Abs. 1 S. 1, 2, 136a entsprechend. Auch andere Personen als der Beschuldigte sind unbeschadet der §§ 52 Abs. 3, 55 Abs. 2 darauf hinzuweisen, daß sie zu Äußerungen und zur sonstigen Mitwirkung nicht verpflichtet sind.
(5) Die Tätigkeit der Gerichtshilfe wird haupt-, neben- oder ehrenamtlich ausgeübt.
(6) War in einem früheren Strafverfahren für den Beschuldigten ein Bewährungshelfer bestellt, so kann dieser mit der Aufgabe der Gerichtshilfe betraut werden.

§ 4 Mitteilungspflicht bei Einstellung

(1) Wird das Verfahren nach § 2 Absatz 1 Satz 2 eingestellt, übermittelt die Staatsanwaltschaft von Amts wegen die personenbezogenen Daten des Beschuldigten, die den Gegenstand des Verfahrens betreffen, an die nach Landesrecht für die Unterbringung psychisch kranker oder süchtiger Personen zuständige Stelle, wenn aus ihrer Sicht die Unterbringung des Beschuldigten zur Abwehr einer erheblichen Gefahr für die öffentliche Sicherheit oder den Beschuldigten selbst erforderlich ist.
(2) Unter derselben Voraussetzung übermittelt die Staatsanwaltschaft die personenbezogenen Daten des Beschuldigten, die den Gegenstand des Verfahrens be-

treffen, an die nach Landesrecht für die Überwachung der Ausübung seines Berufes oder Entziehung der Fahrerlaubnis zuständige Stelle, wenn der Beschuldigte einer Straftat verdächtig ist, die in unmittelbarem Zusammenhang mit der Ausübung seines Berufes oder Gewerbes steht oder die Belange des Straßenverkehrs berührt, wenn die Kenntnis der Daten aus der Sicht der Staatsanwaltschaft zur Abwehr erheblicher Nachteile für das Gemeinwohl oder einer Gefahr für die öffentliche Sicherheit erforderlich ist.
(3) Sind mit den personenbezogenen Daten der Absätze 1 und 2 weitere personenbezogene Daten des Beschuldigten oder eines Dritten so verbunden, daß eine Trennung nicht oder nur mit unvertretbarem Aufwand möglich ist, ist die Übermittlung auch dieser Daten zulässig, soweit nicht berechtigte Interessen des Beschuldigten oder des Dritten an der Geheimhaltung offensichtlich überwiegen. §§ 18 Abs. 1 S. 2 HS. 2, 19 Abs. 1 S. 2 EGGVG sind nicht anwendbar.
(4) Die Staatsanwaltschaft bestimmt die Form der Übermittlung nach pflichtgemäßem Ermessen. Soweit dies nach der Art der zu übermittelnden Daten und der Organisation des Empfängers geboten ist, trifft sie angemessene Vorkehrungen um sicherzustellen, daß die Daten unmittelbar den beim Empfänger funktionell zuständigen Bediensteten erreichen.

§ 5 Vernehmung des Beschuldigten
(1) Bei Zweifeln an der Schuldfähigkeit des Beschuldigten ist dessen Vernehmung erst zulässig, wenn die Schuldfähigkeit mit Sicherheit festgestellt oder nach § 2 Abs. 2 S. 2 ein Verteidiger bestellt ist.
(2) Der Beschuldigte ist spätestens vor dem Abschluß der Ermittlungen zu vernehmen, es sei denn, daß das Verfahren zur Einstellung führt; der Beschuldigte soll alsbald durch ein Mitglied des Gerichts, das für das Sicherungsverfahren zuständig wäre, richterlich vernommen werden, wenn der Verlust seiner Vernehmungsfähigkeit zu befürchten ist. Ist nach § 2 Abs. 2 ein Verteidiger bestellt worden, genügt es auch in einfachen Sachen nicht, daß dem Beschuldigten Gelegenheit gegeben wird, sich schriftlich zu äußern.
(3) Ist nach § 2 Abs. 2 ein Verteidiger bestellt worden, soll die Vernehmung des Beschuldigten nur in dessen Anwesenheit erfolgen. Der Verteidiger ist von dem Vernehmungstermin vorher zu benachrichtigen; die Benachrichtigung soll rechtzeitig erfolgen. Bei polizeilichen und staatsanwaltschaftlichen Vernehmungen des Beschuldigten kann von der Benachrichtigung abgesehen werden, wenn die Vernehmung so dringlich ist, daß sie aufgrund der durch die Benachrichtigung eintretenden zeitlichen Verzögerung nicht mehr sachgerecht durchführbar wäre. Aussagen, die unter Verletzung der Benachrichtigungspflicht zustande gekommen sind, dürfen im Sicherungsverfahren nur verwertet werden, wenn außer dem Maßregelbetroffenen auch sein Verteidiger ausdrücklich zustimmt; bei Zu-

stimmungsunfähigkeit des Maßregelbetroffenen reicht die Zustimmung des Verteidigers. Macht der Verteidiger geltend, an der Wahrnehmung des Termins verhindert zu sein, soll der Termin verlegt werden. Auf die Verlegung eines Termins wegen Verhinderung des Verteidigers besteht kein Anspruch.
(4) Auf Antrag des Beschuldigten oder seines Verteidigers ist dem Betreuer oder einer Vertrauensperson des Beschuldigten die Anwesenheit bei der Vernehmung zu gestatten. Dies gilt auch für die richterliche Vernehmung des Beschuldigten.
(5) Im übrigen gelten §§ 163a, 168c.

§ 6 Abschluß des Ermittlungsverfahrens

(1) Ist nach dem Ergebnis der Ermittlungen, bei Nichtberücksichtigung derjenigen Irrtümer, die auf dem die Schuldfähigkeit ausschließenden Zustand beruhen, der Beschuldigte verdächtig, im Zustand der Schuldunfähigkeit (§ 20 StGB) eine vorsätzliche rechtswidrige Straftat begangen zu haben, leitet die Staatsanwaltschaft das Sicherungsverfahren durch Einreichung eines Sicherungsantrags bei dem zuständigen Gericht ein, wenn
1. der Beschuldigte der Tat in einem Grade verdächtig ist, der bei Schuldfähigkeit eine Verurteilung erwarten ließe,
2. nach dem Ergebnis der Ermittlungen anzunehmen ist, daß die Schuldunfähigkeit im Tatzeitpunkt Folge eines in der Person des Beschuldigten liegenden Zustandes ist, infolge dessen weitere rechtswidrige Taten zu erwarten sind und er deshalb für die Allgemeinheit gefährlich ist,
3. die infolge der Gefährlichkeit des Beschuldigten zu erwartenden Taten ihrer Art nach der in Ziffer 1 genannten Tat entsprechen und
4. die Maßregel zur Erreichung ihres Zweckes erforderlich ist, insbesondere weil unter Berücksichtigung der Schwere der begangenen und der zu erwartenden Taten mildere Maßnahmen einen genügenden Schutz für die Allgemeinheit nicht bieten.
Ist der Beschuldigte im wesentlichen geständig, ist dies im Vermerk über den Abschluß der Ermittlungen ausdrücklich festzuhalten.
(2) Mit der Einreichung des Sicherungsantrags wird der Beschuldigte zum Maßregelbetroffenen.
(3) Liegen die Voraussetzungen des Absatzes 1 nicht vor oder könnte gegen den Beschuldigten, wenn er schuldfähig wäre, das Strafverfahren wegen eines anderen Verfahrenshindernisses als dem der Verhandlungsunfähigkeit nicht durchgeführt werden, ist nach § 170 II zu verfahren. § 4 ist entsprechend anwendbar.

2. Abschnitt: Entscheidung über die Durchführung des Sicherungshauptverfahrens

§ 7 Inhalt des Sicherungsantrags, Aktenvorlage

(1) Der Sicherungsantrag hat den Maßregelbetroffenen, die Tat, die ihm zur Last gelegt wird, Zeit und Ort der Begehung, die gesetzlichen Merkmale der Straftat und die anzuwendenden Strafvorschriften mit dem Zusatz, daß die Tat im Zustand der Schuldunfähigkeit begangen worden sei (Antragssatz) sowie die Maßregeln der Besserung und Sicherung zu bezeichnen, deren Anordnung die Staatsanwaltschaft beantragt (Rechtsfolgenantrag). Ferner sind der Verteidiger und die Beweismittel anzugeben. Beweismittel, die auch oder erst für die Rechtsfolgenverhandlung benötigt werden, sind gesondert anzugeben. § 200 Abs. 1 S. 3, 4 gilt entsprechend.

(2) Im Sicherungsantrag wird auch das wesentliche Ergebnis der Ermittlungen dargestellt. Die wesentlichen Ermittlungsergebnisse zu Antragssatz und Rechtsfolgenantrag sind voneinander getrennt darzustellen; aus letzterem muß sich insbesondere der in § 6 Abs. 1 Ziff. 2 - 4 beschriebene Zusammenhang ergeben.

(3) Der Sicherungsantrag enthält den Antrag, das Sicherungshauptverfahren vor dem nach § 8 StPO örtlich zuständigen Gericht durchzuführen.

(4) Mit dem Antrag werden dem Gericht die Tatakten vorgelegt. Ist der Maßregelbetroffene im wesentlichen geständig, werden in der Regel auch die Persönlichkeitsakten dem Gericht vorgelegt, sofern ihre Kenntnis für die Vorbereitung der Rechtsfolgenverhandlung erforderlich ist.

§ 8 Mitteilung des Sicherungsantrags

Der Vorsitzende des Gerichts teilt den Sicherungsantrag dem Maßregelbetroffenen mit und stellt ihm anheim, sich zu diesem zu äußern. Zugleich fordert er ihn auf, innerhalb einer bestimmten Frist etwaige Einwendungen vorzubringen, die für eine Zurückweisung des Sicherungsantrags nach § 10 erheblich sein können. Ist für den Maßregelbetroffenen ein Betreuer (§ 1896 BGB) bestellt, ist der Sicherungsantrag auch diesem mitzuteilen.

§ 9 Entscheidung über die Durchführung des Sicherungshauptverfahrens

Das für die Sicherungshauptverhandlung zuständige Gericht beschließt, das Sicherungshauptverfahren durchzuführen, wenn nicht nach § 10 zu verfahren ist. Eine Beweisaufnahme findet nicht statt.

§ 10 Verwerfung und Zurückweisung des Sicherungsantrags

(1) Das Gericht verwirft den Sicherungsantrag als unzulässig, wenn

1. der Sicherungsantrag oder die Akten ein anderes Verfahrenshindernis als die Verhandlungsunfähigkeit des Maßregelbetroffenen erkennen lassen, das auch der Durchführung des allgemeinen Strafverfahrens entgegenstünde oder
2. der Sicherungsantrag nicht ordnungsgemäß erhoben ist.

Ziffer 1 gilt trotz dauernder Vernehmungsunfähigkeit des Maßregelbetroffenen nicht, wenn dieser in vernehmungsfähigem Zustand nach ordnungsgemäßer Belehrung und in Anwesenheit seines Verteidigers über die im Sicherungsantrag bezeichnete Tat richterlich vernommen worden ist.

(2) Das Gericht weist den Sicherungsantrag als offensichtlich unbegründet zurück, wenn die angeführten Tatsachen eine strafbare Handlung nicht erkennen lassen oder die angegebenen Beweismittel zur Begründung des in § 6 Abs. 1 Ziff. 2 - 4 beschriebenen Zusammenhangs offenkundig nicht ausreichen.

(3) Das Gericht weist den Sicherungsantrag teilweise zurück, wenn im Antragssatz mehrere Taten bezeichnet werden und bezüglich einzelner von ihnen ein Zurückweisungsgrund vorliegt.

(4) Der Beschluß ist dem Maßregelbetroffenen bekanntzumachen.

(5) Vor dem Beschluß ist die Staatsanwaltschaft auf die Mängel der Antragsschrift hinzuweisen und ihr Gelegenheit zur Beseitigung zu geben.

§ 11 Rechtsmittel

(1) Der Beschluß, das Sicherungshauptverfahren durchzuführen, ist unanfechtbar.

(2) Gegen den Beschluß, mit dem der Sicherungsantrag ganz oder teilweise zurückgewiesen wird, steht nur der Staatsanwaltschaft die sofortige Beschwerde zu.

§ 12 Beschränkte Sperrwirkung des Zurückweisungsbeschlusses

Ist der Sicherungsantrag durch Beschluß nach § 10 zurückgewiesen worden, kann er erneut eingereicht werden, wenn die Gründe für den Beschluß entfallen sind.

§ 13 Einstellung nach Durchführungsbeschluß

(1) Für die Einstellung des Verfahrens entsprechend § 206a gilt § 10 Abs. 1 S. 2.

(2) Wird das Verfahren außerhalb der Sicherungshauptverhandlung entsprechend § 206a oder § 206b eingestellt, erfolgt die Mitteilung nach § 4 durch den Vorsitzenden.

3. Abschnitt: Vorbereitung der Sicherungshauptverhandlung

§ 14 Beteiligung der Gerichtshilfe

(1) Die Staatsanwaltschaft teilt dem Gerichtshelfer, der Ermittlungen durchgeführt hat, Ort und Zeit der Tatverhandlung mit. Sind die Persönlichkeitsakten gemäß § 7 Abs. 4 S. 2 bereits mit der Antragsschrift dem Gericht vorgelegt worden, erfolgt die Benachrichtigung durch den Vorsitzenden; dieser kann ein konkretisierendes Gerichtshilfeersuchen erteilen.
(2) Der Gerichtshelfer, der Ermittlungen durchgeführt hat, ist berechtigt, an der Sicherungshauptverhandlung teilzunehmen. An der Rechtsfolgenverhandlung soll er teilnehmen, sofern nicht Staatsanwaltschaft und Verteidigung auf seine Teilnahme verzichten; auf Anordnung des Gerichts ist er zum Erscheinen verpflichtet.

§ 15 Vorbereitung der Sicherungshauptverhandlung

(1) Die Ladung des Gerichtshelfers und der für die Rechtsfolgenverhandlung benötigten Zeugen und Sachverständigen kann der Vorsitzende vor dem Zwischenbescheid nur auf Antrag der Staatsanwaltschaft oder des Maßregelbetroffenen anordnen.
(2) Der Vorsitzende veranlaßt die Untersuchung des Maßregelbetroffenen auf seine Verhandlungsfähigkeit. Wurde die Anordnung einer freiheitsentziehenden Maßregel beantragt, soll der Arzt zum Sachverständigen bestellt werden, der den Maßregelbetroffenen nach § 2 Abs. 1 untersucht hat, wenn diesem die dauernde Anwesenheit in der Rechtsfolgenverhandlung möglich ist. Andernfalls hat der Vorsitzende einen Arzt zum Sachverständigen zu bestellen, der hierzu bereit ist. Dem Sachverständigen ist ausreichende Gelegenheit zur Vorbereitung des von ihm in der Rechtsfolgenverhandlung zu erstattenden Gutachtens zu geben.
(3) Im übrigen gelten die Vorschriften über die Vorbereitung der Hauptverhandlung entsprechend.

4. Abschnitt: Sicherungshauptverhandlung

§ 16 Ununterbrochene Gegenwart

Die Sicherungshauptverhandlung erfolgt in ununterbrochener Gegenwart der zur Urteilsfindung berufenen Personen sowie der Staatsanwaltschaft, des Verteidigers und eines Urkundsbeamten der Geschäftsstelle. In der Rechtsfolgenverhandlung ist die ununterbrochene Anwesenheit eines Sachverständigen erforderlich, wenn die Anordnung einer freiheitsentziehenden Maßregel beantragt wurde. § 227 gilt entsprechend.

§ 17 Aussetzung und Unterbrechung

§ 228 Abs. 1, 3 gilt entsprechend. § 229 gilt mit der Maßgabe, daß die Sicherungshauptverhandlung bis zu drei Wochen, nach einer Verhandlungsdauer von jeweils sechs Monaten für dreißig Tage unterbrochen werden darf und der Lauf der Unterbrechungsfristen auch bei der Erkrankung eines Mitglieds des Gerichts gehemmt ist.

§ 18 Sicherungshauptverhandlung in Abwesenheit des Maßregelbetroffenen

(1) Ist das Erscheinen des vernehmungsfähigen Maßregelbetroffenen in der Sicherungshauptverhandlung wegen seines Zustandes dauernd unmöglich oder aus Gründen der öffentlichen Sicherheit oder Ordnung unangebracht, so kann das Gericht die Sicherungshauptverhandlung durchführen, ohne daß der Maßregelbetroffene zugegen ist. Unter denselben Voraussetzungen kann die Sicherungshauptverhandlung gegen einen vernehmungsunfähigen Maßregelbetroffenen durchgeführt werden, wenn dieser im Ermittlungsverfahren in vernehmungsfähigem Zustand über die im Sicherungsantrag bezeichnete Tat durch ein Mitglied des für das Sicherungsverfahren zuständigen Gerichts richterlich vernommen worden ist und dieses an der Sicherungshauptverhandlung teilnimmt. Andernfalls ist das Verfahren einzustellen und die Mitteilung nach § 4 vorzunehmen.
(2) Im Fall des Absatz 1 Satz 1 ist der Maßregelbetroffene vor der Sicherungshauptverhandlung durch die Berufsrichter des erkennenden Gerichts in Anwesenheit des Verteidigers und des nach § 15 Absatz 2 bestellten Sachverständigen entsprechend § 23 Absatz 4 zu vernehmen. Von dem Vernehmungstermin sind der Maßregelbetroffene, die Staatsanwaltschaft, der Verteidiger und der gesetzliche Vertreter rechtzeitig zu benachrichtigen. § 5 Abs. 4 S. 1 gilt entsprechend. Die Einlassung des Maßregelbetroffenen zur Tatfrage ist von der zu den soziodemographischen Daten getrennt zu protokollieren. Das Protokoll ist den Tat- bzw. Persönlichkeitsakten beizufügen.
(3) Fordert es die Rücksicht auf den Zustand des Maßregelbetroffenen oder ist eine ordnungsgemäße Durchführung der Sicherungshauptverhandlung sonst nicht möglich, kann das Gericht nach der Vernehmung des Maßregelbetroffenen zur Tatfrage (§ 23 Abs. 4) die Sicherungshauptverhandlung durchführen, auch wenn der Maßregelbetroffene nicht oder nur zeitweise zugegen ist.
(4) Die Verhandlung in Abwesenheit des Maßregelbetroffenen nach Absatz 1 oder 3 beschließt das Gericht nach Anhörung des Sachverständigen. Der Beschluß nach Absatz 1 kann bereits vor Beginn der Sicherungshauptverhand-

lung gefaßt werden. Gegen ihn ist die sofortige Beschwerde zulässig; sie hat aufschiebende Wirkung. Eine begonnene Sicherungshauptverhandlung ist bis zur Entscheidung über die sofortige Beschwerde zu unterbrechen.
(5) Soweit eine Sicherungshauptverhandlung ohne den Maßregelbetroffenen stattfindet, können seine in einem richterlichen Protokoll enthaltenen Erklärungen nach Maßgabe des § 27 Absatz 2 verlesen werden. Das Protokoll über die Vorvernehmung nach Absatz 2 Satz 1 ist zu verlesen.
(6) § 234a gilt entsprechend.
(7) Sobald der Grund für den Abwesenheitsbeschluß nach Absatz 1 oder 3 wegfällt, hat der Vorsitzende den Maßregelbetroffenen, solange mit der Verkündung des Urteils noch nicht begonnen worden ist, von dem wesentlichen Inhalt dessen zu unterrichten, was in seiner Abwesenheit verhandelt worden ist.

§ 19 Verhandlungsleitung, Kreuzverhör, Fragerecht
(1) Der Vorsitzende leitet die Verhandlung, §§ 239 und 240 gelten entsprechend. Die Vernehmung des Maßregelbetroffenen und die Beweisaufnahme erfolgen nach Maßgabe der §§ 23ff. Im Rahmen der Verhandlungsleitung bestimmt der Vorsitzende die Sitzordnung und den äußeren Verhandlungsablauf. Insbesondere die Rechtsfolgenverhandlung soll in einer die offene Aussprache erleichternden Form gestaltet werden.
(2) Wird eine die Verhandlungsleitung betreffende Anordnung des Vorsitzenden von einem der Verfahrensbeteiligten als unzulässig beanstandet oder bestehen Zweifel über die Zulässigkeit einer Frage, so entscheidet das Gericht.

§ 20 Sicherungshauptverhandlung
(1) Im ersten Teil der Sicherungshauptverhandlung (Tatverhandlung) entscheidet das Gericht, ob der Maßregelbetroffene die im Antragssatz bezeichnete Tat begangen hat, und im zweiten Teil über den Rechtsfolgenantrag (Rechtsfolgenverhandlung). Die Tatverhandlung umfaßt alle Strafbarkeitsvoraussetzungen mit Ausnahme der Schuldfähigkeit.
(2) Soweit es zur Feststellung der Tatbegehung unerläßlich ist, beschließt das Gericht, daß Tatsachen, die die Schuldunfähigkeit (§ 20 StGB), die verminderte Schuldfähigkeit (§ 21 StGB) oder soziodemographische Daten betreffen, in die Tatverhandlung einbezogen werden. Unter der gleichen Voraussetzung sind Art und Anlaß der Begehung von Taten, die früheren Verurteilungen zugrundelagen, einzubeziehen. Der Einbeziehungsbeschluß ist nicht anfechtbar.
(3) Die Tatverhandlung schließt mit der auf die Beratung folgenden Verkündung der Entscheidung des Gerichts. Gegenstand der Entscheidung ist die im Antragssatz bezeichnete Tat, wie sie sich nach dem Ergebnis der Tatverhandlung

darstellt. Das Gericht ist an die im Sicherungsantrag enthaltene Beurteilung der Tat nicht gebunden. §§ 265, 266 gelten entsprechend.
(4) Der Sicherungsantrag ist durch Urteil als unbegründet zurückzuweisen, wenn sich die im Antragssatz bezeichnete Tat oder die Täterschaft des Maßregelbetroffenen nicht erweisen läßt. Die Urteilsgründe müssen ergeben, ob bei Nichtberücksichtigung derjenigen Irrtümer, die auf dem die Schuldfähigkeit ausschließenden Zustand beruhen und bei unterstellter Schuldfähigkeit des Maßregelbetroffenen eine strafbare Handlung aus tatsächlichen oder rechtlichen Gründen nicht festgestellt ist. Im übrigen endet die Tatverhandlung durch Einstellungsurteil oder einen Zwischenbescheid, in dem festgestellt wird, welche Tat der Maßregelbetroffene begangen hat.
(5) Der Zwischenbescheid ergeht als Beschluß. Er enthält die Feststellung, daß der Maßregelbetroffene die im Antragssatz bezeichnete Tat begangen hat und gibt deren rechtliche Bezeichnung an. Hat ein Straftatbestand eine gesetzliche Überschrift, soll diese zur rechtlichen Bezeichnung der Tat verwendet werden. Der Zwischenbescheid ist ohne Begründung schriftlich abzufassen, mündlich zu verkünden und zu begründen. Der Beschluß ist unanfechtbar.

§ 21 Bindungswirkung des Zwischenbescheids
(1) Das Gericht ist an den Zwischenbescheid gebunden. Beweisanträge, die sich gegen die dem Zwischenbescheid zugrundeliegenden tatsächlichen Feststellungen richten, sind unzulässig.
(2) Die Bindungswirkung kann auch auf Antrag insoweit durch einstimmigen Gerichtsbeschluß aufgehoben werden, als aufgrund neuer Tatsachen die Abweisung des Sicherungsantrags oder in Anwendung eines milderen Strafgesetzes eine wesentlich andere Entscheidung über eine Maßregel der Besserung und Sicherung in Betracht kommt. § 265 gilt entsprechend.
(3) Auf Antrag der Staatsanwaltschaft kann die Bindungswirkung durch einstimmigen Gerichtsbeschluß insoweit aufgehoben werden, als aufgrund neuer Tatsachen in Anwendung eines schärferen Strafgesetzes eine wesentlich andere Entscheidung über eine Maßregel der Besserung und Sicherung in Betracht kommt. §§ 265, 266 gelten entsprechend.

§ 22 Aktenkenntnis
Von den zur Urteilsfindung berufenen Personen steht die Kenntnis der Persönlichkeitsakten nur den Berufsrichtern zu. Der Inhalt der Persönlichkeitsakten darf außer in den Fällen des § 20 Absatz 2 erst nach dem Zwischenbescheid in das Verfahren eingeführt werden.

§ 23 Gang der Tatverhandlung

(1) Die Tatverhandlung beginnt mit dem Aufruf der Sache. Der Vorsitzende stellt fest, ob der Maßregelbetroffene und der Verteidiger anwesend und die Beweismittel herbeigeschafft, insbesondere die geladenen Zeugen und Sachverständigen erschienen sind.

(2) Die Zeugen verlassen den Sitzungssaal. Der Vorsitzende stellt die persönlichen Verhältnisse des Maßregelbetroffenen fest. Darauf überzeugt sich das Gericht von der Vernehmungsfähigkeit des Maßregelbetroffenen oder stellt fest, daß die Voraussetzungen des § 18 vorliegen.

(3) Der Staatsanwalt verliest den Antragssatz.

(4) Sodann wird der Maßregelbetroffene darauf hingewiesen, daß es ihm freistehe, sich zum Antragssatz zu äußern oder nicht zur Tatfrage auszusagen; er ist über die Einbeziehungsmöglichkeit von Spontangeständnissen nach Satz 4 zu belehren. Ist er zur Aussage bereit, gibt der Vorsitzende ihm Gelegenheit, sich im Zusammenhang zu äußern. Die Vernehmung erfolgt durch den Vorsitzenden. Die Tatfrage nicht betreffende Umstände dürfen nur bei Geständnissen, unter den Voraussetzungen des § 266 berücksichtigt werden. Fragen, die nicht zur Tatfrage gehören, ungeeignet oder sonst mißbräuchlich sind, hat der Vorsitzende zurückzuweisen.

§ 24 Beweisaufnahme

(1) Nach der Vernehmung des Maßregelbetroffenen folgt die Beweisaufnahme. Ein Beweismittel, das für die Tat- und für die Rechtsfolgenfrage von Bedeutung ist, wird im ersten Abschnitt nur insoweit herangezogen, als es für die Tatfrage notwendig ist.

(2) Zeugen und Sachverständige sind grundsätzlich vom Vorsitzenden zu veranlassen, zunächst im Zusammenhang auszusagen und ihre Ausführungen auf die Tatfrage zu beschränken. Für ihre Vernehmung finden § 23 Absatz 4 sowie die allgemeinen Vorschriften über die Vernehmung von Zeugen und Sachverständigen entsprechend Anwendung.

(3) Richtet sich das Verfahren gegen einen der Gerichtssprache nicht mächtigen Maßregelbetroffenen, hat der Vorsitzende den Dolmetscher zu beauftragen, dem Maßregelbetroffenen die Schlußvorträge mindestens durch eine gedrängte Inhaltsangabe verständlich zu machen und die Anträge des Staatsanwalts und des Verteidigers wörtlich zu übersetzen. Dasselbe gilt für einen tauben Maßregelbetroffenen, sofern nicht eine schriftliche Verständigung erfolgt.

§ 25 Vorbereitung der Rechtsfolgenverhandlung

(1) Nach dem Zwischenbescheid werden dem Gericht die Persönlichkeitsakten vorgelegt, sofern sie nicht bereits gem. § 7 Absatz 4 Satz 2 mit dem Sicherungsantrag übersandt worden sind. Fehlt ein Gerichtshilfebericht, obwohl die Voraussetzungen des § 2 Absatz 3 Satz 2 erfüllt sind, ersucht der Vorsitzende die Gerichtshilfe um den Bericht. Hält das Gericht die Anwesenheit der Gerichtshilfe für notwendig oder sind für die Rechtsfolgenverhandlung Zeugen oder Sachverständige erforderlich, die noch nicht gem. §§ 214ff. geladen sind, ordnet der Vorsitzende die Ladung an.

(2) In den Fällen des Absatzes 1 Satz 2 und 3 sowie in Verfahren, in denen eine Verhandlungspause zur Vorbereitung der Rechtsfolgenverhandlung nicht ausreicht, beschließt das Gericht die Unterbrechung der Sicherungshauptverhandlung und bestimmt einen Termin für den Beginn der Rechtsfolgenverhandlung. Der Termin soll binnen möglichst kurzer Frist stattfinden. § 229 gilt mit der Maßgabe, daß die Unterbrechung bis zum Beginn der Rechtsfolgenverhandlung nicht länger als zwei Monate dauern darf. Die Rechtsfolgenverhandlung darf in besonderen Fällen einmal bis zu dreißig Tagen unterbrochen werden, auch wenn sie nicht bereits an zehn Tagen stattgefunden hat.

§ 26 Ablauf der Rechtsfolgenverhandlung

(1) Für den Gang der Rechtsfolgenverhandlung gilt § 23 Absatz 1, Absatz 2 Satz 1 und 3 entsprechend. Anschließend berichtet der Vorsitzende über den Zwischenbescheid. Darauf verliest der Staatsanwalt den Rechtsfolgenantrag.

(2) Es folgt die Beweisaufnahme zur Schuldfähigkeit des Maßregelbetroffenen durch Vernehmung des nach §§ 15 Absatz 2 bestellten Sachverständigen. Ist dessen Erscheinen vor Gericht aus den in § 251 I Nr. 1, 2 genannten Gründen nicht möglich, kann das Gericht einen anderen Arzt zum Sachverständigen bestellen. In diesem Fall beschließt es gleichzeitig die Unterbrechung oder Aussetzung der Rechtsfolgenverhandlung, um dem Sachverständigen Gelegenheit zur Vorbereitung des von ihm zu erstattenden Gutachtens zu geben.

(3) Der Sachverständige hat seine Ausführungen zunächst auf die Feststellungen zur Schuldfähigkeit zu beschränken. War der Maßregelbetroffene im Tatzeitpunkt schuldunfähig, so ist weiter festzustellen, ob die Schuldunfähigkeit auf einem in der Person des Maßregelbetroffenen liegenden Zustand beruht, der auch für die nach § 20 Absatz 5 festgestellte Tat ursächlich geworden ist.

(4) Stellt das Gericht fest, daß die Tat infolge des die Schuldfähigkeit ausschließenden Zustandes begangen wurde, weist der Vorsitzende den Maßregelbetroffenen darauf hin, daß es ihm freistehe, sich über seine soziodemographischen Daten zu äußern oder nicht dazu auszusagen. Ist der Maßregelbetroffene zur Aussage bereit, veranlaßt der Vorsitzende ihn, im Zusammenhang zu berichten.

Darauf erstattet der Gerichtshelfer seinen Bericht. Falls ein Gerichtshelfer nicht anwesend ist, befragt der Vorsitzende den Maßregelbetroffenen anhand der Persönlichkeitsakten, insbesondere des Gerichtshilfeberichts. Ergänzende Fragen können auch dem Gerichtshelfer gestellt werden.

(5) Im Anschluß hat das Gericht Beweis über die rechtsfolgenrelevanten Umstände, insbesondere zu der Frage zu erheben, ob von dem Maßregelbetroffenen künftig infolge seines die Schuldfähigkeit ausschließenden Zustandes erhebliche rechtswidrige Taten zu erwarten sind. Stellt das Gericht die abstrakte Gefährlichkeit des Zustandes des Maßregelbetroffenen fest, hat es auf dieser Grundlage Feststellungen zu der konkreten Art der von ihm ausgehenden Gefahr zu treffen. Dabei können auch solche Umstände berücksichtigt werden, die mit der im Zwischenbescheid festgestellten Tat nicht im Zusammenhang stehen. Das Gericht hat besonders festzustellen, daß die Art der zu erwartenden Gefahr derjenigen entspricht, die in der festgestellten Tat zum Ausdruck gekommen ist und daß die beantragte oder eine andere in Betracht kommende Maßregel im Hinblick auf die im Zwischenbescheid festgestellte Tat verhältnismäßig ist. § 24 gilt entsprechend. Im übrigen unterliegt die Gestaltung der Beweisaufnahme, des weiteren Ablaufs der Rechtsfolgenverhandlung und deren äußere Gestaltung dem Ermessen des Vorsitzenden. Sachverständiger und Gerichtshelfer erhalten auf Verlangen das Wort. Der Betreuer soll als Zeuge gehört werden.

(6) Das Gericht läßt in der Rechtsfolgenverhandlung die Öffentlichkeit zu, wenn überwiegende Interessen der Allgemeinheit oder der Rechtspflege eine öffentliche Verhandlung über die Schuldfähigkeit oder die Rechtsfolgen gebieten. Auf Antrag kann die Öffentlichkeit auch für die Verkündung der Urteilsgründe oder eines Teils davon ausgeschlossen werden. Die §§ 171a, 172, 173 des Gerichtsverfassungsgesetzes bleiben unberührt.

§ 27 Beweisrecht; entsprechende Anwendbarkeit anderer Vorschriften

(1) §§ 244 Abs. 2 - 6, 245, 246, 247 - 253, 255 - 259 und 261 gelten entsprechend, 249 und 256 nur unter den Voraussetzungen des § 20 Absatz 2 Satz 1 und 2 soweit § 24 Absatz 1 nicht entgegensteht, sowie § 248 S. 2 mit der Maßgabe, daß vor der Entlassung der Zeugen und Sachverständigen auch der Verteidiger zu hören ist.

(2) Erklärungen des Maßregelbetroffenen, die in einem richterlichen Protokoll enthalten sind, können verlesen werden, in der Tatverhandlung jedoch nur zum Zweck der Beweisaufnahme über ein Geständnis, wenn der Maßregelbetroffene bei Abgabe der Erklärung vernehmungsfähig war. Dasselbe kann geschehen, wenn ein in der Vernehmung hervortretender Widerspruch mit der früheren Aussage nicht auf andere Weise ohne Unterbrechung der Sicherungshauptverhandlung festgestellt werden kann.

§ 28 Bindung des Gerichts an den Rechtsfolgenantrag

(1) Das Gericht ist an den Rechtsfolgenantrag nicht gebunden. Die Maßregel wird selbständig angeordnet, wenn dies gesetzlich zulässig ist und die Feststellungen nach § 26 Absatz 3 - 5 getroffen wurden.

(2) Das Gericht kann eine vom Rechtsfolgenantrag abweichende Maßregel anordnen, wenn der Maßregelbetroffene zuvor auf die Veränderung des rechtlichen Gesichtspunktes besonders hingewiesen und ihm Gelegenheit zur Verteidigung gegeben worden ist.

§ 29 Urteil

(1) Die Rechtsfolgenverhandlung schließt mit der auf die Beratung folgenden Verkündung des Urteils.

(2) Wird im Urteil eine Maßregel der Besserung und Sicherungs angeordnet, so ist diese in der Urteilsformel nach der rechtlichen Bezeichnung der im Zwischenbescheid festgestellten Tat anzugeben. Wird eine Maßregel der Besserung und Sicherung nicht angeordnet, ist auf Zurückweisung des Antrags zu erkennen, wenn nicht die Einstellung des Verfahrens wegen eines anderen Verfahrenshindernisses als dem der Verhandlungsunfähigkeit auszuprechen ist. Darüberhinaus obliegt die Fassung der Urteilsformel dem Ermessen des Gerichts.

(3) Nach der Urteilsformel werden die angewendeten Vorschriften nach Paragraph, Absatz, Nummer, Buchstabe und mit der Bezeichnung des Gesetzes aufgeführt.

(4) Wird ein Berufsverbot angeordnet, ist im Urteil der Beruf, der Berufszweig das Gewerbe oder der Gewerbezweig, dessen Ausübung verboten wird, genau zu bezeichnen.

(5) §§ 261 - 263 Abs. 1, 268 und 275 gelten entsprechend.

§ 30 Urteilsgründe

(1) Wird gegen den Maßregelbetroffenen eine Maßregel der Besserung und Sicherung angeordnet, gliedern sich die Urteilsgründe in einen ersten, die Tat, und in einen zweiten, die Schuldfähigkeit und die Rechtsfolgen betreffenden Teil.

(2) Im ersten Teil der Urteilsgründe sind die für erwiesen erachteten Tatsachen anzugeben, in denen die gesetzlichen Merkmale der Straftat gefunden werden und das angewendete Strafgesetz zu bezeichnen. Bei einer Vielzahl von Straftaten, die denselben Tatbestand erfüllen, ist die Mitteilung des konkreten Sachverhalts der Einzeltat nur dann entbehrlich, wenn die Einzelfälle in allen wesentlichen Umständen gleichgelagert sind. Das Gericht hat die Beweismittel und die für die richterliche Überzeugung maßgebenden Gründe stets anzuführen. Auf Abbildungen, die sich bei den Tatakten befinden, kann wegen der Einzelheiten

verwiesen werden. Stützt das Gericht die Identifizierung des Maßregelbetroffenen auf eine bei der Tatbegehung gefertigte Abbildung, so genügt die Bezugnahme auf diese Abbildung, wenn sie zur Identifizierung uneingeschränkt geeignet ist. In diesem Fall genügt die Mitteilung über die Art der Abbildung, den Aufnahmeort und die Aufnahmezeit, wobei anzugeben ist, ob eine weibliche oder männliche Person gezeigt wird. Andernfalls sind die für die richterliche Überzeugungsbildung bestimmenden charakteristischen Merkmale zu beschreiben. Abgesehen von Satz 5 sind Verweisungen und jegliche Bezugnahme auf Schriftstücke oder andere Erkenntnisquellen außerhalb des Urteils unzulässig. Die Sachverhaltsdarstellung ist von der Beweiswürdigung zu trennen.

(3) Für die Begründung des dem Sicherungsantrag stattgebenden Urteils gilt § 267 II StPO entsprechend.

(4) Im zweiten Teil der Urteilsgründe sind die für erwiesen erachteten, rechtsfolgenrelevanten Tatsachen anzugeben sowie die maßgeblichen Erwägungen, auf denen die Feststellungen nach § 26 Absatz 3 - 5 beruhen. Der Grund der Schuldunfähigkeitist zu bezeichnen. Die angewendeten gesetzlichen Bestimmungen sind anzugeben. § 267 III 2, 3 ist entsprechend anwendbar.

(5) Wird innerhalb der Frist kein Rechtsmittel eingelegt, so müssen die erwiesenen Tatsachen, in denen die gesetzlichen Merkmale der Straftat gefunden werden, die rechtsfolgenrelevanten Tatsachen und das angewendete Strafgesetz angegeben werden. Bei Urteilen, die nur die Entziehung der Fahrerlaubnis und die Einziehung des Führerscheins anordnen, kann auf den Antragssatz und den Rechtsfolgenantrag verwiesen werden. Den weiteren Inhalt der Urteilsgründe bestimmt das Gericht unter Berücksichtigung der Umstände des Einzelfalls nach seinem Ermessen. Die abgekürzte Urteilsfassung ist durch einen entsprechenden Vermerk zu kennzeichnen. Die Urteilsgründe können innerhalb der in § 275 Abs. 1 S. 2 vorgesehenen Frist ergänzt werden, wenn gegen die Versäumung der Frist zur Einlegung des Rechtsmittels Wiedereinsetzung in den vorherigen Stand gewährt wird.

(6) Wird der Sicherungsantrag nach der Tatverhandlung zurückgewiesen, müssen die Urteilsgründe ergeben, daß bei unterstellter Schuldfähigkeit des Maßregelbetroffenen eine strafbare Handlung aus tatsächlichen oder rechtlichen Gründen nicht festgestellt ist. Das Gericht hat darzulegen, welchen Sachverhalt es als festgestellt erachtet und den Weg, der es zu diesen Feststellungen geführt hat, im Rahmen einer Beweiswürdigung darzulegen. Wird innerhalb der Frist kein Rechtsmittel eingelegt, braucht nur angegeben zu werden ob die dem Maßregelbetroffenen zur Last gelegte Straftat aus tatsächlichen oder rechtlichen Gründen nicht festgestellt worden ist.

(7) Erfolgt die Zurückweisung des Sicherungsantrags nach der Rechtsfolgenverhandlung, so müssen die Urteilsgründe entsprechend Absatz 6 ergeben, weshalb eine Maßregel nicht angeordnet worden ist.

§ 31 Überleitung ins Strafverfahren

(1) Ergibt sich bei oder nach der Beschlußfassung über die Durchführung des Sicherungsverfahrens die Schuldunfähigkeit des Maßregelbetroffenen nicht und ist das Gericht für das Strafverfahren nicht zuständig, so spricht es durch Beschluß seine Unzuständigkeit aus und verweist die Sache an das zuständige Gericht. § 270 Abs. 3 gilt entsprechend, ebenso § 270 Abs. 2, wenn ein Zwischenbescheid nicht erlassen wurde. Andernfalls bezeichnet das Gericht die Tat so, wie sie im Zwischenbescheid festgestellt worden ist. Das für das Strafverfahren zuständige Gericht ist entsprechend § 21 an die Feststellungen des Zwischenbescheids gebunden.

(2) Ergibt sich bei oder nach der Beschlußfassung über die Durchführung des Sicherungsverfahrens die Schuldunfähigkeit des Maßregelbetroffenen nicht und ist das Gericht auch für das Strafverfahren zuständig, so ist der Maßregelbetroffene auf die veränderte Rechtslage hinzuweisen und ihm Gelegenheit zur Verteidigung zu geben, wenn ein Zwischenbescheid nicht ergangen ist. Erklärt er, auf die Verteidigung nicht genügend vorbereitet zu sein, ist auf seinen Antrag die Sicherungshauptverhandlung auszusetzen oder zu unterbrechen. Ist aufgrund des § 18 in Abwesenheit des Maßregelbetroffenen verhandelt worden, sind diejenigen Teile der Hauptverhandlung zu wiederholen, bei denen der Maßregelbetroffene in der Sicherungshauptverhandlung nicht zugegen war. Die Wiederholung kann durch eine Unterrichtung über das Verhandelte ersetzt werden, wenn diese zur nachträglichen Unterrichtung ausreicht.

§ 32 Rechtskraftwirkung des Sicherungsurteils

Durch das Urteil nach § 20 Absatz 4 Satz 1 wird die Strafklage bezüglich der im Antragssatz bezeichneten Tat, durch ein Urteil nach § 29 Absatz 2 die Strafklage bezüglich der im Zwischenbescheid festgestellten Tat verbraucht.

§ 33 Rechtsmittelverzicht und Zurücknahme

Der Maßregelbetroffene und sein Verteidiger können auf Rechtsmittel nicht verzichten. Bestehen Zweifel an der Geschäftsfähigkeit des Maßregelbetroffenen, so entscheidet der Verteidiger über die Einlegung und Zurücknahme eines Rechtsmittels.

3. Einzelbegründung zum Textvorschlag

Sicherungsverfahren[208]

§ 1 Sicherungsverfahren
(1) Führt die Staatsanwaltschaft das Strafverfahren wegen Schuldunfähigkeit des Täters im Tatzeitpunkt (§ 20 StGB) nicht durch, kann sie den Antrag stellen, Maßregeln der Besserung und Sicherung selbständig anzuordnen, wenn dies gesetzlich zulässig und die Anordnung nach dem Ergebnis der Ermittlungen zu erwarten ist (Sicherungsverfahren). Das gleiche gilt, wenn nach Erhebung der öffentlichen Klage das Gericht die Eröffnung des Hauptverfahrens wegen Schuldunfähigkeit ablehnt.
(2) Das Sicherungsverfahren ist unzulässig, wenn feststeht, daß der Täter bei Begehung der Tat erheblich vermindert schuldfähig (§ 21 StGB) war, seine Schuldunfähigkeit jedoch nicht ausgeschlossen werden kann.

Zu § 1:

§ 1, der das Sicherungsverfahren definiert, entspricht in seiner Funktion dem geltenden § 413 StPO, der als Voraussetzung der Zulässigkeit eines selbständigen Sicherungsverfahrens einen Antrag der Staatsanwaltschaft auf selbständige Anordnung von Maßregeln der Besserung und Sicherung nennt. Die Zulässigkeit dieses Antrags ist dort ebenso wie nach § 1 an drei Voraussetzungen gebunden: erstens an die *Nichtdurchführung eines Strafverfahrens* (a)), zweitens an die *gesetzliche Zulässigkeit* der selbständigen Anordnung von Maßregeln (b)) und drittens an die *Erwartung*, daß die beantragte Maßregel angeordnet werden wird (c)).

a) Wie § 413 StPO macht **§ 1 Absatz 1 Satz 1** die Nichtdurchführung des Strafverfahrens durch die Staatsanwaltschaft zur Voraussetzung des Sicherungsverfahrens, so daß für die Antragsstellung nur die Zeit der staatsanwaltschaftlichen Verfahrensherrschaft in Betracht kommt.[209] Demnach wird das Strafverfahren

208 Die Gesetzestexte des Sicherungsverfahrens gem. §§ 429a ff. StPO i.d.F. des GewVerbrG vom 24.03.1933 und des Sicherungsverfahrens gem. §§ 413ff StPO i.d.F. vom 02.03.1974 sind vollständig abgedruckt im Anhang IV.

209 Ein Übergang vom (subjektiven) Strafverfahren zum selbständigen Sicherungsverfahren ist nach Eröffnung des Hauptverfahrens auch bei Zustimmung des Betroffenen, seines Verteidigers und der Staatsanwaltschaft ausgeschlossen. Im Zwischenverfahren kann die

einmal dann i.S.d. Satz 1 nicht durchgeführt, wenn die Staatsanwaltschaft von vornherein davon absieht, die öffentliche Klage zu erheben, oder wenn sie eine erhobene öffentliche Klage zulässigerweise (§ 156 StPO) zurücknimmt, weil sie erwartet, daß die Eröffnung des Hauptverfahrens wegen Schuldunfähigkeit im Tatzeitpunkt abgelehnt wird. Das gleiche gilt nach Absatz 1 Satz 2, wenn das Gericht nach Erhebung der öffentlichen Klage die Eröffnung des Hauptverfahrens wegen Schuldunfähigkeit ablehnt. Daß die ablehnende Eröffnungsentscheidung des Gerichts der staatsanwaltschaftlichen Entschließung gegen die Anklageerhebung insofern gleichsteht, war bisher nicht ausdrücklich geregelt, aber anerkannt.[210]

Anders als § 413 StPO, bei dem die Durchführung eines Strafverfahrens an der fehlenden Schuld- *oder* Verhandlungsfähigkeit oder der nicht ausschließbaren Schuld- *oder* Verhandlungsunfähigkeit des Beschuldigten scheitern kann, setzt Absatz 1 Satz 1 die Nichtdurchführung eines Strafverfahrens mangels Schuldfähigkeit voraus. Somit ist das Sicherungsverfahren de lege ferenda nur gegen denjenigen zulässig, der im Tatzeitpunkt i.S.d. § 20 StGB schuldunfähig war. Die Unzulässigkeit des Sicherungsverfahrens gegen Verhandlungsunfähige entspricht der vor dem 1.1.1975 geltenden Rechtslage. Nach § 429c I StPO konnte die selbständige Unterbringung in einer Heil- und Pflegeanstalt zwar grundsätzlich auch gegen den Verhandlungsunfähigen angeordnet werden, dies jedoch nur wenn er *zur Tatzeit* schuldunfähig oder seine Schuldunfähigkeit in diesem Zeitpunkt nicht auszuschließen war. Eine selbständige Anordnung entfiel daher, wenn der zur Tatzeit Schuldfähige aufgrund eines nachträglichen Ereignisses verhandlungsunfähig wurde und zwar auch dann, wenn in der Tat eine von dem Täter ausgehende Gemeingefahr erkennbar wurde. Diese als lückenhaft empfundene Regelung wurde durch § 71 StGB korrigiert, der die selbständige Maßregelanordnung auch gegen Verhandlungsunfähige vorsieht.

Ob man ein schuldunabhängiges Sicherungsverfahren, d.h. ein Verfahren gegen den im Tatzeitpunkt schuldfähigen, nun dauerhaft verhandlungsunfähigen Täter für zulässig hält, hängt zunächst von der bereits angesprochenen Frage nach der Legitimation des strafrechtlichen Maßregeleingriffs ab. Wer wie etwa *H. Mayer* und *Köhler*[211] annimmt, ein Maßregelrecht im eigentlichen Sinne lasse sich nur als Zwangsrecht gegen den natürlichen Willen Unvernünftiger begründen, muß Maßregeln gegen schuldfähige Täter strikt ablehnen, weil die Verantwortlichkeit

---

Staatsanwaltschaft entweder nach § 156 StPO verfahren oder aber die selbständige Anordnung nach § 413 StPO hilfsweise begehren; in der Anklageschrift kann ein Antrag nach § 413 StPO nicht erblickt werden, LR-*Gössel* § 413 Rn. 23, § 416 Rn. 13.

210 *RGSt* 72, 143, 145; KK-*Fischer* § 413 Rn. 6; LR-*Gössel* § 413 Rn. 3; KMR-*Paulus* § 413 Rn. 17.

211 Nachw. in Fn. 31 und 32.

der selbständig handelnden Person es ausschließt, sie wie einen gefährlichen Naturprozeß zu behandeln.[212] Dasselbe gilt, wenn man das Maßregelrecht mit einem Rechtfertigungs- oder Notrecht des Staates legitimiert oder den Maßregeleingriff selbst auf den Rechtsgrund polizeilicher Fürsorge stützt, weil auch diese Ansätze der Sache nach die Unvernunft des Handelnden voraussetzen, die beim schuldfähigen Täter gerade nicht gegeben ist. Nur wer das Recht als unmittelbare Regulation von Interessen auffaßt und (wie etwa *Nowakowski*[213]) das Maßregelrecht auf ein Prinzip des überwiegenden Interesses stützt, darf ein schuldunabhängiges Sicherungsverfahren für zulässig erklären. Nach der hier vertretenen Auffassung lassen sich strafrechtliche Maßregeln ausschließlich gegenüber dem nicht verantwortlichen Täter legitimieren. Schon aus diesem Grunde weicht der vorliegende Entwurf von der Regelung des § 413 StPO ab.

Die Unzulässigkeit eines Sicherungsverfahrens gegen schuldfähige, verhandlungsunfähige Täter läßt sich aber selbst dann begründen, wenn man dem Legitimationsansatz *Nowakowskis* folgt:

Dem Staat stehen im Strafrecht zwei Ansprüche zu, der Straf- und der Sicherungsanspruch. Beide Ansprüche knüpfen an die rechtswidrige Verwirklichung eines mit Kriminalstrafe bedrohten Unrechtstatbestandes an, entstehen davon abgesehen aber unter verschiedenen Voraussetzungen, die vom materiellen Strafrecht bestimmt werden. Während der Strafanspruch eine schuldhafte Handlung des Täters voraussetzt, die der Staat repressiv mit Strafe vergilt, dient der Sicherungsanspruch der Sicherung der Allgemeinheit durch präventive Anordnung nicht-vergeltender Maßregeln. Die Durchsetzbarkeit beider Ansprüche regelt das Strafprozeßrecht. Dieses stellt - der materiell-rechtlichen Andersartigkeit der Ansprüche entsprechend - zwei wesensmäßig verschiedene Verfahrensarten zur Verfügung, die unterschiedlichen, sich teilweise ausschließenden Verfahrensvoraussetzungen unterliegen. Erfüllt ein strafrechtlich relevantes Verhalten die materiellen Voraussetzungen nur eines Anspruchs, so ist das seiner Durchsetzung dienende Verfahren eindeutig bestimmt; der Strafanspruch kann nur im allgemeinen Strafverfahren, der Sicherungsanspruch ausschließlich im Sicherungsverfahren durchgesetzt werden. In dieser Konstellation stehen sich Straf- und Sicherungsanspruch als sich wechselseitig ausschließende und damit materiell wie verfahrensrechtlich *selbständige* Primäransprüche gegenüber.

---

212 So konsequent und deutlich äußert sich jedoch nur *Köhler*, AT, S. 55ff., 58, der dazu aufruft, Maßregeln gegen schuldfähige Täter systematisch zu kritisieren und Gesetzeskritik zur Kumulation von Strafe und Maßregel für unumgänglich hält. Dem ist zuzustimmen, denn nirgendwo zeigt sich der Grundwiderspruch der Zweispurigkeit so deutlich wie im Kumulationsprinzip, bei dem der Täter einerseits durch die Strafe als Vernünftiges „geehrt" und andererseits als Unvernünftiges gemaßregelt wird, so auch *Grünwald* ZStW 1964 (76), S. 633ff.; *Stratenwerth*, S. 27.

213 Nachw. in Fn. 33.

Entweder der Täter ist schuldfähig und zu bestrafen oder aber er ist schuldunfähig mit der Folge, daß nur eine Maßregelung in Betracht kommt.
Da aber das materielle Strafrecht die Schuldunfähigkeit des Täters nicht als zwingende Voraussetzung der Entstehung des Sicherungsanspruchs ansieht, sondern dieser auch gegen einen erheblich vermindert schuldfähigen Täter entstehen kann, schließen sich Straf- und Sicherungsanspruch materiell-rechtlich nicht notwendigerweise aus. So entstehen de lege lata z.B. beide Ansprüche, wenn ein gemeingefährlicher Täter im Zustand erheblich verminderter Schuldfähigkeit einen Unrechtstatbestand erfüllt. In dieser Konstellation stehen sich Straf- und Sicherungsanspruch jedoch weder materiell- noch verfahrensrechtlich als selbständige Primäransprüche gegenüber, sondern selbständig ist nur der Strafanspruch, von dem der Sicherungsanspruch als Sekundäranspruch abhängt. Die verfahrensrechtliche Abhängigkeit des Sicherungsanspruchs ergibt sich aus dem Legalitätsprinzip, das den Staat zur Durchsetzung des Strafanspruchs zwingt und findet ihre materiell-rechtliche Entsprechung in der Abhängigkeit der für den Sicherungsanspruch erforderlichen Gefährlichkeitsprognose von der Würdigung der begangenen Tat, die wegen der Schuldfähigkeit des Täters nur bei der Durchsetzung des Strafanspruchs festgestellt werden muß. Entsprechend erfolgt die Maßregelentscheidung in diesem Fall auch nach geltendem Recht im sog. „angeschlossenen Verfahren“ [214], d.h. in dem Verfahren, in dem über die Bestrafung *wegen der Tat* entschieden wird. Dies ist das allgemeine Strafverfahren in dem die Anordnung der Maßregel neben[215] die Strafe tritt.

Bei der seit dem 1.1.1975 geltenden Verweisung des schuldfähigen, im Zeitpunkt des Strafverfahrens verhandlungsunfähigen Täters ins Sicherungsverfahren, wurde der sekundäre Sicherungsanspruch materiell-rechtlich von der Tat abgetrennt, wobei offenbar angenommen wurde, der Sekundäranspruch würde dadurch auch verfahrensrechtlich selbständig. Dies ist jedoch nicht der Fall. Der materielle Sicherungsanspruch des Staates kann Selbständigkeit nur erlangen, wenn die Entstehung eines Strafanspruchs ausgeschlossen ist. Allerdings muß er notwendigerweise an die Unrechtstat eines Schuldunfähigen angeknüpft werden, denn nur unter dieser Voraussetzung ist die Durchbrechung des Legalitätsprinzips und ein vom allgemeinen Strafverfahren wesensmäßig verschiedenes *Straf*verfahren erforderlich und zulässig. Eine materiell- und verfahrensrechtliche Selbständigkeit kann aber der sekundäre Sicherungsanspruch wegen der im Tatzeitpunkt bestehenden Verantwortlichkeit des Täters unter keinen Umständen erlangen. Er bleibt ein Sekundäranspruch, der nur als Annex des primären Strafanspruchs durchgesetzt werden kann. Ihn im Fall der durch die Verhandlungsun-

214 LK-*Hanack* Vor § 61 Rn. 82.
215 LK-*Hanack* Vor § 61 Rn. 65.

fähigkeit des Beschuldigten bedingten Nichtdurchsetzbarkeit des Strafanspruchs wie einen Primäranspruch zu behandeln, mag einem kriminalpolitischen Bedürfnis nach Sicherung der Allgemeinheit vor gefährlichen Straftätern entsprechen.[216] Systematisch ist dies jedoch nicht zu rechtfertigen, sondern das Gegenteil zu fordern, nämlich die Zulässigkeit der Hauptverhandlung im allgemeinen Strafverfahren in Abwesenheit des verhandlungsunfähigen, gefährlichen Täters. Die Grundsätze und Voraussetzungen einer solchen Abwesenheitsverhandlung können hier nicht erörtert werden.[217] Ihre Zulassung würde jedoch zu einer so wesentlichen Veränderung des jetzigen Verfahrensablaufs führen, daß statt dessen (insbesondere zur Erhaltung der im allgemeinen Strafverfahren garantierten Beschuldigtenrechte) die Alternative einer Verfahrenseinstellung (§§ 206a, 260 Abs. 3 StPO) und deren Mitteilung an die für die Gefahrenabwehr zuständige Landesbehörde erwogen werden sollte.[218] Diese könnte zwar nicht zur Vornahme bestimmter Maßnahmen gezwungen werden, schon gar nicht von den Strafverfolgungsorganen, ihr Untätigbleiben stünde jedoch wegen der Bindung an das Gesetz und einer in diesen Fällen regelmäßig eintretenden Ermessensreduzierung auf Null nicht zu befürchten.
Wie auch immer der Gesetzgeber das Problem letztlich lösen wird, der Weg über die Überweisung schuldhaft handelnder Täter ins Sicherungsverfahren ist ihm aus rechtssystematischen Gründen verwehrt. Daher ist die Zulässigkeit des Sicherungsverfahrens gegen verhandlungsunfähige, im Tatzeitpunkt schuldfähige Täter de lege ferenda abzuschaffen.

b) Die zweite Voraussetzung des Sicherungsantrages, die gesetzliche Zulässigkeit der selbständigen Maßregelanordnung, ist gegeben, wenn eine gesetzliche Grundlage für die *selbständige* Anordnung von Maßregeln der Besserung und Sicherung vorliegt. Statt einer Einzelaufzählung der de lege lata zulässigen Maßregeln enthält der Entwurf die allgemein gefaßte Verweisung („wenn dies gesetzlich zulässig ist") des § 413 StPO, um bei einer Erweiterung oder Begrenzung des Kreises der materiell-rechtlich selbständigen Maßregeln die Notwendigkeit der gleichzeitigen Änderung des Verfahrensrechts zu vermeiden. Um den Weg ins Sicherungsverfahren zu eröffnen, bedarf es einer materiellen Vorschrift,

---

216 Letztlich wurde die Einführung des Sicherungsverfahrens auch nur mit diesem angeblich bestehenden Bedürfnis gerechtfertigt, vgl. Amtl. Begr. zum GewVerbrG, Staatsanzeiger 1933, Nr. 277, S. 2; *Nagler* GS 1939 (112), 133ff., 144ff., 308ff.; *Exner* ZStW 1934 (53), 629ff.; *Henkel* ZStW 1938 (57), 702ff; *ders.*, ZStW 1938 (58), 167ff.; *Schäfer/Wagner/Schafheutle* § 429a Rn. 1ff.; *Dörfler* DJ 1933, 749ff.

217 Die Ausführungen zur Abwesenheitsverhandlung im Sicherungsverfahren sind jedoch übertragbar, vgl. Komm. zu § 18 d. Entw. (S. 188ff.).

218 Vgl. § 4 d. Entw.

die die selbständige Anordnung ausdrücklich zuläßt. Dagegen genügt es nicht, wenn das Nebenstrafrecht über den Katalog des § 61 StGB hinausgehende Maßregeln vorsieht, die auch dann angeordnet werden können, wenn der Täter wegen bestimmter Taten „nur deshalb nicht verurteilt wird, weil seine Schuldunfähigkeit erwiesen oder nicht auszuschließen ist“[219], ohne zugleich auszusprechen, daß die Anordnung *selbständig* erfolgen kann. Daher ist die Anordnung einer solchen Maßregel neben einer Maßregel, deren selbständige Anordnung förmlich zugelassen ist, im Sicherungsverfahren unzulässig.[220]
Im übrigen umfaßt die Wendung „wenn dies gesetzlich zulässig ist“ nicht nur die Zulassung des Sicherungsverfahrens im allgemeinen, sondern sie bedeutet, daß von dem Erfordernis der Schuldfähigkeit abgesehen im Sicherungsverfahren im Einzelfall alle Vorschriften des materiellen Rechts Anwendung finden, die für die in Frage stehende Maßregel gelten, so im Fall des § 71 StGB zunächst als Anordnungsgrundlagen die §§ 63, 64, 69 und 70 StGB, darüberhinaus aber auch die Konkretisierungen dieser Vorschriften z.B. durch §§ 62, 67b und 72 StGB.
Gegen Jugendliche und Heranwachsende ist das Sicherungsverfahren zulässig (z.B. beim Zusammentreffen fehlender Reife mit fehlender Schuldfähigkeit nach § 20 StGB[221]), soweit die Verhängung einer Maßregel nach materiellem Recht möglich ist (§§ 2, 7, 105 JGG). Durch die Nennung des § 20 StGB in Absatz 1 Satz 1 wird jedoch klargestellt, daß eine selbständige Maßregelanordnung nicht statthaft ist, wenn der Täter als Jugendlicher mangels Reife nach § 3 S. 1 JGG strafrechtlich nicht verantwortlich ist.[222]

c) Die letzte Voraussetzung der Zulässigkeit des Sicherungsantrags ist, daß die Maßregelanordnung nach dem Ergebnis der Ermittlungen zu erwarten ist. Dies ist der Fall, wenn die Positivvoraussetzungen des § 6 Absatz 1 Ziffer 1 - 4 vorliegen und keine Verfahrenshindernisse entgegenstehen, § 6 Absatz 3.[223] Ist danach die

219 So § 41 BJagdG die Entziehung des Jagdscheins und § 20 TierSchG das Verbot des Haltens etc. von Tieren betreffend.

220 Dagegen verstößt *BGHSt* 13, 91ff. (vgl. Fn. 128).

221 *BGHSt* 26, 67ff. = JR 1976, 116, 117 m. zust. Anm. *Brunner*; KK-*Fischer* § 413 Rn. 2; KMR-*Paulus* § 413 Rn. 9; a.A. LR-*Gössel* Vor § 413 Rn. 6.

222 Einhellige Meinung zu § 413 StPO, da die einschlägigen Störungen der Einsichts- und Handlungsfähigkeit bei Jugendlichen reife- und entwicklungsbedingt seien, vgl. etwa AK-*Keller* § 413 Rn. 4; LR-*Gössel* Vor § 413 Rn. 6; *BayObLGSt* 1958, 263f.; *Sauer* NJW 1949, 289f.; anders *OLG Hamburg* HESt 1, 18f. Die Durchführung eines allgemeinen Straf- oder Sicherungsverfahrens gegen Kinder, die von § 19 StGB als schuldunfähig bezeichnet werden, scheitert an deren gleichzeitig bestehender Strafunmündigkeit, die als Prozeßhindernis entgegensteht, LR-*Gössel* § 413 Rn. 2; *Kintzi* DRiZ 1997, 32f.

223 Eine Ausnahme wird dort jedoch für die Verhandlungsunfähigkeit gemacht.

selbständige Maßregelanordnung zu erwarten und liegen nach dem Ergebnis des Ermittlungsverfahrens auch die beiden erstgenannten Voraussetzungen des § 1 vor, kann die Staatsanwaltschaft das Sicherungsverfahren durch Stellung eines Sicherungsantrages einleiten. Für die Entschließung gilt das Legalitätsprinzip (§ 152 II StPO) nicht. Vielmehr liegt sie (de lege lata nach § 413 StPO, de lege ferenda gem. § 1 Absatz 1 Satz 1) in ihrem pflichtgemäßen, am Kriterium der Erforderlichkeit auszurichtenden Ermessen.[224]

Absatz 2 bestimmt, daß das Sicherungsverfahren nur statthaft ist, wenn nach dem Ermittlungsergebnis die Schuldunfähigkeit des Täters *zweifelsfrei* feststeht und entscheidet damit eine bislang gesetzlich nicht geregelte und seit langem umstrittene Frage entgegen der herrschenden Meinung. Diese hält das Sicherungsverfahren über den Wortlaut der §§ 71 StGB, 413 StPO hinaus auch dann für zulässig, wenn die Schuldunfähigkeit eines erheblich vermindert schuldfähigen Täters nicht ausgeschlossen werden kann.[225] Dieses sei die prozessuale Konsequenz aus dem materiellen Strafrecht, das in § 63 StGB die Unterbringung auch bei Vorliegen des § 21 StGB zulasse und in den §§ 64, 69, 70 StGB die nicht ausschließbare der nachgewiesenen Schuldunfähigkeit gleichstelle. Darüberhinaus sei diese Auslegung der §§ 71 StGB, 413 StPO geboten, um dem Zweck des Gesetzes gerecht zu werden. Auch unter diesen Umständen bestehe ein erhebliches Sicherungsbedürfnis, der Schutz der Allgemeinheit könne aber auf anderem Wege nicht erreicht werden, weil der hinreichende Verdacht einer *strafbaren* Handlung zu verneinen und damit die Eröffnung des allgemeinen Strafverfahrens nach § 203 StPO unzulässig sei, wenn unaufklärbar zweifelhaft bliebe, ob der Täter bei der Tat schuldunfähig oder nur vermindert schuldfähig war.[226] Gegen diese Auffassung werden Bedenken geltend gemacht, deren Be-

---

224 *RGSt* 71, 218ff.; *BGH* JW 1935, 532 (Nr. 37) und 2368 (Nr. 18); so auch *Kleinknecht/Meyer-Goßner* § 413 Rn. 10; KMR-*Paulus* § 413 Rn. 4; LR- *Gössel* § 413 Rn. 20ff.

225 *BGHSt* 31, 132, 134, 136 stellt lediglich fest, daß das Sicherungsverfahren „nach Wortlaut und Sinn des § 413 StPO für vermindert Schuldfähige nicht vorgesehen" sei.

226 *BGH* NJW 1963, 547; NJW 1968, 412; *BGHSt* 22, 1, 5 = NJW 1968, 412 m. zust. Anm. *Hübner* = JZ 1968, 531 m. abl. Anm. *Sax*, im Anschluß an *OLG Hamm* JMBlNW 1963, 34f. und *BGHSt* 18, 167ff.. In der letztgenannten Entscheidung hatte der *BGH* zu klären, ob die Unterbringung in einer Heil- oder Pflegeanstalt nach § 42b StGB im *allgemeinen Strafverfahren* angeordnet werden kann, wenn die Zurechnungsfähigkeit des Angeklagten mindestens erheblich vermindert war, er aber nicht bestraft werden kann, weil sie möglicherweise ganz ausgeschlossen war. Anders als im heute geltenden Maßregelrecht konnte die Unterbringung im allgemeinen Strafverfahren damals nur angeordnet werden, wenn der Täter auch zu Strafe verurteilt wurde. Das ergab sich aus der Bestimmung des § 42b II StGB (abgedruckt im Anhang I), nach der bei vermindert Zurechnungsfähigen

rechtigung überwiegend von der jeweils geltenden Fassung des materiellen Maßregelrechts und des Sicherungsverfahrens abhängen (etwa von dem Vorhandensein einer Zuständigkeitskonzentration oder von den Voraussetzungen der Abwesenheitsverhandlung), die darüberhinaus aber auch grundsätzliche Bedeutung erlangen.[227] Denn auch wenn man der Auffassung zustimmt, daß sich die Gleichstellung von nicht ausschließbarer und nachgewiesener Schuldunfähigkeit aus dem Sinn des § 71 StGB (dem auch hier bestehenden Sicherungsbedürfnis) ergebe, so bleibt es doch eine andere Frage, ob in den Fällen nicht auszuschließender Schuldunfähigkeit *prozeßrechtlich gesehen* ein Strafverfahren undurchführbar ist, denn die materiell-rechtliche Seite (selbständige Anordnung) ist mit der verfahrensrechtlichen (Zulässigkeit des Sicherungsverfahrens) nicht ohne weiteres identisch. Sicherlich sind materielles und Verfahrensrecht aufeinander bezogen und ein reibungsloses Ineinandergreifen beider Rechtsbereiche erforderlich, damit nicht die Verfolgung materiell-rechtlicher Ordnungsziele an den Hürden des Verfahrensrechts scheitert. Wie diese Verzahnung erfolgt, wird aber nicht unmittelbar durch das materielle Recht bestimmt, sondern dieses setzt lediglich das Ordnungsziel, das es verfahrensrechtlich zu verwirklichen gilt. Das

---

die Unterbringung neben die Strafe tritt. Der *BGH* erweiterte den Anwendungsbereich der Norm im Hinblick auf deren Zweck über den Wortlaut hinaus und ließ die Unterbringung zu. Dabei ließ er sich u.a. von dem Gedanken leiten, daß eine Sicherungsmaßregel andernfalls trotz des Vorliegens aller sachlichen Voraussetzungen nicht verhängt werden könne, weil § 429a StPO ein selbständiges Sicherungsverfahren nur für Zurechnungsunfähige, nicht aber auch für vermindert Zurechnungsfähige vorsehe. Im Anschluß an diese Entscheidung erweiterte *BGHSt* 22, 1ff. nun den Anwendungsbereich des Sicherungsverfahrens mit der Begründung, der durch *BGHSt* 18 bewirkte Wandel in der Handhabung des sachlichen Rechts wirke auf die Anwendung des Verfahrensrechts zurück. Die Auslegung des § 429a StPO im Sinne der Zulässigkeit des Sicherungsverfahrens gegen nicht ausschließbar zurechnungsunfähige Täter gehe zwar etwas über den Wortlaut dieser Ausnahmebestimmung hinaus; sie folge aber der erweiterten Anwendung des § 42b StGB und werde allein dem Zweck des Gesetzes gerecht, wie er sich aus dem Zusammenhang des sachlichen und des Verfahrensrechts ergebe. Dem folgen heute *Roxin*, Strafverfahrensrecht, § 64 Rn. 2; *Jakobs* GA 1971, 257, 264; *Tröndle/Fischer* § 71 Rn. 2; LR-*Gössel* § 413 Rn. 5f.; KMR-*Paulus* § 413 Rn. 9; KK-*Fischer* § 413 Rn. 8; *Kleinknecht/Meyer-Goßner* § 413 Rn. 4; *Schlüchter*, Rn. 795, obwohl die Maßregeln der §§ 63, 64, 69 und 70 StGB auch dann im allgemeinen Strafverfahren angeordnet werden können, wenn der Angeklagte wegen nicht auszuschließender oder feststehender Schuldunfähigkeit freigesprochen werden muß.

227 Vgl. Anm. *Foth* JZ 1963, 604f.; Anm. *Sax* JZ 1968, 533ff.; *Hanack* JZ 1974, 56; *Peters*, Strafprozeß, S. 570f.; *Rüping*, S. 747; in jüngerer Zeit jedoch nur AK-*Keller* § 413 Rn. 6, der rein präventive Gesichtspunkte nicht durchschlagen lassen will und das Strafverfahren in der o.g. Konstellation auch wegen seiner umfassenden Garantien für angebracht hält.

Verfahrensrecht selbst folgt eigenen Regeln.[228] Allein nach diesen Regeln wäre die Streitfrage zu entscheiden gewesen, bei der es sich um ein *rein verfahrensrechtliches* Problem, nämlich um die Frage handelt, wie ein unaufklärbarer tatsächlicher Zweifel am Vorliegen einer Prozeßvoraussetzung zu behandeln ist. Der genügende Anlaß zur Erhebung der öffentlichen Klage ist ebenso Prozeßvoraussetzung für die Eröffnung des Hauptverfahrens im allgemeinen Strafverfahren wie die Anhaltspunkte für eine im Zustand der Zurechnungsunfähigkeit begangene, mit Strafe bedrohte Handlung (§ 429a StPO) für die Einleitung des Sicherungsverfahrens nach § 429a ff. StPO.
Die Prozeßvoraussetzung muß jeweils zur Überzeugung des Gerichts feststehen, wenn die Einleitung eines gerichtlichen Verfahrens zulässig sein soll, genauer: die Einleitung eines gerichtlichen Verfahrens ist überhaupt erst zulässig, wenn das Vorliegen seiner Prozeßvoraussetzungen zweifelsfrei feststeht (sog. „Zweifelslösung"). Davon scheint der *BGH* für die Einleitung des allgemeinen Strafverfahrens auch ausgegangen zu sein, das er bei unaufklärbarem Zweifel über die Zurechnungsfähigkeit des Täters für unzulässig hält, und er scheint bis heute an dieser Auffassung festzuhalten. Dabei übersieht er aber, daß seine Zweifelslösung nur für die Alternative *Einleitung oder Nichteinleitung* eines strafprozessualen Verfahrens überhaupt (sei es ein Straf- oder ein Sicherungsverfahren) gilt und gelten kann. Handelt es sich dagegen wie hier um die Frage der konkreten Verfahrens*art*, d.h. um die Alternative allgemeines Straf- oder Sicherungsverfahren, so muß die Zweifelslösung anders lauten. Andernfalls könnte bei unaufklärbar zweifelhafter Schuldfähigkeit mangels eindeutiger Feststellbarkeit der jeweiligen Prozeßvoraussetzung weder ein Straf- noch ein Sicherungsverfahren eingeleitet werden, so daß sich die zur Ergänzung bestimmten Verfahrensarten gegenseitig blockieren und verfahrensrechtlichen Leerlauf herbeiführen würden.

Dieses Dilemma könnte durch Beschränkung der Zweifelslösung auf eine der beiden Verfahrensarten gelöst werden. Damit wären zwei Entscheidungen denkbar, nämlich entweder, daß die Einleitung eines Strafverfahrens überhaupt erst zulässig ist, wenn die Schuldfähigkeit des Täters zweifelsfrei feststeht - dann könnte ein Sicherungsverfahren angesichts seiner Ergänzungsfunktion zum allgemeinen Strafverfahren erst dann unzulässig werden, wenn die Schuldfähigkeit des Täters zweifelsfrei festgestellt ist; bis dahin, also vor allem im Fall des hier behandelten Zweifels, bliebe es zulässig. Oder aber es könnte umgekehrt das Sicherungsverfahren überhaupt erst zulässig sein, wenn die Schuldunfähigkeit des Täters zweifelsfrei feststeht - dann könnte auch nur unter dieser Voraussetzung die Einleitung des allgemeinen Strafverfahrens unzulässig werden; sie bliebe jedenfalls zulässig, solange sich die Möglichkeit nicht ausschließen läßt, daß der

---

228 So zutreffend Anm. *Sax* JZ 1968, 533; *Hanack* JZ 1974, 56; *ders.*, in LK § 71 Rn. 12.

möglicherweise schuldunfähige Täter die Tat in vermindert schuldfähigem Zustand begangen hat.

Welche dieser Lösungsmöglichkeiten zu gelten hat, ist aus dem Verhältnis des allgemeinen Strafverfahrens zum Sicherungsverfahren zu entscheiden und bestimmt sich mithin nach der konkreten Verfahrensgestaltung.[229] Die Problematik ist durch § 71 StGB und die Neuregelung des Sicherungsverfahrens nicht geklärt worden. Der Wortlaut des § 413 I StPO („wegen Schuldunfähigkeit") spricht eher für die Richtigkeit der erhobenen Bedenken und gegen die herrschende Meinung.[230]
Nach der hier vertretenen Auffassung ist das Sicherungsverfahren ein dem allgemeinen Strafverfahren nachgeordnetes Verfahren, dem der historische Gesetzgeber (sei es mit Absicht, sei es ungewollt) bloßen Auffangcharakter verliehen hat. Dies ergibt sich daraus, daß die Einleitung des Sicherungsverfahrens die Nichtdurchführbarkeit des allgemeinen Strafverfahrens voraussetzt, daß Verfahrensgegenstand des Sicherungsverfahrens nur ist, was auch Gegenstand des Strafverfahrens sein kann, daß im Sicherungsverfahren nur eine Art der Rechtsfolgen (Maßregel) angeordnet werden kann, über die im Strafverfahren zu entscheiden ist (Maßregel und Strafe) sowie aus der Tatsache, daß die Maßregelentscheidung grundsätzlich zum Gegenstand des allgemeinen Strafverfahrens zu machen ist und dort auch durch einen Freispruch nicht entbehrlich wird.
Da sich daher nur die zweite der angeführten Zweifelslösungen rechtlich begründen läßt, ist die Zweifelslösung des *BGH* dahin zu modifizieren, daß das Sicherungsverfahren *überhaupt erst zulässig* ist, wenn die Schuldunfähigkeit des Täters zweifelsfrei feststeht. Solange daran Zweifel bestehen, sich insbesondere die Möglichkeit der Tabegehung im Zustand erheblich verminderter Schuldfähigkeit nicht ausschließen läßt, muß ein allgemeines Strafverfahren eingeleitet und durchgeführt werden.[231]

---

229 So auch *Sax* JZ 1968, 534.

230 So auch LK-*Hanack* § 71 Rn. 12.

231 Hier stellt sich allerdings die Frage, ob die Ermittlungen i.S.d. § 170 I StPO „genügenden Anlaß" zur Erhebung der öffentlichen Klage bieten, bzw. ob der Angeschuldigte i.S.d. § 203 StPO einer Straftat „hinreichend verdächtig" ist, wenn Zweifel an seiner Schuldfähigkeit im Tatzeitpunkt bestehen. Denn diese wecken zwangsläufig Zweifel auch an der Verurteilungswahrscheinlichkeit, die für die Annahme eines hinreichenden Tatverdachts gefordert wird. M.E. muß der hinreichende Tatverdacht in diesen Fällen ausnahmsweise anders definiert und schon dann bejaht werden, wenn wahrscheinlich genügender Beweis hinsichtlich einer vorsätzlich-rechtswidrigen Tatbegehung vorliegt und die Schuldfähigkeit im Tatzeitpunkt nicht sicher auszuschließen ist. Im Ergebnis wie hier *Foth* JZ 1963, 605; *Hanack* JZ 1974, 56; *ders.*, in LK § 71 Rn. 12 m.w.N.; *Rüping*, S. 203; *Sax* JZ 1968, 533; *RGSt* 69, 12, 14; 70, 127f.; *BGHSt* 14, 68, 71; A.A. *BGHSt* 18, 167f.; 22, 1, 5 m. zust. Anm. *Hübner* NJW 1968, 412, m. abl. Anm. *Sax*; OLG *Hamm*

Ist die Schuldfähigkeit zweifelhaft, ist demnach zu unterscheiden: Ist *schon nach den staatsanwaltschaftlichen Ermittlungen* unklärbar zweifelhaft, ob der Beschuldigte im Tatzeitpunkt schuldunfähig oder nur vermindert schuldfähig war, so ist die Einleitung eines Sicherungsverfahrens unzulässig. Es ist beim sachlich zuständigen Gericht Anklage zu erheben (§ 170 StPO) und vor diesem das Hauptverfahren *als Strafverfahren* zu eröffnen (§ 203 StPO). Vermag auch das Ergebnis der Hauptverhandlung den Zweifel nicht zu klären, ist der Angeklagte (außer in den Fällen des § 323a StGB) wegen möglicher Schuldunfähigkeit freizusprechen und gegebenenfalls eine Maßregel anzuordnen.
Ist dagegen die Staatsanwaltschaft nach dem Ergebnis des Ermittlungsverfahrens von der Schuldunfähigkeit des Beschuldigten überzeugt und ergibt sich erst im Sicherungsverfahren die nicht weiter aufklärbare Möglichkeit, daß der Maßregelbetroffene die Tat im Zustand erheblich verminderter Schuldfähigkeit und damit in strafbarer Weise begangen hat, ist das Sicherungsverfahren in das Strafverfahren überzuleiten[232] und an das zuständige Gericht zu verweisen, das dann in vorgenannter Weise zu verfahren hat.
Ist das Gericht, vor dem das Sicherungsverfahren durchgeführt wird, zugleich auch das für das Strafverfahren sachlich zuständige Gericht, so wäre die durch den Unzuständigkeitsbeschluß erfolgende Überleitung in das Strafverfahren ein prozeßunökonomischer Umweg, der einzig und allein der Wahrung des prozeßlogischen Verhältnisses zwischen Straf- und Sicherungsverfahren dienen würde, ohne die sachlichen Interessen der Beteiligten in irgend einer Weise zu berühren. Denn ob Sicherungs- oder Strafverfahren, in beiden Fällen müßte das Gericht eine Entscheidung über die Anordnung der Maßregel treffen. In diesem Fall ist es daher gerechtfertigt, der Prozeßökonomie den Vorrang zu geben und das Verfahren *als Sicherungsverfahren* fortzusetzen und zu Ende zu führen. Dabei sind diejenigen Teile der Hauptverhandlung nachzuholen, bei denen der Maßregelbetroffene nicht anwesend war.[233]

JMBlNW 1963, 34f.; *Jakobs* GA 1971, 264; LR-*Gössel* § 413 Rn. 4ff., 19 a.E.; KMR-*Paulus* § 413 Rn. 9; *Kleinknecht/Meyer-Goßner* § 413 Rn. 4.

232 Vgl. de lege lata § 416 StPO, de lege ferenda § 31 d. Entw.

233 Vgl. de lege lata § 416 II StPO, de lege ferenda § 31 Abs. 2 d. Entw.

1. Abschnitt: Vorbereitung des Sicherungsverfahrens

§ 2 Ermittlungsverfahren

(1) Entstehen während des Ermittlungsverfahrens Zweifel an der Schuldfähigkeit des Beschuldigten im Tatzeitpunkt, so ist er zum Zwecke der Feststellung seiner Schuld- und Vernehmungsfähigkeit umgehend durch einen Arzt als Sachverständigen untersuchen zu lassen. Kann die Vernehmungsfähigkeit des Beschuldigten nicht mit Sicherheit festgestellt werden, ist das Verfahren einzustellen.

(2) War der Beschuldigte nach dem Ergebnis der Sachverständigenuntersuchung im Tatzeitpunkt schuldunfähig, bestellt ihm der Vorsitzende des Gerichts, das für das Sicherungshauptverfahren zuständig wäre, von Amts wegen einen Verteidiger. Kann die Schuldfähigkeit nicht zweifelsfrei festgestellt werden, kann auf Antrag der Staatsanwaltschaft oder des Beschuldigten ein Verteidiger bestellt werden. Über den Antrag entscheidet der Vorsitzende des Gerichts, das für das Hauptverfahren im allgemeinen Strafverfahren zuständig wäre.

(3) Die Ermittlungen der Staatsanwaltschaft sollen sich auch auf die Umstände erstrecken, die für die Bestimmung der Rechtsfolgen der Tat von Bedeutung sind. Dazu hat sie die Gerichtshilfe heranzuziehen, wenn sie die Anordnung einer freiheitsentziehenden Maßregel beantragt.

(4) Die Staatsanwaltschaft ersucht die Gerichtshilfe zum Zeitpunkt der Stellung des Sicherungsantrags um die in § 3 Absatz 1 genannten Ermittlungen. Bei Einverständnis des Beschuldigten kann dies schon geschehen, wenn die Staatsanwaltschaft die Antragsstellung beabsichtigt.

(5) Für den Bericht der Gerichtshilfe und für Ermittlungsergebnisse der Staatsanwaltschaft, die nur für die Rechtsfolgenverhandlung bedeutsam sind, werden von den Tatakten zu trennende Persönlichkeitsakten angelegt.

(6) Hat der Beschuldigte einen Betreuer (§ 1896 BGB), ist dieser zu hören.

(7) Im übrigen gelten §§ 158 - 177 entsprechend.

Zu § 2:

§§ 2 - 6 ergänzen die nach **Absatz 7** entsprechend anwendbaren allgemeinen Vorschriften über das Ermittlungsverfahren in Strafsachen.

Abweichend von § 414 Abs. 3 schreibt **Absatz 1** über die Fälle hinaus, in denen das schon § 80a StPO vorsieht, eine *obligatorische* Sachverständigenuntersuchung[234] des Beschuldigten vor, sobald im Ermittlungsverfahren Zweifel an dessen Schuldfähigkeit im Tatzeitpunkt und damit am Vorliegen einer Prozeßvoraussetzung des allgemeinen Strafverfahrens entstehen. Daß der Sachverständige nach **Absatz 1 Satz 1** Arzt sein *muß*,[235] hängt mit der besonderen Bedeutung seiner Funktion im Sicherungsverfahren zusammen. Der Sachverständige hilft u.U. schon im Ermittlungsverfahren die Weiche für die konkrete Verfahrensart zu stellen, da die Staatsanwaltschaft bei der Frage, ob die Voraussetzungen des staatlichen Strafanspruchs vorliegen, seine Untersuchungsergebnisse berücksichtigt. Im Hauptverfahren muß der Sachverständige den Richter in die Lage versetzen, Fragen wie den gegenwärtigen Gesundheitszustand des Beschuldigten, dessen künftige Entwicklung oder die Ursachen der Tat sachkundig zu beurteilen, was neben fundierten Fachkenntnissen eine gründliche Exploration erfordert. Daß ein Nichtmediziner alle hierbei wichtigen Tatsachen erfassen, insbesondere die für die Tatsachengrundlage erforderlichen körperlichen und geistigen Untersuchungen mit dem entsprechenden Fachwissen durchführen kann, ist kaum vorstellbar.[236] Daher ist die Bestellung eines Arztes notwendig.[237] Absatz 1 stellt jedoch nur Mindestanforderungen. Die umfassende Ermittlungspflicht der Staatsanwaltschaft (§ 160 Abs. 2 StPO) kann auch die Zuziehung mehrerer Sachverständiger gebieten.

Neben der *Schuldfähigkeitsuntersuchung*, deren Ergebnis über die Art des einzuleitenden Strafverfahrens entscheidet (allgemeines Straf- oder Sicherungsverfahren), ist der Beschuldigte auf seine *Vernehmungsfähigkeit* zu untersuchen, um

---

234 Für Stellung, Aufgaben und rechtliche Befugnisse des Sachverständigen gelten die allgemeinen Vorschriften (§§ 72ff. StPO), wobei insbesondere die Frage der Belehrungspflicht des Sachverständigen bei der Beweiserhebung bei Tätern und Angehörigen Probleme aufwirft, vgl. *Haddenbrock* NJW 81, 1302ff.

235 Im allgemeinen Strafverfahren kann auch ein Nicht-Mediziner zum Sachverständigen bestellt werden, vgl. §§ 80a, 246a StPO.

236 Davon ging der Gesetzgeber ursprünglich auch für das allgemeine Strafverfahren aus. Die hier vorgeschlagene Regelung entspricht der bis zum 31.12.1975 geltenden Fassung des § 246a StPO, der ebenso wie §§ 80a, 126a StPO durch das AusfG zum GewVerbrG vom 24.11.1933 (RGBl. I, 1000) in die StPO eingefügt wurde und die Zuziehung eines ärztlichen Sachverständigen zwingend vorsah. I.ü. hat der *BGH* nach der Änderung der Vorschrift durch das EGStGB vom 2.3.1974 (BGBl. I, 469, 510, 648) darauf hingewiesen, daß bei § 246a StPO die Mitwirkung eines Mediziners auch in Zukunft in aller Regel geboten sein werde, vgl. *BGH* MDR 1976, 17 zum Gutachten eines Diplompädagogen; zustimmend KK-*Herdegen* § 246a Rn. 1; LR-*Gollwitzer* § 246a Rn. 2; *Kleinknecht/Meyer-Goßner* § 246a Rn. 1; KMR-*Paulus* § 246a Rn. 3. Für das Sicherungsverfahren *Kleinknecht/Meyer-Goßner* § 414 Rn. 7 zu § 414 Abs. 3: „i.d.R. ist ein Arzt zum Sachverständigen zu bestellen."

237 Wegen der Fachrichtung des Sachverständigen vgl. LR-*Gössel* § 415 Rn. 11.

festzustellen, ob überhaupt ein strafrechtliches Verfahren gegen ihn geführt werden kann.[238] Im allgemeinen Strafverfahren kommt der Feststellung der Vernehmungsfähigkeit keine selbständige Bedeutung zu. Ihr Vorliegen wird richtigerweise als selbstverständlich behandelt, wenn weder an der Schuld- noch an der Verhandlungsfähigkeit des Beschuldigten Zweifel bestehen. Entsprechend wurde eine inhaltliche Bestimmung des Vernehmungsfähigkeitsbegriffs im wissenschaftlichen Schrifttum bisher nicht vorgenommen.
Vereinzelt wird vertreten, die Vernehmungsfähigkeit in der Hauptverhandlung sei mit der Verhandlungsfähigkeit identisch.[239] Das ist jedoch unrichtig.
Die Begriffe der Verhandlungs- und Vernehmungsfähigkeit bezeichnen zwei unterschiedliche, in einem Stufenverhältnis zueinander stehende und sich daher nur teilweise deckende Zustände. Nach der allgemein anerkannten Definition der Rechtsprechung erfordert Verhandlungsfähigkeit, daß der Beschuldigte in der Lage ist, seine Interessen in und außerhalb der Verhandlung vernünftig wahrzunehmen, die Verteidigung in verständiger und verständlicher Weise zu führen sowie Prozeßerklärungen abzugeben und entgegenzunehmen. Dafür muß er aufgrund seiner physischen und psychischen Verfassung den Verfahrenshandlungen folgen, sich selbst im Verfahren äußern, seine Rechte wahren, die Bedeutung des Verfahrens, der einzelnen Verfahrensabschnitte und aller Umstände für den ihm gemachten Vorwurf erkennen, seine Verfahrensbefugnisse ausüben und seine Verfahrenspflichten erfüllen können.[240] Dies ist mehr als Vernehmungsfähigkeit, die nicht erfordert, daß der Beschuldigte die Ereignisse in der Hauptverhandlung zu verfolgen, einzuordnen, zu ihnen Stellung zu nehmen und gegebenfalls seine Verteidigungsstrategie entsprechend auszurichten vermag, sondern die nach der vom *OLG Dresden* entwickelten Definition nur voraussetzt, daß der Beschuldigte in der Lage ist, Angaben zum Tatgeschehen zu machen, zu

---

238 Der Beschuldigte kann für diese Untersuchungen untergebracht werden, § 81 StPO.

239 *OLG Hamm* NJW 1973, 1894f.; *Fischer*, S. 30; *Cabanis* StV 1984, 87ff.

240 Zum Begriff *BVerfG* NJW 1995, 1951; NStZ-RR 1996, 38; weiterhin *BGHSt* 41, 16, 18 und 72ff.; *BGH* NJW 1995, 1973; NStZ 1996, 242; NStZ 1995, 390, 391; StV 1996, 250; StV 1989, 239. Zur Definition der Verhandlungsfähigkeit im einzelnen RGSt 1, 149ff.; 29, 324, 326; 64, 14f.; *BGH* MDR 1958, 141; NJW 1970, 1981; *OLG Frankfurt* NJW 1969, 570; *OLG Hamburg* JR 1962, 269; *OLG Hamm* NJW 1973, 1894; *OLG Karlsruhe* NJW 1978, 601; *OLG Düsseldorf* NJW 1998, 395; im Schrifttum im wesentlichen übereinstimmend KK-*Pfeiffer* Einl. Rn. 126; KK-*Treier* § 205 Rn. 4; *Kleinknecht/Meyer-Goßner* Einl. Rn. 97; LR-*Rieß* § 205 Rn. 14; *Baxhenrich*, S. 21; *Henkel* (2), S. 233; *v. Hippel*, S. 274 m. zahlr. Nachw.; KMR-*Paulus* § 205 Rn. 8; *Roxin*, Strafverfahrensrecht, § 21 Rn.10, § 22 Rn. 4; *Rüping*, S. 16. Zu den Beurteilungskriterien der Verhandlungsfähigkeit aus medizinischer Sicht *Cabanis* StV 1984, 87. Weitere Differenzierungsversuche unter dem Begriff der Prozeßträgerschaft und der Prozeßverkehrsfähigkeit bei *Peters*, Strafprozeß, S. 256f.; krit. dazu mit eigener, neuer Definition *Rath* GA 1997, 215 m. zahlr. Nachw.

entscheiden, ob er sich zu diesem äußern will, Fragen und Vorhalte geistig zu verarbeiten, seine Verteidigung vorzubringen und den Inhalt seiner Aussage zu überblicken.[241] Was genau die Vernehmungsfähigkeit umfaßt, ist damit nicht gesagt. Eine Begriffsbestimmung soll im folgenden versucht werden.

Die StPO sieht die *Vernehmung* für den Beschuldigten sowie für die persönlichen Beweismittel vor. Da diesen Personen im Strafverfahren grundverschiedene Verfahrenspositionen zugewiesen sind, kann eine inhaltliche Bestimmung des Vernehmungsfähigkeitsbegriffs nicht allgemein erfolgen. Vielmehr muß sie unter Berücksichtigung der konkreten Verfahrensposition der zu vernehmende Person vorgenommen werden. Daß für die Vernehmungsfähigkeit des Beschuldigten andere Maßstäbe gelten müssen als für die Vernehmungsfähigkeit des Zeugen oder Sachverständigen, folgt aus den unterschiedlichen Vernehmungszwecken ebenso wie aus den unterschiedlichen Rechten, die der vernommenen Person bei der Vernehmung eingeräumt bzw. den Pflichten, die ihr dabei auferlegt werden. Beides, der Vernehmungszweck und die rechtliche Stellung der vernommenen Person (die sich insbesondere im Inhalt der jeweiligen Belehrung wiederspiegelt), ist Ausfluß der Stellung, die sie im Verfahren einnimmt. Der Zeuge z.B. ist ein persönliches Beweismittel, das durch seine Aussage in Funktion tritt. Als Beweisperson gibt er in einem gegen einen anderen gerichteten Verfahren Auskunft über die Wahrnehmung von Tatsachen. Seine Vernehmung erfolgt zum Zweck der materiellen Wahrheitsfindung (Tataufklärung), was die Notwendigkeit einer umfassenden Verpflichtung des Zeugen bei der Vernehmung mit sich bringt. Er muß grundsätzlich immer aussagen und zwar wahrheitsgemäß und zusammenhängend und er muß auch weitere Fragen i.S. der §§ 69 II, 239, 240 StPO beantworten. Dies gilt nur dann nicht, wenn ein „gesetzlicher Grund" vorliegt (§ 70 I StPO), wenn also dem Zeugen ein Zeugnisverweigerungsrecht nach §§ 52 - 54 StPO oder ein Auskunftsverweigerungsrecht nach § 55 StPO zusteht. Keines dieser Rechte dient zum Schutz des Angeklagten oder anderer Beteiligter,[242] mag auch bei einer Umgehung der Zeugenrechte deren Rechtskreis berührt sein.

---

241 *OLG Dresden* NStE Nr.1; ebenso *Kleinknecht/Meyer-Goßner* § 231a Rn. 12; *Rieß* JZ 1975, 270.

242 Grund des Zeugnisverweigerungsrechts ist in § 52 StPO die Rücksicht auf die Zwangslage des Zeugen, der zur Wahrheit verpflichtet ist, aber befürchten muß, dadurch einem Angehörigen zu schaden, in § 53 StPO der Schutz des Vertrauensverhältnisses zwischen bestimmten Berufsangehörigen und denen, die ihre Hilfe und Sachkunde in Anspruch nehmen und in § 54 StPO das öffentliche Geheimhaltungsinteresse. § 55 StPO ergänzt die Aussagefreiheit des Beschuldigten (§ 136 StPO) und das Zeugnisverweigerungsrecht des Zeugen (§ 52 StPO) dahin, daß der Zeuge bei einer Aussage weder sich selbst noch

Demgegenüber ist der Beschuldigte als Verdächtiger, gegen den das Verfahren betrieben wird, Verfahrensbeteiligter, der nach dem Gesetz durch eigene Willenserklärungen im prozessualen Sinn gestaltend als Prozeßsubjekt mitwirken kann. Seine Vernehmung erfolgt vor allem zur Gewährung rechtlichen Gehörs. Dem Beschuldigten soll bei der Vernehmung vor allem Gelegenheit gegeben werden, gegen ihn vorliegende Verdachtsgründe zu beseitigen und zu seinen Gunsten sprechende Tatsachen geltend zu machen, § 136 II StPO. Soweit er Angaben macht und Fragen beantwortet, dient die Vernehmung auch der Tataufklärung.
Seiner verfahrensrechtlichen Stellung als Prozeßsubjekt entsprechend, stehen dem Beschuldigten wesentliche Verfahrensrechte zu. Die sich auf die Vernehmung beziehenden Verfahrensrechte sind vor allem das sich aus dem verfassungsrechtlichen nemo-tenetur-Grundsatz (Verbot der Selbstbelastung) ergebende Recht zu schweigen[243] und das Recht auf Verteidigung.[244] Daneben bestehen Antrags-[245] und Informationsrechte.[246] Die Kenntnis dieser Rechte, insbes. der Aussage- und Mitwirkungsfreiheit als prozessualem Schutz vor unfreiwilliger Selbstbelastung, kann grundsätzlich nicht vorausgesetzt werden. Deshalb sind die Strafverfolgungbehörden nach §§ 136 I 2, 3, 163a II 2, IV 2 StPO verpflichtet, den Beschuldigten schon im Ermittlungsverfahren bei Beginn der ersten Vernehmung über seine Rechte zu belehren.
Ob der Beschuldigte diese Belehrung intelektuell verstehen können (abstrakte Belehrungsfähigkeit) und konkret verstanden haben (konkrete Belehrungsfähigkeit) muß, wird als Voraussetzung der zulässigen Vernehmung nirgendwo erörtert. Die Diskussion wird allein unter dem Blickwinkel geführt, welche Anforderungen an das Verhalten der Strafverfolgungsorgane bei der Belehrung zu stellen sind, während die Frage der Belehrungs*fähigkeit des Beschuldigten* ausgespart wird. Der Grund für diese Lücke ist nicht einsichtig, denn die Belehrungsfähigkeit des Beschuldigten wie des Zeugen wirkt sich auf die Beweisgewinnung und -verwertung aus, weshalb sie einige Beachtung verdient. Nach der hier vertretenen Auffassung ist die (abstrakte und konkrete) Belehrungsfähigkeit des Beschuldigten ein notwendiges Element von dessen Vernehmungsfähigkeit. Denn andernfalls wären Vernehmungen zulässig, bei denen die Strafverfolgungsorgane aufgrund einer ordnungsgemäß erfolgten Belehrung eine selbstbelastende, verwertungsfähige Aussage des Beschuldigten erlangen, obwohl sie

---

einen Angehörigen, der nicht Beschuldigter ist, belasten muß, um ihm eine seelische Zwangslage zu ersparen.

243 Eingehend *Rogall*, S. 58ff., 148ff.

244 Der Beschuldigte hat das Recht, sich in jeder Lage des Verfahrens des Beistandes eines Verteidigers zu bedienen, § 137 I 1 StPO.

245 Siehe *Fezer*, StPO, 3/20ff.

246 Unterrichtung über den Tatvorwurf, § 136 I StPO; Recht auf Akteneinsicht, § 147 StPO.

diese möglicherweise nicht erlangt hätten, wenn der Beschuldigte den Inhalt der Belehrung über seine Mitwirkungs- und Aussagefreiheit intelektuell erfaßt hätte. Dies würde den Grundsatz des nemo-tenetur verletzen, der zum Schutz vor Selbstbelastung das absolute Verbot enthält, den Beschuldigten zum Beweismittel gegen sich selbst zu machen[247] und zwar nicht nur gegen sondern auch *ohne* seinen Willen. Die Belehrungsfähigkeit des Beschuldigten ist deshalb ein notwendiger Bestandteil von dessen Vernehmungsfähigkeit.

Für die Belehrungsfähigkeit des „verdächtigen" oder „gefährdeten Zeugen", dem die Gefahr droht, erst noch Beschuldigter zu werden, müßte dies eigentlich gleichermaßen gelten.[248] Durch § 55 I S. 1 Var. 1 StPO[249], demzufolge der Zeuge die Antwort auf solche Fragen verweigern kann, deren Beantwortung ihn der Gefahr eigener Verfolgung aussetzen würde, wird der Schutz des Beschuldigten vorverlagert, womit das Gesetz ersichtlich davon ausgeht, daß die Lage des Beschuldigten und die des gefährdeten Zeugen identisch sind.[250] Schon die Motive bezeichnen § 55 StPO als das notwendige Korrelat des Grundsatzes, daß ein Beschuldigter nicht zu einer Aussage wider sich selbst gezwungen werden darf.[251] Auf der gleichen Linie liegt es, wenn der *Bundesgerichtshof*[252] unter Berufung auf das *Reichsgericht* ausführt, das Auskunftsverweigerungsrecht des § 55 StPO fließe aus dem allgemeinen, für den Beschuldigten im § 136 StPO als selbstverständlich vorausgesetzten rechtsstaatlichen Grundsatz, daß niemand gezwungen werden darf, gegen sich selbst auszusagen. Daraus folgt zugleich, daß der Anwendungsbereich des nemo-tenetur-Grundsatzes nicht auf die Stellung des Beschuldigten beschränkt ist.[253] Die Belehrungsfähigkeit nach § 55 StPO wäre daher ebenfalls als ein notwendiger Bestandteil der Vernehmungsfähigkeit *des Zeugen* zu werten, wenn diese eine Voraussetzung der Zeugenvernehmung wäre. Dies ist jedoch wegen der prozessualen Funktion des Zeugen nicht der Fall:
Der Zeuge soll in einem gegen einen *anderen* gerichteten Verfahren Auskunft über die Wahrnehmung von Tatsachen geben und zur Tataufklärung beitragen.

---

247 Vgl. *Rogall*, S. 153ff.

248 Folgt man der Ansicht, die auch in anderen Zeugnisverweigerungsrechten einen „mittelbaren Schutz vor Selbstbelastung" erblickt (so z.B. *Eser* für das Zeugnisverweigerungsrecht nach § 52 StPO; dazu *Rogall*, S. 63ff.) müßte dies auch für nicht verdächtige Zeugen gelten.

249 „Jeder Zeuge kann die Auskunft auf solche Fragen verweigern, deren Beantwortung ihm selbst [...] die Gefahr zuziehen würde, wegen einer Straftat oder einer Ordnungswidrigkeit verfolgt zu werden."

250 *Geerds*, FS-*Stock*, S. 186; *BVerfG* NJW 1975, 103 m.w.N.

251 *Hahn*, Abt. 1, S. 107 zu § 45 (später § 55 StPO); vgl. auch *RGSt* 36, 114, 116; *BGHSt* 11, 213, 216.

252 *BGHSt* 1, 39f.; ebenso *BVerfG* NJW 1975, 103f.

253 *Rogall*, S. 61ff.

Die Möglichkeit einer selbstbelastenden Aussage wird dabei in der Regel nur theoretisch bestehen. Würde man dennoch als Voraussetzung jeder Zeugenvernehmung verlangen, daß der Zeuge die Belehrung nach § 55 StPO intelektuell erfaßt, so würde die Möglichkeit des Zeugenbeweises in nicht hinnehmbarer Weise eingeschränkt. Insbesondere könnten geisteskranke oder -schwache Opfer einer Straftat nach § 174c I StGB (sexueller Mißbrauch unter Ausnutzung eines Beratungs-, Behandlungs- oder Betreuungsverhältnisses), § 179 StGB (sexueller Mißbrauch widerstandsunfähiger Personen) oder § 226 I Nr. 3 StGB (schwere Körperverletzung) nicht mehr als Zeugen vernommen werden. Zur Wahrung der prozessualen Funktion des Zeugen ist es daher geboten, als Voraussetzung der Vernehmung des Zeugen nicht dessen Vernehmungsfähigkeit sondern nur die sog. *Zeugen- oder Zeugnisfähigkeit* zu fordern.[254] Diese individuelle Fähigkeit zur Wahrnehmung tatsächlicher Vorgänge einerseits und zur verständlichen Mitteilung des Wahrgenommenen gegenüber Dritten andererseits müssen aber nicht nur die persönlichen Beweismitteln sondern auch der Beschuldigte mitbringen, wenn dessen Vernehmung nicht von vornherein ins Leere laufen soll, so daß es angebracht wäre, anstatt des auf den Zeugen bezogenen Begriffs der Zeugenfähigkeit einen allgemeineren Terminus, z.B. den der *Äußerungsfähigkeit* zu verwenden, der die für alle Vernehmungen geltende Mindestanforderung an die subjektiven Fähigkeiten der zu vernehmenden Person kennzeichnet. Die Äußerungsfähigkeit kann auch infolge einer bloß vorübergehenden Erkrankung ausgeschlossen sein, wenn diese die genannten Fähigkeiten im Vernehmungstermin beeinträchtigt.

Die Äußerungsfähigkeit eines Zeugen entscheidet also über die Zulässigkeit seiner Vernehmung, während die strengeren Voraussetzungen unterliegende Belehrungsfähigkeit nach §§ 52 bis 54, 55 StPO über die Verwertbarkeit der zulässig gewonnenen Zeugenaussage entscheidet.
Demgegenüber sind an die Zulässigkeit der Beweiserhebung durch Vernehmung des Beschuldigten noch strengere Anforderungen zu stellen. Der Beschuldigte muß bei der Vernehmung nicht nur äußerungs- sondern *vernehmungsfähig* sein. Vernehmungsfähig ist, wer äußerungsfähig, nach § 136 StPO belehrungsfähig und generell verteidigungsfähig ist. Nach § 136 StPO belehrungsfähig ist, wer

254 Die Fähigkeit Zeuge zu sein, hat grundsätzlich jeder Mensch. Kindliches Alter schließt sie allgemein so wenig aus wie körperliche oder geistige Gebrechen. Eine feste Altersgrenze besteht nicht (*RG* GA 1912, 131), wenn auch gewisse Erfahrungswerte über die Aussagetüchtigkeit von Kleinkindern nicht außer acht bleiben dürfen (vgl. *Arntzen* DRiZ 1976, 20). Auch Geisteskranke können in der Lage sein, jedenfalls einfache Lebensvorgänge zu erfassen und zutreffend wiederzugeben (*BGHSt* 2, 269, 270). Im Einzelfall muß sich der Richter, in Grenzfällen mit Hilfe eines Sachverständigen, über die Zeugenfähigkeit Gewißheit verschaffen (vgl. KK-*Pelchen* § 52 Rn. 24; 60 Rn. 5).

intelektuell erfaßt, einem staatlichen Vorwurf ausgesetzt zu sein, zu diesem Stellung nehmen zu können, aber nicht zu müssen und versteht, daß ihm verschiedene Verhaltensalternativen zur Verfügung stehen. Die generelle Verteidigungsfähigkeit ist im Sinne einer intellektuellen Entschließungsfähigkeit zu verstehen. Generell verteidigungsfähig ist, wer sich im Wissen um die mit seinem Verhalten verbundenen Folgen (z.B. Verwertbarkeit des Teilschweigens; positive Berücksichtigung des Geständnisses bei der Strafzumessung) oder dessen Folgenlosigkeit (Unverwertbarkeit vollständigen Schweigens) zu einem bestimmten Verhalten entschließen kann. Daß sich diese Entschließung für einen verständigen Dritten als vernünftig, durchdacht oder vorteilhaft darstellt, ist nicht erforderlich.

Vernehmungsfähig ist demnach, wer intellektuell fähig ist, tatsächliche Vorgänge wahrzunehmen und über diese für Dritte verständlich Mitteilung zu machen, dabei erfaßt, einem staatlichen Vorwurf ausgesetzt zu sein, zu diesem Stellung nehmen zu können, aber nicht zu müssen, darüberhinaus versteht, daß ihm verschiedene Verhaltensalternativen zur Verfügung stehen und sich im Wissen um mögliche Rechtsfolgen seines Verhaltens für eine Alternative entscheiden kann. Auch die Vernehmungsfähigkeit kann infolge einer bloß vorübergehenden Erkrankung zu verneinen sein.
Ist der Beschuldigte in diesem Sinne vernehmungsfähig und befindet er sich darüberhinaus in der physischen und psychischen Verfassung den Verfahrenshandlungen (in der Hauptverhandlung über einen längeren Zeitraum ununterbrochen) zu folgen, auf sie (z.B. durch Beweisanträge oder durch Änderung der Verteidigungsstrategie) unmittelbar zu reagieren und seine Verfahrensbefugnisse und Verfahrenspflichten in verständiger und verständlicher Weise in eigener Person wahrzunehmen oder durch seinen Verteidiger wahrnehmen zu lassen, so ist er *konkret verteidigungsfähig*, im Sinne einer die konkreten Besonderheiten des Verfahrens erfassenden Verteidigungsfähigkeit. Vereinigt der Beschuldigte Vernehmungs- und konkrete Verteidigungsfähigkeit in seiner Person, ist er *verhandlungsfähig*.

Für den Zeugen spielt die Verhandlungsfähigkeit wegen der andersartigen Verfahrensstellung, die ihm weder ständige Anwesenheit noch die Ausübung prozessualer Befugnisse auferlegt, keine Rolle. Allerdings muß auch er der besonderen Aussagesituation in der Hauptverhandlung gewachsen sein, was z.B. mit dem Begriff der *Aussagefähigkeit* des Zeugen umschrieben werden könnte.
Im Zusammenhang mit der Zeugenvernehmung sind demnach Äußerungs-, Belehrungs- und Aussagefähigkeit zu differenzieren. Im Zusammenhang mit der Beschuldigtenvernehmung ist dagegen die (Äußerungs-, Belehrungs- und generelle Verteidigungsfähigkeit beinhaltende) Vernehmungsfähigkeit von der (Ver-

nehmungs- und spezielle Verteidigungsfähigkeit umfassenden) Verhandlungsfähigkeit zu unterscheiden.

Die Vernehmungsfähigkeit des Beschuldigten in dem oben genannten Sinne ist die Grundvoraussetzung eines jeden Strafverfahrens:[255] Während der Inquisitionsprozeß den Beschuldigten weitgehend als bloßes Objekt des Verfahrens betrachtete, befindet dieser sich im nach 1848 reformierten Strafprozeß verfahrensrechtlich in einer Doppelrolle. Einerseits muß er weiterhin als Objekt staatlichen Zwangs und als Beweismittel als Verfahrensobjekt oder Passivbeteiligter gekennzeichnet werden.[256] Andererseits sind die ihn schützenden, seine Handlungsmacht anerkennenden und seine Verteidigungsrechte gewährleistenden Rechtspositionen so ausgebaut worden, daß er überwiegend als Subjekt des Verfahrens mit eigener Handlungs- und Einwirkungskompetenz erscheint. Die Rechtsstellung des Beschuldigten mit seiner Subjektsqualität ist durch das Rechtsstaatsprinzip und die Pflicht zur Achtung der Menschenwürde verfassungsrechtlich garantiert.[257] Das Strafrecht trägt ihr durch Einwirkungs- und Beteiligungsrechte Rechnung, die dem Beschuldigten Einfluß auf den Gegenstand des Strafverfahrens einräumen. Den aktiven Beteiligungsrechten zugeordnet sind Befugnisse des Beschuldigten und Verpflichtungen der Strafverfolgungsbehörden, die deren Durchsetzung und Verwirklichung dienen. Neben dem Anspruch auf rechtliches Gehör gehören hierzu die verschiedenen, von der Rechtsprechung zum Teil unter Rückgriff auf das Fairnessgebot und die Fürsorgepflicht präzisierten Belehrungs- und Hinweispflichten.[258] Ist nun der Beschuldigte nicht im o.g. Sinne vernehmungsfähig, kann er in einem gegen ihn geführten Strafverfahren nur die Rolle eines Objekts einnehmen, das ohne seine Rechte wahrnehmen, insbesondere sich verteidigen zu können, der rein formal begrenzten staatlichen Ausforschung preisgegeben wird.[259] Ihm kann weder

---

255 Die Vernehmungsfähigkeit des Beschuldigten muß aber gleichwohl im allgemeinen Strafverfahren nicht besonders festgestellt werden, weil dieses schon bei Zweifeln an der Verhandlungsfähigkeit des Beschuldigten einzustellen ist, §§ 204, 205, 206a StPO. Da die Vernehmungsfähigkeit nur ein Element der Verhandlungsfähigkeit unter anderen ist, gilt, daß der Vernehmungsunfähige immer auch verhandlungsunfähig und der Verhandlungsfähige immer auch vernehmungsfähig ist, während der Verhandlungsunfähige vernehmungsfähig sein kann, aber nicht muß.

256 Vgl. LR-*Rieß* Einl. I Rn. 66 m. zahlr. Nachw.

257 *BVerfGE* 57, 250, 275; 63, 380, 390; 64, 135, 145; 65, 171, 175; 66, 313, 318; *BGHSt* 14, 358, 364f.

258 So z.B. neben den §§ 136, 163a die §§ 35a, 216 Abs. 1 S. 1, 228 Abs. 3, 231a Abs. 2, 233 Abs. 2 S. 3, 243 Abs. 4 S. 1, 247 S. 4 und vor allem § 265 StPO.

259 Deutlich LR-*Rieß* Einl. I Rn. 79 m.w.N.: „Nur wenn der Beschuldigte psychisch und physisch in der Lage ist, den Verfahrenshandlungen zu folgen, ihre Bedeutung zu er-

rechtliches Gehör gewährt, noch kann der mit den Belehrungs- und Hinweispflichten verfolgte Zweck erreicht werden. Auch die negative Abwehrfunktion des nemo-tenetur Grundsatzes kann bei der Vernehmung einer Person keine Geltung erlangen, die Inhalt und Bedeutung ihrer Äußerung nicht zu begreifen vermag. Daher ist, wenn die Vernehmungsfähigkeit des Beschuldigten nicht mit Sicherheit festgestellt werden kann, das Ermittlungsverfahren nach **Absatz 1 Satz 2** einzustellen und der Weg der landesrechtlichen Unterbringung einzuschlagen, § 4.[260] Die entgegengesetzte Ansicht[261] ist abzulehnen. Sie verstößt gegen verfassungsmäßig garantierte Rechte, den Grundsatz des „fair hearings" bzw. der Waffengleichheit (Art. 6 MRK) und verletzt allgemeine Grundsätze des Strafprozeßrechts.

Da die Einleitung eines Sicherungsverfahrens die positive Feststellung der Schuldunfähigkeit im Tatzeitpunkt voraussetzt,[262] ist auch nur unter dieser Voraussetzung die verantwortliche Wahrnehmung der Beschuldigtenrechte vom Anfang des Verfahrens an zu gewährleisten. Entsprechend sieht **Absatz 2 Satz 1** die Bestellung eines Pflichtverteidigers im Vorverfahren von Amts wegen nur bei feststehender Schuldunfähigkeit des Beschuldigten vor.[263] Diesem ist spätestens dann ein Verteidiger zu bestellen, wenn die Staatsanwaltschaft die Einleitung eines Sicherungsverfahrens beabsichtigt.[264]
Da sich aus § 141 III StPO ergibt, daß auch in den Fällen, in denen im späteren gerichtlichen Verfahren die Verteidigung notwendig sein wird, im Vorverfahren ein Pflichtverteidiger nicht bestellt werden muß, erfolgt die Verteidigerbestellung im übrigen, d.h. für einen nur möglicherweise schuldfähigen Beschuldigten nur auf Antrag, **Absatz 2 Satz 2**. Anders als bei § 141 III StPO bedarf die fakultative Bestellung in diesem Fall allerdings keines Antrages der Staatsanwaltschaft.[265]

---

kennen und auf sie sachgerecht zu reagieren, kann er seine Rolle als Prozeßsubjekt wahrnehmen."

260 Dabei hat der Beschuldigte weniger prozessuale Garantien. Das Verfahren und die Rechtsfolgen sind aber auch weniger belastend. Im Ergebnis ebenso AK-*Keller* § 415 Rn. 6, der als einziger die Bedeutung der Vernehmungsfähigkeit für das Sicherungsverfahren erkennt.

261 Z.B. vertreten von *Eb. Schmidt*, StPO II § 429c Rn. 19; a.A. *Schäfer/Wagner/Schafheutle* § 429c Anm. 3.

262 Vgl. Komm. zu § 1 Abs. 2 d. Entw. (S. 101ff.).

263 Bislang wird gemäß §§ 140 I Nr. 7, 141 I StPO ein Verteidiger erst bestellt, sobald der Maßregelbetroffene zur Erklärung über die Antragsschrift aufgefordert worden ist.

264 Erwägenswert erscheint in diesem Zusammenhang die von *Sessar* ZStW 1980 (92), 707f. behandelte Idee eines vom Staat bezahlten Wahlverteidigers.

265 Vgl. hierzu *OLG Oldenburg* StV 1993, 511 m. Anm. *Köster*; *Kleinknecht/Meyer-Goßner* § 141 Rn. 5; KK-*Laufhütte* § 141 Rn. 6; a.A. LR-*Lüderssen* (24) § 141 Rn. 24.

Der Antrag kann auch von dem Beschuldigten gestellt werden.[266] Diese Abweichung erscheint im Hinblick auf den Beschuldigtenschutz sinnvoll, weil die Einleitung eines Sicherungsverfahren *vor* dem vollständigen Abschluß des Ermittlungsverfahrens nicht ausgeschlossen werden kann.
Die Staatsanwaltschaft stellt den Antrag auf Verteidigerbestellung, wenn und sobald nach ihrer Auffassung in dem gerichtlichen Verfahren die Mitwirkung eines Verteidigers nach § 140 I, II StPO notwendig sein wird[267] oder (wegen § 5 Abs. 1) wenn sie den Beschuldigten vernehmen will. Da der Beschuldigte möglicherweise schuldhaft gehandelt hat und bei unaufklärbar zweifelhafter Schuldfähigkeit zunächst ein allgemeines Strafverfahren eingeleitet werden muß,[268] ist in diesem Fall nicht das für das Sicherungsverfahren zuständige Gericht, sondern der Vorsitzende des für das Hauptverfahren im allgemeinen Strafverfahren zuständigen Gerichts zur Entscheidung über den Antrag berufen, **Absatz 2 Satz 3**.

Absatz 3 entspricht wörtlich § 160 III 1 StPO.
Obwohl die informelle Erprobung einer zweigeteilten Hauptverhandlung gezeigt hat, daß bereits die Konzentration der Verfahrensbeteiligten auf einen besonderen Verhandlungsabschnitt der Erörterung der Sanktionsfrage größeres Gewicht verleiht,[269] ist die Ermittlung der hierfür maßgeblichen soziodemographischen Daten[270] des Angeklagten bzw. Maßregelbetroffenen in der Hauptverhandlung nur begrenzt möglich, solange sie - wie es im bisherigen Verfahren die Regel ist - kaum vorbereitet wird. Die der Staatsanwaltschaft und ihren Hilfsbeamten obliegende Vorbereitung kann aus sachlichen, personellen und psychologischen Gründen in der Regel nur unzureichend erfüllt werden, weshalb der Einsatz eines besonderen Organs erforderlich ist, das auf Ersuchen der Staatsanwaltschaft die soziodemographischen Daten des Beschuldigten ermittelt und damit eine sachgerechte Verhandlung und Entscheidung über die Rechtsfolgen der Tat vorbereitet. Hierfür bietet sich die im EGStGB 1974 als Institution anerkannte Gerichtshilfe an, die auch nach § 160 III 2 StPO von der Staatsanwaltschaft zu Ermittlungen herangezogen werden kann. Die Formulierung „heranziehen" macht deutlich, daß die Gerichtshilfe nur ergänzend ermittelt, so daß die staatsanwaltschaftliche Verpflichtung nach **Absatz 3 Satz 1** fortbesteht. Entgegen § 160 III 2 StPO, demzufolge sich die Staatsanwaltschaft bei ihren Ermittlungen

---

266 So auch AK-*Stern* § 141 Rn. 32; *Schlothauer/Weider*, Rn. 44; *Weider* StV 1987, 317, 319f. zu § 141 Abs. 3, unter Berufung auf die schon im Ermittlungsverfahren anzustrebende Waffengleichheit zwischen Beschuldigtem und Staatsanwaltschaft.

267 Vgl. Kleinknecht/Meyer-Goßner § 141 Rn. 5.

268 Vgl. Komm. zu § 1 Abs. 2 d. Entw. (S. 105).

269 Vgl. *Schöch/Schreiber* ZRP 1978, 66; *Dölling*, S. 177f.; *Schunck*, S. 174ff.

270 Zu diesem Begriff Fn. 147.

der Gerichtshilfe bedienen *kann*, ist deren Heranziehung nach **Absatz 3 Satz 2** obligatorisch, wenn eine freiheitsentziehende Maßregel beantragt werden soll. Die Kann-Regelung des § 160 III StPO wird der Bedeutung der Rechtsfolgenverhandlung und dem zentralen Anliegen des Interlokutverfahrens (Intensivierung der Rechtsfolgenverhandlung; Verbesserung der Persönlichkeitserforschung) in diesen Fällen nicht gerecht. Wird eine nicht-freiheitsentziehende Maßregel beantragt, bleibt die Heranziehung der Gerichtshilfe auch de lege ferenda fakultativ.

Absatz 4 Satz 1 normiert den Verfahrenszeitpunkt, in dem die Gerichtshilfe regelmäßig einzuschalten ist. Nach einer dominierenden Forderung in der Literatur soll dies so früh wie möglich geschehen, um bereits im Ermittlungsverfahren die Weichen richtig zu stellen.[271] Allerdings läßt sich wegen der Unschuldsvermutung und des Persönlichkeitsschutzes das Eindringen des Gerichtshelfers in die Privatssphäre des Beschuldigten erst dann rechtfertigen, wenn ein begründeter Verdacht besteht, daß dieser die ihm vorgeworfene Tat vorsätzlich und rechtswidrig begangen hat. Die an sich konsequente Lösung, Verzicht auf Persönlichkeitsermittlungen bis zum Zwischenbescheid, danach Unterbrechung der Hauptverhandlung für die Einholung des Gerichtshilfeberichts, würde das Verfahren jedoch verzögern und gegen die Konzentrationsmaxime[272] verstoßen. Daher bestimmt Absatz 4 Satz 1 die Stellung des Sicherungsantrags zum Regelzeitpunkt für die Einschaltung der Gerichtshilfe, weil jedenfalls zu diesem Zeitpunkt ein hinreichender, i.S.d. § 6 Abs. 1 Nr. 1 präzisierter Tatverdacht vorliegt, der den staatlichen Zugriff auf die soziodemographischen Daten des Beschuldigten rechtfertigt.[273] Vor diesem Zeitpunkt sind Gerichtshilfeermittlungen, insbes. die Befragung Dritter (sog. Informantenbefragung) nur mit Zustimmung des Beschuldigten zulässig, **Absatz 4 Satz 2**, damit dieser nicht durch vorzeitige Ermittlungen in unzulässiger Weise belastet wird. Ein förmlicher Rechtsbehelf gegen zu frühe Ermittlungen, die auch mit der Dienstaufsichtsbeschwerde abgewehrt werden können, ist daher entbehrlich.

Abgesehen vom Fall des Absatz 4 Satz 2 wirkt sich die Zustimmung des Beschuldigten auf die Zulässigkeit der Gerichtshilfetätigkeit nicht aus. Deren Tätigkeit hängt insbesondere nicht von einer *generellen* Einwilligung des Beschul-

---

271 LR-*Meyer-Goßner* (24) § 160 Rn. 41; zu den Aufgaben der Gerichtshilfe *Peters*, Strafprozeß, S. 188ff. m.w.N.

272 Der Terminus wird hier im Sinne einer längere Unterbrechungen verbietenden Beschleunigungsmaxime verwendet; zu einem abweichenden Verständnis *Schünemann* GA 1978, 161, der darunter den Grundsatz der Unteilbarkeit von Verhandlung und Entscheidung über Schuld- und Straffrage versteht.

273 Vgl. *Krauß*, Unschuldsvermutung, S. 171; *Schüler-Springorum* Bewhilfe1977, 231.

digten ab: Spätestens im Zeitpunkt der Stellung des Sicherungsantrages steht fest, daß sich der staatsanwaltschaftliche Ermittlungsauftrag über die tatbezogenen Umstände hinaus auch auf die besonderen Rechtsfolgenvoraussetzungen des Sicherungsverfahrens erstreckt. Die Reichweite des Ermittlungsauftrages kann durch den (durch Zustimmungsverweigerung ausgeübten) Verzicht des Beschuldigten auf Persönlichkeits- und Umfeldermittlungen durch die Gerichtshilfe nicht beschränkt werden.

Absatz 5 bringt nochmals die nur ergänzende Tätigkeit der Gerichtshilfe zum Ausdruck.[274] Darüberhinaus schreibt er die Anlegung verschiedener Akten vor, um die Unvoreingenommenheit des Gerichts zu gewährleisten, die durch vorzeitige Einführung der soziodemographischen Daten des Maßregelbetroffenen in die Tatverhandlung beeinträchtigt werden könnte.[275]
Die Tatakte ist dem Gericht mit dem Sicherungsantrag vorzulegen, § 7 Abs. 4 S. 1. Die die rechtsfolgenrelevanten Ermittlungen enthaltende Persönlichkeitsakte ist grundsätzlich erst einzureichen, wenn die Notwendigkeit einer Rechtsfolgenverhandlung feststeht, also nach dem Zwischenbescheid, § § 25 Abs. 1 S. 1.[276] Doppelrelevante Tatsachen sind nach den Grundsätzen des § 20 Abs. 2 S. 1, 2 zu behandeln. Fehleinschätzungen der Ermittlungsbehörden können durch das Gericht in der Hauptverhandlung korrigiert werden.

Das Anlegen getrennter Akten und die intensivierte Erforschung der rechtsfolgenrelevanten Umstände bringt als Nachteil einen zeitlichen und personellen Mehraufwand für die Strafverfolgungsbehörden mit sich. Hinsichtlich der Aktentrennung ist allerdings zu bedenken, daß diese, gemessen an der Gesamtzahl der Strafverfahren, in einer nur relativ geringen Anzahl von Verfahren zur Anwendung käme[277] und daß die Ermittlungsbehörden sich schon durch die bisherige Praxis auf den zeitökonomischen Umgang mit Sonderakten (wie Bewährungs- und Vollstreckungsheften, Lichtbild- oder Spurenakten) verstehen.

---

274 Vgl. Komm. zu § 2 Abs. 3 d. Entw. (S. 117f.).

275 Beide Akten unterliegen selbstverständlich dem Akteneinsichtsrecht des Verteidigers (§ 147 StPO).

276 Für diese Lösung auch *Roxin*, Reform, S. 52ff., 67f. und ihm folgend §§ 160 Abs. 5, 170a Abs. 4 AE-StPO-HV. Eine Ausnahme vom regelmäßigen Vorlegungszeitpunkt der Persönlichkeitsakte normiert § 7 Abs. 4 S. 2 d. Entw. (ähnlich § 170a Abs. 4 S. 2 AE-StPO-HV). Die Persönlichkeitsakte eines geständigen Beschuldigten wird dem Gericht mit der Tatakte schon bei Antragsstellung vorgelegt, vgl. Komm. zu § 7 Abs. 4 S. 2 d. Entw.

277 Vgl. die statistischen Angaben zur Anzahl der von 1990-1999 bundesweit eingeleiteten Sicherungsverfahren im Anhang VI.

Der durch die Erforschung der rechtsfolgenrelevanten Umstände im Ermittlungsverfahren verursachte Mehraufwand könnte nur vermieden werden, wenn bis zum Zwischenbescheid auf Feststellungen zur Persönlichkeit des Beschuldigten verzichtet würde. Eine solche Regelung wäre jedoch unsinnig, da die Staatsanwaltschaft eine tragfähige und tatbezogene Gefährlichkeitsprognose ohne diese Kenntnisse überhaupt nicht treffen könnte. Und selbst wenn der Beschuldigte schon im Ermittlungsverfahren auf seine Gefährlichkeit untersucht würde, könnte die Prognose in der Sicherungshauptverhandlung wohl kaum aufgrund nur eines Sachverständigengutachtens erstellt werden. Außerdem würde bei diesem Verfahren eine mindestens mehrtägige, wenn nicht mehrwöchige Unterbrechung erforderlich, bis der Gerichtshilfebericht und andere rechtsfolgenrelevante Emittlungen vorliegen. Dies ist abgesehen vom Gesichtspunkt der Verfahrensverzögerung auch deshalb zu vermeiden, weil die Rechtsfolgenverhandlung wegen des festzustellenden Zusammenhangs zwischen Tat und künftiger Gefährlichkeit zeitlich möglichst schnell auf die Tatverhandlung folgen sollte.

Nach **Absatz 6** ist der dem Beschuldigten zivilrechtlich bestellte Betreuer (§ 1896 BGB) schon im Ermittlungsverfahren zu hören, da er aufgrund seiner Erfahrungen mit dem Betreuten meist sachdienliche Angaben zum Krankheitsbild, dessen kriminalsozialen Auswirkungen sowie der Frage wird machen können, ob Alternativen zur strafrechtlichen Maßregelung in Betracht kommen.

§ 3 Stellung der Gerichtshilfe

(1) Die Gerichtshilfe hat auf Ersuchen der Staatsanwaltschaft oder des Gerichts die soziodemographischen Daten des Beschuldigten zu ermitteln.

(2) Zu diesem Zweck ist dem Gerichtshelfer der Verkehr auch mit dem nicht auf freiem Fuß befindlichen Beschuldigten gestattet. Er ist befugt, die Akten einzusehen.

(3) Andere Personen als der Beschuldigte sollen nicht befragt werden, wenn dadurch für ihn unverhältnismäßige Nachteile, insbesondere der Verlust des Arbeitsplatzes zu besorgen sind.

(4) Für die Ermittlungen der Gerichtshilfe gelten §§ 136 Abs. 1 S. 1, 2, 136a entsprechend. Auch andere Personen als der Beschuldigte sind unbeschadet der §§ 52 Abs. 3, 55 Abs. 2 darauf hinzuweisen, daß sie zu Äußerungen und zur sonstigen Mitwirkung nicht verpflichtet sind.

(5) Die Tätigkeit der Gerichtshilfe wird haupt-, neben- oder ehrenamtlich ausgeübt.

(6) War in einem früheren Strafverfahren für den Beschuldigten ein Bewährungshelfer bestellt, so kann dieser mit der Aufgabe der Gerichtshilfe betraut werden.

Zu § 3:

Für das hier vorgeschlagenen Interlokutmodell ist die Funktionsfähigkeit der Gerichthilfe eine wichtige Voraussetzung. Da sie de lege lata nur in den §§ 160 III 2, 463d StPO angesprochen wird,[278] eine bessere Ermittlung der für

278 Die zurückhaltende Erwähnung der Gerichtshilfe in der StPO sollte die Möglichkeit für einen weiteren Ausbau der in einigen Städten schon seit den 20er Jahren informell praktizierten Gerichtshilfe schaffen. Eine eingehende gesetzliche Regelung wurde für später in Aussicht genommen, BT-Drucks. VII/550, S. 300. Obwohl die Gerichtshilfe inzwischen in allen Ländern eingerichtet und in die Justiz eingegliedert ist und obgleich die Gesetze oder Dienstordnungen für die Gerichtshilfe der Länder mit Recht davon ausgehen, daß ihr Tätigkeitsschwerpunkt im Ermittlungs- und Hauptverfahren liegen soll (vgl. Bad.-Württ. Gesetz über die Sozialarbeiter der Justiz (JSG) vom 13.12.1979, GBl. 1979, 550; § 9 Abs. 3 AV des NdsMJ vom 24.05.1976, S. 127f.), haben die Erfahrungen gezeigt, daß die Gerichtshilfe im Erkenntnisverfahren viel zu selten eingeschaltet wird (vgl. *Renschler-Delcker*, S. 149ff., 157ff.; Nieders. Ministerium der Justiz (Hrsg.), Anhang 10) obwohl die in den meisten Dienstordnungen hierfür vorgesehenen typischen Fallgruppen wie Verbrechen und Vergehen im Bereich der mittleren Kriminalität, Jugendschutzsachen, Verfahren gegen Täter zwischen 21 und 27 Jahren häufig vorkommen. Vielmehr wird die Gerichtshilfe auch heute noch überwiegend im Vollstreckungs- und Gnadenverfahren eingesetzt; zur Situation der Gerichtshilfe de lege

das Sicherungsverfahren notwendigen sachlichen Voraussetzungen aber nur bei einer Stärkung der Position der Gerichtshilfe als Prozeßorgan und ihrer entscheidungsvorbereitenden und -ausführenden Funktion gewährleistet werden kann, besteht im Sicherungsverfahren de lege ferenda das Bedürfnis nach einer detaillierteren Normierung ihres Aufgaben- und Einsatzbereichs, dem § 3 Rechnung trägt.

Absatz 1 kennzeichnet Aufgabenbereich und Auftraggeber der Gerichtshilfe in ähnlicher Weise, wie sie bisher in den Dienstordnungen für Gerichtshelfer der Länder geregelt sind. Erst durch die übrigen Regelungen des vorliegenden Entwurfs (§§ 2 Abs. 3 - 5; 14; 26 Abs. 4 S. 3 - 5) und durch die Gesetze und Dienstordnungen der Länder wird deutlich, daß der Schwerpunkt der Gerichtshilfetätigkeit im Erkenntnisverfahren liegen soll. Dieser Tätigkeitsschwerpunkt hat in allen Ländern zur organisatorischen Eingliederung der Gerichtshilfe in die Justiz geführt.[279] Eine abschließende Klärung ihrer organisatorischen Stellung ist in diesem Zusammenhang weder möglich noch erforderlich. Der Begriff des „Ersuchens“ läßt diese Frage bewußt offen.

Das in **Absatz 2** geregelte Verkehrs- und Akteneinsichtsrecht des Gerichtshelfers ist eine notwendige Folge der stärkeren Einbindung der Gerichtshilfe in die Justiz. Ihre Ausrichtung an strafprozessualen Grundsätzen, kann nicht ohne Konsequenzen für ihre Rechte und Pflichten im Strafverfahren bleiben. In der Diskussion um die gesetzliche Verankerung der Gerichtshilfe im allgemeinem Strafverfahren wurde vielfach gefordert, die prozessuale Stellung des Gerichtshelfers am Vorbild der Jugendgerichtshilfe (§ 38 JGG) zu gestalten.[280] In der Tat lassen sich einige Leitgedanken aus dem Modell der Jugendgerichtshilfe übernehmen, etwa hinsichtlich der Ermittlungen, des Berichts sowie des Anwesenheits- und Rederechts in der Hauptverhandlung. Es muß jedoch berücksichtigt werden, daß auch die Regelung der Jugendgerichtshilfe (z.B. hinsichtlich der Belehrungspflichten) lückenhaft ist und daß ihre Gestaltung vom Gedanken der Erziehung und Fürsorge geprägt ist (§ 38 II JGG), so daß sie allenfalls mit

---

lata/de lege ferenda *Beese* Bewhilfe 1980, 142ff.; *ders.* Bewährungshilfe 1977, 66f.; AE-StPO-HV, S. 31 m.w.N.

279 Die früher übliche Eingliederung der Gerichtshilfe bei den Wohlfahrtseinrichtungen oder Sozialbehörden wurde u.a. aufgegeben, um eine Trennung von strafprozessualer Ermittlungsaufgabe und sozialer Betreuung erreichen zu können. Die meisten Dienstordnungen beschränken den fürsorgerischen Aspekt auf die Einleitung erster sozialer Hilfemaßnahmen durch den Gerichtshelfer bei offenkundigen Notlagen, um mögliche Rollenkonflikte bei seiner primären Aufgabe, der wahrheitsgerechten Sachverhaltsermittlung, so gering wie möglich zu halten.

280 Vgl. z.B. Nieders. Ministerium der Justiz (Hrsg.), S. 72.

Modifikationen übernommen werden kann. So steht z.B. dem Jugendgerichtshelfer nur ein Verkehrsrecht (§ 93 III JGG) jedoch kein ausdrückliches Akteneinsichtsrecht zu. Dies ist für die Gerichtshilfe im Sicherungsverfahren nicht hinzunehmen. Ein ausdrückliches Akteneinsichtsrecht ist schon deshalb erforderlich, weil zu der psychosozialen Diagnose und Prognose, die der Gerichtshelfer in seinem Bericht erstellen soll, auch die Auseinandersetzung mit den Tatmotiven und mit der Einstellung des Täters zu seiner Tat gehört. Darüberhinaus rechtfertigt auch die Eingliederung der Gerichtshilfe in die Justiz ihre Gleichbehandlung mit sonstigen Organen der Strafrechtspflege, so daß weder Anlaß besteht, den Gerichtshelfer insofern schlechter zu stellen als den Verteidiger, noch seine Befugnisse vom Ermessen der Strafverfolgungsbehörden abhängig zu machen.[281]

Die in **Absatz 3** normierten Schranken für die Ermittlungen der Gerichtshilfe bei Informantenbefragungen tragen dem verfassungsrechtlichen Verhältnismäßigkeitsgrundsatz Rechnung. Da die Befragung dritter Personen durch die Gerichtshilfe grundsätzlich vom Einverständnis des Beschuldigten unabhängig ist,[282] lassen sich lediglich aus dem Grundsatz der Verhältnismäßigkeit gewisse Beschränkungen ableiten. Danach sollen Befragungen unterbleiben, wenn dadurch Nachteile für den Beschuldigten zu besorgen sind, die zur Bedeutung der Sache und der zu erwartenden Maßregel außer Verhältnis stehen. Insoweit kann auf die von Rechtsprechung und Literatur zu § 112 I 2 StPO entwickelten Kriterien zurückgegriffen werden.[283] Damit sind Informantenbefragungen oder andere Erkundigungen ohne Zustimmung des Beschuldigten jedenfalls dann zulässig, wenn eine schwere Straftat begangen wurde, die Begehung einer solchen zu erwarten ist, die Anordnung einer freiheitsentziehenden Maßregel in Betracht kommt oder wenn die Auskunftsperson Kenntnis vom laufenden Verfahren hat.[284]

Die in **Absatz 4 Satz 1, 2** ausdrücklich normierte Pflicht, den Beschuldigten über sein Schweigerecht und Dritte über ihre Auskunfts-, Mitwirkungs- und Zeugnisverweigerungsrechte zu belehren, ergibt sich aus einer entsprechenden Anwendung des § 136a i.V.m. §§ 136 I S. 2 bis 4, 52 III, 55 II StPO. Sie besteht, weil die Gerichtshilfe als staatliches Verfahrens- oder Prozeßhilfeorgan (Ermittlungshelfer) eigener Art Ermittlungen durchführt, die sich zwar nicht auf die Tataufklärung im engeren Sinne beziehen, wohl aber auf täterbezogene Um-

---

281 So aber *H. Lange*, S. 172.

282 Vgl. Komm. zu § 2 Abs. 4 S. 2 d. Entw. (S. 118f.).

283 Nachw. bei *Kleinknecht/Meyer-Goßner* § 112 Rn. 8ff; LR-*Hilger* § 112 Rn. 55ff.

284 Vgl. *Schöch*, *Leferenz*-FS, S. 136.

stände und die sie stützenden Beweismittel.[285] Durch die in Absatz 4 enthaltene Verweisung wird das Mitwirkungsverweigerungsrecht geschützt. Einer ausdrücklichen Bestimmung für die Belehrungszuständigkeit bedarf es nicht. Die Belehrung kann durch den Richter, die Staatsanwaltschaft oder den ermittelnden Gerichtshelfer selbst erfolgen, wobei die letztgenannte Möglichkeit die einfachste Vorgehensweise sein dürfte. Anders als in § 136 StPO bezieht sich die Belehrungspflicht allerdings nicht auf die in Betracht kommenden Strafvorschriften, weil der Zweck dieser Belehrung mit dem spezifischen Auftrag des Gerichtshelfers nichts zu tun hat.[286]

Absatz 5 soll einem Vorschlag des AE-StPO-HV folgend zur Aufwertung und Ausweitung der Gerichtshilfe beitragen. Diese wird bisher ausschließlich durch hauptamtlich tätige, staatlich geprüfte Sozialarbeiter und Sozialpädagogen ausgeübt. Aufgrund ihrer Ausbildung oder Berufserfahrung sind aber auch andere Berufsgruppen, z.B. Pädagogen, Psychologen oder kriminologisch ausgebildete Juristen nach Einführung in den Tätigkeitsbereich der Gerichtshilfe in der Lage, deren Aufgaben zu erfüllen, so daß eine ehren- und nebenamtliche Tätigkeit sozialpädagogisch und kriminologisch geschulter Fachkräfte auch hier und nicht nur für die Bewährungshilfe (§ 56d V StGB) zugelassen werden sollte.

Absatz 6 ermöglicht die Bestellung eines früheren Bewährungshelfers zum Gerichtshelfer, damit im Einzelfall vorhandene, besondere Personen- und Sachkenntnisse berücksichtigt werden können. Die zumeist mehrjährigen Erfahrungen der Bewährungshelfer sind dem in der Regel aufgrund eines einmaligen Gesprächs erstatteten Gerichtshilfebericht überlegen, weshalb der Bewährungshelfer oft auch als Zeuge oder wenigstens informell in der Hauptverhandlung gehört wird.[287] Absatz 6 dient damit auch der Verfahrensökonomie. Eine Vermengung von Bewährungs- und Gerichtshilfeaufgaben, die wegen der möglichen Rollenkonflikte im allgemeinen Strafverfahren überwiegend abgelehnt wird, ist

---

285 Allg. Meinung; *Bottke*, MSchKrim 1981, 62ff. m. ausf. Nachw. auch zur Gegenmeinung; AK-*Schöch* § 160 Rn. 34; *Kleinknecht/Meyer-Goßner* § 136 Rn. 2; SK-*Rogall* § 136 Rn. 18; LR-*Hanack* § 136 Rn. 2; *Roxin*, Strafverfahrensrecht, § 25 Rn. 12, eingehend *H. Lange*, S. 167; *Lühring*, S. 26; vgl. auch AE-StPO-HV, S. 32f., der die Auffassung vertritt, die Beachtung der Grundsätze der Beschuldigten- und Zeugenbelehrung sei zur Einhaltung eines fairen Verfahrens erforderlich, weil dem Gerichtshelfer aufgrund seiner beruflichen Nähe zum Sozialarbeiter besonderes Vertrauen entgegengebracht werde; so jetzt auch LR-*Meyer-Goßner* (24) § 160 Rn. 90, 92, der den Gerichtshelfer noch in der Vorauflage wie einen - möglicherweise nicht belehrungspflichtigen - Sachverständigen behandeln wollte, nun aber das Gespräch mit dem Beschuldigten als Vernehmung anerkennt.

286 Vgl. *Bottke* MschrKrim. 1981, 71; LR-*Hanack* § 136 Rn. 2.

287 So AE-StPO-HV, S. 33;

im Sicherungsverfahren nicht zu befürchten, denn eine strafrechtliche Maßregel wäre nicht i.S.d. § 6 Abs. 1 Ziff. 4 erforderlich, wenn ihre Vollstreckung zur Bewährung ausgesetzt werden könnte.

§ 4 Mitteilungspflicht bei Einstellung

(1) Wird das Verfahren nach § 2 Absatz 1 Satz 2 eingestellt, übermittelt die Staatsanwaltschaft von Amts wegen die personenbezogenen Daten des Beschuldigten, die den Gegenstand des Verfahrens betreffen, an die nach Landesrecht für die Unterbringung psychisch kranker oder süchtiger Personen zuständige Stelle, wenn aus ihrer Sicht die Unterbringung des Beschuldigten zur Abwehr einer erheblichen Gefahr für die öffentliche Sicherheit oder den Beschuldigten selbst erforderlich ist.

(2) Unter derselben Voraussetzung übermittelt die Staatsanwaltschaft die personenbezogenen Daten des Beschuldigten, die den Gegenstand des Verfahrens betreffen, an die nach Landesrecht für die Überwachung der Ausübung seines Berufes oder Entziehung der Fahrerlaubnis zuständige Stelle, wenn der Beschuldigte einer Straftat verdächtig ist, die in unmittelbarem Zusammenhang mit der Ausübung seines Berufes oder Gewerbes steht oder die Belange des Straßenverkehrs berührt, wenn die Kenntnis der Daten aus der Sicht der Staatsanwaltschaft zur Abwehr erheblicher Nachteile für das Gemeinwohl oder einer Gefahr für die öffentliche Sicherheit erforderlich ist.

(3) Sind mit den personenbezogenen Daten der Absätze 1 und 2 weitere personenbezogene Daten des Beschuldigten oder eines Dritten so verbunden, daß eine Trennung nicht oder nur mit unvertretbarem Aufwand möglich ist, ist die Übermittlung auch dieser Daten zulässig, soweit nicht berechtigte Interessen des Beschuldigten oder des Dritten an der Geheimhaltung offensichtlich überwiegen. §§ 18 Abs. 1 S. 2 HS. 2, 19 Abs. 1 S. 2 EGGVG sind nicht anwendbar.

(4) Die Staatsanwaltschaft bestimmt die Form der Übermittlung nach pflichtgemäßem Ermessen. Soweit dies nach der Art der zu übermittelnden Daten und der Organisation des Empfängers geboten ist, trifft sie angemessene Vorkehrungen um sicherzustellen, daß die Daten unmittelbar den beim Empfänger funktionell zuständigen Bediensteten erreichen.

Zu § 4:

Wird das Ermittlungsverfahrens wegen Vernehmungsunfähigkeit des Beschuldigten nach § 2 Abs. 1 S. 2 eingestellt, ist die Staatsanwaltschaft nach § 4 ermächtigt und verpflichtet, angefallene personenbezogene Daten an andere öffentliche Stellen weiterzugeben, die diese zur Erfüllung der in ihrer Zuständigkeit liegenden Aufgaben benötigen. § 4 ist damit eine besondere Rechtsvorschrift i.S.d. § 13 Abs. 1 Nr. 1 EGGVG, die insbesondere dem die Übermittlung personenbezogener Daten in Strafsachen regelnden § 14 EGGVG vorgeht. Daneben gelten (subsidiär) die Vorschriften des 2. Abschnitts des EGGVG (§§ 12 bis 22 EGGVG)[288] über verfahrensübergreifende Mitteilungen von Amts wegen, die die bisherigen Verwaltungsvorschriften, insbesondere die Anordnung über Mitteilungen in Strafsachen (MiStra) ersetzen.

Die §§ 12 - 22 EGGVG stellen die verfassungsrechtlich erforderliche Grundlage für die Weitergabe personenbezogener Daten durch Gericht und Staatsanwaltschaft für andere Zwecke als die des Verfahrens vor ihnen dar, die einerseits das Recht auf informationelle Selbstbestimmung des Einzelnen auf der Grundlage der Rechtsprechung des Bundesverfassungsgerichts und andererseits die sich aus der Gemeinschaftsgebundenheit und Gemeinschaftsbezogenheit des Einzelnen ergebenden Beschränkungen im überwiegenden Allgemeininteresse berücksichtigen.[289] Von dieser Grundlage aus besteht eine Gesamttendenz der §§ 12ff. EGGVG, den Umfang der zulässigen Übermittlungen auf das unbedingt Erforderliche zu beschränken.

Die Datenübermittlung nach § 4 ist nur unter der Voraussetzung der endgültigen Einstellung des Ermittlungsverfahrens zulässig, denn nur wenn die Durchführung eines tatbezogenen Präventionsverfahrens unmöglich ist, entfällt die Zuständigkeit der Strafverfolgungsbehörden für die Gefahrenabwehr, mit der Folge, daß die wegen der Tatgebundenheit des strafrechtlichen Präventionsverfahren an sich nur sekundär bestehende Zuständigkeit der nach Landesrecht zur Gefahrenabwehr berufenen Stellen zur Alleinzuständigkeit erstarkt.[290] Ist der Aufgabenbereich der bisher unbeteiligten, nun aber ausschließlich zuständigen Landesbehörde betroffen, weil von dem Beschuldigten Gefahren drohen, so ist sie für die Wahrnehmung ihrer Aufgaben darauf angewiesen, daß sie von der Staatsanwaltschaft über das bisherige Verfahren in Kenntnis gesetzt wird. § 4 konstituiert daher (anders als §§ 12ff. EGGVG, die bloße Mitteilungsermächtigungen begründen[291]) unter bestimmten Voraussetzungen eine Amts*pflicht* zur Mitteilung. Ist nach dem Ergebnis der staatsanwaltschaftlichen Ermittlungen die Anordnung von Maßnahmen, deren selbständige Anordnung zulässig ist, erforderlich, um eine der Allgemeinheit oder dem Beschuldigten selbst durch ihn drohende Gefahr abzuwenden, so müssen die Daten von Amts wegen, also ohne Ersuchen der öffentlichen Stelle, die die Daten als für ihre Aufgabenerfüllung

288 Eingefügt durch das Justizmitteilungsgesetz und Gesetz zur Änderung kostenrechtlicher Vorschriften und anderer Gesetze (JuMiG) vom 18. Juni 1997 (BGBl. I, 1430), in Kraft getreten am 1. Juni 1998.

289 *BVerfGE* 65, 1, 43 zum Volkszählungsgesetz; BT-Drucks.XIII/4709, S. 16; KK-*Kissel* § 12 EGGVG Rn. 1.

290 Zum Konkurrenzverhältnis zwischen Sicherungs- und landesrechtlichen Präventionsverfahren siehe S. 144ff.

291 BT-Drucks. XIII/4709, S. 18.

notwendig ansieht, übermittelt werden. Ob die die Mitteilungspflicht begründenden besonderen Voraussetzungen der Absätze 1 bzw. 2 vorliegen, ist nach pflichtgemäßem Ermessen zu beurteilen. Da es sich um Daten aus einem Ermittlungsverfahren handelt, wird die Staatsanwaltschaft dabei vor allem zu berücksichtig haben, wie gesichert die zu übermittelnden Erkenntnisse sind. Hält sie die Voraussetzungen für gegeben, so ist zugleich mit der Datenübermittlung der Zweck (Prüfung der Anordnung der Unterbringung, des Fahrerlaubnisentzuges, des Berufs- oder Gewerbeverbots) anzugeben, zu dessen Erfüllung sie erfolgt. Dies ergibt sich aus § 19 I 1 EGGVG, der eine Zweckbindung der übermittelten Daten konstituiert. Diese dürfen nur zu dem Zweck verwendet werden, zu dessen Erfüllung sie übermittelt worden sind.

Absatz 1, 2 gestatten nur die Übermittlung personenbezogener Daten des Beschuldigten die den Gegenstand des Verfahrens betreffen. Dabei kommen nicht nur Verfahren der StPO in Betracht, sondern auch solche nach dem JGG und dem OWiG. *Daten, die den Gegenstand des Verfahrens betreffen*, sind die prozessuale Tat, alle dazugehörenden Tatsachen sowie alle sonstigen Umstände, die damit zusammenhängen und für die Entscheidung von Bedeutung sein können, vor allem die im Ermittlungsverfahren ergehenden Anordnungen. Dazu gehören neben den die Tat betreffenden, alle sonstigen Umstände, die für die Bestimmung der Rechtsfolgen und für eventuelle Nebenentscheidungen erheblich sein können.[292]
Personenbezogen sind Einzelangaben über persönliche oder sachliche Verhältnisse einer bestimmten oder bestimmbaren Person, die den Gegenstand des Verfahrens betreffen. Bei den nach Absatz 1 oder 2 übermittelten, das Verfahren betreffenden Daten muß es sich um Daten *des Beschuldigten* handeln. Daten anderer Verfahrensbeteiligter oder -betroffener, sog. Drittdaten (z.B. des Opfers, Nebenklägers, Zeugen oder Sachverständigen) sowie die sog. überschießenden Daten des Beschuldigten, die nicht den Gegenstand des Verfahrens betreffen, unterfallen nicht den Absätzen 1 und 2, können aber nach Absatz 3 oder gegebenenfalls nach den §§ 17, 18 EGGVG übermittelt werden.

Absatz 3 entspricht wörtlich § 18 I 1 EGGVG, der die Übermittlung komplexer Daten regelt, bei denen die nach §§ 12 - 17 EGGVG zulässigerweise zu übermittelnden (Primär-)Daten nicht isoliert vorliegen, sondern mit überschießenden Daten oder Drittdaten so verbunden sind, daß eine Trennung nicht oder nur mit unvertretbarem Aufwand möglich ist. Wie es zu der Datenverbindung gekommen

292 BT-Drucks. XIII/4709, S. 22 zu § 14 EGGVG.

ist, ist unerheblich. Allein maßgebend ist, ob die mitzuteilende Dateninfomation weitere Daten faktisch mitumfaßt.[293]

§ 18 I 1 EGGVG entsprechend, beschränkt Absatz 3 die zulässigen Übermittlungen auf das unbedingt Erforderliche, indem er auch bei Untrennbarkeit der Daten die Übermittlung ungetrennter (Gesamt)Daten nur dann zuläßt, wenn nicht berechtigte Interessen des Beschuldigten oder eines Dritten an der Geheimhaltung der untrennbar verbundenen (überschießenden oder Dritt-)Daten offensichtlich überwiegen. Damit hat die Staatsanwaltschaft eine Abwägung zwischen dem Recht auf informationelle Selbstbestimmung einerseits und den öffentlichen Interessen andererseits vorzunehmen.

Zur Sicherung des informationellen Selbstbestimmungsrechts hinsichtlich der Drittdaten enthält § 18 I 2 HS. 1 EGGVG ein absolutes Verwendungsverbot für den Datenempfänger, daß auch für die nach Absatz 3 erfolgende Datenübermittlung gilt: Drittdaten dürfen weder verwendet noch gespeichert noch in sonstiger Weise genutzt oder an dritte Stellen weitergegeben werden.[294] Nur die Primärdaten dürfen verwendet werden. Absatz 3 erweitert dieses Verwendungsverbot jedoch über § 18 II 2 EGGVG hinaus auf überschießende Daten, indem er § 18 I 2 HS. 2 (i.V.m. § 19 I 2) EGGVG für nicht anwendbar erklärt. Dieser läßt die Verwendung überschießender Daten des Maßregelbetroffenen durch die Empfangsstelle auch für andere Zwecke zu, soweit die Daten auch dafür hätten übermittelt werden dürfen.

Absatz 4 entspricht wörtlich § 18 II EGGVG, gilt aber im Gegensatz zu diesem nicht nur für überschießende und Drittdaten, sondern auch für nach Absatz 1 und 2 übermittelbare Daten. **Satz 1,** demzufolge die Form der Übermittlung nach pflichtgemäßem Ermessen bestimmt wird, räumt der Staatsanwaltschaft im Interesse einer umfassenden Wahrung des informationellen Selbstbestimmungsrechts die Möglichkeit ein, alles aus ihrer Sicht Erforderliche zu dieser Wahrung auch im technischen Verfahren der Übermittlung zu tun (z.B. Aktenauszug statt Kopie, Teilschwärzung etc.). Eine weitere Stärkung erfährt die Beachtung des informationellen Selbstbestimmungsrechts durch die Adressatenregelung in **Satz 2**. Bei der Übermittlung sind angemessene Vorkehrungen zu treffen, daß die Daten möglichst unmittelbar die beim Empfänger funktionell zuständige Person erreichen. Die auf „Angemessenheit" abstellende Vorschrift stellt sicher, daß nur solche Vorkehrungen erforderlich sind, die mit zumutbarem Aufwand durchgeführt werden können, was etwa die Ermittlung der zuständigen

---

293 BT-Drucks. XIII/4709, S. 43, 56.

294 BT-Drucks. XIII/4709, S. 25.

Person oder die Respektierung vorgegebener Behördenhierarchien angeht (z.B. Übermittlung an „Behördenleiter persönlich“).[295]

295 BT-Drucks. XIII/4709, S. 25.

§ 5 Vernehmung des Beschuldigten

(1) Bei Zweifeln an der Schuldfähigkeit des Beschuldigten ist dessen Vernehmung erst zulässig, wenn die Schuldfähigkeit mit Sicherheit festgestellt oder nach § 2 Abs. 2 S. 2 ein Verteidiger bestellt ist.

(2) Der Beschuldigte ist spätestens vor dem Abschluß der Ermittlungen zu vernehmen, es sei denn, daß das Verfahren zur Einstellung führt; der Beschuldigte soll alsbald durch ein Mitglied des Gerichts, das für das Sicherungsverfahren zuständig wäre, richterlich vernommen werden, wenn der Verlust seiner Vernehmungsfähigkeit zu befürchten ist. Ist nach § 2 Abs. 2 ein Verteidiger bestellt worden, genügt es auch in einfachen Sachen nicht, daß dem Beschuldigten Gelegenheit gegeben wird, sich schriftlich zu äußern.

(3) Ist nach § 2 Abs. 2 ein Verteidiger bestellt worden, soll die Vernehmung des Beschuldigten nur in dessen Anwesenheit erfolgen. Der Verteidiger ist von dem Vernehmungstermin vorher zu benachrichtigen; die Benachrichtigung soll rechtzeitig erfolgen. Bei polizeilichen und staatsanwaltschaftlichen Vernehmungen des Beschuldigten kann von der Benachrichtigung abgesehen werden, wenn die Vernehmung so dringlich ist, daß sie aufgrund der durch die Benachrichtigung eintretenden zeitlichen Verzögerung nicht mehr sachgerecht durchführbar wäre. Aussagen, die unter Verletzung der Benachrichtigungspflicht zustande gekommen sind, dürfen im Sicherungsverfahren nur verwertet werden, wenn außer dem Maßregelbetroffenen auch sein Verteidiger ausdrücklich zustimmt; bei Zustimmungsunfähigkeit des Maßregelbetroffenen reicht die Zustimmung des Verteidigers. Macht der Verteidiger geltend, an der Wahrnehmung des Termins verhindert zu sein, soll der Termin verlegt werden. Auf die Verlegung eines Termins wegen Verhinderung des Verteidigers besteht kein Anspruch.

(4) Auf Antrag des Beschuldigten oder seines Verteidigers ist dem Betreuer oder einer Vertrauensperson des Beschuldigten die Anwesenheit bei der Vernehmung zu gestatten. Dies gilt auch für die richterliche Vernehmung des Beschuldigten.

(5) Im übrigen gelten §§ 163a, 168c.

Zu § 5:

§ 5 ergänzt und modifiziert die §§ 163a, 168c StPO zugunsten des Beschuldigten, dessen Schuldunfähigkeit erwiesen oder nicht auszuschließen ist, **Absatz 5**. Er erweitert die Anwesenheitsrechte des § 168c StPO um das des zivilrechtlich bestellten Betreuers oder einer Vertrauensperson des Beschuldigten, **Absatz 4**, und enthält spezielle Regelungen über die Vernehmung des Beschuldigten und die Rechte des für ihn bestellten Verteidigers. Im Kern geht es um eine mit dem Anspruch auf rechtliches Gehör verknüpfte Gewährleistung effektiver Verteidigung bereits im Ermittlungsverfahren, die dem Umstand Rechnung trägt, daß die

Erkenntnisse des Ermittlungsverfahrens in vielfacher Weise und über die Verlesungsmöglichkeit des § 251 StPO hinaus auf das Hauptverfahren einwirken. Dabei wurde auch erwogen, ob speziell das Sicherungsverfahren zu besonderen Belehrungen Anlaß gibt. Da es aber ebenso wie das allgemeine Strafverfahren an die vorsätzliche, rechtswidrige Begehung einer Straftat anknüpft, die es im Ermittlungsverfahren zu untersuchen gilt, konnte es bei dem Gesamtinhalt der Belehrung in § 136 StPO bleiben.

Die Beschuldigtenvernehmung ist wie sonst auch (§ 163a I 1 StPO) obligatorisch, **Absatz 2 Satz 1 HS. 1**.
Nach **Absatz 1** ist dem Beschuldigten vor und für die Vernehmungen im Ermittlungsverfahren ein Verteidiger zu bestellen, wenn Zweifel an seiner Schuldfähigkeit bestehen.[296] Absatz 1 gewährleistet die Wahrnehmung der Beschuldigtenrechte und eine effektive Verteidigung.[297] Darüberhinaus sichert er i.V.m. **Absatz 2 Satz 1 HS. 2** die *Durchführung* des Sicherungsverfahrens ab:
Besteht Anlaß zu der Befürchtung, daß der Maßregelbetroffene seine Vernehmungsfähigkeit verlieren könnte, empfiehlt Absatz 2 Satz 1 HS. 2 zur Gewährung rechtlichen Gehörs und um einen Beweisverlust zu vermeiden, die alsbaldige richterliche Vernehmung. Denn aufgrund dieser richterlichen Vernehmung kann eine Sicherungshauptverhandlung selbst dann durchgeführt werden, wenn der die Schuldfähigkeit ausschließende Zustand des Maßregelbetroffenen dessen Anwesenheit in der Sicherungshauptverhandlung vollständig ausschließt und eine Vorvernehmung nach § 18 Abs. 2 wegen inzwischen eingetretener Vernehmungsunfähigkeit nicht mehr erfolgen kann (§ 18 Abs.1). Da bei Zweifeln an der Schuldfähigkeit und drohender Vernehmungsunfähigkeit des Maßregelbetroffenen die Notwendigkeit einer späteren Abwesenheitsverhandlung im Sicherungsverfahren grundsätzlich nicht ausgeschlossen werden kann, sollen sowohl der sicher als auch der nicht ausschließbar schuldunfähige Beschuldigte schon im Ermittlungsverfahren richterlich vernommen werden. Für diese Vernehmung ist, um dem Grundsatz der formellen Unmittelbarkeit in einem Mindestmaß

296 Die Staatsanwaltschaft kann von der (fakultativen) Verteidigerbestellung nach § 2 Abs. 2 S. 2 d. Entw. also tatsächlich nur absehen, wenn das Verfahren einstellungsreif ist, so daß es der Beschuldigtenvernehmung nicht mehr bedarf. Daß auch dem mit *Sicherheit* schuldunfähigen Beschuldigten noch vor seiner ersten Vernehmung ein Verteidiger zu bestellen ist, ergibt sich schon aus § 2 Abs. 2 S. 1 d. Entw., der für den Fall der Schuldunfähigkeitsfeststellung die Verteidigerbestellung obligatorisch vorsieht.

297 Erweist sich der Beschuldigte bis zum Abschluß des Ermittlungsverfahren als schuldfähig, so wird die Verteidigerbestellung im Vorverfahren i.d.R. auch nach § 141 Abs. 3 StPO erforderlich gewesen sein.

gerecht zu werden, nicht der Ermittlungsrichter zuständig sondern ein Mitglied des Gerichts, das für das Sicherungsverfahren zuständig wäre.[298]
Anders als nach § 163a I 2 StPO besteht die Möglichkeit, dem Beschuldigten Gelegenheit zur schriftlichen Äußerung zu geben, auch in einfachen Sachen nicht, solange seine Schuldfähigkeit nicht sicher feststeht, **Absatz 2 Satz 2,** denn für eine schriftliche Äußerung sind nur Fälle geeignet, in denen der Beschuldigte voraussichtlich bereit und hinreichend fähig ist, eine sachgerechte schriftliche Äußerung abzugeben,[299] während die Befähigung zu einer exakten, schriftlichen Stellungnahme schon bei nur möglicher Schuldunfähigkeit grundsätzlich bezweifelt werden muß. Praktisch hat es damit der Beschuldigte selbst in der Hand, ob er eine schriftliche Äußerung vorzieht. Zur mündlichen Äußerung kann ihn niemand zwingen und eine Ergänzung der mündlichen Aussage durch eine schriftliche Äußerung ist ihm niemals verwehrt.

Über §§ 163a III 2 i.V.m. 168c I StPO hinaus, der dem Verteidiger ein bloßes Anwesenheitsrecht bei der Vernehmung des Beschuldigten gewährt, sollen alle, d.h. polizeiliche, staatsanwaltschaftliche und richterliche Vernehmungen des nicht sicher schuldfähigen Beschuldigten in Anwesenheit seines Verteidigers erfolgen, **Absatz 3 Satz 1**. Der Verteidiger ist von allen Vernehmungsterminen vorher zu benachrichtigen. Die Benachrichtigung soll rechtzeitig erfolgen, **Absatz 3 Satz 2,** wofür eine Wochenfrist angemessen und ausreichend sein dürfte. Bei nicht-richterlichen Vernehmungen des Beschuldigten kann von der Benachrichtigung des Verteidigers vollkommen abgesehen werden, wenn die Vernehmung so dringlich ist, daß sie aufgrund der durch die Benachrichtigung eintretenden zeitlichen Verzögerung nicht mehr sachgerecht durchführbar wäre, **Absatz 3 Satz 3**. Die auf die zeitliche Verzögerung abstellende Formulierung macht deutlich, daß allein die Gefahr einer *zeitablaufbedingten* Beweismittelgefährdung ein Absehen von der Benachrichtigung zu rechtfertigten vermag.[300] Dabei kommt es nicht auf den Benachrichtigungsvorgang an, der für sich allein kaum jemals einen nennenswerten Zeitablauf erfordert, sondern auf den Zeitverlust, der dadurch entsteht, daß der zu benachrichtigende Verteidiger anwesend sein soll.

---

298 Zur Begründung vgl. Komm. zu § 18 Abs.1 S. 2 d. Entw. (S. 191ff.).

299 Vgl. *Kleinknecht/Meyer-Goßner* § 136 Rn. 12; LR-*Hanack* § 136 Rn. 33; *Kleinknecht* JZ 1965, 157, *ders.* Kriminalistik 1965, 455; SK-*Rogall* § 136 Rn. 40.

300 Anders die Rspr. zu § 168c StPO, die dem Begriff der Gefährdnung des Untersuchungserfolges auch eine Gefährdung der Wahrheitserforschung, also eine materielle Gefährdung zuordnet, vgl. LR-*Rieß* (24) § 168c Rn. 39, 42ff. Danach kann die Benachrichtigung des Verteidigers nach § 168c V 2 StPO unterbleiben, wenn in seiner Person eine materielle Gefährdung des Untersuchungsergebnisses begründet ist, vgl. *BGHSt* 29, 1, 4 (Unterlassen der Benachrichtung des Beschuldigten und seines Verteidigers bei richterlicher Zeugenvernehmung).

Die Benachrichtigung kann deshalb nur dann gänzlich unterbleiben, wenn der Termin so kurzfristig durchgeführt werden muß, daß sie den Verteidiger nicht mehr in den Stand setzen würde, an der Vernehmung teilzunehmen (etwa weil infolge eines sich akut verschlechternden Gesundheitszustandes der Eintritt der Vernehmungsunfähigkeit zu befürchten ist). Ist eine fernmündliche oder elektronische Benachrichtigung geeignet, die Anwesenheit des Verteidigers bei der Beschuldigtenvernehmung noch zu ermöglichen, ist diese zu wählen und nicht etwa von der Benachrichtigung abzusehen. Die Ausnahme von der Benachrichtigungspflicht gilt ausschließlich für nicht-richterliche Vernehmungen. Im Spannungsverhältnis zwischen der Wahrheitserforschungspflicht und dem Schutz des nicht sicher schuldfähigen Beschuldigten ist sie hinnehmbar, weil das Vernehmungsprotokoll der Staatsanwaltschaft in seiner Verlesbarkeit in der Hauptverhandlung dem richterlichen Protokoll nicht gleichgestellt ist (§§ 249, 251 I, 254 StPO).

Aussagen, die unter Verletzung der Benachrichtigungspflicht zustande gekommen sind, dürfen im Sicherungsverfahren nur verwertet werden, wenn außer dem Maßregelbetroffenen auch sein Verteidiger ausdrücklich zustimmt. **Absatz 3 Satz 4** enthält damit eine Ausnahme von dem Grundsatz, daß bei der Abgabe von Prozeßerklärungen die Willenserklärungen des Beschuldigten denjenigen des Verteidigers vorgehen. In der Sicherungshauptverhandlung muß neben dem Maßregelbetroffenen immer auch sein Verteidiger der Verwertung der unter Verstoß gegen die Benachrichtigungspflicht zustandegekommenen Aussage zustimmen, weil nicht ausgeschlossen werden kann, daß der Maßregelbetroffene Reichweite und Konsequenzen seiner Zustimmungserklärung nicht vollständig zu überblicken vermag.

Ist der Maßregelbetroffene zustimmungsunfähig, d.h., intellektuell nicht in der Lage, die grundsätzliche Bedeutung seiner Zustimmungserklärung zu erfassen, so hängt die Verwertbarkeit der Aussage allein von der Zustimmung des Verteidigers ab.

Absatz 3 Satz 4 regelt damit erstmals ausdrücklich die Folgen eines Verstoßes gegen die Benachrichtigungspflicht bei der Vernehmung eines Beschuldigten. Inhaltlich entspricht die Regelung der Ansicht des *BGH*, der die zur Behandlung von Benachrichtigungsfehlern bei der Zeugenvernehmung entwickelten Grundsätze auf den Verstoß gegen § 168c V 1 StPO bei der Beschuldigtenvernehmung nach § 168c I StPO anwendet.[301] Daß ein Benachrichtigungsfehler nach

301 *BGH* NStZ 1989, 282f. m. Anm. *Hilger*.

§ 168c V 1 StPO zur Unverwertbarkeit nicht nur einer Zeugenaussage,[302] sondern auch einer Einlassung des Beschuldigten führen kann, ist einleuchtend, da der Beschuldigte in beiden Fällen auf den Schutz und die Hilfe seines Verteidigers verzichten muß. Entscheidend dürfte aber die Erwägung sein, daß die Benachrichtigungspflicht des § 168c V 1 StPO Ausdruck des gesetzgeberischen Willens ist, dem Beschuldigten bei richterlichen Vernehmungen außerhalb der Hauptverhandlung im Hinblick auf die Bedeutung der hier zu erzielenden Erkenntnisse eine gegenüber dem früheren Recht verbesserte Rechtsposition und damit einen erhöhten Schutz zu gewähren.[303] Das diesem Schutz dienende, die Effektivität der Verteidigung stärkende, erweiterte Anwesenheitsrecht des Verteidigers (§ 168c I StPO) würde jedoch erheblich entwertet, wenn der Verstoß gegen die das Anwesenheitsrecht sichernde Benachrichtigungspflicht folgenlos bliebe, weshalb die Übertragung der für die Zeugenvernehmung entwickelten Grundsätze auf entsprechende Verfahrensfehler bei der richterlichen Vernehmung gerechtfertigt ist.[304] Nach Absatz 3 Satz 4 ist ohne Zustimmung insbesondere die Verlesung der Niederschrift über eine ohne Benachrichtigung des Verteidigers durchgeführte *richterliche* Vernehmung des Beschuldigten gem. §§ 249, 254 StPO in der Sicherungshauptverhandlung verboten sowie die der verbotenen Verlesung einer richterlichen Vernehmungsniederschrift gleichstehende Vernehmung des Ermittlungsrichters.

Das Erfordernis der *ausdrücklichen* Zustimmung wurde hier anstelle des Nicht-Widersprechens[305] gewählt, um die Möglichkeit einer dem Beschuldigten

---

302 *BGHSt* 9, 24ff.; 26, 332ff. m. Anm. *Meyer -Goßner* JR 1977, 257f.; *BGHSt* 31, 140ff. m. Anm. *Temming* StV 1983, 52 und *Fezer* JZ 1983, 355f.; *BGH* StV 1985, 397f.; NStZ 1987, 132f.; siehe aber auch *BGHSt* 29, 1ff.; StV 1987, 233; *KG* StV 1984, 68.

303 Vgl. BT-Drucks. VII/551, S. 76, 144; *BGHSt* 9, 24ff.; 26, 332ff.; LR-*Rieß* (24) § 168c Rn. 1 m.w.N.

304 So zu Recht auch *Hilger* NStZ 1989, 283.

305 *BGH* NStZ 1987, 132f.; *BGHSt* 9, 24ff.; LR-*Rieß* (24) § 168c Rn. 56 m.w.N. gehen davon aus, daß der Verstoß gegen § 168c V 1 StPO nur dann zu einem revisiblen Verwertungsverbot führen kann, wenn der Beschuldigte oder sein Verteidiger der (gegebenenfalls mittelbaren) Einführung und Verwertung des Vernehmungsergebnisses (durch Verlesung der Niederschrift, Vernehmung der Verhörsperson oder Vorhalt) vorher widerspricht. Dieses (vom wissenschaftlichen Schrifttum unbeanstandete) Erfordernis eines Widerspruchs hat die Rechtsprechung auch bei fehlerhaften kommissarischen Vernehmungen (§ 224 StPO) verlangt, dazu *Meyer-Goßner/Appl* StraFO 1998, 258, und nimmt es nun auch bei nicht geheiltem Unterlassen der nach § 136a I 2 StPO erforderlichen Belehrung über die Aussagefreiheit, die Möglichkeit der Verteidigerkonsultation oder bei Verweigerung der Rücksprache mit einem Verteidiger an. Nach der vom *BGH* vertretenen Widerspruchslösung begründen diese Verstöße die Revision nur dann, wenn der verteidigte Angeklagte der Verwertung der Aussage rechtzeitig widersprochen hat. Dem verteidigten Angeklagten steht ein solcher gleich, der vom Gericht über die Widerspruchsmöglichkeit unterrichtet worden ist, *BGHSt* 38, 214ff.; 42, 15, 22 m. zust.

nachteiligen Interpretation seiner Erklärungen auszuschließen, die z.B. bestünde, wenn der Beschuldigte in einer seinem Verteidiger nicht bekanntgegebenen richterlichen Vernehmung eine Aussage macht, an der er später durch Schriftsatz seines Verteidigers Berichtigungen anbringen läßt. Diese spätere Erklärung des Angeklagten und seines Verteidigers könnte mit dem Argument, daß die maßgebliche Aussage nicht widerrufen sondern berichtigt worden sei, also mit der vorgenommenen Berichtigung weiteren Bestand haben sollte, als inzident erteilte Zustimmung zur Verwertung und damit als Verzicht auf das Widerspruchsrecht gegen die Verwertung in der Hauptverhandlung (sog. Rügeverzicht) gewertet werden. Die vorgeschlagene Formulierung schließt eine solche Interpretation mehrdeutiger Erklärungen aus.[306]

Macht der Verteidiger geltend, an der Wahrnehmung des Termins verhindert zu sein, soll der Termin verlegt werden, **Absatz 3 Satz 5**. Um einen Mißbrauch der gestärkten Verteidigerposition auszuschließen, besteht jedoch (wie nach § 168c V 3 StPO) kein Anspruch auf Terminsverlegung, **Absatz 3 Satz 6**.

Anm. *Müller* StV 1996, 358ff. Der Widerspruch ist bis zu dem in § 257 StPO genannten Zeitpunkt zulässig. Er kann bis zum Ende der Beweisaufnahme zurückgenommen werden, *BGHSt* 42, 15, 23. Ein Widerspruch vor der Hauptverhandlung genügt nicht, *BGH* NStZ 1997, 502f.. Wurde gegen die Verwertung kein Widerspruch erhoben, kann er auch im Berufungsverfahren oder nach Zurückverweisung der Sache durch das Revisionsgericht nicht mehr geltend gemacht werden, *OLG Stuttgart* NStZ 1997, 405; *BayObLG* NJW 1997, 404; *OLG Celle* StV 1997, 68f.; *OLG Oldenburg* StV 1996, 416 m. Anm. *Bernsmann*, krit. *Fezer* StV 1997, 58f.; abl. *Hartwig* JR 1998, 359ff. Die Widerspruchslösung wird im Schrifttum heftig kritisiert, *Dahs jun.* StraFo 1998, 253; *Brüssow* StraFo 1998, 298; *Grünwald*, Das Beweisrecht der Strafprozeßordnung, 1993, S. 150; *Kiehl* NJW 1994, 1267ff.; *Kindhäuser* NStZ 1987, 530; *Tolksdorf*, *Graßhof*-Festgabe, S. 255; *Ventzke* StV 1997, 543; *Roxin* JZ 1997, 346, hat aber auch Zustimmung erfahren, *Meyer-Goßner/Appl* StraFo 1998, 258ff.; *R. Hamm* NJW 1996, 2187; Anm. *Wohlers* NStZ 1995, 46.

306 Im Ergebnis ebenso *BGH* NStZ 1989, 282f.

§ 6 Abschluß des Ermittlungsverfahrens

(1) Ist nach dem Ergebnis der Ermittlungen, bei Nichtberücksichtigung derjenigen Irrtümer, die auf dem die Schuldfähigkeit ausschließenden Zustand beruhen, der Beschuldigte verdächtig, im Zustand der Schuldunfähigkeit (§ 20 StGB) eine vorsätzliche rechtswidrige Straftat begangen zu haben, leitet die Staatsanwaltschaft das Sicherungsverfahren durch Einreichung eines Sicherungsantrags bei dem zuständigen Gericht ein, wenn

1. der Beschuldigte der Tat in einem Grade verdächtig ist, der bei Schuldfähigkeit eine Verurteilung erwarten ließe,
2. nach dem Ergebnis der Ermittlungen anzunehmen ist, daß die Schuldunfähigkeit im Tatzeitpunkt Folge eines in der Person des Beschuldigten liegenden Zustandes ist, infolge dessen weitere rechtswidrige Taten zu erwarten sind und er deshalb für die Allgemeinheit gefährlich ist,
3. die infolge der Gefährlichkeit des Beschuldigten zu erwartenden Taten ihrer Art nach der in Ziffer 1 genannten Tat entsprechen und
4. die Maßregel zur Erreichung ihres Zweckes erforderlich ist, insbesondere weil unter Berücksichtigung der Schwere der begangenen und der zu erwartenden Taten mildere Maßnahmen einen genügenden Schutz für die Allgemeinheit nicht bieten.

Ist der Beschuldigte im wesentlichen geständig, ist dies im Vermerk über den Abschluß der Ermittlungen ausdrücklich festzuhalten.

(2) Mit der Einreichung des Sicherungsantrags wird der Beschuldigte zum Maßregelbetroffenen.

(3) Liegen die Voraussetzungen des Absatzes 1 nicht vor oder könnte gegen den Beschuldigten, wenn er schuldfähig wäre, das Strafverfahren wegen eines anderen Verfahrenshindernisses als dem der Verhandlungsunfähigkeit nicht durchgeführt werden, ist nach § 170 II zu verfahren. § 4 ist entsprechend anwendbar.

Zu § 6:

§ 6 Absatz 1 enthält eine Aufzählung der von der Staatsanwaltschaft bei ihrer Entschließung über die Einleitung des Sicherungsverfahrens zu berücksichtigenden Kriterien. Liegen alle Positivvoraussetzungen des Absatzes 1 vor, ist die selbständige Maßregelanordnung i.S.d. § 1 Abs. 1 S. 1 zu erwarten und die Staatsanwaltschaft zur Stellung des Sicherungsantrags verpflichtet. Dies gilt nur dann nicht, wenn ein Strafverfahren gegen den unterstellt schuldfähigen Beschuldigten wegen eines anderen Verfahrenshindernisses als dem der Verhandlungsunfähigkeit nicht durchgeführt werden könnte (Negativvoraussetzung des Absatz 3 Satz 1 Variante 2).

Ziffer 1 entspricht § 170 I StPO, ersetzt aber den dort verwendeten Begriff des genügenden Anlasses durch die Umschreibung des hinreichenden Tatverdachts, wofür zwei Überlegungen maßgeblich sind. Erstens, daß der genügende Anlaß i.S.d. § 170 I StPO unter anderem voraussetzt, daß ein Verfahrenshindernis nicht besteht, während das Sicherungsverfahren trotz Verhandlungsunfähigkeit des Maßregelbetroffenen durchgeführt werden kann.[307] Und zweitens ist die Konkretisierung des Begriffs durch Angabe des erforderlichen Verdachtsgrades notwendig, weil nach dem vorliegenden Entwurf das Eröffnungsverfahren (§§ 199ff. StPO) entfällt, so daß das Gericht die Zulassung des Sicherungsantrages (anders als die Zulassung der Anklage) nicht mehr von der Feststellung eines hinreichenden Tatverdachts abhängig machen darf. Da die Staatsanwaltschaft aber selbstverständlich nur dann den Sicherungsantrag soll stellen können, wenn die Tat auch Gegenstand eines Strafverfahrens sein könnte und die Erhebung der öffentlichen Klage ganz unumstritten einen hinreichenden Taverdacht erfordert, muß diese Voraussetzung im Zusammenhang mit dem Abschluß des Ermittlungsverfahren genannt werden.[308]
Daß ein hinreichender Tatverdacht erforderlich ist, ergibt sich de lege lata aus §§ 414 I, II i.V.m. 170 I, 203 StPO. Der Begriff ist im Sicherungsverfahren jedoch zu modifizieren: hinreichender Tatverdacht ist gegeben, wenn bei unterstellter Schuldfähigkeit des (und de lege lata nach einer Hauptverhandlung mit dem unterstellt verhandlungsfähigen) Maßregelbetroffenen die Verurteilung wahrscheinlich wäre.[309]

Nach der den Ziffern des Absatz 1 vorangestellten Bestimmung, muß der Beschuldigte nach dem Ergebnis der Ermittlungen verdächtig sein, im Zustand der Schuldunfähigkeit (§ 20 StGB) eine vorsätzliche rechtswidrige Straftat begangen zu haben. Hinreichender Tatverdacht muß also auch hinsichtlich des subjektiven Tatbestandes, insbesondere des Vorsatzes bestehen, und zwar unabhängig davon, ob dieser dogmatisch dem Tatunrecht oder der Schuld zugeordnet wird, denn

---

307 Vgl. de lege lata § 415 StPO, de lege ferenda § 18 d. Entw.

308 Zu der Frage, ob der Sicherungsantrag auch gestellt werden darf, wenn die Rechtsauffassungen von Staatsanwaltschaft und Gericht bzgl. der im Fall der Schuldfähigkeit bestehenden Verurteilungswahrscheinlichkeit auseinandergehen, enthält Ziffer 1 keine Stellungnahme; das Problem der rechtlichen Bindung der Staatsanwaltschaft an gerichtliche Präjudizien muß weiterhin der Klärung durch Wissenschaft und Rechtsprechung überlassen bleiben. Der Entwurf bringt dies (in Anlehnung an AE-StPO-HV, S. 37) dadurch zum Ausdruck, daß er von der Verurteilungserwartung nur im Hinblick auf den Verdachtsgrad spricht und den Einfluß der Rechtsauffassung auf die Verurteilungswahrscheinlichkeit nicht erwähnt. Zu der bei der Anklageerhebung sehr umstrittenen Frage der Bindung *Kleinknecht/Meyer-Goßner* Vor § 141 GVG Rn. 11 m. zahlr. Nachw.

309 Allg. Meinung; *BGHSt* 22, 1; AK-*Keller* § 413 Rn. 2.

jedenfalls führt sein Fehlen nicht zur Schuldunfähigkeit i.S.d. § 20 StGB. Allerdings bleiben Irrtümer, die durch diejenige geistige Erkrankung entstanden sind, auf der auch die Schuldunfähigkeit beruht, außer Betracht, womit die de lege lata umstrittene Frage entschieden wird, ob das Sicherungsverfahren auch dann zulässig ist, wenn der Maßregelbetroffene infolge des die Schuldfähigkeit ausschließenden Zustandes vorsatzlos oder in der Annahme der tatsächlichen Voraussetzungen eines anerkannten Rechtfertigungsgrundes handelt. Die ältere Rechtsprechung hält insoweit den durch die Schuldunfähigkeit bedingten Irrtum für unerheblich,[310] während die Literatur, soweit sie sich mit diesen strittigen Fragen beschäftigt, zu deren Lösung inzwischen überwiegend auf die Erläuterungsbücher zum materiellen Strafrecht verweist.[311]
Tatsächlich ist das Ergebnis der Rechtsprechung, wenn auch mit anderer Begründung, de lege ferenda zu übernehmen, denn wenn der Vorsatzausschluß oder Irrtum über die tatsächlichen Voraussetzungen eines Rechtfertigungsgrundes auf der geistigen Erkrankung des Maßregelbetroffenen (mit)beruht, hat sich dessen gefährlicher Zustand in der begangenen Tat realisiert. Da sie auch das Potential der künftigen Gefährlichkeit des Maßregelbetroffenen widerspiegelt, handelt es sich um eine die Einleitung eines Sicherungsverfahrens rechtfertigende Symptomtat. So kann z.B. gegen denjenigen, der im Glauben der Richtigkeit seiner Aussage seine Rückzahlungsfähigkeit zum versprochenen Zahlungstermin behauptet, auch dann ein Berufsverbot selbständig angeordnet werden, wenn die Annahme der Rückzahlungsfähigkeit krankheitsbedingt so töricht ist, daß sie einem Geistesgesunden nicht in den Sinn gekommen wäre.

Nach **Ziffer 2** setzt die Erwartbarkeit der selbständigen Maßregelanordnung voraus, daß die Schuldunfähigkeit im Tatzeitpunkt Folge eines in der Person des Beschuldigten liegenden Zustandes ist und daß infolge dieses Zustandes weitere rechtswidrige Taten des Beschuldigten zu erwarten sind, die ihn für die Allgemeinheit gefährlich erscheinen lassen. Es bedarf demnach mehrerer Feststellun-

---

310 *RGSt* 71, 218ff.; 73, 314ff.; *BGHSt* 3, 287ff.; 10, 355ff.: „Die gegenteilige Auffassung würde bedeuten, daß grundsätzlich gerade die Geisteskranken, die erfahrungsgemäß besonders gefährlich sind, nämlich die Kranken, die an Verfolgungswahn leiden, von einer Unterbringung nach § 42b StGB ausgenommen wären. Das kann nicht Sinn des Gesetzes sein."; ebenso KMR-*Paulus* § 413 Rn. 12. Zur Feststellung der inneren Tatseite *RG* JW 1935, 532 Nr. 37, 2368 Nr. 18; HRR 1937, Nr. 603.

311 Während z.B. LR-*Gössel* § 413 Rn. 19 mit der strengen Schuldtheorie zu dem selben Ergebnis gelangt, wie die Rechtsprechung, argumentiert jedoch AK-*Keller* § 413 Rn. 2 unrichtig, wenn er die Unzulässigkeit des Sicherungsverfahrens damit begründet, daß dieses auch die förmliche Wertung einer rechtswidrigen Tat zum Gegenstand habe und bzgl. einer solchen jedenfalls dann kein hinreichender Tatverdacht bestehe, wenn man der von der Rechtsprechung vertretenen eingeschränkten Schuldtheorie folge.

gen: der Beschuldigte muß sich in einem (mindestens latent) krankhaften Zustand befinden; dieser Zustand muß die Schuldunfähigkeit des Beschuldigten im Tatzeitpunkt verursacht haben, dem Beschuldigten mindestens auf gewisse Dauer anhaften (da er nach Ziffer 2 auch für die künftige Gefährlichkeit kausal sein muß) und ihn für die Allgemeinheit (unmittelbar) gefährlich erscheinen lassen.[312] Diese Feststellungen werden überwiegend auch vom materiellen Recht gefordert, das insbesondere bei den freiheitsentziehenden Maßregeln (§§ 63, 64 StGB) Kausalität dergestalt verlangt, daß die künftigen Taten als Folge des Täterzustandes erscheinen, derentwegen der Täter als schuldunfähig oder vermindert schuldfähig anzusehen ist.

Daß strafrechtliche Maßregeln einen besonderen Zustand des Beschuldigten erfordern, der sich als länger dauernder Defekt darstellen muß, hat die Rechtsprechung von Anfang an klargestellt. Schon § 42b StGB wurde in Korrektur des Gesetzeswortlauts dahin ausgelegt, daß für die Anordnung der Unterbringung nur Raum sei, wenn der die Schuldfähigkeit ausschließende Defektzustand pathologischer Art ist. Denn die Unterbringung sei nicht dazu bestimmt, an sich gesunde Menschen zu behüten, sondern erkrankte oder krankhaft veranlagte Personen von einem dauernden Krankheitszustand zu heilen oder sie zu pflegen, soweit das wegen ihrer Gefährlichkeit im öffentlichen Interesse erforderlich erscheine. Unter dem Gesichtspunkt der Erforderlichkeit müsse der Ausschluß der Schuldfähigkeit durch einen länger dauernden und nicht nur vorübergehenden Defekt bedingt sein.[313] Diese Auffassung hat der *BGH* für § 63 StGB übernommen.[314] Daher scheidet z.B. eine Unterbringung aus, wenn sich der Täter nur

312 Ziffer 2 wirft damit mehrere im Maßregelrecht typische und allenfalls im Einzelfall befriedigend zu lösende Fragen auf, etwa die nach der (Mit-)Kausalität des Zustandes des Beschuldigten für dessen Schuldunfähigkeit im Tatzeitpunkt, oder die Frage, wann die betreffende Störung als Ursache oder Faktor der zu erwartenden Gefahr angesehen werden kann oder nach den Kriterien zur Bestimmung der Gefährlichkeit und deren Erheblichkeit für die Allgemeinheit, die allesamt Grundsatzprobleme der Prognoseentscheidung im Strafrecht berühren. Ihre Erörterung ist im Rahmen dieser Arbeit nicht möglich, sie werden aber zunehmend zum Thema strafrechtlicher Monographien. Zur Einarbeitung in die zahlreichen Probleme geeignet ist insbes. *Frisch*, Prognoseentscheidung im Strafrecht, 1983; *Frisch/Vogt*, Prognoseentscheidung in der strafrechtlichen Praxis, 1994, aus dem neueren Schrifttum *Kim*, Gefährlichkeitsprognose im Maßregelrecht des StGB, Diss., 2000; *M. Schneider*, Geisteskrankheit und Gefährlichkeit, Diss., 1998; *Leygraf/Nowara*, Prognosegutachten. Beurteilungsmöglichkeiten der Kriminalprognose, in: Forensia-Jahrbuch, Bd. 3, 1992, S. 45ff.

313 *RGSt* 73, 44ff.; 73, 177, 179; *RG* HRR 1937, Nr. 604; 1939 Nr. 532; *BGHSt* 7, 55; 10, 353; *BGH* JZ 1951, 695; *OLG Oldenburg* NJW 1958, 1200.

314 *BGH* MDR 1975, 724; *BGH* GA 1976, 221; vgl. LK-*Hanack* § 63 Rn. 64 m.w.N. Seitdem bemühen sich Wissenschaft und Rechtsprechung um ein weiteres ungelöstes Pro-

vorübergehend in einem Rausch befunden oder wenn er aufgrund eines hochgradigen Affekts gehandelt hat, der zwar die Schuldunfähigkeit verursacht hat, aber eine darüber hinausgehende Störung nicht darstellt. Anders verhält es sich, wenn der Affekt selbst auf einem krankhaften Dauerzustand beruht.[315]

Der Beschuldigte ist infolge seines Zustandes gefährlich, wenn zwischen krankhaftem Zustand und Schuldunfähigkeit sowie zwischen krankhaftem Zustand und Gefährlichkeit Kausalität besteht. Der krankhafte Zustand des Beschuldigten muß auf demselben Umstand beruhen, auf den auch die das Verfahren veranlassende Tat zurückzuführen ist,[316] weil diese sonst als reine Anlaßtat[317] in sachfremder Weise zum bloßen Auslöser für die Maßregel wegen einer Störung werden könnte, die strafrechtlich nicht relevant geworden ist.[318] Daher scheidet z.B. eine Unterbringung aus, wenn die im Zustand der Schuldunfähigkeit begangene Straftat nicht auf dem krankhaften Zustand, sondern allein auf dem Blutalkoholgehalt des im übrigen nicht alkoholüberempfindlichen Beschuldigten beruht.[319]

Die künftige Gefährlichkeit des Beschuldigten ist (wie im materiellen Recht) an die Erwartung weiterer Taten geknüpft. Für diese Erwartung genügt nach allgemeiner Ansicht die bloße Möglichkeit künftiger Taten nicht.[320] Vielmehr war schon unter der Herrschaft des § 42b StGB anerkannt, daß die Rechtsordnung „durch die bestimmte Wahrscheinlichkeit künftiger gegen sie gerichteter Handlungen unmittelbar bedroht“ werden muß.[321] Die nur latente Gefahr kann danach grundsätzlich nicht genügen.[322] Die Beurteilung ist in starkem Maße Tatfrage.

Die Erwartung muß auf rechtswidrige Taten bezogen sein. Der Begriff der rechtswidrigen Tat kann dabei nur nach den gleichen Anforderungen interpretiert

---

blem des Maßregelrechts, nämlich um die Definition des Begriffs sowie die Frage nach der Abgrenzung eines „Krankheitswerts“ als Gegensatz zum „bloßen Charaktermangel“, vgl. die Nachw. bei LK-*Hanack* § 63 Rn. 63ff.

315 Vgl. LK-*Lang-Hinrichsen* (9) § 42b Rn. 2; *Kohlrausch-Lange* § 42b Anm. A.II.1.

316 So auch *Tröndle/Fischer* § 63 Rn. 9; SK-*Horn* § 63 StGB Rn. 16: „gleiche Defektquelle“; Sch/Sch/*Stree* § 63 Rn. 17.

317 Zum Begriff s. S. 28ff.

318 Allg. Meinung, vgl. etwa SK-*Horn* § 63 StGB Rn. 16; LK-*Hanack* § 63 Rn. 61.

319 So auch *BGH* MDR 1975, 724 zu einem ähnlichen Fall, bei dem die Straftat im Zustand verminderter Schuldfähigkeit begangen wurde.

320 LK-*Hanack* § 63 Rn. 42, Vor § 61 Rn. 45f.; *Tröndle/Fischer* § 63 Rn. 9 m. zahlr. Nachw.

321 So schon *RGSt* 68, 149, 155; vgl. weiter *BGH* NJW 1951, 724f.; *OLG Hamm* JMBlNRW 1951, 80; *OLG Koblenz* OLGSt § 42b, S. 5; sachlich übereinstimmend *Tröndle/Fischer* § 63 Rn. 9; *Lackner/Kühl* § 63 Rn. 5; Sch/Sch/*Stree* § 63 Rn. 14; *Schröder* JZ 1970, 92f.; LK-*Hanack* § 63 Rn. 42.

322 *BGH* NJW 1952, 836f.

werden, wie bei der das Verfahren auslösenden Tat. Dies gilt vor allem für krankheitsbedingte Irrtümer.[323]

Im Gegensatz zum materiellen Recht (§§ 63, 64, 70 StGB) sieht Ziffer 2 nicht vor, daß sich die künftige Gefährlichkeit auf *erhebliche* Taten beziehen muß, weil es sich dabei um ein Problem der Erforderlichkeit der Maßregelanordnung handelt, das im Rahmen von Ziffer 4 zu behandeln ist. Für die Erforderlichkeit der Maßregelanordnung maßgebend ist, ob die zu erwartenden Taten den Rechtsfrieden so ernstlich und gravierend bedrohen, daß dem unverantwortlich handelnden Täter in Anbetracht der von ihm ausgehenden Störungen ein „Sonderopfer“ (die Maßregelung zu erdulden) auferlegt werden kann. Dies kann nicht nur bei Delikten aus dem Bereich der mittleren Kriminalität der Fall sein, sondern auch bei an sich unerheblichen, dem Bereich der Kleinkriminalität zuzuordnenden Delikten, etwa bei schweren Beleidigungen oder häufigen Kleindiebstählen.[324] Der Entwurf verzichtet daher auf die Unterscheidung zwischen erheblichen und unerheblichen Taten[325] und behandelt die dort sonst auftretenden Fragen im Rahmen der Ziffer 4.

Wann der Beschuldigte für die Allgemeinheit gefährlich erscheint, ist umstritten. Dies ist sicher der Fall, wenn er für eine Vielzahl von Personen, für einen begrenzten Personenkreis oder für eine unbestimmte Einzelperson gefährlich erscheint. Umstritten ist dagegen, ob Gemeingefährlichkeit auch bei Bedrohung nur einer bestimmten Einzelperson oder eines einzelnen, konkreten Rechtsgutes anzunehmen ist.[326] Die wohl überwiegende Meinung verneint eine Gemeingefährdung nur, wenn ausschließlich Selbstgefährdungen drohen.

Nach **Ziffer 3** setzt die Erwartbarkeit der selbständigen Maßregelanordnung desweiteren voraus, daß die infolge der Gefährlichkeit des Beschuldigten zu erwartenden Taten ihrer Art nach der das Verfahren veranlassenden Tat entsprechen. Für die Feststellung der Gefährlichkeit des Beschuldigten bedeutet das, die

---

323 Siehe S. 138f.

324 Zu demgegenüber lediglich lästigen Taten LK-*Hanack* § 63 Rn. 51ff.

325 Die Berechtigung einer solchen Unterscheidung muß im Hinblick auf die gesetzliche Strafandrohung schon grundsätzlich bezweifelt werden, so auch LK-*Hanack* § 63 Rn. 55. Zudem ließe sich der Erheblichkeitsbegriff auch nicht für alle Maßregeln nach den gleichen Grundsätzen interpretieren, da ihn das Gesetz auf verschiedene Formen der Gefährlichkeit bezieht und die einzelnen Maßregeln unbeschadet des Umstandes, daß sie alle vornehmlich dem Sicherungsbedürfnis der Allgemeinheit Rechnung tragen, im einzelnen etwas unterschiedlich akzentuiert; siehe auch *Lang-Hinrichsen*, Probleme der Sicherungsverwahrung - Zum Begriff der erheblichen Straftat, in: *Maurach*-FS, S. 31ff.

326 Im einzelnen LK-*Hanack* § 63 Rn. 58ff.

(nach Ziffer 2) zu prognostizierende Gefährlichkeit muß derjenigen entsprechen, die sich in der begangenen Tat (Ziffer 1) realisiert hat. Damit kann de lege ferenda nur eine Symptomtat[327] das Sicherungsverfahren veranlassen. Da die Notwendigkeit einer Symptomtat bislang materiell-rechtlich nur für die Anordnung des Berufsverbots (§ 70 StGB) anerkannt wird,[328] stellt der Entwurf damit schärfere Anforderungen an die Zulässigkeit des Sicherungsverfahrens, als die jahrzehntelang gefestigte und in entgegengesetzter Richtung ausgebaute obergerichtliche Rechtsprechung. Diese verneint das Erfordernis einer Symptomtat für die §§ 63, 64 und 69 StGB und damit auch für die Einleitung des Sicherungsverfahrens mit Vehemenz und schließt aus der Formulierung des materiellen Rechts („wenn von ihm *infolge seines Zustandes* weitere Taten zu erwarten sind"), daß zwar eine eindeutige Bewertung dieses Zustandes erforderlich sei, daß aber die die Maßregel auslösende Tat selbst nur insoweit für die künftige Gefährlichkeit des Täters symptomatisch zu sein brauche, wie sie Ausfluß eines Zustandes sei, der als solcher künftige Taten erwarten läßt.[329] Die Verknüpfung zwischen auslösender und zu erwartender Tat würde durch den *Zustand* hergestellt, der die Tat ausgelöst hat und als dessen Folgewirkung sich die zu erwartende Tat darstellt. Gleichartig müßten diese Taten nicht sein.[330]

Die dem widersprechende Regelung des Entwurfs beruht auf den bereits dargelegten Erwägungen:[331] Nach dem Legalitätsprinzip muß das Sicherungsverfahren tatbezogen sein, weil andernfalls keine strafgerichtliche Zuständigkeit für das an sich dem landesrechtlichen Gefahrenabwehrrecht zuzuordnende Verfahren bestünde. Aus demselben Grund muß auch die Gefährlichkeitsprognose straftatbezogen sein und zwar hinsichtlich der begangenen und der zu erwartenden Tat. Die Gefährlichkeit des Beschuldigten muß auf derselben „Defektquelle" beruhen, auf die auch die begangene Tat zurückzuführen ist, weil diese sonst zum bloßen Anlaß der Maßregelanordnung wegen eines Defekts werden könnte, der strafrechtlich nicht relevant geworden ist. Für den Zusammenhang zwischen

---

327 Zum Begriff siehe S. 28ff.

328 Vgl. S. 41f.

329 So schon *BGHSt* 5, 143ff. im Anschluß an *RGSt* 69, 242ff.; *BGHSt* 20, 232ff.; 24, 98ff.; 24, 134, 136; 27, 246, 248; *BGH* NJW 1954, 1734; 1971, 1849f.; MDR 1972, 196; 1976, 767f.; StV 84, 508; Anm. *Koffka* JR 1971, 424; *Frisch*, S. 376ff.; *Roxin*, Strafverfahrensrecht, § 64 Rn. 5; LK- *Hanack* § 63 Rn. 77ff.; *Tröndle/Fischer* § 63 Rn. 9; SK-*Horn* § 63 StGB Rn. 16; Sch/Sch/*Stree* § 63 Rn. 18; KMR-*Paulus* § 413 Rn. 14; AK-*Keller* § 413 Rn. 10; LR-*Gössel* § 413 Rn. 19; KK-*Fischer* § 413 Rn. 11; *Pfeiffer* § 413 Rn. 3.

330 *BGH* NStZ 1991, 528; NJW 1998, 2986.

331 S. 46ff. Am Rande sei auch auf den positiven Nebeneffekt hingewiesen, den das Erfordernis einer Symptomtat als verfahrensveranlassende Tat insofern hat, als die Würdigung ihres konkretisierten Indizwertes Prognoseschwierigkeiten im Rahmen der Gefährlichkeitsbeurteilung abmildert.

begangener Tat und künftiger Gefährlichkeit reicht es daher nicht aus, wenn in der Tat ein für die Gefährlichkeit kausaler, krankhafter Zustand des Täter bloß erkennbar wird. Denn wenn sich die Notwendigkeit der selbständigen Maßregelanordnung nicht aus der Tat ergäbe, würde allein der krankhafte Zustand des Täters (denn nur dieser kommt als Defektquelle in Betracht) zum Anknüpfungspunkt der strafrechtlichen Sanktion gemacht. Dies wäre wegen des Legalitätsprinzips unzulässig. Die Eingriffsbefugnis läge daher in diesem Fall ausschließlich im Zuständigkeitsbereich der zur Gefahrenabwehr berufenen Landesbehörde.

Auf der Grundlage des hier vertretenen streng tatbezogenen Sicherungsverfahrens ist die Frage der Konkurrenz von landesrechtlichem und strafrechtlichem Maßregelverfahren wie folgt zu beurteilen:
Sind wegen der Möglichkeit der Enstehung eines strafrechtlichen Sicherungsanspruchs ausnahmsweise auch die Strafgerichte zur Gefahrenabwehr berufen, so sind diese gegenüber der nach Landesrecht zuständigen Stelle[332] speziell, d.h. vorrangig zuständig für die Anordnung von Maßregeln, die zur Abwehr einer in der Tat zum Ausdruck gekommenen künftigen Gefährlichkeit des Beschuldigten erforderlich ist.[333] Die nach Landesrecht zuständige Stelle darf deshalb weder ein Verfahren zur Abwehr der sich aus der Tat ergebenden Gefährlichkeit des Beschuldigten, noch ein Verfahren zur Erforschung anderer von dem Beschuldigten ausgehender Gefahren aus Anlaß der begangenen Tat einleiten, solange eine Entscheidung der Strafverfolgungsbehörden über den Sicherungsanspruch nicht getroffen wurde.[334] Der Begriff der Entscheidung ist in diesem Zusammenhang weit zu verstehen. Er umfaßt nicht nur das verfahrensabschließende Sicherungsurteil des Gerichts (§ 29) sondern auch die Entschließung der Staatsanwaltschaft, das Ermittlungsverfahren wegen Vernehmungsunfähigkeit des Beschuldigten (§ 2 Abs. 1 S. 2) oder mangels Vorliegens der Voraussetzungen des § 6 Abs. 1 endgültig einzustellen (6 Abs. 3), sowie die Verwerfung bzw. Zu-

---

332 Wegen Art. 104 II GG können die freiheitsentziehenden Maßregeln auch hier nur durch richterliche Entscheidung angeordnet werden, wobei in Ermangelung einer landesrechtlichen Vorschrift streitig ist, ob der Zivilrichter im Verfahren der Freiwilligen Gerichtsbarkeit oder die Verwaltungsgerichte zuständig ist. In den Landesgesetzen ist entsprechend § 70 I Nr. 3 FGG dem Richter der freiwilligen Gerichtsbarkeit die Entscheidung übertragen. Zur unterschiedlichen Regelung der landesgesetzlichen Unterbringungsverfahren vgl. *Baumann*, Unterbringungsrecht; *Saage/Göppinger*, a.a.O.; *Volckart*, a.a.O.; *Kullmann*, Entziehung der Freiheit von Geisteskranken und Suchtkranken, 1971

333 A.A. *Peters*, Strafprozeß, S. 569, der das Sicherungsverfahren für grundsätzlich subsidiär hält.

334 Eine entsprechende Regelung enthielt § 4 II StVG für die Fahrerlaubnisentziehung nach § 15b StVZO, s. Fn. 104, 106.

rückweisung des Sicherungsantrags nach § 10 Abs. 1, § 13 Abs. 2 und § 20 Abs. 4, denn in all diesen Fällen wird eine Entscheidung über Verfolgbarkeit und Durchsetzbarkeit des Sicherungsanspruchs getroffen. Erst wenn die Strafverfolgungsbehörden von dessen Durchsetzung absehen, wird die landesrechtliche Zuständigkeit relevant und zur Alleinzuständigkeit.

Demnach ist wie folgt zu differenzieren:

Ist das Sicherungsverfahren eingeleitet, ist ein landesrechtliches Maßregelverfahren anläßlich der das Sicherungsverfahren veranlassenden Symptomtat oder zur Abwehr der sich aus dieser Tat ergebenden Gefährlichkeit bis zur Entscheidung über den Sicherungsanspruch unstatthaft. Wird die Maßregel angeordnet, steht dies der Erforderlichkeit eines landesrechtlichen Verfahren aus Anlaß der Symptomtat oder zur Abwehr der sich aus ihr ergebenden Gefährlichkeit entgegen.[335] Ein Nebeneinander beider Verfahrensarten im Sinne jeweils unabhängiger Durchführbarkeit besteht nicht.[336]

Wurde das *landesrechtliche Verfahren* vor einer Entscheidung der Strafverfolgungsorgane *eingeleitet*, steht die Einleitung des Sicherungsverfahrens der Durchführung des landesrechtlichen Verfahrens entgegen. Es muß ausgesetzt werden oder ruhen, bis eine Entscheidung im Sicherungsverfahren ergeht. Wird dem Sicherungsantrag stattgegeben, ist ein landesrechtliches Verfahren anläßlich derselben Tat oder hinsichtlich der im Sicherungsverfahren prognostizierten Gefährlichkeit mit der Rechtskraft der strafrechtlichen Anordnung in der Hauptsache erledigt,[337] seine Durchführung nicht mehr erforderlich.

Wurde das *landesrechtliche Verfahren* vor der Entschließung der Staatsanwaltschaft *rechtskräftig abgeschlossen*, ist zu unterscheiden: Während sich die landesrechtliche Ablehnung der Maßregelanordnung (ebenso wie die noch nicht rechtskräftige Maßregelanordnung) auf die Zulässigkeit des Sicherungsverfah-

---

335 So auch *OLG Stuttgart* Justiz 1975, 313f. für rechtskräftige Anordnungen; *Saage-Göppinger*, Teil III, Rn. 194; *Wenz*, S. 158ff.; *Böning* SchlHA 1960, 161; *Schmidt-Futterer* MDR 1967, 357; a.A: *BayObLGZ* 1956, 109 sogar für den Fall einer rechtskräftigen Anordnung nach § 64 StGB bzw. nach § 42c StGB. Zum Teil ist die Subsidiarität der landesrechtlichen Unterbringung jedoch ausdrücklich vorgesehen, vgl. Art. 1 Abs. 9 Unterbringungsgesetz Bayern; § 8 Abs. 2 PsychKG Berlin. Nach LK-*Hanack* § 63 Rn. 117, *Saage-Göppinger*, aaO und *Wenz*, aaO, soll eine subsidiäre Zuständigkeit bestehen, solange die strafrechtliche Unterbringungsanordnung noch nicht rechtskräftig ist oder lediglich auf § 126a StPO beruht.

336 A.A. wohl KK-*Fischer* § 413 Rn. 15; *Roxin*, Strafverfahrensrecht, § 64 Rn. 4; LR- *Gössel* § 413 Rn. 21 a.E.; LK-*Hanack* § 63 Rn. 113 m.w.N.; ähnlich *Baumann*, Unterbringungsrecht, S. 45ff.; *ders.*, in *Göppinger-Witter*, S. 360: die Regelung der strafgerichtlichen Unterbringung sei die wegen Art. 31 GG speziellere, die Anwendung der landesrechtlichen Unterbringung daher bei Vorliegen einer rechtswidrigen Tat ausgeschlossen; vgl. auch *Wenz*, S. 56ff.

337 *Saage-Göppinger*, Teil III, Rn. 571 m.w.N.

rens nicht auswirkt, ist deren rechtskräftige Anordnung im Rahmen der Erforderlichkeitsprüfung nach § 6 Abs. 1 Ziff. 4 zu berücksichtigen. Wurde eine nichtfreiheitsentziehende Maßregel (Fahrerlaubnisentziehung; Berufs- oder Gewerbeverbot) angeordnet, wird ein Sicherungsverfahren in der Regel wegen Zweckerreichung nicht erforderlich sein.

Ob dies auch für die landesrechtlich erfolgte Unterbringung gilt, ist umstritten:[338] Nach früherer Rechtsprechung machte die landesrechtliche Unterbringungsanordnung ein Sicherungsverfahren im allgemeinen entbehrlich, weil sie die Allgemeinheit in gleicher Weise sichere, wie die strafrichterliche Unterbringungsanordnung und dieser insoweit gleichwertig sei.[339] Ein Bedürfnis für die strafrechtliche Maßregelanordnung wurde nur angenommen, wenn das Landesrecht sich gegenüber bundesrechtlichen Unterbringungsmöglichkeiten Subsidiarität beilegte oder die Entscheidung über den Widerruf, eine vorläufige Entlassung oder längere Beurlaubung nicht dem Richter vorbehalten sondern dem Anstaltsleiter übertragen hatte.[340] Inzwischen vertritt der *BGH* die Auffassung, daß schon jede in weiterem Umfang als nach Bundesrecht zulässige Entlassung und jede landesgesetzlich vorgesehene Möglichkeit einer Beurlaubung die Gleichwertigkeit ausschließe.[341] Diese Ansicht ist von der überwiegenden Literatur übernommen worden,[342] so daß eine nach landesrechtlichen Vorschriften erfolgte Unterbringung nach herrschender Meinung der Anordnung einer Maßregel im Sicherungsverfahren grundsätzlich nicht entgegensteht.

Mit Recht weisen die Gegner dieser Ansicht[343] auf die Einseitigkeit der vom *BGH* angeführten Argumentation hin, die nicht berücksichtigt, daß bei der Unterbringungsentscheidung über das Sicherungsinteresse der Allgemeinheit hinaus auch das prinzipiell gleichrangige Interesse des Einzelnen an seiner Freiheit, der Wahrung sozialer Bindungen und der Vermeidung von Belastungen zu be-

---

338 Eingehend LK-*Hanack* § 63 Rn. 101ff.

339 So *BGHSt* 12, 50ff.; 17, 123ff.

340 LR-*Gössel* § 413 Rn. 22f. m.w.N.

341 *BGHSt* 24, 98, 102; *BGH* NJW 1971, 1092; krit dazu *Hanack* JZ 1974, 57.

342 *Kleinknecht/Meyer-Goßner* § 413 Rn. 10; LR-*Gössel* § 413 Rn. 22; *Schlüchter*, Rn. 797; *Bockelmann*, AT, § 41 A III und noch LK-*Lang-Hinrichsen* (9) § 42b Rn. 54; krit.: *Hanack* JZ 1974, 57; *Roxin*, Strafverfahrensrecht, § 64 Rn. 4.

343 AK-*Keller* § 413 Rn. 13; LK-*Hanack* § 63 Rn. 108 m.w.N., der die Vorstellung, die Unterbringungsgesetze, die es ebenso wie das Strafrecht mit Personen höchsten Gefährlichkeitsgrades zu tun haben, böten nach ihrer Ausgestaltung geringeren Schutz als dieses, als lebensfremd kritisiert. Außerdem weist *Hanack* darauf hin, daß der *BGH* die Tatsache unberücksichtigt läßt, daß eine Beurlaubung durch den Anstaltsleiter eine Zeit lang auch bei der strafrechtlichen Unterbringung als statthaft erachtet wurde (vgl. *OLG Frankfurt* NJW 1957, 1684 im Gegensatz zu *BGHSt* 19, 348f.) und daß sie über § 138 I StVollzG auch heute ohne weiteres landesrechtlich zugelassen werden kann; krit. auch Anm. *Koffka* JR 1971, 427.

rücksichtigen ist, die ein strafrechtliches Verfahren mit sich bringt. Daher muß jeweils für den Einzelfall und im Hinblick auf alle involvierten Interessen festgestellt werden, welche Form des Verfahrens angemessen ist. Die Notwendigkeit einer Einzelfallprüfung macht aber deutlich, daß dem *BGH* im Ergebnis recht zu geben ist und die landesrechtliche Unterbringungsanordnung die Erforderlichkeit des Sicherungsverfahrens wegen derselben Tat oder derselben Gefährlichkeit tatsächlich nicht von vornherein ausschließt. Vielmehr besteht auch in diesem Fall die rechtliche Vorrangigkeit des Sicherungsverfahrens fort, die durch den schnellen Zugriff der Landesbehörden nicht faktisch ausgehöhlt werden darf, weil dem Beschuldigten aus diese Weise die rechtsstaatlichen Garantien des Sicherungsverfahrens entzogen würden.[344]
Ist also anläßlich der Symptomtat oder wegen der in ihr zum Ausdruck gekommenen Gefährlichkeit eine nach § 71 StGB selbständige Maßregel nach Landesrecht rechtskräftig angeordnet worden, macht diese das Sicherungsverfahren nicht unzulässig. Die Staatsanwaltschaft muß die landesrechtliche Entscheidung jedoch im Rahmen der Erforderlichkeitsprüfung des § 6 Abs. 1 Ziff. 4 bei der Entschließung über die Stellung des Sicherungsantrages besonders berücksichtigen. Wird das Sicherungsverfahren eingeleitet und eine entsprechende Maßregel angeordnet, endet damit eine nach Landesrecht angeordnete Unterbringung.[345]

Für die Entschließung der Staatsanwaltschaft ist nach **Ziffer 4** schließlich maßgebend, ob die Maßregelanordnung im Sicherungsverfahren zur Erreichung ihres Zwecks, d.h. zum Schutz der Allgemeinheit vor weiteren Straftaten des Beschuldigten erforderlich ist,[346] was eine Abwägung zwischen dem verfolgten und dem betroffenen Interesse notwendig macht. Bei dieser Abwägung verlangt der Verhältnismäßigkeitsgrundsatz besondere Beachtung.[347] Bei der Frage, ob die Durchführung des Sicherungsverfahrens notwendig ist, muß die Staatsan-

---

344 Diese Auffassung entspricht § 11 Abs. 3 NRW-Gesetz über Hilfen und Schutzmaßnahmen bei psychischen Krankheiten von 1969 und § 9 Abs. 3 Entwurf für ein neues Landesunterbringungsgesetz NRW vom 26.02.1975 (LT-Drucks. 8 / 573). Nach dem NRW-Gesetz ist bei einer Unterbringung nach § 63 StGB die landesrechtliche Unterbringung aufzuheben.

345 So auch KK-*Fischer* § 413 Rn. 15; LR-*Gössel* § 413 Rn. 22; gleiches gilt, wenn die gem. § 67b StGB ausgesprochene Vollstreckungsaussetzung widerrufen wird, *OLG Stuttgart* Justiz 1975, 313f.

346 Ebenso zu § 413 StPO *BGH* NJW 1971, 1092; zust. KMR-*Paulus* § 413 Rn. 4; *Kleinknecht/Meyer-Goßner* § 413 Rn. 10; einschränkend *Peters*, Strafprozeß, S. 569ff.

347 Zur Bedeutung und Reichweite des Verhältnismäßigkeitsgrundsatzes *Jong-Dae*, Der Grundsatz der Verhältnismäßigkeit im Maßregelrecht des StGB, 1985; *Hirschberg*, Der Grundsatz der Verhältnismäßigkeit, Habil., 1981; *Pätzold*, Die Eingriffsvoraussetzungen bei freiheitsentziehenden Maßregeln unter besonderer Berücksichtigung des Prinzips der Verhältnismäßigkeit, Diss., 1975.

waltschaft zunächst prüfen, ob der Zweck der Maßregel auf anderem Wege bereits erreicht worden ist (z.B. durch Anordnung im landesrechtlichen Verfahren) oder ob er auf weniger einschneidende Weise erreicht werden kann.[348] Als den Beschuldigten weniger belastende strafrechtliche Maßnahme kommt die Aussetzung der Unterbringung zugleich mit der Maßregelanordnung (§ 67b StGB) in Betracht und als mildere, nicht strafrechtliche Maßnahmen die landesrechtliche Unterbringung und die verwaltungsrechtlichen Verfahren zur Entziehung der Fahrerlaubnis bzw. des Berufs- und Gewerbeverbots.
Insbesondere vor der Unterbringung nach §§ 63, 64 StGB muß stets genau erwogen werden, ob nicht ein Einschreiten durch den aufgrund der landesrechtlichen Unterbringungsgesetze berufenen Richter oder die vormundschaftsgerichtlich genehmigte Unterbringung einem Sicherungsantrag vorzuziehen ist, während die freiwillige Unterbringung eines Schuldunfähigen durch den gesetzlichen Vertreter in einer geschlossenene Anstalt die Erforderlichkeit des Sicherungsverfahren nicht beeinflußt, da jederzeit mit einer Entlassung auf dessen Verlangen gerechnet werden muß.[349]
Da Ziffer 4 ausdrücklich vorschreibt, daß die Schwere der begangenen und der zu erwartenden Straftaten zu berücksichtigen ist, kann es für die Frage der Erforderlichkeit der Maßregelanordnung erheblich sein, wenn die das Verfahren veranlassende Symptomtat von nur geringer Bedeutung ist. Für die Unterbringung ist schon lange umstritten, ob sie überhaupt strafrechtlich erfolgen kann, wenn dem Verfahren eine nur geringfügige Tat zugrunde liegt. Nach überwiegender Ansicht[350] soll dies nicht von vornherein ausgeschlossen sein; im Hinblick auf § 62 StGB bestünden keine durch den Grundsatz der Verhältnismäßigkeit ausgelösten Beschränkungen des Sicherungsverfahrens mit der Folge, daß nur eine Unterbringung nach Landesrecht in Betracht komme.[351] Dem ist zuzustimmen, denn nach dem insoweit eindeutigen Willen des Gesetzgebers sollte für die Erforderlichkeitsfrage zu keiner Zeit allein auf das Verhältnis der Maßregel

---

348 So auch zum geltenden Recht KK-*Fischer* § 413 Rn. 15; LR-*Gössel* § 413 Rn. 21f.; mißverständlich KMR-*Paulus* § 413 Rn. 4.

349 *BGHSt* 24, 134ff.; vgl. im Einzelnen LK-*Hanack* § 63 Rn. 84ff.

350 *BGHSt* 24, 134ff.; *BGH* JR 1977, 169 m. Anm. *Hanack*; *ders.*, in LK § 63 Rn. 77ff.; *BGH* NStZ 1986, 237; a.A. *Volckart*, S. 6ff., 9, der eine geringfügige Anlaßtat nicht genügen lassen will und zur Begründung auf das von *Venzlaff/Schreiber*, Der Maßregelvollzug - Ein Stiefkind der Strafrechtsreform? in: *M. Bergener* (Hrsg.), Psychiatrie und Rechtsstaat, 1981, berichtete Beispiel des nicht vorbestraften, debilen Mittäters zurückgreift, der zu einem Einbruch mitgenommen worden war und Schmiere gestanden hatte, wofür er über 9 Jahre im psychiatrischen Krankenhaus festgehalten wurde, während die (vielleicht viel gefährlicheren, aber gesunden) Haupttäter ihre Freiheitsstrafen schon Jahre vorher verbüßt hatten, was einen krassen Verstoßes gegen den Verhältnißmäßigkeitsgrundsatz offenbare.

351 So *BGHSt* 24, 134, 135.

zu der das Verfahren veranlassenden Anknüpfungstat abgestellt werden. Vielmehr wurde schon für §§ 42a, 42b StGB eine Gesamtwürdigung aller dort bezeichneten Elemente gefordert, die *insgesamt* zur Schwere des mit der Maßregel verbundenen Eingriffs ins Verhältnis zu setzen waren.[352] In diesem Sinne hat der *BGH* schon vor dem Inkrafttreten des § 42a *Absatz 2* StGB, der eine Gesamtwürdigung aller Umstände vorsah, entschieden.[353] Der 5. Strafsenat hat dann allerdings später die Zulässigkeit der Unterbringung allein danach beurteilt, ob die Maßregel zu den begangenen Taten in einem angemessenen Verhältnis steht und die Unterbringung wegen bloßer Übertretungen abgelehnt.[354] Dieser Auffassung wurde mit der Einführung des § 42a Abs. 2 StGB, der inhaltlich ins geltende Recht übernommen wurde, der Boden entzogen.

Für die Zulässigkeit der strafrechtlichen Unterbringung kommt es mithin nicht allein auf die Schwere der Anknüpfungstat an; vielmehr kann sie auch wegen einer an sich geringfügigen Tat im Sicherungsverfahren angeordnet werden.

Wegen § 6 Absatz 1 Ziffer 3 besteht jedoch kein Anlaß zu der Befürchtung, daß damit de lege ferenda ein, an der Anknüpfungstat gemessen, unverhältnismäßiges Verfahren zulässig würde: Diese Gefahr besteht nur, wenn (wie es die derzeitige Rechtsauffassung vertritt) die Einleitung des Sicherungsverfahrens schon wegen einer geringfügigen symptomatischen Anlaßtat zulässig ist, das Gericht die Gefährlichkeitsprognose also auf andere, nicht-tatbezogene Umstände stützen und die Maßregel wegen einer Gefahr anordnen darf, die sich in der Anknüpfungstat nicht realisiert hat. Nach dem vorliegenden Entwurf ist dies nicht möglich. Zwar ist das Sicherungsverfahren auch hier wegen einer nur geringfügigen Tat zulässig. Da aber eine Symptomtat erforderlich ist, muß die Gefährlichkeitsprognose sich auch aus dieser Tat ergeben und die drohende Gefahr selbst muß so erheblich sein, daß sie die strafrechtliche Maßregelanordnung erfordert (vgl. §§ 6 Abs. 1 Ziff. 2, 26 Abs. 5 S. 1). Deshalb kommt bei der Erforderlichkeitsprüfung nicht nur der Schwere sondern auch der Art der in Zukunft zu erwartenden Taten besonderes Gewicht zu. Das Tatgericht muß bei einer geringfügigen Symptomtat nicht nur besonders sorgfältig prüfen, ob diese konkrete Hinweise auf die erforderliche Gefährlichkeitsprognose liefert,[355] sondern das Gericht darf *nur wenn dies der Fall ist*, neben den tatbezogenen Umständen weitere Umstände berücksichtigen, deren Gesamtwürdigung eine Allgemeingefahr erkennen lassen muß, die nur mit strafrechtlichen Mitteln sicher abgewendet werden kann. Letzteres ergibt sich für die Sicherungshauptverhandlung aus § 26 Abs. 5, für das Ermittlungsverfahren aus dem 2. Halbsatz der Ziff. 4 („ins-

---

352 Vgl. *Dreher* (32) § 42a Anm. 2; Erster Schriftlicher Bericht des Sonderausschusses für die Strafrechtsreform, BT-Drucks. V/4094, S. 17.

353 *BGHSt* 5, 140.

354 *BGHSt* 20, 232f.

355 In der Tendenz ebenso *BGH* NStZ 1986, 237.

besondere, weil mildere Maßnahmen einen genügenden Schutz für die Allgemeinheit nicht bieten“), der das Subsidiaritätsprinzip,[356] d.h., die Pflicht normiert, die Belastung des Maßregelbetroffenen mit einer strafrechtlichen Maßregel zu unterlassen, wenn weniger einschneidende Vorkehrungen ausreichenden Schutz bieten.

Das Subsidiaritätsprinzip war für § 42b StGB in Rechtsprechung und Lehre allgemein anerkannt. Es wurde meist aus dem Prinzip der Erforderlichkeit abgeleitet. Es folgt aber auch aus dem verfassungsrechtlichen Gesichtspunkt des Übermaßverbots, das wegen der besonderen Rechtsnatur der Maßregeln die Beschränkung des Eingriffs auf das zur Zweckerreichung Unerläßliche fordert. Bis zum 2. StrRG war das Subsidiaritätprinzip nach einhelliger Meinung bereits bei der Maßregel*anordnung* zu berücksichtigen. Das Gericht hatte unter Anlegung strenger Anforderungen an die Zuverlässigkeit des milderen Mittels stets zu prüfen, ob der Zweck der Maßregel durch andere, weniger einschneidende Maßnahmen erreicht werden konnte und gegebenenfalls die Maßregelanordnung abzulehnen. Begründet wurde dies mit der Staathaftigkeit der Anordnung, die nach altem Recht gegeben war, wenn die öffentliche Sicherheit sie „erforderte“. Demgegenüber wollte der E 1962 das Subsidiaritätsprinzip nicht mehr bei der Anordnung sondern nur noch bei der Entscheidung über die Vollstreckung der Maßregel beachtet wissen. Seit der entsprechenden Fassung des Gesetzes durch das 2. StrRG nimmt die herrschende Meinung deshalb an, das Subsidiaritätsprinzip gelte bei den freiheitsentziehenden[357] Maßregeln nur noch für die Frage der Vollstreckung, hingegen nicht mehr für deren Anordnung. Dem ist wegen der verfassungsrechtlichen Begründung des Subsidiaritätsprinzips, die der gesetzgeberischen Disposition entzogen ist, zu widersprechen.[358] Zwar ist zuzugestehen, daß die Anwendung des Subsidiaritätsprinzips bei Anordnung der Unterbringung im Ergebnis selten praktisch relevant sein wird, weil sich von keiner denkbaren Ersatzmaßnahme generell sagen läßt, sie schütze die Allgemeinheit so zuverlässig, daß auf strafrechtliche Kontrollmaßnahmen vollständig verzichtet werden könnte. Allein daraus folgt aber noch nicht die Erforderlichkeit der strafrechtlichen Maßregelanordnung, sondern diese ist unter Berücksichtigung aller Umstände des konkreten Einzelfalls (Persönlichkeit des Beschuldigten, Art der Störung, Bedeutung der begangenen und zu erwartenden

---

356 Eingehend LK-*Hanack* Vor § 61 Rn. 58ff. m.w.N. Das Subsidiaritätsprinzip beinhaltet in diesem Sinne aber nicht die von *Peters*, Strafprozeß, S. 569f. angenommene Vorrangigkeit des landesrechtlichen Verfahrens bei der Frage nach der *Verfahrens*konkurrenz, vgl. hierzu die vorstehende Komm. zu Ziffer 3 (S. 145ff.).

357 Bei den nicht-freiheitsentziehenden Maßregeln hat das Subsidiaritätsprinzip bisher (abgesehen von der früheren Maßregel der Entmannung nach § 42k StGB, dazu z.B. *RGSt* 68, 230; 68, 292; *RG* JW 1937, 1784) praktisch keine Rolle gespielt.

358 Im Ergebnis ebenso LK-*Hanack* Vor § 61 Rn. 61, § 63 Rn. 83 m. zahlr. Nachw.

Taten, in Betracht kommende Ersatzmaßnahmen, Zuverlässigkeit von Betreuungspersonen, Dauer der Unterbringung, Entscheidungszuständigkeit etc.) zu ermitteln.

Liegen die Voraussetzungen des Absatz 1 vor, leitet die Staatsanwaltschaft das Sicherungsverfahren durch Einreichung des Sicherungsantrags ein. Ist der Beschuldigte im wesentlichen geständig, ist dies wegen der beschleunigten Persönlichkeitsaktenvorlage (§ 7 Abs. 4 S. 2) im Vermerk über den Abschluß der Ermittlungen ausdrücklich festzuhalten.[359] Mit Anhängigkeit der Sache beim Gericht wird der Beschuldigte zum Maßregelbetroffenen,[360] **Absatz 2**.

Liegen die Voraussetzungen des Absatz 1 nicht vor, ist das Ermittlungsverfahren nach § 170 II StPO einzustellen, **Absatz 3 Satz 1 Variante 1**. Dasselbe gilt, wenn gegen einen Schuldfähigen das Strafverfahren nicht durchgeführt werden könnte, weil (mit Ausnahme des Verfahrenshindernisses der Verhandlungsunfähigkeit)[361] ein Verfahrenshindernis besteht. **Absatz 3 Satz 1 Variante 2** regelt damit erstmals die de lege lata umstrittenen Folgen, die sich für das Sicherungsverfahren ergeben, wenn bei unterstellter Schuldfähigkeit ein Strafverfahren wegen eines Verfahrenshindernisses nicht durchgeführt werden könnte:[362]
§ 413 StPO macht die Stellung des Sicherungsantrags davon abhängig, daß die Staatsanwaltschaft das Strafverfahren wegen Schuld- oder Verhandlungsunfähigkeit des Beschuldigten nicht durchführt, wobei von dem Regelfall ausgegangen wird, daß die Staatsanwaltschaft das Strafverfahren durchführen würde, wenn nicht die Schuld- oder Verhandlungsunfähigkeit dem entgegenstünde. Da aber gegen einen im Tatzeitpunkt Schuldunfähigen ein Strafverfahren von vornherein nicht in Betracht kommt, besteht Anlaß zu der Prüfung, welche Wirkungen ein dem Strafverfahren entgegenstehendes Verfahrenshindernis für das Sicherungsverfahren hat. Dem Gesetz kann nur entnommen werden, daß die Aufzählung der Voraussetzungen eines selbständigen Verfahrens insofern abschließend ist, als andere Gründe als die in §§ 71 StGB, 413 StPO genannten der Schuld- und Verhandlungsunfähigkeit ein selbständiges Verfahren nicht zulassen (sofern nicht außerhalb des Strafgesetzbuchs und der Strafprozeßordnung liegende Vorschriften Ausnahmen vorsehen). Damit ist aber nichts zu der Frage gesagt, ob einem Strafverfahren entgegenstehende Verfahrenshindernisse auch das Sicherungsverfahren hindern.

---

359 Vgl. § 7 Abs. 4 d. Entw.

360 Zur Begründung dieser Bezeichnung siehe Fn. 129.

361 Zur Begründung dieser Ausnahme siehe Komm. zu § 18 Abs. 1 d. Entw. (S. 188ff.).

362 Zum Streitstand ausführlich LR-*Gössel* § 413 Rn. 9ff.; vgl. auch § 10 Abs. 1 Nr. 1 d. Entw. zur Zurückweisung des Sicherungsantrags wegen eines Verfahrenshindernisses.

Gerade diese Uneindeutigkeit unterscheidet § 71 StGB von dem Vorschlag in § 103 E 1962. Dieser erklärte die selbständige Maßregelanordnung für zulässig „wenn das Strafverfahren undurchführbar ist." Die Begründung führt dazu aus: „Das Strafverfahren ist undurchführbar, wenn ein Verfahrenshindernis besteht, z.B. weil der Täter dauernd verhandlungsunfähig ist, weil Straffreiheit gewährt ist, ein Strafantrag, eine Ermächtigung oder ein Strafverlangen zur Durchführung fehlt oder ein Verfolgungverbot eingreift."[363] Hiernach sollte also die Undurchführbarkeit des allgemeinen Strafverfahrens wegen eines Verfolgungshindernisses Voraussetzung des Sicherungsverfahrens sein. Demgegenüber bestimmen §§ 71 StGB, 413 StPO, daß die Staatsanwaltschaft, falls sie wegen Schuld- oder Verhandlungsunfähigkeit des Beschuldigten das Strafverfahren nicht durchführt, die selbständige Anordnung beantragen kann, „wenn dies gesetzlich zulässig ist." §§ 71 StGB, 413 StPO lassen damit beim Sicherungsverfahren wegen Schuldunfähigkeit[364] offen, ob zu den gesetzlichen Zulässigkeitsvoraussetzungen auch das Fehlen von Verfahrenshindernissen gehört, die einem Strafverfahren entgegestehen würden.

Gesetzlich geklärt ist bisher nur die Bedeutung der Verjährung. Nach § 78 I StGB schließt der Eintritt der Verfolgungsverjährung auch die Anordnung von Maßregeln der Besserung und Sicherung aus. Im übrigen bedarf es einer Einzelprüfung.

Die in Literatur und Rechtsprechung inzwischen fast einhellig vertretene Meinung entspricht der hier vorgeschlagenen Bestimmung, nach der andere Hinderungsgründe für das Strafverfahren nicht bestehen dürfen. Der Gegenansicht ist vor allem entgegenzuhalten, daß sie nicht einleuchtend zu begründen vermag, warum ein strafprozessuales Verfahren zulässig sein soll, das nach seiner Überleitung ins Strafverfahren sofort eingestellt werden müßte (§ 416 StPO; § 31). Wird also die Strafverfolgungsermächtigung durch Amnestiegesetze niedergeschlagen [365] oder liegen die Voraussetzungen des strafbefreienden Rücktritts

363 BT-Drucks. VI/650, S. 233.

364 Bei einem nur mit dem Verfahrenshindernis der Verhandlungsunfähigkeit begründeten Sicherungsantrag stellt sich diese Frage nicht, denn hier hat der Täter die Tat als Schuldfähiger begangen und alle Rechtsfolgen der Tat verwirkt. Der Umstand, daß ihn seine nachträglich eintretende Verhandlungsunfähigkeit de lege lata davor bewahrt, sich im allgemeinen Strafverfahren verantworten zu müssen, kann nicht dazu führen, daß im Sicherungsverfahren Verfahrenshindernisse unberücksichtigt bleiben, die der Durchführung dieses Strafverfahrens entgegenstehen würden; so zutreffend LR-*Gössel* (24) § 413 Rn. 10.

365 *RGSt* 69, 262; *OLG Hamburg* HRR 1935, Nr. 758; a.A.: LK-*Hanack* § 71 Rn. 8. Der Streit ist jedoch i.d.R. irrelevant, da die meisten Amnestiegesetze inzwischen eine prinzipiell deklaratorische Klarstellung enthalten, nach der das Sicherungsverfahren für amnestierte Taten zugelassen wird, vgl. schon § 13 StrFrG v. 17.7.1954 (BGBl. I, 203) und zuletzt § 4 StrFrG v. 20.5.1970 (BGBl. I, 509); diff. LR-*Gössel* § 413 Rn. 12.

vom Versuch (§ 24 StGB) oder sonstige persönliche Strafausschließungs- und Strafaufhebungsgründe vor[366] oder fehlt bei einem Antragsdelikt der Strafantrag und sieht das verletzte Strafgesetz nicht vor, daß der Strafantrag durch die Annahme des besonderen öffentlichen Interesses an der Strafverfolgung ersetzt werden kann[367] oder wird ein solches Interesse nicht erklärt, so ist den Strafverfolgungsbehörden jede strafrechtliche Reaktion auf die rechtswidrige Tat und damit auch die Einleitung eines Sicherungsverfahrens verwehrt. Die Sicherung der Allgemeinheit kann in diesen Fällen nur mit außerstrafrechtlichen Mitteln erreicht werden, weshalb die Staatsanwaltschaft nach dem Entwurf auch bei der Verfahrenseinstellung nach § 6 Abs. 3 i.V.m. § 170 II StPO zur Mitteilung an die zuständigen Landesbehörden verpflichtet ist, **Absatz 3 Satz 2** i.V.m. § 4.

---

366 *BGH* NJW 1983, 1385; eingehend LK-*Hanack* § 63 Rn. 34.

367 *RGSt* 71, 218ff. und 321ff.; 73, 155ff.; *BGHSt* 31, 132, 134 = JR 1984, 25ff. m. zust. Anm. *Blau* S. 27f. unter Aufgabe von *BGHSt* 5, 140; *BGHR*, § 63 StGB Tat 3; *Peters*, Strafprozeß, S. 570; *Schlüchter*, Rn. 798.2; LK-*Hanack* § 63 Rn. 35 m.w.N.; *Kleinknecht/Meyer-Goßner* § 413 Rn. 8f.; *Roxin*, Strafverfahrensrecht, Rn. 516; eingehend LR-*Gössel* § 413 Rn. 9ff. Nach Ansicht von KMR-*Paulus* Vor § 413 Rn. 6, stehen allgemeine, d.h. nicht allein auf die konkrete Verfahrensart bezogene Prozeßhindernisse wie etwa ein fehlender Strafantrag nach § 194 StGB der Durchführung des Sicherungsverfahrens angesichts ihrer besonderen Funktion nicht grundsätzlich entgegen, jedoch müsse die Staatsanwaltschaft, soweit bei Abwägung gegenüber dem öffentlichen Sicherheitsbedürfnis tunlich, das Interesse des zum Strafantrag oder zur Strafverfolgungsermächtigung Berechtigten (z.B. den Wunsch des Beleidigten, daß die Tat nicht zum Gegenstand einer Untersuchung gemacht werde) berücksichtigen. Der Streit hat jedoch nur geringe praktische Bedeutung, weil die Staatsanwaltschaft inzwischen bei fast jedem Antragsdelikt die Möglichkeit hat, das besondere öffentliche Interesse an der Strafverfolgung zu bejahen. I.ü. besteht Einigkeit über die Unstatthaftigkeit des Sicherungsverfahrens für den Fall, daß die tatsächlichen Voraussetzungen des Prozeßhindernisses - insbes. Verfolgungsverjährung (§ 78 StGB) und fehlender Strafantrag (§§ 77ff. StGB) - zugleich materiell-rechtlich bedeuten, daß die Erfordernisse etwa der Verhältnismäßigkeit nach § 62 StGB und/oder der (noch bestehenden) Gefährlichkeit des Tatverdächtigen nicht (mehr) gegeben sind. Zum Prozeßhindernis der res judicata vgl. Komm. zu § 32 d. Entw. (S. 243ff.).

2. Abschnitt: Entscheidung über die Durchführung des Sicherungshauptverfahrens

Vorbemerkung zu §§ 7ff.:

Die §§ 7 - 15 regeln das Verfahren zur Entscheidung über die Durchführung des Sicherungshauptverfahrens, das für das allgemeine Strafverfahren in den §§ 199 bis 211 StPO geregelt ist (Eröffnungs- oder Zwischenverfahren).
Die dominante Stellung, die die Hauptverhandlung im Gesamtgefüge des Strafprozesses einnimmt, führte gerade wegen des Vertrauens, das man den Verfahrensgarantien der Hauptverhandlung im allgemeinen Strafverfahren entgegenbringt, zu einer Vernachlässigung des Eröffnungsverfahrens. Dieses hat nur eine sehr spärliche und allein auf das allgemeine Strafverfahren bezogene Regelung erfahren, die über die Verweisung in § 414 I StPO auch für das Sicherungsverfahren gilt. Infolge dieser Verweisung beanspruchen die für das Eröffnungsverfahren im allgemeinen Strafverfahren geltend gemachten Bedenken auch im Sicherungsverfahren Geltung. Umgekehrt könnte der hier für das Sicherungsverfahren entwickelte Vorschlag zur Reformierung des Eröffnungsverfahrens de lege ferenda auch für das allgemeine Strafverfahren übernommen werden. Da die Erforschung der Täterpersönlichkeit dort jedoch nicht so großen Raum einnimmt, wie es nach diesem Vorschlag im Sicherungsverfahren de lege ferenda der Fall ist, ist eine Reform des Eröffnungsverfahrens im allgemeinen Strafverfahren jedenfalls nicht dringlich geboten.[368]

Das Hauptproblem des allgemeinen strafrechtlichen Eröffnungsverfahrens stellt der durch die Verordnung vom 13.08.1942 beseitigte,[369] durch das Vereinheit-

---

368 Allerdings hat kaum ein anderer Abschnitt der StPO seit deren Inkrafttreten 1877 so fundamentale Änderungen erfahren wie die Abschnitte, die den Übergang vom Ermittlungsverfahren zum Hauptverfahren im allgemeinen Strafverfahren regeln. Da das Eröffnungsverfahren so viele Probleme enthält, daß wohl nie eine ausgewogene Lösung gelingen kann, sondern stets eine Prioritätensetzung bei einzelnen Belangen erforderlich sein wird, ist die Reform des Eröffnungsverfahrens nahezu zu einem „Dauerbrenner" der Strafprozeßdiskussion geworden.; vgl. zur Kritik und den Reformvorschlägen *Loritz*, S. 45ff, 73ff.

369 Mit der Beseitigung des Eröffnungsbeschlusses gemäß dem Erlaß Hitlers über die Vereinfachung der Rechtspflege vom 21.03.1942 (RGBl. I, 139) aufgrund von Art. 1 der 2. VereinfachungsVO über die Beseitigung des Eröffnungsbeschlusses im Strafverfahren vom 13.08.1942 (RGBl. I, 512) trat an seine Stelle die Anordnung der Hauptverhandlung durch den Vorsitzenden. Der Abschnitt erhielt eine vollständig neue Fassung.

lichungsgesetz vom 12.09.1950[370] wieder eingeführte Eröffnungsbeschluß dar. Dieser soll bekanntlich eine rechtsstaatliche Garantie dafür sein, daß es nur bei hinreichendem Tatverdacht zur Hauptverhandlung kommt, damit der Angeschuldigte nicht ohne zwingenden Grund den mit einer Hauptverhandlung verbundenen erheblichen Nachteilen ausgesetzt werde.[371] Der Nutzen des Eröffnungsbeschlusses ist seit dessen Änderung durch das StPÄG vom 19.12.1964[372] umstritten.[373] Die Hauptkritik richtet sich dabei gegen die dem Gericht eingeräumte Möglichkeit, den hinreichenden Tatverdacht zu bejahen (sog. positive Kontrollfunktion des Eröffnungsbeschlusses[374]): Da die Eröffnung des Verfahrens nur beschlossen werden kann, wenn nach dem Ergebnis des vorbereitenden Verfahrens der Angeschuldigte einer Straftat hinreichend verdächtig erscheint (§ 203 StPO), liege in der Zulassung der Anklage zur Hauptverhandlung (§ 207 I StPO) die Stellungnahme des Gerichts, daß es eine Verurteilung für wahrscheinlich erkläre.[375] Gehe aber das Gericht schon mit der

---

370 Das VereinhG (BGBl. I, 455) stellte den Eröffnungsbeschluß wieder her und gab dem Abschnitt im wesentlichen die frühere Fassung (unter Einbeziehung des beschleunigten Verfahrens, das vorher außerhalb der StPO geregelt war). Zur gesetzgeberischen Entwicklung vgl. *Loritz*, S. 11ff.

371 Nach Abschaffung der gerichtlichen Voruntersuchung durch das 1. StVRG vom 09.12.1974 kann nun vor der Anklageerhebung nicht mehr richterlich überprüft werden, ob die Staatsanwaltschaft im einzelnen ihrer Pflicht nachgekommen ist, auch die zur Entlastung dienenden Umstände zu ermitteln (§ 160 II StPO) und ob sie den „genügenden Anlaß zur Erhebung der öffentlichen Klage“ (§ 170 I StPO) zu Recht bejaht hat. Auch soweit es um Beweiserhebungen geht, die der Beschuldigte zu seiner Entlastung beantragt hat (§ 163a II; vgl. auch § 136 I S. 3 StPO), bietet die StPO dem Beschuldigten keine Möglichkeit, einen Richter anzurufen, falls der Staatsanwalt den beantragten Beweis nicht erhebt.

372 Das StPÄG 1964 ersetzte den die Tat beschreibenden Eröffnungsbeschluß durch die Zulassung der Anklage. Gegenüber dem zuvor geltenden Recht, nach dem das Gericht im Eröffnungsbeschluß den hinreichenden Tatverdacht festzustellen hatte, brachte dies jedoch nur eine optische, aber keine sachliche Änderung, denn in der Zulassung der Anklage zur Hauptverhandlung liegt in Wahrheit ebenfalls die Feststellung eines hinreichenden Tatverdachts, da der Eröffnungsbeschluß nur ergehen kann, wenn ein solcher Verdacht als gegeben erachtet wird (§ 203 StPO), so zutr. *Eb Schmidt* NJW 1963, 1081f.; *ders.* NJW 1969, 1143.

373 In der wissenschaftlichen Literatur ist die Wiedereinführung des Eröffnungsbeschlusses fast ausnahmslos kritisiert worden, vgl. KMR- Dallinger (4) Anm. 2 vor § 198; *Schwarz* (20) § 203 Anm. 1c; LR-*Kohlhaas* (20) Vor § 198 Anm. 6 m.w.N.; *Peters*, Strafprozeß (1), S. 364; ausführlich *Oetker* GS 1930 (99), 262; *Gallas* ZStW 1939 (58), 651.

374 Dieser steht die negative Kontrollfunktion gegenüber, d.h. die Befugnis des Gerichts die Eröffnung des Hauptverfahrens abzulehnen.

375 Das eine solche Stellungnahme tatsächlich erfolgen soll, kommt in der Begründung zum Entwurf des 1. StVRG, besonders deutlich zum Ausdruck: „So wird die in der Erhebung

Vermutung in die Verhandlung, daß der Angeklagte schuldig sei, so werde dadurch die Unbefangenheit seiner sachlichen Entscheidung beeinträchtigt.[376] Zumindest erzeuge der Eröffnungsbeschluß beim Angeklagten, der sich durch die gerichtliche Bescheinigung eines hinreichenden Tatverdachts bereits halb verurteilt fühle, den Anschein der gerichtlichen Voreingenommenheit.
Abgesehen davon wird kritisiert, daß der Eröffnungsbeschluß die Grenzen der Verantwortlichkeit im Verhältnis von Gericht und Staatsanwaltschaft verwische[377] und gegen das Akkusationsprinzip verstoße. Die Geltendmachung eines Tatverdachts vor der gerichtlichen Urteilsfindung sei alleinige Aufgabe der Strafverfolgungsbehörde durch die gerade jede verfrühte Festlegung des erkennenden Gerichts in seiner Urteilsfindung vermieden werden solle.[378] Zudem sei es widersprüchlich, wenn in der Hauptverhandlung der Anklagesatz verlesen werde, obwohl in Wahrheit nach wie vor der Eröffnungsbeschluß das Thema der Hauptverhandlung bestimme (§ 207 II StPO).[379] Da schließlich auch die Effektivität der Garantiefunktion des Eröffnungsbeschlusses und damit des Eröffnungsverfahrens überhaupt in Zweifel gezogen wird,[380] wird die Reduzierung

---

der öffentlichen Klage liegende Bejahung des hinreichenden Tatverdachts im gerichtlichen Eröffnungsverfahren [...] überprüft", BT-Drucks. VII/551, S. 38.

376 So schon *Eb. Schmidt*, StPO I, Anm. zu Nr. 142a; *ders.* NJW 1963, 1081f.; vgl. auch *Roesen* NJW 1959, 1861; *Schorn* JR 1959, 333; *Göbel* MDR 1962, 439; *Roxin*, Reform, 53f.; *ders.*, FS-*Schmidt-Leichner*, S. 153; *Schünemann* GA 1978, 172; *Ernst*, der sich neben dem Befangenheitsproblem auch mit einer möglichen Verletzung des Unmittelbarkeitsprinzips auseinandersetzt, S. 82ff., S. 88ff.

377 Die Grundstruktur des Strafverfahrens geht zurück auf eine ausdrückliche Entscheidung des Gesetzgebers von 1877, der den Beschuldigten mit seinen Schutz- und Verteidigungsinteressen von vornherein in die Hauptverhandlung verwiesen hat, vgl. *Fezer*, GS-*Schröder*, S. 407ff. m.w.N. Der zur Objektivität verpflichteten Staatsanwaltschaft obliegt die Erforschung des Sachverhalts im Ermittlungsverfahren in eigener Verantwortung. Die gerichtliche Kontrolle, ob dieser Verantwortung nachgekommen wurde, erfolgt nach Anklageerhebung, wobei die Überprüfung der Richtigkeit und Vollständigkeit der staatsanwaltschaftlichen Ermittlungen dann mit der endgültigen Wahrheitsfindung vor allem in der Hauptverhandlung verbunden ist.

378 *Henkel* (1), S. 364.

379 So auch AE-StPO-HV, S. 39, der wie der vorliegende Entwurf die Abschaffung der Eröffnungsbeschlusses vorschlägt.

380 Tatsächlich fällt die Beurteilung der effektiven Garantie des Eröffnungsverfahrens allenthalben recht negativ aus (eingehend *Ernst*, S. 71ff.). So heißt es, jene Garantie stehe auf dem Papier, da in 99% aller Fälle der Eröffnungsbeschluß erlassen werde (*Eb. Schmidt*, StPO I, Anm. zu Nr. 142a; StPO II, Vorbem. 4 zu § 198; *ders.* DRiZ 1959, 19), der Eröffnungsbeschluß sei in der Praxis seit jeher nicht mehr als eine wesenlose Formalität gewesen (*Henkel* (1), S. 364 im Anschluß an *Hippel* und *Nagler*) oder er sei in der Praxis der Gerichte zu einer gedankenlosen, stereotypen Schreibarbeit der Kanzlei herabgesunken (*Dahs sen.* Die politische Meinung 1960, S. 38f.; *Schorn*, zit. von *Dahs*

des Eröffnungsverfahrens auf die Mitteilung der Anklageschrift, d.h. die Abschaffung des Eröffnungsbeschlusses,[381] mindestens aber dessen Beschränkung auf die Prüfung des Vorliegens der Prozeßvoraussetzungen[382] oder auf die negative Kontrollfunktion gefordert.[383]
Den vorgebrachten Bedenken kann entgegenhalten werden, daß die (insbes. durch die Abänderungsbefugnis des Gerichts gem. § 207 II StPO) erfolgte Aufweichung des Akkusationsprinzips dem Willen des Gesetzgebers entspricht, der mit den §§ 154a, 207 II StPO die staatsanwaltschaftliche Verfahrensherrschaft durch Ausweitung und Vorverlagerung der gerichtlichen Zuständigkeit einschränken wollte. Zudem läßt sich aus der Tatsache der nahezu ausnahmslosen Zulassung der Anklagen zur Hauptverhandlung allein nicht folgern, daß der Eröffnungsbeschluß eine lediglich theoretische Kontrollfunktion besitze. Es würde ein schlechtes Licht auf die Arbeit der Staatsanwaltschaft werfen, wenn in einer größeren Anzahl von Fällen aufgrund desselben Aktenmaterials die Staatsanwaltschaft den hinreichenden Tatverdacht annehmen, das Gericht ihn aber verneinen würde. Gerade die richterliche Prüfung der Anklage im Eröffnungsverfahren zwingt die Staatsanwaltschaft zur sorgfältigen Arbeit.[384] Der Wert des Eröffnungsverfahrens beweist sich dementsprechend nicht in der Masse der gewöhnlichen, einfach gelagerten Fälle, sondern gerade in der Prüfung der schwierigen und zweifelhaften Fälle.[385]
Allerdings wird man einräumen müssen, daß die geltende Regelung nicht nur beim Angeklagten den Eindruck hervorrufen kann, das Gericht sei mit der Anklage im Bunde, sondern daß die Annahme, jeder Mensch sei zumindest nach einer einmal getroffenen Entscheidung geneigt, künftige Informationen im Sinne einer Bestätigung dieser Entscheidung zu interpretieren und umgekehrt alle diese Entscheidung nachträglich in Frage stellenden Eindrücke abzublocken oder zu verfälschen[386] als gesicherte psychologische Erkenntnis gelten darf, so daß wirklich die Möglichkeit nicht zu leugnen ist, daß das mit dem Eröffnungsbeschluß gefällte Vor-Urteil die Verhandlungsführung stärker beeinflußt, als dies

---

sen. AnwBl. 59, 185); vgl. auch die Ausführungen von *Baldus* und *Bader* in der 23. Sitzung des Rechtsausschusses des BT vom 10.05.1962 (Protokoll Nr. 23) S. 81ff., 104. A.A.: *Heinitz* JR 1961, 244.

381 *Eb. Schmidt*, FS-*Kohlrausch*, S. 312ff., 315, 316; *ders.* NJW 1969, 1143f.; *Goebel* MDR 1962, 439; vgl. *Roxin*, FS- *Schmidt-Leichner*, S. 152ff.; *ders.*, Reform, S. 61ff.; *ders.*, Strafverfahrensrecht (16), S. 217, der mindestens die Verlagerung des Eröffnungsbeschlusses auf einen eigenen Eröffnungsrichter fordert.

382 *Eb. Schmidt* NJW 1969, 1144.

383 *Peters*, Strafprozeß (3), S. 400.

384 Nach *Kohlhaas* GA 1955, 65 sei dies durch die Tatsache bewiesen, daß die Qualität der Anklageschriften in der Zeit nachließ, als der Eröffnungsbeschluß beseitigt war.

385 *Roxin*, Strafverfahrensrecht (13), S. 199; LR-*Meyer-Goßner* (23) Vor § 198 Rn. 12.

386 Vgl. hierzu eingehend *Schünemann* GA 1978, 161 m. zahlr. Nachw.

vom Standpunkt strengster Objektivität aus wünschenswert ist.[387] Für die Neuregelung des Eröffnungsverfahrens im Sicherungsverfahren kommt daher weder eine Übernahme des geltenden Rechts noch eine Rückkehr zum Rechtszustand vor dem StPÄG in Betracht, so daß drei Modelle für eine Neugestaltung verbleiben: die Wiederabschaffung des Eröffnungsbeschlusses, eine Beschränkung der Prüfung auf die Prozeßvoraussetzungen oder die Übertragung der Eröffnungszuständigkeit auf einen besonderen, vom erkennenden Gericht unabhängigen Eröffnungsrichter.[388]

Die Möglichkeit den Eröffnungsbeschluß sinnvoll zu beschränken, besteht nach richtiger Ansicht[389] nicht: Eine Beschränkung auf die Prüfung des Vorliegens der Prozeßvoraussetzungen würde diese in nicht zu rechtfertigender Weise gegenüber den inhaltlichen Mängeln bevorzugen. Daß das Gericht die Eröffnung des Hauptverfahrens bei fehlendem Strafantrag oder Verjährung soll ablehnen können, nicht aber, wenn nach seiner Ansicht überhaupt kein Strafgesetz verletzt ist, ist gänzlich ungereimt. Und eine Beschränkung auf die negative Kontrollfunktion würde auch nichts daran ändern, daß das Gericht damit eben doch prüft, ob der Antrag zugelassen werden kann. In der Tatsache der Nicht-Nichtzulassung läge dann wiederum nichts anderes als die Bejahung des hinreichenden Tatverdachts.
Die (auch im Entwurf des StPÄG 1964 vorgesehene) Trennung zwischen eröffnendem und erkennendem Gericht hat demgegenüber den Vorteil, daß sie das Bedenken der Befangenheit des erkennenden Gerichts ohne Preisgabe der negativen Kontrollfunktion auszuräumen vermag. Auch könnte sie zu einer gründlicheren Prüfung der Verdachtsfrage und damit zu einer sorgfältigeren Eröffnungsentscheidung führen.[390] Sie leidet aber ebenfalls an einem erheblichen

---

387 So auch *Roxin*, Reform, S. 54, 61f.; *Sessar* ZStW (1980) 92, S. 702f., 710ff.; *Dahs sen.*, FS-*Schorn*, S. 15f., der auf die noch ungünstigere Lage für den Beschuldigten hinweist, wenn das erkennende Gericht sich in Vorentscheidungen (z.B. über Haft, Beschlagnahme, vorläufige Unterbringung oder Entziehung der Fahrerlaubnis) schon weitgehend sogar auf den „dringenden Tatverdacht“ oder „die zu erwartende hohe Strafe“ festgelegt hat; a.A. LR-*Meyer-Goßner* (23) Vor § 198 Rn. 14, der diese These durch die ergehenden Freisprüche als täglich widerlegt ansieht.

388 So fordert z.B. *Loritz* den Ausschluß des im Eröffnungsverfahren entscheidenden Richters von der Mitwirkung in der Hauptverhandlung. Zur geschichtlichen Entwicklung dieser Idee *Kern*, FS-*v. Weber*, S. 368ff.; dafür *Schünemann* GA 1978, 172f.; *Sessar* ZStW 1980 (92), 712; vgl. auch *Roxin*, Reform, 61f.; *ders.*, FS-*Schmidt-Leichner*, S. 146; *ders.*, Strafverfahrensrecht (17), S. 221; eingehend *Ernst*, S. 130ff. m. zahlr. Nachw.

389 Vgl. LR-*Meyer-Goßner* (23) Vor § 198 Rn. 13.

390 Hierzu *Meyer-Goßner* ZRP 2000, 347; *Ernst*, S. 132ff., 137ff.; LR-*Meyer-Goßner* Vor § 198 Rn. 14; *Peters*, Fehlerquellen II, S. 223; *Germann* NJW 1960, 759; *Fezer*, GS-*Schröder*, S. 422; *Fuhrmann* JR 1963, 381, die eine größere Gründlichkeit mit dem Ar-

Mangel, denn selbst wenn man annimmt, daß die bereits vorhandenen Erkenntnisse durch einen besonderen Eröffnungsrichter gründlicher als bisher überprüft würden, so würden sich gerade hieraus Nachteile ergeben. Da Voreingenommenheit nicht nur als Folge *eigener* Vor-Befassung und *eigener* Vor-Entscheidung entstehen kann, liegt die Annahme nahe, daß das erkennende Gericht grundsätzlich bereit sein wird, der vermeintlich objektiven Entscheidung seiner Kollegen zu vertrauen und deren Eröffnungsentscheidung während der Hauptverhandlung besondere Bedeutung beizumessen. Je mehr das erkennende Gericht auf eine bereits erfolgte gründliche Überprüfung der Anklage vertraut, desto eher wird es bereit sein, dieser Vorentscheidung zu folgen und (wenn auch unbewußt) einer Verurteilung zuneigen.[391] Durch diese Erhöhung des präjudizierenden Charakters der Eröffnungsentscheidung wird aber der wesentlichste Vorteil, den man sich von der Richtertrennung verspricht, in Frage gestellt. Damit kommt auch diese Lösung de lege ferenda nicht in Betracht.[392]

Gegen die verbleibende dritte Lösung (Wiederabschaffung des Eröffnungsbeschlusses) wird vorgetragen, sie verbiete sich, weil sie den Angeschuldigten vor ungerechtfertigten Anklagen schutzlos stelle und ihm die Gelegenheit nehme, die Frage der Prozeßvoraussetzungen aufzuwerfen und auf einen Zurückweisungsbeschluß hinzuwirken.[393] Bei einer entsprechenden Ausgestaltung des Eröffnungsverfahrens läßt sich jedoch nicht nur dieses Bedenken ausräumen, sondern auch eine gerichtliche Kontrolle der Sicherungsanträge und der Ausschluß offensichtlich zweckloser Sicherungshauptverhandlungen erreichen.

---

gument anzweifeln, daß sich ein Richter, der mit der Anklage nie wieder etwas zu tun habe, deren Prüfung weniger intensiv widmen werde, als der Richter, der die Hauptverhandlung durchführen müsse. Zudem werde der Eröffnungsrichter gerade in zweifelhaften, schwierigeren Fällen versucht sein, den einfacheren Weg der begründungsfreien, unanfechtbaren (§ 210 I StPO) Zulassung der Anklage zu wählen, als den eine sorgfältige Begründung erfordernden und der Beschwerde unterliegenden (§ 210 II StPO) Weg der Ablehnung zu beschreiten.

391 Zu diesem Ergebnis gelangt auch *Lautmann*, der während seiner teilnehmenden Beobachtungen feststellte, daß das Bestreben an einer einmal getroffenen Entscheidung festzuhalten, auch dann bestand, wenn diese von einem anderen Richter getroffen worden war, vgl. *Ernst*, S. 140f. m.w.N.

392 Die Annahme, daß die Trennung von eröffnendem und erkennendem Richter wegen des dadurch erforderlichen Mehrbedarfs an Richtern auch aus organisatorischen Gründen scheitern müßte (so *Creifelds* JR 1965, 4; *Kern, von Weber*-FS, S. 371; a.A.: *Roxin*, Reform, S. 62; *Kohlhaas* GA 1955, 66) hat neben diesen Erwägungen nur sekundäre Bedeutung. Dies gilt vor allem im relativ seltenen (vgl. Anhang VI) Sicherungsverfahren.

393 LR-*Meyer-Goßner* Vor § 198 Rn. 12. Den im Rechtsausschuß des Bundestages eher en passant erhobenen Einwand, der Wegfall des Eröffnungsbeschlusses stelle eine Verletzung des Art. 19 Abs. 4 GG dar, widerlegt überzeugend *Eb. Schmidt* NJW 1963, 1085f.

Dies umsetzend eröffnet § 10 lediglich die Möglichkeit, erheblich fehlerhafte oder unschlüssige Sicherungsanträge zurückzuweisen oder zu verwerfen, wenn die Staatsanwaltschaft offensichtliche Mängel trotz eines entsprechenden Hinweises des Gerichts nicht beseitigt. Dies wird nur selten vorkommen, denn immerhin handelt es sich um einen Antrag der Staatsanwaltschaft. Ein Beschluß nach § 10 kommt z.B. in Betracht, wenn trotz Nachbesserung des Sicherungsantrags unklar bleibt, auf welchen konkreten Sachverhalt er sich bezieht und welchen Umfang die Rechtskraft eines daraufhin ergehenden Sicherungsurteils haben würde, oder wenn der Sicherungsantrag trotz Darstellung aller ermittelbaren Umstände eine Symptomtat nicht erkennen läßt. Abgesehen von diesen Fällen ist die negative Kotrollfunktion des Eröffnungsbeschlusses ohnehin so gering, daß der Schutz des Maßregelbetroffenen keine Einbuße erleidet, wenn man auf den Eröffnungsbeschluß verzichtet.[394] Gegenüber der Einführung eines besonderen Eröffnungsrichters hat die Abschaffung des Eröffnungsbeschlusses zudem den Vorteil, daß gerichtsorganisatorische Schwierigkeiten und Kostenprobleme entfallen.[395] Letztlich ist sie auch zur Wahrung des Akkusationsprinzips geboten, dem es widerspricht, wenn nicht der staatsanwaltschaftliche Antrag, sondern ein Gerichtsbeschluß das Thema der Hauptverhandlung bestimmt.[396] De lege ferenda wird das Zwischenverfahren daher nur beibehalten, damit der Angeschuldigte die Frage der Prozeßvoraussetzungen aufwerfen und das Gericht gegebenenfalls auf eine Präzisierung des Sicherungsantrags hinwirken kann.

Das Zwischenverfahren[397] beginnt mit der Einreichung des Sicherungsantrags. Dieser wird dem Maßregelbetroffenen mit der Aufforderung zur Erklärung mitgeteilt, (§ 201 StPO; § 8).[398] Zwischen der Einreichung des Sicherungsantrags

---

394 Entsprechend *Eb. Schmidt* NJW 1963, 1081; *ders.* NJW 1969, 1143; *Schünemann* GA 1978, 173; *Kohlhaas* GA 1955, 65ff.; *Zipf*, Kriminalpolitik (2), S. 153 der auch darauf verweist, daß der einschneidende Reformschritt der völligen Beseitigung der gerichtlichen Voruntersuchung im deutschen Strafverfahrensrecht nahezu unkommentiert geblieben ist und also die Praxis diesem Rechtsinstitut offenbar keine Träne nachgeweint hat. Klagen über daraus entstandene Unzuträglichkeiten seien jedenfalls von keiner Seite geäußert worden.

395 *Eb. Schmidt* NJW 1963, 1082f.; *Kern*, FS-v. *Weber*, S. 371f.

396 *Gallas* ZStW 1939 (58), 651; *Goebel* MDR 1962, 437ff.; *Zipf*, Kriminalpolitik (2), 153.

397 Die Bezeichnung Eröffnungsverfahren sollte im Sicherungsverfahren de lege ferenda nicht mehr verwendet werden. In Betracht käme allenfalls der Begriff des Durchführungsverfahrens.

398 Dies dient der Gewährung rechtlichen Gehörs und zur Verhinderung einer Vorwegnahme der Entscheidung über die Durchführung der Sicherungshauptverhandlung durch den Sicherungsantrag, denn da der Verteidiger die Akten außer beim Schluß der Voruntersuchung gem. § 147 StPO erst einsehen darf, *nachdem* der Sicherungsantrag eingereicht ist, vermag der Maßregelbetroffene eine gezielte, nicht blinde Erklärung zur An-

und der Vorbereitung der Sicherungshauptverhandlung befaßt sich das Gericht mit dem, was Gegenstand des Sachurteils werden könnte, nur im Rahmen einer Schlüssigkeitsprüfung (vgl. § 10 Abs. 1). In der Regel folgt auf den Ablauf der dem Maßregelbetroffenen zur Erklärung gesetzten Frist der Beschluß zur Durchführung des Sicherungshauptverfahrens (§ 9) und auf diesen die Sicherungshauptverhandlung, der alle materiell-rechtlichen Fragen vorbehalten sind, von denen ein Sachurteil abhängt. Nur ausnahmsweise, nämlich beim Vorliegen krasser Mängel, beschließt das Gericht die Verwerfung oder Zurückweisung nach § 10, wobei das Raster so grob gefaßt ist, daß aus dem Erlaß des Durchführungsbeschlusses nicht e contrario auf die Annahme eines hinreichenden Tatverdachts oder der weiteren Voraussetzungen der Maßregelanordnung nach § 6 Abs. 1 geschlossen werden kann.

Eine alle Funktionsüberschneidungen vermeidende Rollenverteilung ergibt sich hierbei ganz von selbst. Die Rolle der Staatsanwaltschaft besteht in der Prüfung der Maßregelvoraussetzungen, der Erhebung des Sicherungsantrags und der Verlesung von Antragssatz und Rechtsfolgenantrag in der Sicherungshauptverhandlung. Die Rolle des Gerichts besteht darin, auf die Schlüssigkeit des den Verfahrensgegenstand bestimmenden Sicherungsantrags hinzuwirken und in der anschließenden Sicherungshauptverhandlung über das Bestehen des behaupteten staatlichen Sicherungsanspruchs zu entscheiden.

---

tragsschrift zu einem früheren Zeitpunkt gar nicht abzugeben. Er könnte höchstens die Verwerfung des Sicherungsantrags beantragen.

§ 7 Inhalt des Sicherungsantrags, Aktenvorlage

(1) Der Sicherungsantrag hat den Maßregelbetroffenen, die Tat, die ihm zur Last gelegt wird, Zeit und Ort der Begehung, die gesetzlichen Merkmale der Straftat und die anzuwendenden Strafvorschriften mit dem Zusatz, daß die Tat im Zustand der Schuldunfähigkeit begangen worden sei (Antragssatz) sowie die Maßregeln der Besserung und Sicherung zu bezeichnen, deren Anordnung die Staatsanwaltschaft beantragt (Rechtsfolgenantrag). Ferner sind der Verteidiger und die Beweismittel anzugeben. Beweismittel, die auch oder erst für die Rechtsfolgenverhandlung benötigt werden, sind gesondert anzugeben. § 200 Abs. 1 S. 3, 4 gilt entsprechend.

(2) Im Sicherungsantrag wird auch das wesentliche Ergebnis der Ermittlungen dargestellt. Die wesentlichen Ermittlungsergebnisse zu Antragssatz und Rechtsfolgenantrag sind voneinander getrennt darzustellen; aus letzterem muß sich insbesondere der in § 6 Abs. 1 Ziff. 2 - 4 beschriebene Zusammenhang ergeben.

(3) Der Sicherungsantrag enthält den Antrag, das Sicherungshauptverfahren vor dem nach § 8 StPO örtlich zuständigen Gericht durchzuführen.

(4) Mit dem Antrag werden dem Gericht die Tatakten vorgelegt. Ist der Maßregelbetroffene im wesentlichen geständig, werden in der Regel auch die Persönlichkeitsakten dem Gericht vorgelegt, sofern ihre Kenntnis für die Vorbereitung der Rechtsfolgenverhandlung erforderlich ist.

Zu § 7:

§ 7 regelt den Inhalt des Sicherungsantrags entsprechend den Besonderheiten des Interlokutverfahrens, wobei im wesentlichen dieselben Anforderungen gestellt werden, wie an den Inhalt der Anklageschrift (§ 200 StPO). § 7 knüpft damit an § 414 II StPO an, der auf § 200 StPO verweist. Abweichend hiervon und den Besonderheiten des Interlokutverfahrens entsprechend, ist der Sicherungsantrag de lege ferenda jedoch in zwei Teile zu gliedern.

1. Inhalt des Sicherungsantrags

Der Antragssatz enthält bis auf den Zusatz, daß die Tat im Zustand der Schuldunfähigkeit begangen worden sei, dieselben Angaben wie der Anklagesatz und bestimmt wie dieser den Verfahrensgegenstand in persönlicher und sachlicher Hinsicht. Der Rechtsfolgenantrag muß konkret formuliert sein, d.h. er muß die beantragte Maßregel ausdrücklich bezeichnen.[399] Entsprechend der materiellrechtlichen Zulässigkeit mehrerer Maßregeln nebeneinander, kann die Anordnung mehrerer Maßregeln beantragt werden. Die Konkretisierung des Rechtsfolgenantrags dient dem Schutz des Maßregelbetroffenen, der sich bei seiner Verteidigung auf die beantragte Maßregel und deren Voraussetzungen einstellen und beschränken können soll, nicht aber zur Bestimmung des Verfahrensgegenstandes, denn das Gericht ist bei seiner Entscheidung an den Rechtsfolgenantrag nicht gebunden (§ 28 Abs. 1). Zur Wahrung einer effektiven Verteidigung ist eine vom Rechtsfolgenantrag abweichende Maßregelanordnung jedoch erst zulässig, nachdem der Maßregelbetroffene auf die Veränderung des rechtlichen Gesichtspunktes besonders hingewiesen und ihm Gelegenheit zur Verteidigung gegeben worden ist (§ 28 Abs. 2).

Neben Antragssatz und Rechtsfolgenantrag enthält der Sicherungsantrag die Angabe der Beweismittel (für die Benennung von Zeugen gilt § 200 I 3, 4 StPO entsprechend, **Absatz 1 Satz 4**) und die Darstellung des wesentlichen Ermittlungsergebnisses[400], das entsprechend der Aufteilung des Verhandlungsstoffes durch das Interlokut in zwei Teilen darzustellen ist. Im ersten Teil erfolgt die Angabe der tatbezogenen Beweismittel sowie die Darstellung des wesentlichen Ermittlungsergebnisses zum Antragssatz, während der zweite Teil die Angabe der rechtsfolgenrelevanten Beweismittel und das wesentliche Ergebnis der Ermittlungen zum Rechtsfolgenantrag enthält. Zu letzterem zählen die tat- und persönlichkeitsbezogenen Voraussetzungen des Rechtsfolgenantrags (rechtsfolgenrelevante Umstände), wie z.B. die Schuldunfähigkeit des Maßregelbetroffenen, deren Beruhen auf einem krankhaften Zustand, Art, Schwere und künftige Auswirkungen dieses Zustandes, die soziodemographischen Daten des Maßregelbetroffenen und weitere prognoserelevante Umstände (Vorstrafen, andere

---

399 Ein zulässiger Rechtsfolgenantrag wäre z.B.: „Es wird die Unterbringung des Maßregelbetroffenen in einem psychiatrischen Krankenhaus (§ 63 StGB) beantragt." Lautet der Rechtsfolgenantrag hingegen darauf „eine Maßregel selbständig anzuordnen" oder „den Maßregelbetroffenen unterzubringen", ist er in unzulässiger Weise gestellt. In diesem Fall hat das über die Durchführung des Sicherungshauptverfahrens entscheidende Gericht die Staatsanwaltschaft zur Erklärung darüber aufzufordern, welche Maßregel beantragt wird, § 10 Abs. 5 d. Entw.

400 De lege lata kann von der Darstellung des wesentlichen Ermittlungsergebnisses abgesehen werden, wenn der Sicherungsantrag auf Entziehung der Fahrerlaubnis oder auf Berufsverbot an den Strafrichter gerichtet ist, weil im Fall der Schuldunfähigkeit keine höhere Strafe als Freiheitsstrafe von zwei Jahren zu erwarten wäre (§§ 200 II StPO, 25 Nr. 2 GVG). Richtet sich der Antrag dagegen auf Anordnung einer freiheitsentziehenden Maßnahme, so ist das wesentliche Ergebnis der Ermittlungen ausnahmslos und einschließlich der ärztlichen Befunde zur Schuldunfähigkeit des Maßregelbetroffenen darzulegen, KK-*Fischer* § 414 Rn. 6; *Pfeiffer* § 414 Rn. 2; LR-*Gössel* § 414 Rn. 16.

Umstände aus dem Vorleben des Maßregelbetroffenen). Aus dem wesentlichen Ermittlungsergebnis zum Rechtsfolgenantrag muß sich insbesondere der in § 6 Abs. 1 Ziff. 2 - 4 beschriebene Zusammenhang ergeben. **Absatz 2 Satz 2 HS. 2** macht damit die schlüssige Darstellung des Vorliegens einer Symptomtat zur formalen Voraussetzung des Sicherungsantrags, bei deren Fehlen der Sicherungsantrag zurückzuweisen ist (§ 10 Abs. 1 Ziff. 2).
Zu den rechtsfolgenrelevanten Beweismitteln können neben den ausschließlich für die Rechtsfolgenverhandlung bedeutsamen Beweismitteln auch solche gehören, die schon zum Beweis der im Antragssatz bezeichneten Tat benannt wurden. Diese doppeltrelevanten Beweismittel sind in beiden Teilen aufzuführen.

Im übrigen ist der Verteidiger des Maßregelbetroffenen anzugeben (**Absatz 1 Satz 2**)[401] und der Antrag auf Durchführung des Sicherungshauptverfahrens vor dem nach § 8 StPO zuständigen Gericht zu stellen (**Absatz 3**). Wegen der möglicherweise eingeschränkten Verhandlungsfähigkeit des Maßregelbetroffenen erscheint es ratsam, die Verhandlung in möglichster Nähe zu dessen Lebensmittelpunkt stattfinden zu lassen, so daß für die örtliche Zuständigkeit der Gerichtsstand nach § 8 StPO gewählt wurde. Infolge der Zuständigkeitskonzentration[402] entfällt de lege ferenda die Notwendigkeit zur Angabe des sachlich zuständigen Gerichts.

2. Wesen des Sicherungsantrags

Die besondere Antragsschrift bildet die Prozeßvoraussetzung für das Sicherungsverfahren. Ihr Fehlen führt zur Verfahrenseinstellung von Amts wegen. Daraus folgt, daß auf eine die Durchführung des allgemeinen Strafverfahrens bezweckende Anklageschrift hin das Hauptverfahren im Sicherungsverfahren nicht eröffnet werden kann, wenn der Eröffnungsrichter die Schuldfähigkeit (oder de lege lata die Verhandlungsunfähigkeit) verneint.[403] Wegen der zu § 1 Abs. 2

---

401 Da die Einleitung des Sicherungsverfahrens die Überzeugung der Staatsanwaltschaft von der Schuldunfähigkeit des Maßregelbetroffenen voraussetzt (§ 1 Abs. 2 d. Entw.) und dem schuldunfähigen Maßregelbetroffenen bereits im Ermittlungsverfahren ein Verteidiger zu bestellen ist (§ 2 Abs. 2 d. Entw.), muß die Verteidigerbestellung der Einreichung des Sicherungsantrags zeitlich zwangsläufig vorausgehen.

402 Vgl. §§ 24, 74, 74d GVG-neu in Anhang V.

403 Dies würde auch das der Staatsanwaltschaft eingeräumte Ermessen hinsichtlich der Durchführung des Sicherungsverfahrens in unzulässiger Weise beeinträchtigen, ebenso *RGSt* 72, 143ff.; LR-*Gössel* § 414 Rn. 18; KK-*Fischer* § 414 Rn. 10. Umgekehrt kann aber auf einen Sicherungsantrag hin das allgemeine Strafverfahren eröffnet werden., KK-*Fischer* § 414 Rn. 11; LR-*Gössel* § 414 Rn. 18.

dargelegten Gründe[404] ist es auch unzulässig, mit einer Anklageschrift hilfsweise einen Sicherungsantrag für den Fall zu verbinden, daß das Eröffnungsgericht die Schuldfähigkeit des Angeschuldigten als nicht hinreichend dargetan, aber hinreichenden Verdacht der Schuldunfähigkeit als gegeben ansehen sollte.[405]

3. Verhältnis zwischen Straf- und Sicherungsverfahren

Erweist sich nach der Eröffnung des allgemeinen Strafverfahrens die Schuldunfähigkeit des Angeklagten, so steht der Einreichung eines neuen Sicherungsantrags wegen derselben Tat das Verfahrenshindernis der Rechtshängigkeit entgegen. Vor der Eröffnung ist jedoch die Rücknahme der Anklage nach § 156 StPO und Einreichung eines Sicherungsantrags möglich. Lehnt das Gericht die Eröffnung des allgemeinen Strafverfahrens mangels hinreichenden Tatverdachts ab, so ist die Einreichung eines Sicherungsantrags zulässig,[406] die Wiederaufnahme der Klage hingegen nur möglich, wenn die Voraussetzungen des § 211 StPO vorliegen.
Eine Verbindung des Straf- mit dem Sicherungsverfahren ist möglich, soweit sich die Verfahren auf mehrere prozessuale Taten beziehen.

4. Aktenvorlage bei Einreichung des Sicherungsantrags

Mit dem Sicherungsantrag werden dem Gericht auch die Tatakten vorgelegt, **Absatz 4 Satz 1**. Bis heute ist die Kritik an der Aktenkenntnis des Richters im allgemeinen Strafverfahren nicht verstummt. Im wissenschaftlichen Schrifttum wird immer wieder darauf hingewiesen, daß ein Verzicht auf die Kenntnis der Ermittlungsakten der richterlichen Unbefangenheit am dienlichsten wäre.[407] Ein solcher Verzicht kann aber für einen am Amtsermittlungsgrundsatz festhaltenden und die Verhandlungsleitung beim Vorsitzenden belassenden[408] Re-

---

404 Siehe S. 101ff.

405 A.A. *RGSt* 72, 143ff.; KK-*Fischer* § 414 Rn. 10; LR-*Gössel* § 414 Rn. 18.

406 A.A. KMR-*Paulus* Vor § 413 Rn. 17.

407 Vgl. *Schünemann* GA 1978, 170ff., 173 m.w.N. auch zum Streit um die Verlagerung der Beweisaufnahme auf die Parteien für die etwa *Dahs sen.*, FS-*Schorn*, S. 32f.; *Tröndle* DRiZ 1968, 125; *Roxin*, FS-*Schmidt-Leichner*, S. 146f., 152f.; *ders.*, Reform, S. 58ff; *Herrmann*, S. 401 eintreten, obwohl sie die richterliche Aktenkenntnis aufrecht erhalten wollen.

408 Als Gegenmodell, das auch beim Problem der Akteneinsicht grundlegende Abhilfe schaffen könnte, käme eine Übernahme des anglo-amerikanische Systems in Betracht, das die Aktenkenntnis des Gerichts beseitigt und die Beweisaufnahme den Parteien

formvorschlag, ganz egal ob sich dieser auf das allgemeine Straf- oder auf das Sicherungsverfahren bezieht, nicht in Betracht kommen, da beide Elemente an die Aktenkenntnis gebunden sind. Es wäre ein Widerspruch in sich, dem Vorsitzenden die Verhandlungsleitung zu übertragen und ihm gleichzeitig die Grundlage für wesentliche Entscheidungen in der Hauptverhandlung[409] zu entziehen. Ebenso widersprüchlich wäre es, dem Gericht die Pflicht zur umfassenden Berücksichtigung aller relevanten Sachverhaltsumstände aufzuerlegen und ihm gleichzeitig den Zugang zu den für die Wahrheitsfindung hochbedeutsamen Ermittlungsergebnissen zu versperren. Man müßte dann die gesamte gerichtliche Aufklärungspflicht aufgeben, was weder im Interesse der materiellen Wahrheitsfindung noch des Angeklagten läge. Im Interesse der Wahrheitsfindung nicht, weil bei komplizierten, verwickelten Prozessen der Richter keinen ausreichenden Überblick mehr erlangen würde, wenn er die oft viele Bände füllenden Ergebnisse der Ermittlungen nicht einsehen, die Ermittlungsresultate der Hauptverhandlung nicht an ihnen kontrollieren und Zweifel nicht durch formlose Vorhalte aufklären könnte; im Interesse des Angeklagten nicht, weil angesichts der im Verhältnis zur Verteidigung weit stärkeren und durch das 1. StVRG noch untermauerten Stellung der Staatsanwaltschaft der Richter erforderlichenfalls entlastende Umstände, die dem Verteidiger unbekannt sind, nur dann in die Verhandlung einbringen und ihnen nachgehen kann, wenn er den Gang der Ermittlungen überprüfen darf.[410]

M.E. besteht auch bei Aktenkenntnis des Richters kein Anlaß zur Besorgnis der Befangenheit in der Hauptverhandlung, denn das bloße Aktenstudium fordert den Richter- anders als die Eröffnungsentscheidung - nicht zu einer später nur schwer revidierbaren Stellungnahme heraus, auch wenn es ihn der Beeinflussung aussetzt, die in der Lektüre des Materials liegt. Diese ist jedoch prinzipiell nicht stärker als der Überzeugungsdruck, der von allen von Amts wegen zu ermittelnden Fakten ausgeht, denn die vergleichsweise wenig intensive Kenntnis-

---

überträgt. Da dieser Vorschlag aber in der deutschen Reformdiskussion nur wenig Anklang gefunden hat und sich letztlich nicht durchsetzen konnte (vgl. *Herrmann*, S. 371ff. mit eingehenden Literaturhinweisen) hält dieser Entwurf an der Verhandlungsleitung des Vorsitzenden fest.

409 Man denke an Entscheidungen nach § 244 II StPO über den Umfang der Beweisaufnahme, nach §§ 253 II, 254 II StPO über die Verlesung von Protokollen, wenn bei der Vernehmung in der Hauptverhandlung ein Widerspruch mit der früheren Aussage auftritt oder an Entscheidungen bzgl. der von der Rechtsprechung über § 251 StPO hinaus zugelassenen Vorhalte aus Protokollen früherer Vernehmungen, vgl etwa *RGSt* 69, 88ff.; *BGHSt* 3, 281ff.; 11, 339, 341; 21, 285ff. Weiter ist ein Rückgriff auf die Ermittlungsakten im allgemeinen Strafverfahren z.B. bei nach der Eröffnung des Hauptverfahrens erforderlich werdenden Entscheidungen im Haftprüfungsverfahren notwendig, vgl. § 126 II StPO.

410 So *Roxin*, FS-*Schmidt-Leichner*, S. 153; *ders.*, Reform, S. 56f.

nahme verpflichtet den Richter zunächst zu nichts und läßt auch inneren Vorbehalten Raum. Die bloß zeitliche Priorität der Kenntnisnahme kann dabei nicht entscheidend sein, denn eine distanzierte, einstweilen eher flüchtige Kenntnisnahme „haftet" viel zu wenig, um für eine künftige Datenselektion das prägende Bewußtseinsraster abzugeben.[411]
Die Kenntnis der Persönlichkeitsakten steht nur den Berufsrichtern, die der Tatakten hingegen auch den Schöffen zu, vgl. § 22.

Die Regelungen zur getrennten Aktenvorlage (vgl. auch § § 25 Abs. 1 S. 1) sind (wie die getrennte Angabe der Beweismittel nach **Absatz 1 Satz 3** und die getrennte Darstellung der wesentlichen Ermittlungsergebnisse nach **Absatz 2 Satz 2**) Konsequenzen der Trennung von Tat- und Persönlichkeitsakten nach § 2 Absatz 5.[412] **Absatz 4 Satz 2** normiert für die Persönlichkeitsakte eine Ausnahme zum regelmäßigen Vorlegungszeitpunkt des § § 25 Abs. 1 S. 1. Diese wird, wenn der Maßregelbetroffene *im wesentlichen geständig* ist, nicht erst vorgelegt, wenn die Notwendigkeit einer Rechtsfolgenverhandlung feststeht, sondern die Vorlage erfolgt mit der Stellung des Sicherungsantrags, sofern die Kenntnis der Persönlichkeitsakte für die Vorbereitung der Rechtsfolgenverhandlung erforderlich ist. Absatz 4 Satz 2 trägt damit dem Grundsatz der Verfahrenskonzentration Rechnung ohne den mit der Aktentrennung verfolgten Schutzzweck zu verletzen. Dieser entfällt, weil eine nachteilige Beeinflussung der Tatverhandlung durch den Inhalt der Persönlichkeitsakten nach einem Geständnis in der Regel nicht zu befürchten ist.

Gewisse Schwierigkeiten können sich bei dieser frühen Vorlage ergeben, wenn die Voraussetzungen des Geständnisses unklar sind. Der weite Geständnisbegriff des § 254 StPO[413] sollte im Sicherungsverfahren etwas enger gefaßt werden. Der Maßregelbetroffene ist im wesentlichen geständig, wenn er alle Tatsachen einräumt, die im Fall seiner Schuldfähigkeit für eine Verurteilung wegen der im Antragssatz bezeichneten Tat relevant sind. Das Vorliegen dieser Voraussetzung muß nach § 6 Abs. 1 S. 3 im Vermerk über den Abschluß der Ermittlungen (§ 169a StPO) ausdrücklich festgehalten werden, wodurch die Vorbereitung aller Beteiligten zu Lasten des Prinzips der Aktentrennung von vornherein auf die Sanktion gelenkt wird. Bestreitet der Maßregelbetroffene die Tat oder auch nur

---

411 *Roxin*, FS-*Schmidt-Leichner*, S. 154; a.A.: *Alsberg*, S. 17; *Dahs sen.*, FS-*Schorn*, S. 17, 20.

412 Zur Notwendigkeit der Aktentrennung vgl. die Kommentierung dort (S. 119f.).

413 Geständnis i.S.d. § 254 I StPO ist das Zugestehen der Tat oder einzelner Tatsachen, die für die Entscheidung zur Schuld- oder Rechtsfolgenfrage erheblich sein können, gleichgültig ob es sich um belastende oder entlastende , um unmittelbar beweiserhebliche oder Indiztatsachen handelt, *Kleinknecht/Meyer-Goßner* § 254 Rn. 2; KK-*Mayr* § 254 Rn. 3.

Teile davon, ist Absatz 4 Satz 2 selbst dann nicht anwendbar, wenn die bestrittenen Taten oder Tatteile im Verhältnis zu eingeräumten Taten oder Tatteilen nicht wesentlich ins Gewicht fallen.[414]
Ist der Maßregelbetroffene im wesentlichen geständig, wird die Kenntnis der Persönlichkeitsakte in der Regel auch zur Vorbereitung der Rechtsfolgenverhandlung erforderlich sein, weil diese dann so vorbereitet werden kann, daß sie unmittelbar an die Tatverhandlung anschließt, während sonst der Vorsitzende und der Berichterstatter die Persönlichkeitsakten in einer Verhandlungspause, notfalls während einer Unterbrechung, erst lesen müssten.

414 Insoweit wird der Begriff hier noch restriktiver verwendet als in § 407 AE-StPO-NÖV, wo er erstmals vorgeschlagen wurde.

§ 8 Mitteilung des Sicherungsantrags
Der Vorsitzende des Gerichts teilt den Sicherungsantrag dem Maßregelbetroffenen mit und stellt ihm anheim, sich zu diesem zu äußern. Zugleich fordert er ihn auf, innerhalb einer bestimmten Frist etwaige Einwendungen vorzubringen, die für eine Zurückweisung des Sicherungsantrags nach § 10 erheblich sein können. Ist für den Maßregelbetroffenen ein Betreuer (§ 1896 BGB) bestellt, ist der Sicherungsantrag auch diesem mitzuteilen.

Zu § 8:

§ 8 entspricht § 201 StPO. Die Vorschrift dient der Gewährung rechtlichen Gehörs und trägt neben Art. 6 MRK vor allem dem Interesse des Maßregelbetroffenen Rechnung, von einem gegen ihn erhobenen Sicherungsantrag Kenntnis zu erlangen. Ein Verzicht auf die Mitteilung ist daher unbeachtlich, die Mitteilung selbst dann erforderlich, wenn die Eröffnung des Sicherungshauptverfahrens voraussichtlich (z.B. wegen des Vorliegens eines anderen Verfahrenshindernisses als dem der Verhandlungsunfähigkeit) abgelehnt wird. Hat der Maßregelbetroffene einen Verteidiger gilt § 145a I, III StPO. Im Verfahren gegen Jugendliche erfolgt die Mitteilung auch an Erziehungsberechtigte und gesetzliche Vertreter (§ 67 II JGG). Entsprechend sieht nun **Absatz 1 Satz 3** die Mitteilung an den nach § 1896 BGB bestellten Betreuer vor. Dem Nebenkläger[415] braucht der Sicherungsantrag nicht mitgeteilt zu werden.

Da de lege ferenda eine Beweisaufnahme im Zwischenverfahren nicht stattfindet (§ 9 S. 2; Vor §§ 7ff.), wird der Maßregelbetroffene abweichend von § 201 StPO nur dazu aufgefordert, innerhalb einer bestimmten Frist Einwendungen vorzubringen, die für eine Zurückweisung des Sicherungsantrags nach § 10 erheblich sein können, **Absatz 1 Satz 2**. Neben den im Strafverfahren wichtigen Einwendungen des aus tatsächlichen oder rechtlichen Gründen fehlenden Tatverdachts und des Bestehens von Verfahrenshindernissen (insbesondere der fehlenden Zuständigkeit, §§ 6a, 16 StPO) kommt hier insbesondere die Einwendung in Betracht, eine rechtskräftige landesrechtliche Maßregelanordnung stünde der Erforderlichkeit eines Sicherungsverfahrens entgegen.[416]

415 Die Nebenklage ist gemäß § 395 StPO-neu zulässig, s. Anhang V.
416 Siehe Komm. zu § 6 Abs. 1 Ziff. 4 d. Entw. (S. 147ff.).

§ 9 Entscheidung über die Durchführung des Sicherungshauptverfahrens
Das für die Sicherungshauptverhandlung zuständige Gericht beschließt, das Sicherungshauptverfahren durchzuführen, wenn nicht nach § 10 zu verfahren ist. Eine Beweisaufnahme findet nicht statt.

Zu § 9:

Bei der Entscheidung über die Durchführung des Sicherungshauptverfahrens ist der Begriff Eröffnen vermieden worden, um nicht an das geltende Recht zu erinnern, bei dem mit der Eröffnung des Hauptverfahrens die Feststellung des hinreichenden Tatverdachts verbunden ist.
Durch die Abschaffung des Eröffnungsbeschlusses entfallen die Bestimmungen des § 207 StPO (Feststellung des hinreichenden Tatverdachts, Abs. 1; Abänderung der Anklage, Abs. 2, 3) sowie der von Amts wegen zu fassende Beschluß über die Anordnung oder Fortdauer der einstweiligen Unterbringung (§ 207 IV StPO), der wie der Eröffnungsbeschluß die Feststellung eines dringenden Tatverdachts voraussetzt.
I.ü. bleibt es bei der allgemeinen Zuständigkeitsregelung des § 126a StPO. Damit wird entsprechend § 126a II i.V.m. § 126 II StPO mit der Einreichung des Sicherungsantrags die Kammer für Sicherungsverfahren[417] für alle Entscheidungen über die einstweilige Unterbringung zuständig. Dies stellt insofern einen Bruch des mit dem Interlokut angestrebten Systems dar, als sich das erkennende Gericht auf Antrag doch noch vor der Durchführung der Rechtsfolgenverhandlung mit den Voraussetzungen der einstweiligen Unterbringung befassen muß. Dieser Bruch muß jedoch hingenommen werden, da eine „systemreine" Lösung, bei der völlig vermieden würde, daß die Kammer für Sicherungsverfahren auch über die einstweilige Unterbringung zu entscheiden hat, unüberwindlichen Schwierigkeiten begegnet:[418]
Diese könnten zunächst daraus entstehen, daß der gem. § 126a II i.V.m. §§ 126 I, 125 I vor Einreichung des Sicherungsantrags zuständige Unterbringungsrichter bis zur Entscheidung über den Rechtsfolgenantrag zuständig bleiben soll. Da aber die Kammer für Sicherungsverfahren die Möglichkeit haben muß, den Unterbringungsbefehl bei offenkundigem Wegfall der Unterbringungsgründe aufzuheben, würde eine derartige Regelung zu Unklarheiten über die Kompetenz führen. Zudem wäre sie insbesondere bei umfangreichen Prozessen problematisch. Der Unterbringungsrichter müßte hier in ein Verfahren eingreifen, dessen weitere Entwicklung er nicht mehr kennt. Da er deshalb praktisch

417 Vgl. § 74d GVG-neu, Anhang V.
418 Vgl. AE-StPO-HV, S. 41f.

gezwungen wäre, dem Antrag der Kammer für Sicherungsverfahren stattzugeben, wäre diese de facto doch wieder für die Unterbringung zuständig. I.ü. könnte auf die Einstellung der Kammer für Sicherungsverfahren zur Verdachtsfrage geschlossen werden, wenn diese keinen Antrag auf Aufhebung des Unterbringungsbefehls stellt.

Eine andere Schwierigkeit wäre, daß die Kammer für Sicherungsverfahren erst ab Beginn der Sicherungshauptverhandlung (im Interlokutverfahren also mit dem Beginn der Tatverhandlung) ausschließlich für die Entscheidung über die Unterbringungsfrage zuständig würde. Das aber hätte sehr wahrscheinlich zur Folge, daß die Verteidigung als erstes die Aufhebung des Unterbringungsbefehls beantragen würde, um die Einstellung des Gerichts zur Verdachtsfrage zu testen. Es müßte dann jeweils zu Beginn der Hauptverhandlung über die Unterbringungsfrage verhandelt und entschieden werden, wodurch der Sinn des Interlokuts in Frage gestellt würde.

Eine dritte Möglichkeit wäre, die Zuständigkeit zur Entscheidung über den Unterbringungs*grund* der Kammer zuzuweisen und den Unterbringungsrichter über das Vorliegen der dringenden Gründe, die die Annahme einer rechtswidrigen Tat rechtfertigen, befinden zu lassen. Darin ist jedoch auch keine Lösung zu sehen, denn erstens entstehen dann konkurrierende Zuständigkeiten und zweitens kann über die Frage, ob die öffentliche Sicherheit den Erlaß des Unterbringungsbefehls erfordert, gerade dann nicht ohne Berücksichtigung der dringenden Gründe für die Annahme der Tat entschieden werden, wenn - wie hier vertreten - auch für die nur vorläufige strafrechtliche Maßregelanordnung eine Symptomtat gefordert wird (§ 6 Abs. 1 Ziff. 3).

Damit kommt nur ein Kompromiß in Betracht. Nach diesem ist die Kammer für Sicherungsverfahren gem. §§ 126a II i.V.m. 126 II StPO von der Einreichung des Sicherungsantrages an zuständig, über die Anordnung oder Fortdauer der einstweiligen Unterbringung zu entscheiden.[419]

---

419 Da nicht mehr (wie bisher in § 207 IV StPO) von Amts wegen zu beschließen ist, wird in der Mehrzahl der Fälle eine besondere Entscheidung über die Unterbringung unterbleiben können, da die Verfahrensbeteiligten in diesem Stadium meist keine neuen Gesichtspunkte zur Unterbringungsfrage werden vorbringen können.

§ 10 Verwerfung und Zurückweisung des Sicherungsantrags

(1) Das Gericht verwirft den Sicherungsantrag als unzulässig, wenn

1. der Sicherungsantrag oder die Akten ein anderes Verfahrenshindernis als die Verhandlungsunfähigkeit des Maßregelbetroffenen erkennen lassen, das auch der Durchführung des allgemeinen Strafverfahrens entgegenstünde oder
2. der Sicherungsantrag nicht ordnungsgemäß erhoben ist.

Ziffer 1 gilt trotz dauernder Vernehmungsunfähigkeit des Maßregelbetroffenen nicht, wenn dieser in vernehmungsfähigem Zustand nach ordnungsgemäßer Belehrung und in Anwesenheit seines Verteidigers über die im Sicherungsantrag bezeichnete Tat richterlich vernommen worden ist.

(2) Das Gericht weist den Sicherungsantrag als offensichtlich unbegründet zurück, wenn die angeführten Tatsachen eine strafbare Handlung nicht erkennen lassen oder die angegebenen Beweismittel zur Begründung des in § 6 Abs. 1 Ziff. 2 - 4 beschriebenen Zusammenhangs offenkundig nicht ausreichen.

(3) Das Gericht weist den Sicherungsantrag teilweise zurück, wenn im Antragssatz mehrere Taten bezeichnet werden und bezüglich einzelner von ihnen ein Zurückweisungsgrund vorliegt.

(4) Der Beschluß ist dem Maßregelbetroffenen bekanntzumachen.

(5) Vor dem Beschluß ist die Staatsanwaltschaft auf die Mängel der Antragsschrift hinzuweisen und ihr Gelegenheit zur Beseitigung zu geben.

Zu § 10:

§ 10, der in Absatz 1 den Schutz des Maßregelbetroffenen vor unzulässigen, in Absatz 2 vor offensichtlich unbegründeten Sicherungsanträgen gewährleistet, schränkt die Möglichkeiten den Sicherungsantrag zurückzuweisen im Vergleich zur Zurückweisung der Anklage nach § 204 StPO wesentlich ein. Eine Zurückweisung kann hier nur bei offenkundigen Mängeln erfolgen, die eine Maßregelanordnung von vornherein ausschließen. Eine rechtlich abweichende Bewertung, wie sie das geltende Recht in § 414 i.V.m. § 207 II Nr. 3 StPO zuläßt, ist nicht vorgesehen. Diese muß der Tatverhandlung vorbehalten bleiben, in der gegebenfalls ein rechtlicher Hinweis zu erteilen ist, vgl. § 20 Abs. 3 S. 4. Gleichwohl läßt die Vorschrift die Pflicht des Gerichts zur Überprüfung von Rechtsfragen in vollem Umfang bestehen und läßt auch die Berücksichtigung von Tatsachenfragen im Rahmen einer Schlüssigkeitsprüfung zu.

Nach **Absatz 1 Satz 1 Ziffer 1** muß das mit dem Sicherungsantrag angerufene Gericht vor Anberaumung der Hauptverhandlung, wie ohnehin in jeder Lage des Verfahrens, von Amts wegen das Vorliegen der Prozeßvoraussetzungen prüfen.

Dabei hat es sich anders als im allgemeinen Srafverfahren nur mit den Fragen, die mit den Prozeßvoraussetzungen zusammenhängen, nicht aber mit dem Tatverdacht zu befassen.
Der Sicherungsantrag ist als unzulässig zu verwerfen, wenn sich der Mangel der Prozeßvoraussetzung *mit Sicherheit* feststellen läßt[420] oder wenn sich Zweifel am Vorliegen einer Prozeßvoraussetzungen auf konkrete tatsächliche Umstände gründen und auch nach Ausschöpfung aller Erkenntnismöglichkeiten nicht ausgeräumt werden können. Da also das Gericht die Klärung etwaiger Zweifel nicht der Sicherungshauptverhandlung überlassen darf,[421] ist der Sicherungsantrag durch Beschluß als unzulässig zu verwerfen, wenn er oder die Akten ein anderes Verfahrenshindernis als die Verhandlungsunfähigkeit des Maßregelbetroffenen[422] erkennen lassen, das auch der Durchführung des allgemeinen Strafverfahrens entgegenstünde.[423] Nach **Absatz 1 Satz 2** gilt dies jedoch trotz dauernder Vernehmungsunfähigkeit des Maßregelbetroffenen nicht, wenn dieser im Ermittlungsverfahren vernehmungsfähig war und dort in vernehmungsfähigem Zustand und in Anwesenheit seines Verteidigers nach ordnungsgemäßer Belehrung richterlich vernommen wurde, denn in diesem Fall besteht eine ausreichende rechtsstaatliche Grundlage für ein in Abwesenheit des Maßregelbetroffenen geführtes Sicherungsverfahren, so daß auch die Vernehmungsunfähigkeit der Durchführung einer Sicherungshauptverhandlung ausnahmsweise nicht entgegensteht.[424]

Die Zurückweisung wegen offensichtlicher Unbegründetheit in tatsächlicher Hinsicht nach **Absatz 2** setzt voraus, daß die angeführten Tatsachen eine strafbare Handlung nicht erkennen lassen oder die angegebenen Beweismittel zur Begründung des in § 6 Abs. 1 Ziff. 2 - 4 beschriebenen Zusammenhangs offenkundig nicht ausreichen. Die Aufnahme dieses Zurückweisungsgrundes dient dem Schutz des Maßregelbetroffenen und der Vermeidung offensichtlich ergebnisloser Sicherungsverfahren. Seine Anwendung muß auf krasse und offensicht-

420 Es ist z.B. ohne weiteres ersichtlich, daß der erforderliche Strafantrag nach Ablauf der Dreimonatsfrist gestellt ist.

421 Ebenso *Fezer*, StPO, 9/165 („in dubio contra procedere"); LR-*Rieß* § 206a Rn. 28ff., 30 m.w.N. für das allgemeine Strafverfahren; a.A. *Eb. Schmidt* NJW 1963, 1084.

422 Vgl. zur Begründung Komm. zu § 18 Abs. 1 S. 1 d. Entw. (S. 188ff.).

423 Dies entspricht § 6 Abs. 3 d. Entw. Stellt sich das Vorliegen eines solchen Verfahrenshindernisses erst nach Erlaß des Durchführungsbeschlusses heraus, stellt das Gericht das Verfahren (entsprechend § 206a StPO) außerhalb der Sicherungshauptverhandlung ein, § 13 Abs. 1 d. Entw. Ergibt sich das Vorliegen des Verfahrenshindernisses erst in der Sicherungshauptverhandlung, ergeht (entsprechend § 260 III StPO) Einstellungsurteil, § 29 Abs. 2 S. 2 d. Entw.

424 Vgl. Komm. zu § 18 Abs. 1 S. 2 d. Entw. (S. 191ff.).

liche Mängel der Antragsschrift beschränkt bleiben, da andernfalls doch wieder eine Vorfestlegung des Gerichts durch Prüfung des Tatverdachts oder Würdigung der rechtsfolgenrelevanten Umstände zu befürchten wäre, die durch die Abschaffung des Eröffnungsbeschlusses gerade vermieden werden soll.

Hält das Gericht den Sicherungsantrag aus den vorgenannten Gründen für unzulässig oder unbegründet, muß es einen entsprechenden Hinweis erteilen und Gelegenheit zur Nachbesserung der Antragsschrift geben, **Absatz 5**. Diese erfordert z.B. bei einer Zurückweisung wegen offensichtlicher Unbegründetheit nicht, daß neue Beweismittel vorgelegt werden, denn die Schlüssigkeit des Sicherungsantrags kann sich auch bei Benennung der bereits vorgelegten Beweismittel, z.B. aus einer den früheren Antrag präzisierenden Beschreibung der Beweisrichtung oder des Umfangs der Beweiskraft ergeben.

Kann die Staatsanwaltschaft die Mängel der Antragsschrift nicht beseitigen, verfährt das Gericht nach § 10. Nach **Absatz 3** ist auch eine nur teilweise Zurückweisung des Sicherungsantrags möglich. Der Zurückweisungsbeschluß ist dem Maßregelbetroffenen bekanntzumachen, **Absatz 4.**

Der Sicherungsantrag kann erneut eingereicht werden, wenn die Gründe für die Verwerfung oder Zurückweisung entfallen sind, § 12. Sieht die Staatsanwaltschaft nach einer gemäß § 10 erfolgten Zurückweisung von der Einreichung einer neuen Antragsschrift ab, stellt sie das Verfahren ein und nimmt die Mitteilungen nach § 4 vor.

§ 11 Rechtsmittel
(1) Der Beschluß, das Sicherungshauptverfahren durchzuführen, ist unanfechtbar.
(2) Gegen den Beschluß, mit dem der Sicherungsantrag ganz oder teilweise zurückgewiesen wird, steht nur der Staatsanwaltschaft die sofortige Beschwerde zu.

Zu § 11:

Nach **Absatz 1** steht dem Maßregelbetroffenen gegen den Erlaß des Durchführungsbeschlusses (§ 9) eine Beschwerdemöglichkeit nicht zu, obwohl er (anders als die Staatsanwaltschaft) durch diesen beschwert ist. Diese Regelung wurde gewählt, weil bei einer umfassenden Beschwerdemöglichkeit des Maßregelbetroffenen bereits im Zwischenverfahren umfängliche Prüfungen von Rechtsfragen stattfinden müßten, deren Erörterung der Sicherungshauptverhandlung vorbehalten bleiben muß.

Auch gegen den Zurückweisungsbeschluß (§ 10) steht dem Maßregelbetroffenen kein Beschwerderecht zu. Dieser beschwert allein die Staatsanwaltschaft. Diese kann sofortige Beschwerde einlegen, **Absatz 2**, da aus Gründen der Rechtssicherheit eine schnelle und endgültige Klärung erforderlich ist.

§ 12 Beschränkte Sperrwirkung des Zurückweisungsbeschlusses
Ist der Sicherungsantrag durch Beschluß nach § 10 zurückgewiesen worden, kann er erneut eingereicht werden, wenn die Gründe für den Beschluß entfallen sind.

Zu § 12:

Da die Sperrwirkung des Zurückweisungsbeschlusses nicht größer sein kann als der Umfang der vorausgegangenen Prüfung, kann die Staatsanwaltschaft jederzeit eine neue Antragsschrift einreichen, wenn die Gründe für den Beschluß entfallen sind, insbes. ein Verfahrenshindernis nicht mehr besteht.

§ 13 Einstellung nach Durchführungsbeschluß
(1) Für die Einstellung des Verfahrens entsprechend § 206a gilt § 10 Abs. 1 S. 2.
(2) Wird das Verfahren außerhalb der Sicherungshauptverhandlung entsprechend § 206a oder § 206b eingestellt, erfolgt die Mitteilung nach § 4 durch den Vorsitzenden.

Zu § 13:

Stellt sich nach Erlaß des Durchführungsbeschlusses (§ 9) ein Verfahrenshindernis heraus, kann das Gericht außerhalb der Hauptverhandlung das Verfahren einstellen, § 206a StPO. Eine Einstellung wegen Vernehmungsunfähigkeit des Maßregelbetroffenen unterbleibt jedoch, wenn dieser in vernehmungsfähigem Zustand nach ordnungsgemäßer Belehrung und in Anwesenheit eines Verteidigers über die im Sicherungsantrag bezeichnete Tat richterlich vernommen worden ist, § 10 Abs. 1 S. 2. Wird das Sicherungshauptverfahren nach Erlaß des Durchführungsbeschlusses eingestellt, trifft die in § 4 normierte Mitteilungspflicht den Vorsitzenden.

3. Abschnitt: Vorbereitung der Sicherungshauptverhandlung

§ 14 Beteiligung der Gerichtshilfe

(1) Die Staatsanwaltschaft teilt dem Gerichtshelfer, der Ermittlungen durchgeführt hat, Ort und Zeit der Tatverhandlung mit. Sind die Persönlichkeitsakten gemäß § 7 Abs. 4 S. 2 bereits mit der Antragsschrift dem Gericht vorgelegt worden, erfolgt die Benachrichtigung durch den Vorsitzenden; dieser kann ein konkretisierendes Gerichtshilfeersuchen erteilen.
(2) Der Gerichtshelfer, der Ermittlungen durchgeführt hat, ist berechtigt, an der Sicherungshauptverhandlung teilzunehmen. An der Rechtsfolgenverhandlung soll er teilnehmen, sofern nicht Staatsanwaltschaft und Verteidigung auf seine Teilnahme verzichten; auf Anordnung des Gerichts ist er zum Erscheinen verpflichtet.

Zu § 14:

§ 14,[425] der die bisherige Lücke bei der prozessualen Stellung des Gerichtshelfers schließt, räumt nur dem *ermittelnden* Gerichtshelfer ein Teilnahmerecht an der gesamten Sicherungshauptverhandlung ein, obwohl dessen aktive Teilnahme frühestens in der Rechtsfolgenverhandlung erforderlich werden kann, **Absatz 2 Satz 1**. Eine generelle Pflicht zur Teilnahme an der Rechtsfolgenverhandlung besteht nicht. Zum einen erscheint eine Sollvorschrift im Hinblick auf die begrenzten Kapazitäten der Gerichtshilfe praktikabler, zum anderen sind Fälle denkbar, in denen die Beteiligung des Gerichtshelfers entbehrlich ist, z.B. weil der schriftliche Bericht alle wesentlichen Informationen enthält und zu erwarten ist, daß der Maßregelbetroffene diese auf Vorhalt (§ 26 Abs. 4 S. 4) bestätigt.[426] Im allgemeinen wird der Gerichtshelfer am besten beurteilen können, ob seine Anwesenheit sachgerecht und ökonomisch ist. Er kann deshalb im Zusammenhang mit seinem schriftlichen Bericht vorschlagen, auf seine Teilnahme zu verzichten. Das Gericht kann dann nach pflichtgemäßem Ermessen entscheiden, ob es auf die Anwesenheit des Gerichtshelfers verzichten kann, ohne gegen seine Amtsaufklärungspflicht zu verstoßen.
Im Hinblick auf die primäre Verantwortung und Sachkenntnis der Staatsanwaltschaft bei der Vorbereitung der Rechtsfolgenverhandlung und deren Bedeutung für die Verteidigung ist es jedoch angebracht, die Zustimmung dieser Verfah-

---

425 Absatz 1 entspricht der Regelung für die Jugendgerichtshilfe in § 38 III 1 JGG.

426 Beachte auch § 2 Abs. 3 d. Entw., der die Heranziehung der Gerichtshilfe bei nicht-freiheitsentziehenden Maßregeln in das Ermessen der Staatsanwaltschaft stellt.

rensbeteiligten zu einem Verzicht auf die Anwesenheit des Gerichtshelfers einzuholen. Stimmen sie nicht zu, behält das Gericht aufgrund der Sollvorschrift den erforderlichen Spielraum, um zu entscheiden, ob die Teilnahme unentbehrlich ist. Die Verweigerung der Zustimmung durch die Staatsanwaltschaft oder Verteidigung wird ein gewichtiger Indikator dafür sein.
Absatz 2 Satz 2 HS. 2 stellt sicher, daß das Gericht auch gegen den Willen des Gerichtshelfers die Verpflichtung zu dessen Erscheinen anordnen kann.

Absatz 1 regelt die Terminbenachrichtigung. Diese erfolgt grundsätzlich durch die Staatsanwaltschaft, weil das Gericht wegen des Aktentrennungsgrundsatzes die Persönlichkeitsakten zu diesem Zeitpunkt noch nicht kennt (§§ 2 Abs. 5, 7 Abs. 4). Sind die Persönlichkeitsakten dem Gericht jedoch schon mit der Stellung des Sicherungsantrags vorgelegt worden, weil der Maßregelbetroffene im wesentlichen geständig ist (§ 7 Abs. 4 S. 2), erfolgt die Benachrichtigung durch den Vorsitzenden. In diesem Fall soll der Vorsitzende in Vorbereitung der Rechtsfolgenverhandlung den Gerichtshilfebericht ausnahmsweise noch vor der Tatverhandlung lesen müssen, da er wegen des auch in der Rechtsfolgenverhandlung geltenden Amtsaufklärungsgrundsatzes (an den wegen des Wegfalls des Eröffnungsverfahrens besonders strenge Anforderungen zu stellen sind) gegebenenfalls ein konkretisierendes Gerichtshilfeersuchen erteilen muß. Würde dies erst nach der Tatverhandlung geschehen, wäre eine Unterbrechung nicht zu vermeiden.

§ 15 Vorbereitung der Sicherungshauptverhandlung
(1) Die Ladung des Gerichtshelfers und der für die Rechtsfolgenverhandlung benötigten Zeugen und Sachverständigen kann der Vorsitzende vor dem Zwischenbescheid nur auf Antrag der Staatsanwaltschaft oder des Maßregelbetroffenen anordnen.
(2) Der Vorsitzende veranlaßt die Untersuchung des Maßregelbetroffenen auf seine Verhandlungsfähigkeit. Wurde die Anordnung einer freiheitsentziehenden Maßregel beantragt, soll der Arzt zum Sachverständigen bestellt werden, der den Maßregelbetroffenen nach § 2 Abs. 1 untersucht hat, wenn diesem die dauernde Anwesenheit in der Rechtsfolgenverhandlung möglich ist. Andernfalls hat der Vorsitzende einen Arzt zum Sachverständigen zu bestellen, der hierzu bereit ist. Dem Sachverständigen ist ausreichende Gelegenheit zur Vorbereitung des von ihm in der Rechtsfolgenverhandlung zu erstattenden Gutachtens zu geben.
(3) Im übrigen gelten die Vorschriften über die Vorbereitung der Hauptverhandlung entsprechend.

Zu § 15:

Absatz 1 paßt die Ladungsmodalitäten den besonderen Bedürfnissen der Tatinterlokutverhandlung an. Im Sinne der Systemreinheit wäre die sauberste Regelung, die Ladung der für die Rechtsfolgenverhandlung benötigten Zeugen und Sachverständigen nach dem Zwischenbescheid vorzunehmen. Dies würde jedoch zu einer Unterbrechung der Sicherungshauptverhandlung führen, die es abgesehen vom Gesichtspunkt der Verfahrensverzögerung auch deshalb zu vermeiden gilt, weil die Rechtsfolgenverhandlung wegen des festzustellenden Zusammenhangs zwischen (Symptom)Tat und künftiger Gefährlichkeit zeitlich möglichst unmittelbar auf die Tatverhandlung folgen soll. Andererseits muß aber vermieden werden, daß das Gericht vor dem Zwischenbescheid von Amts wegen Anordnungen zur Vorbereitung der Rechtsfolgenverhandlung treffen muß, die die Kenntnis der Persönlichkeitsakten voraussetzen. Die unmittelbare Ladung durch die Staatsanwaltschaft oder den Maßregelbetroffenen würde letzteren im Hinblick auf den Kostenvorschuß (§ 220 II StPO) benachteiligen. Auch die Ladung durch die Staatsanwaltschaft auf Antrag des Maßregelbetroffenen wäre unbefriedigend, da dieser seine Verteidigungsstrategie offenbaren müßte und die Staatsanwaltschaft bei Meinungsverschiedenheiten über die Notwendigkeit einer Ladung keine neutrale Instanz wäre.

Demgegenüber weist die Ladung durch den Vorsitzenden auf Antrag des Maßregelbetroffenen oder der Staatsanwaltschaft die geringsten Nachteile auf.[427] Zwar erhält der Vorsitzende auf diese Weise Kenntnisse über Beweismittel der Rechtsfolgenverhandlung, die er zu diesem Zeitpunkt noch nicht haben sollte, dies kann jedoch hingenommen werden, da es sich um eher formale Kenntnisse handelt, die den Inhalt der Rechtsfolgenverhandlung nicht im einzelnen offenlegen. Durch die Kann-Regelung ist sichergestellt, daß der Vorsitzende nicht jedem Ladungsantrag stattgeben muß. Erkennbar unsinnige oder verfahrensfremden Zwecken dienende Ladungsanträge kann er im Rahmen des ihm zustehenden Ermessens ablehnen. Das unmittelbare Ladungsrecht des Maßregelbetroffenen (§ 220 I StPO) schützt in diesen Fällen sein Verteidigungsinteresse hinreichend.
Neben den vorsorglichen Ladungsanträgen bleibt dem Maßregelbetroffenen die Möglichkeit, in der Rechtsfolgenverhandlung Beweisanträge nach § 244 I - III StPO zu stellen. Wegen der Unterbrechungsgefahr wird die Staatsanwaltschaft in solchen Fällen bemüht sein, ihrerseits die notwendigen Ladungen zu beantragen und damit ihrer Verpflichtung zur Ermittlung der rechtsfolgenrelevanten Tatsachen (§ 2 Abs. 3 S. 1) gerecht zu werden, denn nach dem hier vorgeschlagenen Verhandlungsmodell liegt die Verantwortung für die Konzentration und Beschleunigung des Verfahrens vor allem bei ihr.
Nach Erlaß des Zwischenbescheides ist das Gericht von Amts wegen befugt und wegen des Amtsaufklärungsgrundsatzes verpflichtet, die für die Rechtsfolgenverhandlung erforderlichen Beweise zu erheben und die erforderlichen Ladungen anzuordnen. Die primäre Verantwortung der Staatsanwaltschaft für die Vorbereitung der Rechtsfolgenverhandlung dürfte bewirken, daß Ladungen von Amts wegen, die in diesem späten Stadium zumeist mit der Folge der Verfahrensunterbrechung verbunden sind, wie bisher die Ausnahme bleiben.

Nach **Absatz 2** veranlaßt der Vorsitzende die Untersuchung des Maßregelbetroffenen auf seine Verhandlungsfähigkeit.[428] Anders als im allgemeinen Strafverfahren ist die Verhandlungsfähigkeit des Maßregelbetroffenen keine Prozeßvoraussetzung des Sicherungsverfahrens. Wäre sie es, müßte der Allgemeinheit der mit dem Sicherungsverfahren erstrebte Schutz immer dann versagt werden, wenn der die Schuldunfähigkeit bewirkende Zustand des Täters auch dessen Verhandlungsfähigkeit ausschließt - eine Folge, die dem gesetzgeberischen Willen ersichtlich widerspricht.

---

427 Der Vorschlag und die Argumentation wurden aus § 214 Abs. 5 AE-StPO-HV übernommen.

428 Zum Begriff der Verhandlungsfähigkeit und dessen Abgrenzung zur Vernehmungsfähigkeit vgl. Komm. zu § 2 Abs. 1 d. Entw. (S. 108ff., 114).

Da das Ergebnis der Untersuchung nach Absatz 2 dem Gericht lediglich Aufschluß über die Anwesenheitsfähigkeit des Maßregelbetroffenen in der Sicherungshauptverhandlung verschaffen soll, muß sie erst bei deren Vorbereitung erfolgen.
Wurde eine freiheitsentziehende Maßregel beantragt, soll der Vorsitzende denjenigen Arzt[429] zum Sachverständigen bestellen, der den Maßregelbetroffenen im Ermittlungsverfahren (§ 2 Abs. 1) untersucht hat, wenn diesem die von § 16 geforderte dauernde Anwesenheit in der Rechtsfolgenverhandlung möglich ist. Andernfalls hat der Vorsitzende einen Arzt zum Sachverständigen zu bestellen, der zur ununterbrochenen Anwesenheit in der Rechtsfolgenverhandlung bereit ist. Die angestrebte Identität der Person des Sachverständigen in den verschiedenen Verfahrensabschnitten dient der besseren Erforschung der Persönlichkeit des Maßregelbetroffenen. Sie läßt sich nicht sicher gewährleisten,[430] sollte aber wie auch im geltenden Recht (§ 414 III StPO[431]) angestrebt werden. Das dem Sachverständigen *vor* der Sicherungshauptverhandlung ausreichende Gelegenheit zur Vorbereitung des von ihm in der Rechtsfolgenverhandlung zu erstattenden Gutachtens zu geben *ist*, stellt an sich eine Selbstverständlichkeit dar. Deren Normierung erscheint jedoch angesichts der schwachen Regelung des geltenden Rechts[432] angebracht.

Absatz 2 stellt (wie § 26 Abs. 2) nur Mindestanforderungen auf. Im Einzelfall kann die Amtsaufklärungspflicht des Gerichts mehr fordern. Insbesondere kann sich eine Verpflichtung zur Beiziehung weiterer Sachverständiger ergeben,[433] vor allem, wenn sich das Gericht dem Gutachten des zugezogenen Sachverständigen nicht anschließen will, denn das Gesetz geht davon aus, daß die eigene Sachkunde des Gerichts in der Regel für eine sichere Beurteilung dieser Fragen nicht ausreicht.[434]

---

429 Zum Erfordernis der Arzteigenschaft vgl. Komm. zu § 2 Abs. 1 d. Entw. (S. 107f. sowie Fn. 236).

430 Der Sachverständige kann sich gem. § 16 S. 3 d. Entw. i.V.m. § 227 StPO vertreten lassen.

431 § 414 Abs. 3 lautet (entsprechend § 80a StPO): „Im Vorverfahren soll einem Sachverständigen Gelegenheit zur Vorbereitung des in der Hauptverhandlung zu erstattenden Gutachtens gegeben werden."

432 Vgl. § 415 V 2 StPO bestimmt (entsprechend § 246a S. 2 StPO): „Hat der Sachverständige den Beschuldigten nicht schon früher untersucht, so soll ihm dazu vor der Hauptverhandlung Gelegenheit gegeben werden."

433 *BGHSt* 18, 374ff. zu § 246a StPO.

434 *BGHSt* 27, 166ff. zu § 246a StPO.

Im übrigen gelten für die Vorbereitung der Sicherungshauptverhandlung die Vorschriften über die Vorbereitung der Hauptverhandlung (§§ 213 - 225a StPO) entsprechend, **Absatz 3**.

4. Abschnitt: Sicherungshauptverhandlung

§ 16 Ununterbrochene Gegenwart
Die Sicherungshauptverhandlung erfolgt in ununterbrochener Gegenwart der zur Urteilsfindung berufenen Personen sowie der Staatsanwaltschaft, des Verteidigers und eines Urkundsbeamten der Geschäftsstelle. In der Rechtsfolgenverhandlung ist die ununterbrochene Anwesenheit eines Sachverständigen erforderlich, wenn die Anordnung einer freiheitsentziehenden Maßregel beantragt wurde. § 227 gilt entsprechend.

Zu § 16:

§ 16 Satz 1, 2 entspricht §§ 226, 140 I Nr. 1 StPO und sieht darüberhinaus zur Erreichung einer verbesserten Rechtfolgenentscheidung die ununterbrochene Anwesenheit eines Sachverständigen vor, wenn die Anordnung einer freiheitsentziehenden Maßregel beantragt wurde. Richtet sich der Rechtsfolgenantrag auf Anordnung einer nicht-freiheitsentziehenden Maßregel, ist die ununterbrochene Anwesenheit des Sachverständigen ggbf. ab dem Zeitpunkt des rechtlichen Hinweises nach § 28 Abs. 2 erforderlich.

Wie im allgemeinen Strafverfahren, können mehrere Staatsanwälte, Verteidiger oder Sachverständige mitwirken und ihre Verrichtungen unter sich teilen, **Satz 3** i.V.m. § 227 StPO. Wegen der angestrebten Personenidentität soll sich der voruntersuchende Sachverständige jedoch nur in Ausnahmefällen vertreten lassen (§ 15 Abs. 2).

§ 17 Aussetzung und Unterbrechung

§ 228 Abs. 1, 3 gilt entsprechend. § 229 gilt mit der Maßgabe, daß die Sicherungshauptverhandlung bis zu drei Wochen, nach einer Verhandlungsdauer von jeweils sechs Monaten für dreißig Tage unterbrochen werden darf und der Lauf der Unterbrechungsfristen auch bei der Erkrankung eines Mitglieds des Gerichts gehemmt ist.

Zu § 17:

Für die Aussetzung und Unterbrechung der Sicherungshauptverhandlung gelten die allgemeinen Vorschriften mit geringfügigen Modifikationen.[435] Nach geltendem Recht darf die Hauptverhandlung für höchstens zehn Tage unterbrochen werden. Längere Unterbrechungen bis zu dreißig Tagen sind erst nach dem zehnten Verhandlungstag und sodann ein zweites Mal nach weiteren zehn Verhandlungstagen zulässig. Zudem kann die Hauptverhandlung jeweils nach zwölf Monaten Dauer für dreißig Tage unterbrochen werden.

Ist eine Terminierung innerhalb der zehntägigen Frist des § 229 I StPO aus wichtigem Grund nicht sinnvoll möglich, lassen die geltenden Unterbrechungsfristen eine sachgerechte Terminierung der Fortsetzungsverhandlungen nicht zu. Das ist insbesondere dann der Fall, wenn ein Zeuge erkrankt oder verreist ist oder ein erst in der Hauptverhandlung bestellter Sachverständiger Zeit zur Vorbereitung seines Gutachtens benötigt. In diesen Fällen ist das Gericht gezwungen, zur Wahrung der Fristen an sich nicht benötigte Kurztermine durchzuführen, die das Verfahren nicht fördern, die Beteiligten jedoch zeitlich binden und erhebliche Ressourcen vergeuden. Um dies zu verhindern dehnt § 17 die Höchstdauer der Unterbrechung von derzeit zehn Tagen auf drei Wochen aus. Daneben erscheint insbesondere im Hinblick auf die mit langwierigen Großverfahren verbundene Belastung aller Beteiligten auch die Zulassung einer dreißigtägigen Unterbrechung nach sechsmonatiger (statt wie bisher zwölfmonatiger, § 229 II StPO) Verhandlungsdauer angemessen. Die vorgeschlagenen Änderungen lassen eine Verfahrensverlängerung nicht befürchten, zumal das Beschleunigungsgebot unverändert bestehen bleibt, denn die bei Vermeidung von Kurzterminen gewonnenen Freiräume erleichtern die Verhandlung und Erledigung einfach gelagerter und kurzfristig zu erledigender Sachen. Schließlich soll die Ausweitung der Erkrankungsregel des § 229 III StPO die Notwendigkeit re-

---

435 Diese entsprechen den nicht veröffentlichten Vorschlägen zur Straffung und Vereinfachung des Strafverfahrens, die die Arbeitsgruppe „Aufgabenkritik“ im Juli 1999 beim Präsidenten des Hanseatischen Oberlandesgerichts in Hamburg vorgelegt hat.

duzieren, für den Fall der Erkrankung eines Gerichtsmitgliedes bereits mit Beginn der Hauptverhandlung vorsorglich Ergänzungsrichter und -schöffen hinzuzuziehen. Damit werden nicht nur Kosten gespart sondern es wird auch die Gefahr eines Neubeginns der Hauptverhandlung vermindert.

§ 18 Sicherungshauptverhandlung in Abwesenheit des Maßregelbetroffenen

(1) Ist das Erscheinen des vernehmungsfähigen Maßregelbetroffenen in der Sicherungshauptverhandlung wegen seines Zustandes dauernd unmöglich oder aus Gründen der öffentlichen Sicherheit oder Ordnung unangebracht, so kann das Gericht die Sicherungshauptverhandlung durchführen, ohne daß der Maßregelbetroffene zugegen ist. Unter denselben Voraussetzungen kann die Sicherungshauptverhandlung gegen einen vernehmungsunfähigen Maßregelbetroffenen durchgeführt werden, wenn dieser im Ermittlungsverfahren in vernehmungsfähigem Zustand über die im Sicherungsantrag bezeichnete Tat durch ein Mitglied des für das Sicherungsverfahren zuständigen Gerichts richterlich vernommen worden ist und dieses an der Sicherungshauptverhandlung teilnimmt. Andernfalls ist das Verfahren einzustellen und die Mitteilung nach § 4 vorzunehmen.

(2) Im Fall des Absatz 1 Satz 1 ist der Maßregelbetroffene vor der Sicherungshauptverhandlung durch die Berufsrichter des erkennenden Gerichts in Anwesenheit des Verteidigers und des nach § 15 Absatz 2 bestellten Sachverständigen entsprechend § 23 Absatz 4 zu vernehmen. Von dem Vernehmungstermin sind der Maßregelbetroffene, die Staatsanwaltschaft, der Verteidiger und der gesetzliche Vertreter rechtzeitig zu benachrichtigen. § 5 Abs. 4 S. 1 gilt entsprechend. Die Einlassung des Maßregelbetroffenen zur Tatfrage ist von der zu den soziodemographischen Daten getrennt zu protokollieren. Das Protokoll ist den Tat- bzw. Persönlichkeitsakten beizufügen.

(3) Fordert es die Rücksicht auf den Zustand des Maßregelbetroffenen oder ist eine ordnungsgemäße Durchführung der Sicherungshauptverhandlung sonst nicht möglich, kann das Gericht nach der Vernehmung des Maßregelbetroffenen zur Tatfrage (§ 23 Abs. 4) die Sicherungshauptverhandlung durchführen, auch wenn der Maßregelbetroffene nicht oder nur zeitweise zugegen ist.

(4) Die Verhandlung in Abwesenheit des Maßregelbetroffenen nach Absatz 1 oder 3 beschließt das Gericht nach Anhörung des Sachverständigen. Der Beschluß nach Absatz 1 kann bereits vor Beginn der Sicherungshauptverhandlung gefaßt werden. Gegen ihn ist die sofortige Beschwerde zulässig; sie hat aufschiebende Wirkung. Eine begonnene Sicherungshauptverhandlung ist bis zur Entscheidung über die sofortige Beschwerde zu unterbrechen.

(5) Soweit eine Sicherungshauptverhandlung ohne den Maßregelbetroffenen stattfindet, können seine in einem richterlichen Protokoll enthaltenen Erklärungen nach Maßgabe des § 27Absatz 2 verlesen werden. Das Protokoll über die Vorvernehmung nach Absatz 2 Satz 1 ist zu verlesen.

(6) § 234a gilt entsprechend.

(7) Sobald der Grund für den Abwesenheitsbeschluß nach Absatz 1 oder 3 wegfällt, hat der Vorsitzende den Maßregelbetroffenen, solange mit der Verkündung des Urteils noch nicht begonnen worden ist, von dem wesentlichen Inhalt dessen zu unterrichten, was in seiner Abwesenheit verhandelt worden ist.

Zu § 18:

Der in Art. 103 GG normierte Anspruch auf Gewährung rechtlichen Gehörs verbietet grundsätzlich die Durchführung einer Hauptverhandlung gegen einen körperlich oder geistig abwesenden Angeklagten. Daher findet entsprechend § 230 StPO auch die Sicherungshauptverhandlung grundsätzlich in Anwesenheit des Maßregelbetroffenen statt. § 18 sieht jedoch über das allgemeine Strafverfahren hinausgehende Ausnahmen von diesem Grundsatz vor[436] und zwar im wesentlichen dieselben, die de lege lata in § 415 StPO normiert sind. **§ 18 Absatz 1** läßt wie § 415 I StPO die Durchführung der *gesamten* Sicherungshauptverhandlung in vollständiger Abwesenheit des Maßregelbetroffenen zu, während **§ 18 Absatz 3** entsprechend § 415 III StPO ein *zeitweises* Verhandeln in Abwesenheit des Maßregelbetroffenen ermöglicht.
Daß die Abwesenheitsverhandlung im Sicherungsverfahren in größerem Umfang möglich ist, als im allgemeinen Strafverfahren, ist eine Konsequenz der mit der Einführung des Sicherungsverfahrens erstrebten Prävention. Die Allgemeinheit soll vor dem gefährlichen Zustand des Maßregelbetroffenen auch dann geschützt werden können, wenn der Durchführung eines auf Maßregelanordnung gerichteten Verfahrens ein anerkannt schützenswertes Interesse (des Maßregelbetroffenen, der öffentlichen Sicherheit oder Ordnung) entgegensteht. Da die Abwesenheitsverhandlung zur Folge hat, daß dem Maßregelbetroffenen Möglichkeiten des rechtlichen Gehörs und der Verteidigung genommen werden, ist sie nur unter besonderen Umständen zulässig. Ihre Voraussetzungen sind restriktiv zu interpretieren und unter besonderer Beachtung des Verhältnismäßigkeitsgrundsatzes zu konkretisieren,[437] während die grundlegenden Verfahrensrechte des Maßregelbetroffenen so umfänglich wie möglich erhalten werden müssen. Daher ist, soweit möglich und angemessen, nach Absatz 3 zu verfahren.

Nach **Absatz 1 Satz 1**, der zwei abschließende Ausschlußgründe enthält, ist die Durchführung der Sicherungshauptverhandlung in vollständiger Abwesenheit des vernehmungsfähigen Maßregelbetroffenen zulässig, wenn dessen Erscheinen nach der Überzeugung des Gerichts (die sich auf ein ärztliches Gutachten zu stützen hat, **Absatz 4 Satz 1**), *dauernd* unmöglich oder unangebracht ist. Die Ausschlußgründe können sich überschneiden und gleichzeitig vorliegen.
Nach einhelliger Meinung[438] ist *Unmöglichkeit* gegeben, wenn sie aus dem Zustand des Maßregelbetroffenen resultiert und dieser durch sein Erscheinen er-

---

436 Zur Begründung siehe Komm. zu § 15 Abs. 2 d. Entw. (S. 182ff.).

437 So auch KMR-*Paulus* § 415 Rn. 2.

438 Vgl. *Kleinknecht/Meyer-Goßner* § 415 Rn. 2; KMR-*Paulus* § 415 Rn. 5; KK-*Fischer* § 415 Rn. 4; *Pfeiffer* § 415 Rn. 2; LR-*Gössel* § 415 Rn. 2; AK-*Keller* § 415 Rn. 2.

heblich gefährdet oder geschädigt würde (z.B. bei zu befürchtender Verschlechterung des Gesundheitszustandes, Selbsttötungsgefahr oder Transportunfähigkeit). Der Begriff der Unmöglichkeit ist nicht gleichbedeutend mit dem der Verhandlungsunfähigkeit. Da auch der Verhandlungsunfähige verteidigungsfähig[439], d.h. zur Ausübung seiner Verfahrensrechte imstande sein kann, muß die Abwesenheit durch besondere Umstände erfordert werden. Die Verhandlungsunfähigkeit alleine macht das Erscheinen des Maßregelbetroffenen nicht ohne weiteres unmöglich.
Aus Gründen der öffentlichen Sicherheit oder Ordnung *unangebracht* kann die Anwesenheit des Maßregelbetroffenen sein, wenn krankheitsbedingte Auswirkungen die Durchführung der Sicherungshauptverhandlung hindern (z.B. weil mit Anfällen, tätlichen Angriffen, Ausbruchsversuchen o.ä. während des Transports oder in der Sicherungshauptverhandlung zu rechnen ist) und diesen Gefahren durch zumutbare Sicherungsmaßnahmen nicht wirksam begegnet werden kann.[440] Der Ausschlußgrund der Unangebrachtheit kommt nur in seltenen Ausnahmefällen in Betracht, zumal sein Zweck vielfach auch mit einem nur zeitweisen Ausschluß des Maßregelbetroffenen nach § 18 Absatz 3 erreichbar sein wird.[441]

Für den im Verhandlungszeitpunkt lediglich vernehmungsfähigen Maßregelbetroffenen sichert **Absatz 2** ein Mindestmaß an rechtlichem Gehör, indem er (wie § 415 II StPO) eine vor der Sicherungshauptverhandlung erfolgende richterliche Vorvernehmung zur Voraussetzung der Abwesenheitsverhandlung nach Absatz 1 macht. Die Situation entspricht der des § 231a I 2 StPO. Dieser verlangt, daß dem Angeklagten bei einer Vernehmung zu der zugelassenen Anklage Gelegenheit gegeben wird, die Verdachtsgründe zu beseitigen sowie die zu seinen Gunsten sprechenden Tatsachen geltend zu machen (§ 136 II StPO) und sichert ihm auf diese Weise ein Mindestmaß an rechtlichem Gehör auch dann noch, wenn der Angeklagte die ihm von der Prozeßordnung eingeräumte Möglichkeit, dem Gericht in der Hauptverhandlung seinen Standpunkt vorzutragen, absichtlich vereitelt und deshalb verfassungsrechtlich keinen Anspruch auf zusätzliche Anhörung mehr hätte. Die zulässige Durchführung der Abwesenheitsverhandlung nach § 231a I StPO setzt voraus, daß der Angeklagte in dem Zeitpunkt, in dem er zur Anklage Stellung nehmen konnte, vernehmungsfähig war.[442] Ein Angeklagter, der seine Verhandlungsunfähigkeit selbst vorsätzlich-schuldhaft herbeiführt, verwirkt zwar seinen verfassungsrechtlichen Anspruch auf rechtli-

439 Vgl. Komm. § 2 Abs. 1 d. Entw. (S. 108ff., 114).
440 Vgl. *Kleinknecht/Meyer-Goßner* § 415 Rn. 3; KMR-*Paulus* § 415 Rn. 5; KK-*Fischer* § 415 Rn. 5; LR-*Gössel* § 415 Rn. 2; AK-*Keller* § 415 Rn. 2.
441 KMR-*Paulus* § 415 Rn. 5.
442 A.A. wohl KMR-*Paulus* § 231a Rn. 19.

ches Gehör insoweit, als die Hauptverhandlung auch in seiner Abwesenheit stattfinden kann, jedoch wäre ein ohne jedes rechtliche Gehör zustandegekommenes Urteil nicht der Rechtskraft fähig und der Angeklagte spätestens vor dessen Vollstreckung (mit der Folge der Erneuerung der Hauptverhandlung) umfassend zu hören.[443]

Anders als § 415 II 1 StPO, der die Vorvernehmung durch einen beauftragten Richter anordnet, sieht **§ 18 Absatz 2** die Vernehmung des Maßregelbetroffenen *durch die Berufsrichter des erkennenden Gerichts* vor, damit diese einen eigenen, unmittelbaren Eindruck von der Persönlichkeit des Maßregelbetroffenen gewinnen und selbst beurteilen können, ob dieser in der Sicherungshauptverhandlung nicht doch persönlich angehört werden kann. Darüberhinaus soll der Maßregelbetroffene die Gelegenheit erhalten, seine Aussage vor einem Teil des sachlich zuständigen, mit besonderer Sachkunde ausgestatteten Spruchkörpers zu machen und nicht nur vor einem seiner Mitglieder, das de lege lata noch nicht einmal an der Sicherungshauptverhandlung teilnehmen muß.[444]
Die Vorvernehmung erfolgt entsprechend § 23 Abs. 4 in Anwesenheit des Verteidigers und eines Sachverständigen, **Absatz 2 Satz 1**. Ausnahmen von der ständigen Anwesenheit des Sachverständigen, wie sie die Rechtsprechung zuläßt,[445] sind mit dem Gesetz nicht vereinbar. Von dem Vernehmungstermin sind der Maßregelbetroffene, die Staatsanwaltschaft, der Verteidiger und der gesetzliche Vertreter rechtzeitig zu benachrichtigen, **Absatz 2 Satz 2**. Für den Maßregelbetroffenen genügt eine formlose Mitteilung, sofern er nicht in Freiheit (z.B. nach § 126a I StPO) untergebracht ist. Sonst bedarf es auch hier einer förmlichen Ladung gemäß § 216 I 1 StPO.[446] Auf Antrag des Maßregelbetroffenen oder seines Verteidigers ist dem Betreuer oder einer Vertrauensperson des Maßregelbetroffenen die Anwesenheit bei der Vernehmung zu gestatten, **Absatz 2 Satz 3** i.V.m. § 5 Abs. 4 S. 1. Die Einlassung des Maßregelbetroffenen zur Tatfrage ist von der zu seinen soziodemographischen Daten getrennt zu protokollieren, **Absatz 2 Satz 4**. Das Protokoll ist den Tat- bzw. Persönlichkeitsakten beizufügen, **Absatz 2 Satz 5**.

Hält das Gericht nach pflichtgemäßem Ermessen einen Ausschlußgrund nach Absatz 1 Satz 1 für gegeben, kann es die Sicherungshauptverhandlung auch in vollständiger Abwesenheit eines im Verhandlungszeitpunkt sogar *vernehmungsunfähigen* Maßregelbetroffenen durchführen, wenn dieser im Ermittlungsverfah-

443 BT-Drucks. VII/2989, S. 6; *Rieß* JZ 1975, 269; *OLG Dresden* NStE Nr. 1 zu § 231a StPO; *Baumann* ZRP 1975, 43.
444 *BGHSt* 2, 1ff.
445 *RGSt* 72, 182f.; *BGH* NJW 1967, 990.
446 LR-*Gössel* § 415 Rn. 4; AK-*Keller* § 415 Rn. 4.

ren über die im Sicherungsantrag bezeichnete Tat richterlich vernommen worden ist. Nach § 5 Abs. 2 S. 1 HS. 2 ist für diese Vernehmung ein Mitglied der Kammer für Sicherungsverfahren zuständig. **Absatz 1 Satz 2** normiert damit eine den §§ 223 - 225 StPO entsprechende Ausnahme vom Grundsatz der formellen Unmittelbarkeit,[447] die zulässig ist, weil der Verfahrensdurchführung mit der richterlichen Vernehmung des Maßregelbetroffenen durch ein Mitglied des erkennenden Gerichts eine gerade noch ausreichende rechtsstaatliche Legitimation zugrunde liegt: Dem verteidigten Maßregelbetroffenen wurde rechtliches Gehör gewährt, er wurde im Zustand der Vernehmungsfähigkeit (und damit der Verteidigungs- und Belehrungsfähigkeit) über die Tat vernommen, wobei er ausdrücklich auf sein Schweigerecht hingewiesen worden ist und daraufhin freiwillig und in Kenntnis der Tragweite seines Verhaltens ausgesagt oder geschwiegen hat. Die Verwertbarkeit dieser Aussage im Hauptverfahren entspricht den Regelungen des allgemeinen Strafverfahrens, die die Verwertbarkeit einer Aussage ebenfalls von der Art der Vernehmung abhängig machen. § 251 StPO und § 254 StPO gehen davon aus, daß Niederschriften über eine richterliche Vernehmung mehr als die Vernehmungsprotokolle oder schriftliche Erklärungen anderer Strafverfolgungsorgane das Vertrauen verdienen, daß sie die Bekundung über eine beweiserhebliche Tatsache erschöpfend und zutreffend wiedergeben,[448] wobei die vorherige Belehrung durch den Richter als Gewähr dafür angesehen wird, daß der vernommenen Person Kenntnis von ihrem Zeugnis- oder Aussageverweigerungsrecht verschafft und ihr die Tragweite ihres Handelns vor Augen geführt wurde.[449] Demnach ist von einer erhöhten Rechtsstaatlichkeit der richterlichen Vernehmung auszugehen, infolge derer auch der Maßregelbetroffene keine Einbuße erleidet, wenn seine Aussage in seiner Abwesenheit zu Beweiszwecken verwendet wird.

Um sicherzustellen, daß wenigstens ein Mitglied des Spruchkörpers einen unmittelbaren Eindruck von dem Maßregelbetroffenen hat, muß der nach

---

447 Ausdruck des formellen Unmittelbarkeitsprinzips ist namentlich § 226 i.V.m. § 261 StPO. Die Beweisaufnahme muß vor dem erkennenden Gericht selbst, also in der Hauptverhandlung erfolgen. Sie darf grundsätzlich nicht an andere Richter „deligiert" werden und somit außerhalb der Hauptverhandlung stattfinden, vgl. *Fezer*, StPO, 14/2ff. m.w.N.

448 *BGHSt* 21, 218f.; LR-*Gollwitzer* § 251 Rn. 6.

449 Ständige Rspr.; *BGHSt* 32, 25, 29 (zur Vernehmung des Ermittlungsrichters über den Inhalt der vor ihm gemachten Aussage eines Zeugen, der nach ordnungsgemäßer Belehrung über sein Zeugnisverweigerungsrecht ausgesagt, dann aber in der Hauptverhandlung von seinem Zeugnisverweigerungsrecht Gebrauch gemacht hat); *BGHSt* 36, 384ff.; BGH NStZ 85, 36; zust. *Krey*, *Meyer*-GS, S. 243; krit. *Eisenberg* NStZ 88, 488; a.A. *Geppert* Jura 88, 306ff.; *Fezer*, StPO, 15/45ff.; *ders.* JZ 1990, 875f.; *ders.* JuS 1977, 670; Anm. *Welp* JR 1996, 78.

§ 5 Abs. 2 S. 1 HS. 2 vernehmende Richter de lege ferenda an der Sicherungshauptverhandlung teilnehmen (Absatz 1 Satz 2 a.E.),[450] obwohl Wahrnehmungen, die ausschließlich er machen konnte, nicht Grundlage des Urteils sein dürfen.
Liegen die Voraussetzungen des Absatz 1 Satz 2 nicht vor, ist die Abwesenheitsverhandlung unzulässig, das Sicherungsverfahren einzustellen und der Weg der landesrechtlichen Unterbringung einzuschlagen, **Absatz 1 Satz 3**.[451]

Absatz 3, der mit § 415 III StPO inhaltlich übereinstimmt, erleichtert ein zeitweises Verhandeln ohne den Maßregelbetroffenen. Über §§ 231 II, 231b, 247 StPO hinausgehend läßt er die Durchführung der Sicherungshauptverhandlung bei zeitweiser Abwesenheit des Maßregelbetroffenen zu, wenn dieser gem. § 23 Abs. 4 zur Tatfrage vernommen worden ist[452] und das Gericht die Anwesenheit des Maßregelbetroffenen während der weiteren Verhandlung oder für die Dauer einzelner Beweiserhebungen für unmöglich oder unangebracht hält. Die Anordnung der Teilabwesenheit kann also nur erfolgen, um Nachteile für den (geistigen, seelischen oder körperlichen) Zustand des Maßregelbetroffenen zu verhindern oder die ordnungsgemäße Durchführung der Sicherungshauptverhandlung zu gewährleisten.
Zwangsentfernt werden darf der Maßregelbetroffene nur nach § 177 GVG, § 247 StPO. Gegen den in der Sicherungshauptverhandlung überhaupt nicht erscheinenden Maßregelbetroffenen ist nach § 230 StPO zu verfahren.

Über die Zulässigkeit der Abwesenheitsverhandlung nach Absatz 1, 3 entscheidet das Gericht nach Anhörung eines Sachverständigen nach pflichtgemäßem Ermessen durch Beschluß, **Absatz 4 Satz 1**. Ist der Grund, der die Abwesenheit des Maßregelbetroffenen während der gesamten Verhandlung erfordert vor der Sicherungshauptverhandlung eingetreten und ist zu erwarten, daß er fortbestehen wird, so wird der Beschluß nach Absatz 1 (entsprechend § 231a III S. 2 StPO) noch vor Beginn der Sicherungshauptverhandlung erlassen, **Absatz 4 Satz 2**, um die Aufschiebung oder Verlegung des Termins durch die sofortige Beschwerde

---

450 De lege lata muß der mit der Vorvernehmung nach § 415 II StPO beauftragte Richter an der Sicherungshauptverhandlung nicht teilnehmen, *BGHSt* 2, 1ff.; LR-*Gössel* § 415 Rn. 3; *Kleinknecht/Meyer-Goßner* § 415 Rn. 5; *Pfeiffer* § 415 Rn. 3.

451 So deutlich nur AK-*Keller* § 415 Rn. 6, der die richterliche Vernehmung nicht berücksichtigt und in der Vernehmung des Beschuldigten nach § 415 II StPO die subjektivrechtliche Legitimation erblickt, um das Sicherungsverfahren mit der damit verbundenen Verantwortungserteilung trotz der Beschränkung des subjektiven Anwesenheitsrechts noch als (besonderes) Strafverfahren durchzuführen.; a.A. noch *Eb. Schmidt*, StPO II, § 429c Rn. 19; zur Begründung vgl. Komm. zu § 2 Abs. 1 d. Entw. (S. 115f.).

452 Unerheblich ist, ob er sich tatsächlich geäußert hat, § 243 IV 1 StPO.

nach Absatz 4 Satz 3 zu verhindern. I.ü. ergeht der Beschluß in oder während einer Unterbrechung der Hauptverhandlung.[453] Die Durchführung der gesamten Sicherungsverhandlung ohne den Maßregelbetroffenen ist zulässig, wenn der Beschluß nach Absatz 1 rechtskräftig ist.
Der Beschluß ist mit der sofortigen Beschwerde anfechtbar, die abweichend von § 307 I StPO aufschiebende Wirkung hat, **Absatz 4 Satz 3**. Eine noch nicht begonnene Hauptverhandlung ist soweit hinauszuschieben, bis das Vorliegen einer Beschwerdeentscheidung erwartet werden kann. Eine begonnene Hauptverhandlung ist bis zur Entscheidung über die Beschwerde zu unterbrechen, **Absatz 4 Satz 4**. Die Unterbrechung, die nach § 17 Satz 1 i.V.m. § 228 I S. 2 StPO vom Gericht zu beschließen ist, darf nach § 17 Satz 2 bis zu 30 Tagen dauern, was der Frist des § 231a III 4 HS. 2 StPO entspricht. Die Anfechtbarkeit des Beschlusses mit der sofortigen Beschwerde schließt die Revisionsrüge aus, das Gericht habe dessen Voraussetzungen zu Unrecht angenommen, § 336 S. 2 StPO.

Entfällt der die Abwesenheit erfordernde Grund, muß der Maßregelbetroffene wieder zur Hauptverhandlung zugezogen werden, ohne daß es einer förmlichen Aufhebung des Beschlusses bedarf.[454] Das Gericht hat in geeigneter Weise dafür zu sorgen, daß es von dem Wegfall des Abwesenheitsgrundes alsbald erfährt. Ist der Maßregelbetroffene wieder zugelassen, ist das Gericht (anders als bisher) wegen **Absatz 7** verpflichtet, ihn über das in seiner Abwesenheit Verhandelte zu unterrichten, womit die bislang umstrittene Frage, ob sich eine entsprechende Pflicht des Vorsitzenden aus einer analogen Anwendung der §§ 231a II, 231b II, 247 S. 4 StPO ergibt,[455] geregelt wird. Die Unterrichtung ist Sache des Vorsitzenden. Sie muß alsbald, d.h. ohne vermeidbare Verzögerung erfolgen. Im übrigen gelten für die Unterrichtung die gleichen Grundsätze wie bei § 247 I S. 4 StPO.
Anders als der Beschluß nach Absatz 1 ist der Beschluß nach Absatz 3 nicht mit der Beschwerde anfechtbar, § 305 S. 1 StPO. Wurde in Abwesenheit des Maßregelbetroffenen verhandelt, ohne daß die Voraussetzungen des Absatz 3 vorlagen, besteht der absolute Revisionsgrund des § 338 Nr. 5 StPO.

---

453 Er ist mit Gründen zu versehen und unverzüglich bekanntzumachen, §§ 34, 35 StPO. In der Hauptverhandlung genügt die unverzügliche Mitteilung an den Verteidiger, wenn die Bekanntmachung an den Maßregelbetroffenen wegen dessen Abwesenheit nur verspätet möglich ist, *BGHSt* 39, 110ff. zu § 231a III StPO m. zust. Anm. *Gollwitzer* JR 1994, 342ff.; *Kleinknecht/Meyer-Goßner* § 231a Rn. 17.

454 KK-*Tolsdorf* § 231a Rn. 24.

455 Dafür AK-*Keller* § 415 Rn. 8; BK-*Rüping* Art. 103 Abs. 1 GG Rn. 71; dagegen LR-*Gössel* § 415 Rn. 7: bloßes nobile officium.

Absatz 5 Satz 1 beschränkt (i.V.m. § 27Abs. 2) die nach § 415 IV 1 StPO bestehende Möglichkeit, die in einem richterlichen Protokoll enthaltenen Erklärungen des Maßregelbetroffenen ohne die Einschränkungen des § 254 StPO, d.h. auch zu anderen Zwecken als der Beweisaufnahme über ein Geständnis oder der Aufklärung von Widersprüchen in der Aussage des Maßregelbetroffenen zu verlesen, auf die Rechtsfolgenverhandlung. Bis zur Tatfeststellung im Zwischenbescheid ist die Verlesung dagegen nur unter den Voraussetzungen des § 254 StPO zulässig. Erklärungen, die der Maßregelbetroffene in vernehmungsunfähigem Zustand abgegeben hat, sind unter keinen Umständen verwertbar.[456] Entsprechend § 415 IV 2 ist das Protokoll über die Vorvernehmung gemäß **Absatz 5 Satz 2** in der Sicherungshauptverhandlung zu verlesen (was nach § 273 I StPO zu protokollieren ist). Andere Erklärungen in richterlichen Protokollen werden ohne Bindung an § 254 StPO nach Satz 1 verlesen.

Nach **Absatz 6** gilt § 234a StPO entsprechend, womit der anwesende Verteidiger auch im Sicherungsverfahren allgemein zur Wahrnehmung der Informations- und Zustimmungsbefugnisse des abwesenden Maßregelbetroffenen ermächtigt ist.

---

456 Vgl. § 2 Abs. 1 S. 2, 10 Abs. 1 S. 2, 18 Abs. 1 S. 2 d. Entw.; anders wohl *BGHSt* 2, 269ff., demzufolge auch die Angaben eines geisteskranken Beschuldigten im Sicherungsverfahren verwertet werden können. Bei der Würdigung der Aussage habe der Tatrichter lediglich zu prüfen, ob und inwieweit der Aussagende, mag er Angeklagter, Maßregelbetroffener oder Zeuge sein, überhaupt fähig ist, den bekundeten Vorgang richtig zu erfassen und wiederzugeben; zust. LR-*Gössel* § 414 Rn. 23.

§ 19 Verhandlungsleitung, Kreuzverhör, Fragerecht
(1) Der Vorsitzende leitet die Verhandlung, §§ 239 und 240 gelten entsprechend. Die Vernehmung des Maßregelbetroffenen und die Beweisaufnahme erfolgen nach Maßgabe der §§ 23ff. Im Rahmen der Verhandlungsleitung bestimmt der Vorsitzende die Sitzordnung und den äußeren Verhandlungsablauf. Insbesondere die Rechtsfolgenverhandlung soll in einer die offene Aussprache erleichternden Form gestaltet werden.
(2) Wird eine die Verhandlungsleitung betreffende Anordnung des Vorsitzenden von einem der Verfahrensbeteiligten als unzulässig beanstandet oder bestehen Zweifel über die Zulässigkeit einer Frage, so entscheidet das Gericht.

Zu § 19:

Auch im Sicherungsverfahren obliegt grundsätzlich die gesamte Prozeßleitung dem Vorsitzenden, so daß sich in § 19 fast ausschließlich Regelungen finden, die aus § 238 StPO übernommen wurden. Die §§ 239, 240 StPO gelten entsprechend. **Absatz 1 Satz 1** dient der Klarstellung und erteilt der in den Reformdiskussionen zum allgemeinen Strafverfahren häufig geäußerten Forderung nach der Einführung eines Wechselverhörmodells und der mit diesem Modell verbundenen Übertragung der Beweisaufnahme auf die Parteien eine ausdrückliche Absage.[457] **Absatz 1 Satz 2** hebt die Neuregelung der Vernehmung des Maßregelbetroffenen und der Beweisaufnahme in §§ 23ff. hervor.
Absatz 1 Satz 3, 4 eröffnet in vorsichtiger Form die Möglichkeit, die Vorzüge einer weniger streng formlisierten Verhandlung nutzbar zu machen, ohne Einzelheiten festzuschreiben. Zwar sind solche Verhandlungen nach richtiger Auffassung schon de lege lata möglich, da die äußere Verhandlungsgestaltung zur Prozeßleitungsbefugnis des Vorsitzenden (§ 238 I StPO) gehört. Angesichts der vielfältigen Widerstände[458] gegen das vor allem von Sachverständigen und justizexternen Beobachtern favorisierte Modell erscheint aber ein gesetzlicher „Erinnerungsposten“ in § 19 angezeigt, der die schon bisher im Rahmen der Verhandlungsleitung bestehenden Befugnisse des Vorsitzenden verdeutlicht. Die Verhandlung nach dem Modell „Runder Tisch“ erscheint für die Tatverhandlung geeignet, soweit der Maßregelbetroffene geständig ist, sowie generell für die Rechtsfolgenverhandlung, da sich bei den Zweiteilungsexperimenten im allgemeinen Strafverfahren gezeigt hat, daß auch viele nicht geständige Ange-

---

457 Zur Begründung vgl. *Sessar* ZStW 1980 (92), 698ff., 704ff., 708ff.; *Schünemann* GA 1978, 164ff.

458 Zum Ganzen *Schreiber*, *Stutte*-FS, S. 281ff.; *ders.*, Runder Tisch, 1ff., 12f.; AE-StPO-HV, S. 50ff.

klagte nach dem Zwischenbescheid zur aktiven Teilnahme an der Rechtsfolgenverhandlung bereit waren.[459] Die entsprechende Gestaltungsfreiheit gehört zur Verhandlungsleitungsbefugnis des Vorsitzenden, die (entsprechend § 238 Abs. 2 StPO) nach **Absatz 2** beanstandet werden kann.
Die Änderung des in § 238 II StPO verwendeten Begriffs der Sachleitung in den der Verhandlungsleitung, trägt dem Umstand Rechnung, daß die früher vielfach übliche, aber an Abgrenzungsschwierigkeiten leidende Unterscheidung zwischen formeller Leitung der Verhandlung (die allein die äußere Gestaltung des Verfahrens betrifft) und der Sachleitung im engeren Sinne überwiegend aufgegeben worden ist.[460]
Die Erweiterung der Formulierung auf den Fall, daß Zweifel über die Zulässigkeit einer Frage bestehen, entspricht der getrennten Erörterung des Verhandlungsstoffs.

---

459 Ausführliche Darstellung bei *Dölling*; *Schunck*, a.a.O.; *Schöch/Schreiber* ZRP 1978, 63ff.

460 Vgl. nur LR-*Gollwitzer* § 238 Rn. 19ff.; *Kleinknecht/Meyer-Goßner* § 238 Rn. 12 m. zahlr. Nachw.

§ 20 Sicherungshauptverhandlung

(1) Im ersten Teil der Sicherungshauptverhandlung (Tatverhandlung) entscheidet das Gericht, ob der Maßregelbetroffene die im Antragssatz bezeichnete Tat begangen hat, und im zweiten Teil über den Rechtsfolgenantrag (Rechtsfolgenverhandlung). Die Tatverhandlung umfaßt alle Strafbarkeitsvoraussetzungen mit Ausnahme der Schuldfähigkeit.

(2) Soweit es zur Feststellung der Tatbegehung unerläßlich ist, beschließt das Gericht, daß Tatsachen, die die Schuldunfähigkeit (§ 20 StGB), die verminderte Schuldfähigkeit (§ 21 StGB) oder soziodemographische Daten betreffen, in die Tatverhandlung einbezogen werden. Unter der gleichen Voraussetzung sind Art und Anlaß der Begehung von Taten, die früheren Verurteilungen zugrundelagen, einzubeziehen. Der Einbeziehungsbeschluß ist nicht anfechtbar.

(3) Die Tatverhandlung schließt mit der auf die Beratung folgenden Verkündung der Entscheidung des Gerichts. Gegenstand der Entscheidung ist die im Antragssatz bezeichnete Tat, wie sie sich nach dem Ergebnis der Tatverhandlung darstellt. Das Gericht ist an die im Sicherungsantrag enthaltene Beurteilung der Tat nicht gebunden. §§ 265, 266 gelten entsprechend.

(4) Der Sicherungsantrag ist durch Urteil als unbegründet zurückzuweisen, wenn sich die im Antragssatz bezeichnete Tat oder die Täterschaft des Maßregelbetroffenen nicht erweisen läßt. Die Urteilsgründe müssen ergeben, ob bei Nichtberücksichtigung derjenigen Irrtümer, die auf dem die Schuldfähigkeit ausschließenden Zustand beruhen und bei unterstellter Schuldfähigkeit des Maßregelbetroffenen eine strafbare Handlung aus tatsächlichen oder rechtlichen Gründen nicht festgestellt ist. Im übrigen endet die Tatverhandlung durch Einstellungsurteil oder einen Zwischenbescheid, in dem festgestellt wird, welche Tat der Maßregelbetroffene begangen hat.

(5) Der Zwischenbescheid ergeht als Beschluß. Er enthält die Feststellung, daß der Maßregelbetroffene die im Antragssatz bezeichnete Tat begangen hat und gibt deren rechtliche Bezeichnung an. Hat ein Straftatbestand eine gesetzliche Überschrift, soll diese zur rechtlichen Bezeichnung der Tat verwendet werden. Der Zwischenbescheid ist ohne Begründung schriftlich abzufassen, mündlich zu verkünden und zu begründen. Der Beschluß ist unanfechtbar.

Zu § 20:

Absatz 1 Satz 1 legt die Struktur der Sicherungshauptverhandlung im Sinne eines Interlokutverfahrens fest. Dabei wurde erwogen, ob die Einbeziehung nichtfreiheitsentziehender Maßregeln (§§ 69, 70 StGB) in den Anwendungsbereich des Interlokutmodells den Grundsätzen der Verhältnismäßigkeit und Prozeßökonomie entspricht.[461] Dies ist jedoch der Fall: Die Einbeziehung des Berufsverbots (§ 70 StGB) ist wegen der Bedeutung der Persönlichkeitserforschung für dessen Anordnung geboten, die der Fahrerlaubnisentziehung (§ 69 StGB) wegen der mit der Verkehrsteilnahme typischerweise verbundenen Gemeingefährlichkeit. Eine die Eignung zum Führen von Kraftfahrzeugen erfassende Persönlichkeitserforschung in der Sicherungshauptverhandlung verstößt trotz der Aufzählung der die mangelnde Eignung indizierenden Taten in § 69 II StGB nicht gegen die genannten Grundsätze, da sie weniger intensiv durchgeführt werden kann,[462] so daß im Regelfall auf die Beweisaufnahme ein nur kurzes Plädoyer folgen wird, an das sich die Rechtsfolgenverhandlung unmittelbar anschließt.

Absatz 1 Satz 2 stellt klar, daß es sich um ein Tat-, nicht um ein Schuldinterlokut handelt und legt die grundsätzliche Grenzziehung zwischen dem ersten und zweiten Verhandlungsabschnitt fest. Danach werden in der Tatverhandlung alle Strafbarkeitsvoraussetzungen der im Sicherungsantrag bezeichneten Tat geprüft, während über die Schuldfähigkeit und die rechtsfolgenrelevanten Umstände in der Rechtsfolgenverhandlung zu entscheiden ist. Diese zum Schutz der Persönlichkeit gebotene Grenzziehung[463] läßt sich jedoch wegen der Komplexität der strafrechtlich zu würdigenden Sachverhalte nicht ausnahmslos durchhalten. So sind etwa subjektive Unrechtselemente, privilegierende und qualifizierende Tatbestandsmerkmale sowie tatbestandlich ausformulierte Strafzumessungsregeln, wie z.B. die Regelbeispiele beim Diebstahl (§ 243 StGB), Betrug (§ 263 III StGB) oder der Urkundenfälschung (§ 267 III StGB), bereits in der Tatverhandlung insoweit zu verhandeln, als sie zur Feststellung des Tatbestandes erforderlich sind. In der Rechtsfolgenverhandlung ist die Ausprägung dieser doppelt relevanten Tatsachen erneut zu würdigen.
Im einzelnen gehören in die Tatverhandlung die persönlichen Verhältnisse nach § 111 OWiG, die objektiven und subjektiven Tatbestandsmerkmale der in Betracht kommenden Strafvorschriften,[464] Voraussetzungen privilegierender und qualifizierender Umstände, Regelbeispiele, Vorsatz und Fahrlässigkeit, die objektive Bedingung der Strafbarkeit, die Beteiligungsform (Täterschaft, Anstiftung, Beihilfe), das Unrechtsbewußtsein, Rechtfertigungs- und Entschuldi-

461 Daß mit einer deutlichen Verlängerung der auf Freiheitsentziehung gerichteten Sicherungsverfahren und mit einer geringfügigen Verfahrensverlängerung allgemein zu rechnen ist, verletzt die genannten Grundsätze nicht. Vielmehr handelt es sich dabei um den notwendigen Preis für ein sachgerechtes Sicherungsverfahren.

462 Z.B. ohne Sachverständigengutachten oder ohne Gerichtshilfe(bericht), vgl. §§ 2 Abs. 3 S. 2, 16 S. 2, § 25 Abs. 1 S. 3 d. Entw.

463 Siehe S. 72f.

464 Nicht-tatbezogene Merkmale, vorsatz- und schuldrelevante Tatsachen sind nur in Ausnahmefällen zu berücksichtigen.

gungsgründe sowie die objektiven Voraussetzungen der persönlichen Strafaufhebungs- bzw. Strafausschließungsgründe und der tätigen Reue.
In der Rechtsfolgenverhandlung werden dagegen auf der Grundlage des festgestellten Tatgeschehens die soziodemographischen Daten des Maßregelbetroffenen (insbes. die Krankheitsdiagnose), die Schuldfähigkeit, Art der Maßregel, deren Verhältnismäßig- und Notwendigkeit, der symptomatische Zusammenhang zwischen Tat und Gefährlichkeit sowie die Gefährlichkeitsprognose behandelt.

Um mit einzelnen Problemfällen praktikabel verfahren zu können, enthält **Absatz 2** Ausnahmen zum grundsätzlichen Tatinterlokut. Die Formulierung „soweit ... unerläßlich ist"[465] stellt zunächst klar, daß das Gericht nur in Ausnahmefällen beschließen kann, die Schuldfähigkeit oder soziodemographische Daten des Maßregelbetroffenen in der Tatverhandlung zu erörtern und zwar zweckgebunden „zur Feststellung der Tatbegehung". Diese Ausnahmeregelung will im wesentlichen drei Fallgruppen gerecht werden: erstens den Fällen der actio libera in causa[466] und des Vollrauschs (§ 323a StGB), in denen bereits die Prüfung des Tatbestandes die Feststellung der Schuldfähigkeit erfordert; zweitens den Fällen, in denen die Feststellung der Tatbestandsmäßigkeit die Berücksichtigung von soziodemographischen Daten, insbesondere zur wirtschaftlichen Lage des Maßregelbetroffenen erfordert, wie z.B. bei der gewerbsmäßigen Tatbegehung oder der Verletzung der Unterhaltspflicht (§ 170b StGB) und drittens den sog. modus-operandi-Fällen, bei denen die Tataufklärung erst durch Feststellung einer typischen Begehungsweise ermöglicht wird.[467] Auch hier benötigt der Richter die Kenntnis täterspezifischer Eigentümlichkeiten bei der Tatausführung bereits in der Tatverhandlung. Prinzipiell gehört aber gerade die Erörterung der Vorstrafen in den zweiten Teil der Sicherungshauptverhandlung, denn das aus einer Vorbestraftheit oft erwachsende negative Vorurteil soll die Beweiswürdigung gerade nicht beeinflussen dürfen. Daher wurde die Formulierung „einschlägige" Vorstrafen durch „Art und Anlaß der Begehung von (früheren) Taten", **Absatz 2 Satz 2** ersetzt, die die Einbeziehung bloß deliktsgleicher Vorverurteilungen verhindert und die Einschränkung auf den beschriebenen Zweck eindeutig zum Ausdruck bringt.[468]

---

465 Übernommen aus § 239 AE-StPO-HV.

466 Zur Anwendbarkeit der actio libera in causa nach dem Beschluß *BGHSt* 40, 138ff. vgl. *Schlüchter/Duttge* NStZ 1996, 457, 465; *Geppert* NStZ 1996, 57ff.

467 So muß z.B. die Benutzung desselben Gewehrs oder Werkzeugs oder die Anwendung derselben Täuschungsmethode bei der Tatfeststellung einbezogen werden können; vgl. *Roxin*, Reform, S. 71; *Römer* GA 1969, 335; *Schöch*, FS-*Bruns*, S. 464; *Schunck*, S. 92ff.

468 AE-StPO-HV, S. 59f. m.w.N.

Die Einbeziehung rechtsfolgenrelevanter Tatsachen wird durch nicht anfechtbaren[469] Einbeziehungsbeschluß angeordnet, um eine Aushöhlung der durch das Interlokut erreichten Trennung von Tatfeststellung und Rechtsfolgenbestimmung zu verhindern. Jedoch kann die Revision auf eine fehlerhafte Einbeziehung von Vorstrafen und anderen persönlichen Umständen gestützt werden (§ 337 StPO).

Absatz 3 Satz 1, der seinem Wortlaut nach § 260 I StPO entspricht, normiert die dem Interlokut entsprechende Trennung der Verfahrensabschnitte durch eine formelle Zäsur.[470] Der die Regelung des § 264 I StPO übernehmende **Absatz 3 Satz 2** dient ebenso wie der § 264 II StPO zitierende Satz 3 der besseren Lesbarkeit des Entwurfs. Beide Sätze könnten durch einen Hinweis auf das allgemeine Strafververfahren ersetzt werden. Hiervon wurde jedoch im Hinblick auf die weiter reichende Bedeutung des **Absatz 3 Satz 3** abgesehen, der i.V.m. § 28 und im Gegensatz zu § 414 II S. 4 StPO nunmehr eindeutig den Prozeßgegenstandsbegriff des allgemeinen Strafverfahrens auf das Sicherungsverfahren überträgt. Anders als im allgemeinen Strafverfahren ist die Frage, was im Sicherungsverfahren Prozeßgegenstand ist, bisher weder von der Rechtssprechung gestellt noch im wissenschaftlichen Schrifttum erörtert worden.

Das Sicherungsverfahren dient der Verwirklichung des staatlichen Sicherungsanspruchs, der die Gefährlichkeit des Maßregelbetroffenen und ein daraus entstehendes allgemeines Sicherungsbedürfnis voraussetzt. Die Beurteilung dieser Voraussetzungen wird wegen des Legalitätsprinzips aber erst dann zu einer Aufgabe der Strafgerichte, wenn sie an die Verwirklichung eines Unrechtstatbestandes angeknüpft wird.[471] Damit liegt es nahe, den Prozeßgegenstand des Sicherungsverfahrens *eingliedrig*, d.h. allein durch die Tat im prozessualen Sinne zu bestimmen, die den gesamten natürlichen Lebensvorgang umfaßt.[472] Im allgemeinen Strafverfahren bilden die gerichtlichen Feststellungen zu diesem Lebenssachverhalt die Grundlage des Schuldspruchs, der wiederum Grundlage des Urteils und damit der Rechtsfolge ist.

---

469 Der in **Absatz 2 Satz 3** enthaltene Hinweis auf die Nichtanfechtbarkeit ist wegen § 305 StPO an sich entbehrlich.

470 Zur Notwendigkeit eines formellen Interlokuts s. S. 72f.

471 Siehe S. 25ff.

472 Zu dem viel diskutierten, nach der h.M. in Literatur und Rechtsprechung einheitlich weit zu bestimmenden Tatbegriff i.S. der §§ 155, 264 StPO und Art. 103 III GG vgl. Nachw. bei LR-*Schäfer*, Einl. Abschn. J, Rn. 57ff.; LR-*Gollwitzer* (24) § 264 Rn. 3ff.; KK-*Engelhard* § 264 Rn. 3; *W. Barthel*, Der Begriff der Tat im Strafprozessrecht, Diss., 1972; *Detmer*, Der Begriff der Tat im strafprozessualen Sinn. Grenzen der Tatidentität, Diss., 1989.

Ob dies de lege lata auch im Sicherungsverfahren gilt, ist fraglich, weil die bloße Darlegung des natürlichen Lebenssachverhalts den Erfordernissen des § 414 II 3 StPO nicht genügt. Dieser verpflichtet die Staatsanwaltschaft zur Beantragung einer genau bezeichneten Maßregel und damit zur Behauptung einer bestimmten Rechtsfolge. Da nach allgemeinen Verfahrensgrundsätzen das Gericht über alle gestellten Anträge entscheiden muß, legt § 414 II 3 StPO die Annahme nah, der Gesetzgeber sei im Sicherungsverfahren von einem *zweigliedrigen* Verfahrensgegenstand ausgegangen, der durch die prozessuale Tat *und* die Rechtsfolgenbehauptung bestimmt wird.
Ein entsprechender Wille ist aber weder den Gesetzesmaterialien zu entnehmen, noch bei der Neufassung der §§ 429a ff. StPO deutlich geworden. Zwar ist nach § 414 II 4 StPO auf Ablehnung des Sicherungsantrags zu erkennen, wenn im Urteil *eine* Maßregel nicht angeordnet wird. Damit ist jedoch vom Wortlaut her nicht zwingend, daß die angeordnete Maßregel auch die *beantragte* Maßregel sein muß und der Sicherungsantrag andernfalls abzulehnen ist. Dagegen spricht auch § 416 StPO, der durch den Verzicht auf eine Anklage im Fall der Überleitung des Sicherungs- ins Strafverfahren die Annahme stützt, die im Sicherungsantrag bezeichnete Tat sei bereits Gegenstand des nun ins Strafverfahren übergeleiteten Sicherungsverfahrens gewesen.[473]

De lege ferenda kann der Prozeßgegenstand im Sicherungsverfahren sowohl eingliedrig durch die prozessuale Tat als auch zweigliedrig durch die prozessuale Tat und den Rechtsfolgenantrag bestimmt werden.
Lediglich die eingliedrige Bestimmung durch den Rechtsfolgenantrag der Staatsanwaltschaft ist ausgeschlossen: Die bloße Behauptung einer Rechtsfolge kann (auch bei Heranziehung des vorgetragenen Lebenssachverhalts als Auslegungshilfe) ein strafrechtliches Verfahren nicht legitimieren, weil der Bezugspunkt für die Anknüpfung der Strafrechtsfolge fehlt. Die Rechtsfolgenbehauptung muß deshalb auf einen bestimmten, strafrechtlich relevanten Lebenssachverhalt gestützt werden. Davon abgesehen kommt eine Bestimmung des Verfahrensgegenstandes allein nach der Rechtsfolgenbehauptung aber auch deshalb nicht in Betracht, weil sie diesen nicht eindeutig zu begrenzen vermag.[474] Würde

473 So auch die h.M., die eine Bindung des Gerichts an die beantragte Maßregel unter Hinweis auf §§ 414 I, 265 II StPO verneint, *OLG Düsseldorf* – Beschl. v. 7. Juni 1979 - OLGSt § 414 S. 1; *Pfeiffer* § 414 Rn. 2; LR-*Gössel* § 414 Rn. 17; *Kleinknecht/Meyer-Goßner* § 414 Rn. 6: „Im Urteil wird entweder die beantragte Maßregel angeordnet, [...]oder es wird der Antrag abgelehnt."

474 Als ein konstitutives Element des Anklagegrundsatzes begrenzt der Prozeßgegenstand die untersuchende und entscheidende Tätigkeit des Gerichts, was vor allem durch § 155 I StPO zum Ausdruck gebracht wird. In Verbindung hiermit und als Konsequenz des Amtsaufklärungsgrundsatzes bestimmt der Prozeßgegenstand den Umfang und die

der Prozeßgegenstand allein durch die Rechtsfolgenbehauptung der Staatsanwaltschaft bestimmt, so würden nur diejenigen Umstände den Verfahrensgegenstand bestimmen, die eine Krankheitsdiagnose sowie die Prognose ermöglichen, das dem Sicherungsbedürfnis der Allgemeinheit nur durch Unterbringung des Maßregelbetroffenen genügt werden kann. Die im Sicherungsantrag bezeichnete Tat wäre demgegenüber nicht Gegenstand des Verfahrens, mit der Folge, daß das Gericht bei seiner Untersuchung und Entscheidung die begangene Tat zwar berücksichtigen dürfte, dieses aber nicht müsste. Damit wäre die Möglichkeit eröffnet, die gerichtliche Untersuchung ausschließlich auf tatfremde Umstände zu erstrecken. Dem Grundsatz der umfassenden Kognitionspflicht entsprechend, könnte das Gericht sogar zur Einbeziehung im Sicherungsantrag nicht bezeichneter Taten *verpflichtet* sein, z.B. um Zustand und Gefährlichkeit des Maßregelbetroffenen zu erforschen. Dabei könnten auch Taten berücksichtigt werden, die bereits Prozeßgegenstand eines rechtskräftig abgeschlossenen Strafverfahrens gewesen sind. Denn zwar führt die Rechtskraft des Strafurteils zum Verbrauch der Strafklage wegen der abgeurteilten Tat; wäre aber nur die Rechtsfolgenbehauptung Prozeßgegenstand des Sicherungsverfahrens, so stünde das rechtskräftige Strafurteil einer erneuten Würdigung der dort abgeurteilten Tat im Sicherungsverfahren nicht entgegen, weil die Tat selbst nicht zum Gegenstand des laufenden Sicherungsverfahrens würde.[475]

Entsprechendes gilt für prozessual selbständige Taten, die bereits zur Anknüpfungstat eines anderen Sicherungsverfahrens gemacht worden sind, denn wenn der Prozeßgegenstand im Sicherungsverfahren nur durch die Rechtsfolgenbehauptung bestimmt würde, würde sich die Rechtskraft des Sicherungsurteils nur

---

Grenzen der gerichtlichen Aufklärung und Entscheidung. Das erkennende Gericht hat nach dem Grundsatz der allseitigen Kognition den Prozeßgegenstand erschöpfend aufzuklären und abzuurteilen, darf aber über dessen Grenzen nicht hinausgehen, solange dies nicht durch eine weitere Klage zum Prozeßthema gemacht worden ist. Diese Funktion bringen die §§ 264, 265, 266 StPO insgesamt und in ihrem gegenseitigen Verhältnis zum Ausdruck. Schließlich ergibt sich aus dem in Art. 103 III GG verankerten Grundsatz „ne bis in idem", daß der durch den Tatbegriff bestimmte Prozeßgegenstand mit dem Eintritt der Rechtskraft den Umfang des Strafklageverbrauchs bestimmt.

475 Entsprechend wurde von *Nagler* GS 1939 (112), 334 vertreten, daß die Rechtskraft des Strafurteils nur eine erneute Behandlung der Straffrage, nicht aber eine erneute Würdigung des Sachverhalts unter dem Gesichtspunkt des Sicherungserfordernisses verbiete. Insbesondere der Freispruch im Strafverfahren stehe der Einleitung eines an dieselbe Tat anknüpfenden Sicherungsverfahrens nicht entgegen. Dem ist nur zuzustimmen, soweit der Freispruch allein wegen Schuldunfähigkeit des Maßregelbetroffenen im Tatzeitpunkt ergangen ist. Vgl. i.ü. zu den Voraussetzungen, unter denen im Sicherungsantrag nicht bezeichnete Taten für die Beurteilung der rechtsfolgenrelevanten Umstände herangezogen werden dürfen §§ 23 Abs. 4 Satz 2, 26 Abs. 5 S. 2, 3 d. Entw.

auf die Entscheidung über den Sicherungsanspruch, nicht aber auf die im Antragssatz bezeichnete Tat erstrecken. Damit könnte die Staatsanwaltschaft wegen derselben Tat mehrere Sicherungsverfahren einleiten, wenn sie eine jeweils neue Rechtsfolge behauptet.
Die dargestellten Konsequenzen zeigen, daß die Bestimmung des Prozeßgegenstandes allein nach der Rechtsfolgenbehauptung der Staatsanwaltschaft verfahrensrechtlich unzulässig und verfassungswidrig ist. Wenn die im Antragssatz bezeichnete Tat weder den Prozeßgegenstand bestimmen würde, noch im Sicherungsverfahren berücksichtigt werden müsste, so wäre sie eine rein formale Voraussetzung, mit der die Zuständigkeit der Strafgerichte in unzulässiger Weise auf tatbestandsunabhängige Präventionsverfahren ausgedehnt und der Maßregelbetroffenen einer umfassenden Ausforschung durch den Staat preisgegeben werden könnte. Vor allem aber würde die mit der mangelnden Rechtskraftfähigkeit der Tat einhergehende Möglichkeit, dieselbe Tat mehrfach zum Anknüpfungspunkt strafrechtlicher Rechtsfolgen zu machen oder die Voraussetzungen des gleichen Sicherungsanspruchs mehrmals überprüfen zu lassen, gegen Art. 103 III GG verstoßen, so daß zwingend feststeht, daß der Verfahrensgegenstand im Sicherungsverfahren zumindest *auch* durch die Tat im prozessualen Sinne zu bestimmen ist.

Demgegenüber ist es keinesfalls zwingend, den Prozeßgegenstand de lege ferenda durch die Rechtsfolgenbehauptung mitbestimmen zu lassen. Dies wäre sogar mit erheblichen Nachteilen bei der Verfahrensdurchführung verbunden:[476]

---

476 Dogmatisch ließe sich die Zweigliedrigkeit des Prozeßgegenstandes ohne weiteres durch einen Vergleich mit dem Verwaltungsprozeß begründen. Dieser Vergleich liegt nahe, weil es sich bei der selbständigen Anordnung strafrechtlicher Maßregeln um präventive Maßnahmen der Gefahrenabwehr und damit der Sache nach um die Anwendung von Verwaltungsrecht handelt (s. S. 51). Der Gegenstand des Verfahrens i.S.d. § 82 VwGO ist im Verwaltungsprozeßrecht umstritten. Herrschend ist der zweigliedrige Streitgegenstandsbegriff demzufolge der Streitgegenstand durch Klageanspruch und Klagegrund bestimmt wird (*BVerwGE* 52, 247, 249; 70, 110, 112; 96, 24f.; NJW 1996, 737; *BGHZ* 117, 1, 5; *Detterbeck*, S. 46) und auch der nur noch vereinzelt vertretene eingliedrige Streitgegenstandsbegriff kommt ohne Hinweis auf den Klagegrund nicht aus (*Schwab* JuS 1965, 81, 83). Als Klageanspruch wird z.T. der prozessuale Anspruch (z.B. daß der Verwaltungsakt rechtswidrig sei und den Kläger in seinen Rechten verletze, so *Kopp* § 90 Rn. 7, 12: Streitgegenstand ist das vom Kläger aufgrund eines bestimmten Sachverhalts an das Gericht gerichtete Begehren um Rechtsschutz durch Erlaß eines Urteils mit einem bestimmten Inhalt. Der Streitgegenstand werde in allen Fällen in sachlicher Hinsicht durch den Klageantrag nach § 88 VwGO und den zu seiner Begründung dienenden Sachverhalt, in persönlicher Hinsicht durch den Kläger und Beklagten bestimmt; vgl. *BGHZ* 85, 374; *BVerwGE* 52, 247ff.; 70, 110, 112: der Klagegegenstand wird durch den Klageantrag bestimmt und regelmäßig, wie sich aus §§ 82, 86 Abs. 3 und

Die Notwendigkeit eine auch den Rechtsfolgenantrag erledigende Entscheidung zu treffen, würde dazu führen, daß das Gericht bei einer vom Antrag abweichenden Gefährlichkeitseinschätzung ein den Sicherungsantrag abweisendes Urteil auch dann erlassen müßte, wenn es die Voraussetzungen einer anderen Maßregel für gegeben hielte. Die Einreichung eines Sicherungsantrags mit veränderter Rechtsfolgenbehauptung wäre zwar zulässig, der Sicherungsanspruch durch das abweisende Sicherungsurteil nicht verbraucht, weil der veränderte Rechtsfolgenantrag auch bei gleichbleibendem Lebenssachverhalt zu einem neuen Prozeßgegenstand führen würde. Die Durchführung mehrere Sicherungsverfahren wegen derselben (erneut zu beweisenden) Tat wäre jedoch zeit- und kostenintensiv und selbst bei einer bindenden Feststellung der Tatbegehung (z.B. durch den Erlaß eines Zwischenurteils) angesichts der Rechtsmittelfähigkeit des dann teilabweisenden Sicherungsurteils nur mit erheblichen Verzögerungen möglich, so daß das eigentliche Verfahrensziel (Sicherung der Allgemeinheit) wenn überhaupt erst spät erreicht werden könnte. Diese Bedenken könnten zwar durch entsprechende Regelungen ausgeräumt werden,[477] da sie aber bei einer

---

4, 88 VwGO ergibt, durch die Klagebegründung präzisiert; ähnlich *BVerwG* BayVBl 1980, 444; DVBl 1992, 1224; grundlegend *Ule*, S. 215ff., 312ff.), z.T. die Rechtsfolgenbehauptung des Klägers (z.B. daß der Verwaltungsakt aufzuheben sei) angesehen, wobei letztere je nach Klageart aus verschiedenen Elementen besteht (so *BVerwGE 29*, 210ff.; *Clausing*, in *Schoch/Schmidt-Aßmann/Pietzner*, Kommentar zur VwGO, 2000, § 121 Rn. 54ff.; *Schmitt Glaeser*, Rn. 113 m.w.N.). Der materiell-rechtliche Anspruch, auf den der Kläger sein Begehren in rechtlicher Hinsicht stützt, ist hingegen nicht (auch) Streitgegenstand (*Eyermann/Fröhler* § 121 Rn. 23ff. m.w.N.). Klagegrund ist der tatsächliche, vom Standpunkt des Klägers aus umfassende Lebenssachverhalt, aus dem er die begehrte Rechtsfolge herleitet (*BGH* DVBl 1996, 1312). Überträgt man diese Terminologie auf das Sicherungsverfahren, ist der Klagegrund die prozessuale Tat. Der den Klageanspruch bildende prozessuale Anspruch wäre der staatliche Sicherungsanspruch, der eine die Gefährlichkeit des Maßregelbetroffenen erkennen lassende Unrechtstat voraussetzt. Die den Klageanspruch bildende Rechtsfolgenbehauptung wäre der Antrag auf Anordnung einer bestimmten Maßregel. Sind die tatbegründenden tatsächlichen Umstände identisch mit den die Gefährlichkeitsprognose ermöglichenden tatsächlichen Umständen, so darf auf dieser Grundlage eine abschließende Gefährlichkeitsprognose erstellt werden, in die nun auch andere tatsächliche Umstände einbezogen werden dürfen. Da die Voraussetzungen des prozessualen Anspruchs und der Rechtsfolgenbehauptung im Sicherungsverfahren teilidentisch sein müssen, kommt es hier nicht auf den verwaltungsprozessualen Streit an, welches der beiden Elemente den Klageanspruch bildet.

477 Und zwar auf zweierlei Weise: entweder, indem der prozessualen Tat gegenüber der Rechtsfolgenbehauptung eine vorrangige Bedeutung zugemessen wird oder aber durch Zulassung der Antragsänderung nach Eintritt der Rechtshängigkeit. Ersteres hätte zur Folge, daß bei einem Lebenssachverhalt, der den Antrag auf (kumulative oder alternative) Anordnung mehrerer Maßregeln begründet, gleichwohl ein einheitlicher Streitge-

eingliedrigen Bestimmung des Prozeßgegenstandes durch die prozessuale Tat gar nicht auftauchen, wurde dieser ausdrücklich normiert, §§ 20 Absatz 3 Satz 3, 26.
Bei der Bestimmung des Tabegriffs im sicherungsverfahrensrechtlichen Sinne ist zu beachten, daß die (symptom)tatbezogenen Voraussetzungen des Sicherungsanspruchs mit der Rechtsfolgenbehauptung teilidentisch sind, denn auch die Rechtsfolgenbehauptung stützt sich auf den dargestellten Lebenssachverhalt und überschneidet sich insoweit mit der prozessualen Tat. Diese umfaßt deshalb im sicherungsverfahrensrechtlichem Sinne die die *Tat bezeichnenden* und die den *Sicherungsanspruch begründenden* tatsächlichen Umstände.
Den Sicherungsanspruch begründen diejenigen Tatsachen, aus denen die Tätergefährlichkeit und das allgemeine Sicherungsbedürfnis geschlossen wird. Die Gefährlichkeit begründen diejenigen Umstände, die die Diagnostizierung einer dauerhaften, die Schuldfähigkeit im Tatzeitpunkt ausschließenden Krankheit zulassen und die Prognose stützen, daß der Maßregelbetroffene infolge dieser Krankheit künftig fremde Rechtsgüter beeinträchtigen wird.
Ein allgemeines Sicherungsbedürfnis ist anzunehmen, wenn tatsächliche Umstände die Prognose zulassen, daß durch den gefährlichen Zustand des Maßregelbetroffenen eine Gefahr für Rechtsgüter von erheblicher Bedeutung geschaffen wird. Die Konsequenz hieraus sei an der eingangs hervorgehobenen Entscheidung[478] verdeutlicht: Der an Schizophrenie leidende Maßregelbetroffene, schrieb im Zustand der Schuldunfähigkeit zwei beleidigende Briefe. Die Staatsanwaltschaft beantragte das Sicherungsverfahren und die Unterbringung des Maßregelbetroffenen nach § 42b StGB. Im Sicherungsverfahren wurde ein unmittelbarer Zusammenhang zwischen dem Schreiben der Briefe und einer beim Maßregelbetroffenen diagnostizierten Schizophrenie festgestellt, die sich u.a. in Gehörhalluzinationen äußerte. Das Gericht prognostizierte, der Maßregelbetroffene werde sich unter dem Einfluß solcher Halluzinationen mit großer Wahrscheinlichkeit zu Unrecht angegriffen und bedroht fühlen und in diesem Gefühl zu vermeintlichen Notwehrhandlungen schreiten, weshalb es die beantragte Unterbringung anordnete. Das Schreiben der Briefe ist der natürliche Lebens-

---

genstand anzunehmen wäre. Dies entspricht dem Verwaltungsprozeßrecht. Läßt sich dort ein Begehren, das aus einem einheitlichen Klagegrund hergeleitet wird, rechtlich auf mehrere Anspruchsgrundlagen stützen (sog. Anspruchsnormenkonkurrenz), soll ein einheitlicher Streitgegenstand vorliegen (*BVerwGE* NVwZ 1996, 66). Wird hingegen ein Begehren auf verschiedene tatsächliche Klagegründe gestützt (sog. Anspruchskonkurrenz), werden verschiedene Streitgegenstände angenommen (*Eyermann/Fröhler* § 121 Rn. 24). Demgegenüber entspräche die Zulassung der Antragsänderung nach Rechtshängigkeit § 263 ZPO. Diese Lösung wäre insofern einfacher, als die selbständige Stellung der den Prozeßgegenstand bestimmenden Elemente gewahrt werden könnte, ohne deren verschiedene Gewichtung dogmatisch begründen zu müssen.

478 *BGHSt* 5, 140ff.; siehe S. 35ff.

vorgang, der durch die tatbezeichnenden (Wiedergabe eines beleidigenden Inhalts) und den Sicherungsanspruch begründenden Umstände (Behauptung eines die Tat veranlassenden krankhaften Zustandes, der die Begehung weiterer Straftaten erwarten läßt) beschrieben wird. Wäre wegen dieser Beleidigungen bereits ein Sicherungsverfahren eingeleitet worden, könnte ihretwegen auch bei Austausch der Rechtsfolgenbehauptung kein weiteres Sicherungsverfahren eingeleitet werden, da sich aus dem vorzutragenden Lebenssachverhalt ergäbe, daß über einen Teil des Verfahrensgegenstandes (den *an die Beleidigung angeknüpften* Sicherungsanspruch) bereits entschieden wurde.

Nach **Absatz 3 Satz 4** gilt für die Veränderung des rechtlichen Gesichtspunktes § 265 StPO. Damit ist die vom Sicherungsantrag abweichende Würdigung der Tat im sicherungsverfahrensrechtlichen Sinne möglich, die de lege lata (§ 207 II StPO) bereits im Zwischenverfahren erfolgen kann.
Für die Einbeziehung weiterer Straftaten bei Erstreckung des Sicherungsantrags gilt § 266 StPO entsprechend. Die Einbeziehung führt zur Erweiterung des Prozeßgegenstandes. Unzulässig ist es jedoch, die den ursprünglichen Verfahrensgegenstand bildende Anknüpfungstat über § 266 StPO auszuwechseln und das Verfahren mit einem neuen Prozeßgegenstand fortzusetzen, wenn sich in der Sicherungshauptverhandlung herausstellt, daß der Sicherungsantrag als unbegründet zurückzuweisen wäre, weil es sich bei der dort bezeichneten Anknüpfungstat nicht um eine Symptomtat handelt.

Absatz 4: Der Struktur des Interlokutverfahrens entspricht es, eine deutliche Verfahrenszäsur schon am Ende der Tatverhandlung eintreten zu lassen. Dies gilt ohne weiteres, wenn das Fehlen von Prozeßvoraussetzungen bereits in diesem Verfahrensabschnitt bekannt wird oder wenn sich die tatbezogenen Voraussetzungen des Sicherungsanspruchs nicht beweisen lassen. Im ersten Fall ergeht Einstellungsurteil,[479] im zweiten ist der Sicherungsantrag durch Urteil als unbegründet zurückzuweisen,[480] **Absatz 4 Satz 1**, wobei die Urteilsgründe ergeben müssen, ob bei Nichtberücksichtigung derjenigen Irrtümer, die auf dem die

479 Z.B. wenn der Maßregelbetroffene vernehmungsunfähig ist und die Voraussetzungen des § 10 Abs. 1 Satz 2 d. Entw. nicht vorliegen (anders bei bloßer Verhandlungsunfähigkeit des Maßregelbetroffenen). Ist die Schuldunfähigkeit nicht sicher festzustellen, muß wegen § 1 Abs. 2 d. Entw. Einstellungsurteil auch dann ergehen, wenn die erheblich verminderte Schuldfähigkeit gem. § 21 d. Entw. sicher festgestellt werden kann. Bei Einstellung des Verfahrens könnte der Tenor lauten „das Verfahren wird (wegen eines nicht behebbaren Verfahrenshindernis) eingestellt“ oder „der Antrag wird (wegen eines nicht behebbaren Verfahrenshindernisses) als unzulässig verworfen“, § 29 Abs. 2 S. 3 d. Entw.

480 Die „Abweisung“ als unbegründet schlägt *Eb.Schmidt* NJW 1963, 1088f. vor.

Schuldunfähigkeit ausschließenden Zustand beruhen[481] und bei unterstellter Schuldfähigkeit des Maßregelbetroffenen eine strafbare Handlung aus tatsächlichen oder rechtlichen Gründen nicht festgestellt ist, **Absatz 4 Satz 2**. Durch die vom Wortlaut des § 267 V StPO abweichende Formulierung[482] sollten die Worte „nicht überführt" vermieden werden, denn Ziel des Sicherungsverfahrens ist nicht die Überführung des Maßregelbetroffenen sondern die Feststellung des Bestehens eines staatlichen Sicherungsanspruchs. Die Feststellungsmöglichkeit hängt davon ab, ob der Nachweis geführt werden kann, daß der Maßregelbetroffene eine vorsätzliche rechtswidrige Straftat begangen hat. Läßt sich dieser Nachweis nicht führen, ist das Bestehen eines staatlichen Sicherungsanspruchs zu verneinen. Die Zurückweisung beinhaltet eine uneingeschränkte Verneinung des strafrechtlichen Sicherungsanspruchs, da es für diese ohne Belang ist, ob sie auf materiellrechtlichen[483] oder auf prozessualen Gründen[484] beruht. Durch ein zurückweisendes Urteil nach § 20 Abs. 4 wird die Strafklage verbraucht (§ 32). Mitteilungen nach § 4 unterbleiben.

Gelangt das Gericht hingegen zu der Überzeugung, daß der Maßregelbetroffene die Tat vorsätzlich und rechtswidrig begangen hat, so stellt sich die Frage, in welcher Form die Tatfeststellung erfolgen soll.[485] Je förmlicher diese Feststellung erfolgt, desto stärker sind Tat- und Rechtsfolgenverhandlung voneinander abgehoben. Umgekehrt wird die Einheitlichkeit des Interlokutverfahrens am stärksten betont, wenn das Gericht den Zwischenbescheid möglichst formlos erläßt. Als gegensätzlichste Möglichkeiten dürften sich ein mit Rechtsmitteln selbständig anfechtbares, die Tatfeststellung betreffendes Zwischenurteil und ein informeller (unbegründeter, mündlicher) Bescheid des Gerichts, daß der Maßregelbetroffene die Tat begangen hat, gegenüberstehen. Jedoch ist der erste Vorschlag[486] nicht durchführbar, denn dann würden oft Jahre vergehen, bevor es nach dem Beginn der Hauptverhandlung zu einer Rechtsfolgenbestimmung käme. Aussichtslose Rechtsmittel würden zu Verzögerungszwecken bis zum letzten ausgeschöpft werden, Laienrichter und Zeugen könnten sich nach so langer Zeit

---

481 Siehe Komm. zu § 6 Abs. 1 d. Entw. (S. 138f.).

482 Die Formulierung geht auf einen Vorschlag des Strafrechtsausschusses der Bundesrechtsanwaltskammer zurück, „Stellungnahme zum Regierungsentwurf eines Gesetzes zur Änderung der StPO und des GVG (StPÄG)", Stand: Dezember 1960; vgl. *Eb. Schmidt* NJW 1963, 1081, 1088.

483 Z.B., der Maßregelbetroffene ist nicht der Täter; er hat nicht rechtswidrig gehandelt; ihm steht ein Entschuldigungsgrund zur Seite.

484 Z.B., das Geständnis des Maßregelbetroffenen ist mangels ordnungsgemäßer Belehrung unverwertbar und die Tatbegehung mangels anderer Beweismittel nicht nachweisbar.

485 Zum Zwischenbescheid für das Interlokutverfahren im allgemeinen Strafverfahren eingehend *Römer* GA 1969, 343ff.; *Fischinger* ZStW 1969 (81), 59.

486 *Heinitz*, *v. Lübtow*-Festgabe, S. 839.

kaum noch an die Zusammenhänge erinnern, die Tat, deren Rechtsfolge bestimmt werden sollte, wäre in den bedeutsamen Einzelheiten ihres Hergangs längst wieder vergessen, kurz: das Prinzip der Zweiteilung würde überspannt, wenn man es nicht auf die Instanz beschränkt. Aus diesem Grund wird man das Interlokut nicht als Urteil sondern als Beschluß ausgestalten müssen.[487]
Der Beschluß muß den Prozeßbeteiligten eine eindeutige Ausgangslage für die Rechtsfolgenverhandlung verschaffen, auf die sie sich einstellen und von der aus sie argumentieren können. Rechtssicherheit und Prozeßökonomie erfordern eine grundsätzliche Bindungswirkung des Zwischenentscheids für die Instanz. Daher ist ein Mittelweg zu wählen.[488] Nach **Absatz 4 Satz 3, Absatz 5** hat das Gericht seine Überzeugung von der Täterschaft des Maßregelbetroffenen im sog. Zwischenbescheid schriftlich niederzulegen, wobei es einer schriftlichen Begründung nicht bedarf. Der Zwischenbescheid ist jedoch bei der Verkündung mündlich zu begründen.

Wegen der Klarstellungsfunktion und rechtlichen Bedeutung für die Feststellung einer Symptomtat in der Rechtsfolgenverhandlung (§ 26 Abs. 5 Satz 4) muß der Zwischenbescheid die rechtliche Bezeichnung der Tat und die angewendeten Vorschriften genau angeben (ebenso § 260 IV 2, 3 StPO). Durch die mündliche Begründung des Zwischenbescheids wird die mündliche Urteilsbegründung am Ende der Rechtsfolgenverhandlung nicht entbehrlich, doch kann sie hinsichtlich der Tatfeststellung weitgehend auf die frühere Begründung Bezug nehmen. Eine weitergehende Formstrenge, wie z.B. eine schriftliche Begründung, würde sich in diesem Verfahrensstadium als umständliche Belastung niederschlagen und einen zügigen Übergang in die Rechtsfolgenverhandlung behindern.[489]

Um die Einheit der Hauptverhandlung möglichst zu erhalten, ist der Zwischenbescheid nach **Absatz 5 Satz 5** nicht selbständig sondern nur als Bestandteil des Sicherungsurteils mit der Revision anfechtbar. Er entfaltet keine Rechtskraft, geht aber dennoch weit über eine bloß deklaratorische Meinungsäußerung hinaus, da das Gericht grundsätzlich an die Feststellungen des Zwischenbescheids gebunden ist (§ 21). Wegen der anders gearteten rechtlichen Qualität des Zwischenbescheides im Verhältnis zum Einziehungsbeschluß nach Absatz 2 war seine Nichtanfechtbarkeit ausdrücklich im Gesetz festzulegen.

---

487 *Roxin*, Reform, S. 66.

488 Dieser entspricht den in den AE-StPO-HV übernommenen Vorschlägen von *Dahs sen.* NJW 1970, 1710; *Dahs jun.* GA 1971, S. 361.

489 Befürchtungen, wonach die Begründung des Zwischenbescheides neue Beweisanträge provoziert und die Kooperationsbereitschaft des Angeklagten verringert, haben sich empirisch nicht bestätigt. Nach den Göttinger Untersuchungen trat eine solche Reaktion nicht auf, vgl. *Dölling*, S. 137ff.; *Schunck*, S. 115ff.

§ 21 Bindungswirkung des Zwischenbescheids

(1) Das Gericht ist an den Zwischenbescheid gebunden. Beweisanträge, die sich gegen die dem Zwischenbescheid zugrundeliegenden tatsächlichen Feststellungen richten, sind unzulässig.

(2) Die Bindungswirkung kann auch auf Antrag insoweit durch einstimmigen Gerichtsbeschluß aufgehoben werden, als aufgrund neuer Tatsachen die Abweisung des Sicherungsantrags oder in Anwendung eines milderen Strafgesetzes eine wesentlich andere Entscheidung über eine Maßregel der Besserung und Sicherung in Betracht kommt. § 265 gilt entsprechend.

(3) Auf Antrag der Staatsanwaltschaft kann die Bindungswirkung durch einstimmigen Gerichtsbeschluß insoweit aufgehoben werden, als aufgrund neuer Tatsachen in Anwendung eines schärferen Strafgesetzes eine wesentlich andere Entscheidung über eine Maßregel der Besserung und Sicherung in Betracht kommt. §§ 265, 266 gelten entsprechend.

Zu § 21:[490]

Um allen Versuchen vorzubeugen, die durch das Interlokut erreichte Zweiteilung durch ständiges Wiederaufgreifen der Tatfrage aufzuheben, enthält § 21 eine Regelung für den voraussichtlich seltenen Fall, daß in der Rechtsfolgenverhandlung neue Tatsachen oder Beweismittel auftauchen, die die Richtigkeit des Zwischenbescheids in Frage stellen.

Die Bindungswirkung des Zwischenbescheids nach **Absatz 1** erstreckt sich nur auf den Tenor des schriftlich niedergelegten Zwischenbescheides, nicht auf die zugrunde liegenden tatsächlichen Feststellungen. **Absatz 1 Satz 2** betrifft die mit der Bindungswirkung zusammenhängende Beschränkung von Beweisanträgen zur Tatfrage im zweiten Verhandlungsabschnitt. Die uneingeschränkte Zulassung zurückgreifender Beweisanträge wäre nur bei völligem Verzicht auf die Bindungswirkung des Zwischenbescheides gerechtfertigt; dies kommt aus dem eingangs genannten Grund nicht in Betracht.[491] Die Erwägung, zur Vermeidung von Fehlurteilen unter den Voraussetzungen der Absätze 2, 3 neue Beweisanträge zuzulassen, damit bei eingeschränkter Bindungswirkung nicht nur auf die gerichtliche Aufklärungspflicht vertraut werden muß, wurde angesichts der

490 Wortlaut und Begründung der §§ 21, 22 d. Entw. entsprechen §§ 240, 241 AE-StPO-HV.

491 Auch scheint hierfür kein praktisches Bedürfnis zu bestehen. Bei den niedersächsischen Interlokut-Experimenten wurden in der Rechtsfolgenverhandlung trotz uneingeschränkter Zulässigkeit nur selten Beweisanträge zur Tatfrage gestellt (bei Einzelrichter- und Schöffengerichtsverfahren in 3 von 158 Verhandlungen mit Rechtsfolgenverhandlung, bei Strafkammern in 3 von 70 Verhandlungen).

Mißbrauchsgefahr einer solchen Lösung verworfen. Es könnten Tatsachen zurückgehalten werden, um sie dann zu Beginn der Rechtsfolgenverhandlung „neu“ einzubringen. Das Gericht könnte in die Versuchung geraten, in zweifelhaften Fällen im ersten Abschnitt erst einmal die Tatfeststellung auszusprechen, um zu prüfen, ob sich der Maßregelbetroffene in der Rechtsfolgenverhandlung damit abfindet oder sich mit neuen Beweisanträgen dagegen wehrt. Solche Tendenzen zur Aushöhlung des Interlokutmodells können nur durch die generelle Unzulässigkeit neuer Beweisanträge zur Tatfrage im Rahmen der Rechtsfolgenverhandlung ausgeschlossen werden. Dagegen bleibt es zulässig, Beweisanregungen i. S. d. § 244 II StPO auch in der Rechtsfolgenverhandlung vorzutragen, um das Gericht zu einer neuen Entscheidung gem. § 21 Absatz 2, 3 zu veranlassen.

Absatz 2 regelt (in Anlehnung an die Wiederaufnahmegründe des § 359 Nr. 5 StPO) die Aufhebung des Zwischenbescheids *zugunsten* des Maßregelbetroffenen, für die ein einstimmiger Gerichtsbeschluß erforderlich ist.[492] Die Abweichung von der sonstigen Zwei-Drittel-Mehrheit ist sachgerecht, da die Bestandskraft des Zwischenbescheids nur bei evidenten Fehlurteilen durchbrochen werden soll. Durch den Verweis auf § 265 StPO wird klargestellt, daß der Hinweis auf die Veränderung des rechtlichen Gesichtspunktes auch bei für den Maßregelbetroffenen günstigen Änderungen nicht entbehrlich ist. Eine besondere Definition des Begriffs „milderes Strafgesetz“ war nicht erforderlich, da hierfür weitgehend die Kriterien des § 359 Nr. 5 StPO zugrunde gelegt werden können. Die Aufhebung kann neben der Staatsanwaltschaft auch der Maßregelbetroffene und sein Verteidiger beantragen.

In **Absatz 3** wurde trotz gewisser Bedenken auch die Durchbrechung der Bindungswirkung *zuungunsten* des Maßregelbetroffenen aufgenommen. Prinzipiell soll die Bestandskraft des Zwischenbescheids zwar vor allem dem Maßregelbetroffenen Vertrauensschutz gewähren, damit dieser seine Mitarbeit an der Rechtsfolgenverhandlung nicht aus Angst vor einer nachteiligen Änderung des Zwischenbescheides versagt. Dieser Vertrauensschutz nützt jedoch nicht viel, wenn in der Rechtsfolgenverhandlung erkennbar wird, daß die Staatsanwaltschaft zur Aufhebung eines falschen Urteils ein erfolgreiches Rechtsmittel einlegen wird. Deshalb wurde auch die Aufhebung des Zwischenbescheides zuungunsten des Maßregelbetroffenen auf Antrag der Staatsanwaltschaft unter den oben genannten engen Voraussetzungen zugelassen. In Betracht kommt dies für Feststellungen, die für die Gefährlichkeitsprognose erheblich sind (§ 211 statt § 212, § 250 statt § 249 StGB). Der Maßregelbetroffene ist nach § 265 StPO zu

492 So auch *Dahs sen.* NJW 1970, 1710; *Roxin*, Reform, S. 72.

belehren, damit er sich auf die veränderte Situation einstellen kann. Außerdem ist es im Interesse einer abschließenden Erledigung des Verfahrenskomplexes sinnvoll, eine der Nachtragsanklage (§ 266 StPO) entsprechende Erweiterung des Sicherungsantrages zuzulassen, wobei der Schutz des § 266 III StPO zugunsten des Maßregelbetroffenen zu beachten ist.

§ 22 Aktenkenntnis

Von den zur Urteilsfindung berufenen Personen steht die Kenntnis der Persönlichkeitsakten nur den Berufsrichtern zu. Der Inhalt der Persönlichkeitsakten darf außer in den Fällen des § 20 Absatz 2 erst nach dem Zwischenbescheid in das Verfahren eingeführt werden.

Zu § 22:

Das Problem des richterlichen Akteneinsichtsrechts ist im geltenden Recht nicht ausdrücklich geregelt. Die Rechtsprechung löst es im allgemeinen Strafverfahren so, daß Berufsrichtern uneingeschränkte Akteneinsicht gewährt wird, während Schöffen weder die Akten noch die Anklageschrift einsehen dürfen. Die unterschiedliche Behandlung wird damit gerechtfertigt, daß der Vorsitzende die Akteneinsicht schon zum Zweck der Verhandlungsleitung benötigt und daß seine und die Aktenkenntnis der beisitzenden Berufsrichter im Strafverfahren auch für die Eröffnungsentscheidung nach § 203f. StPO notwendig sei.[493]

Das Argument der Eröffnungsentscheidung kann wegen der §§ 9 und 10 für das Sicherungsverfahren de lege ferenda nicht geltend gemacht werden. Dennoch wurde der alten Reformforderung nach einem Verzicht auf die Aktenkenntnis bei sämtlichen zur Urteilsfindung berufenen Personen bei der vorliegenden Neuregelung des Sicherungsverfahrens nicht entsprochen. Zwar würde eine solche Regelung die Grundsätze der Unmittelbarkeit, der Mündlichkeit und der richter-

493 Nachw. bei LR-*Gollwitzer* § 261 Rn. 31; *BGHSt* 13, 73ff. hat einen Verstoß gegen die Grundsätze der Unmittelbarkeit und Mündlichkeit (§§ 249, 261 StPO) angenommen, wenn die mitwirkenden Laienrichter vor oder während der Hauptverhandlung in das Ermittlungsergebnis der Anklageschrift Einsicht nehmen, und zwar selbst dann, wenn dies nur dadurch möglich war, weil der Schöffe dem armamputierten Richter beim Umblättern der Akte half, weil diese Lektüre geeignet sei, die Unbefangenheit der Laienrichter im Sinne einer Vorverurteilung zu beeinträchtigen. Der 1. Strafsenat des *BGH* (Urt. v. 23.02.1960 - 1 StR 648/59) hat gegen diese Rechtsprechung schon frühzeitig in einem obiter dictum Bedenken erhoben und der 3. Strafsenat (*BGHSt* 43, 36 = NStZ 1997, 506 m. Anm. *Katholnigg* = StV 1997, 450 m. Anm. *Lunnebach* = JR 1999, 297 m. Anm. *Imberger-Bayer)* hat schließlich die Aushändigung von Tonbandprotokollen (übersetzte Gespräche einer Telefonüberwachung) an die Schöffen für zulässig erklärt, ohne sich allerdings abschließend zur Aufrechterhaltung der bisherigen Rechtssprechung zu äußern. Seine Entscheidung bedeutet mithin nur für einen Teilbereich eine Abkehr von der ansonsten immer noch einhelligen Linie der Rechtsprechung, die im wissenschaftlichen Schrifttum schon seit langem kritisiert wird, vgl. *Hanack* JZ 1972, 314; *Rüping* JR 1976, 272; *Schreiber*, *Welzel*-FS, S. 941ff.; *Terhorst* MDR 1988, 809; *Atzler* DRiZ 1991, 207; *Bittmann* DRiZ 1991, 207; *Rening*, S. 168; weitere Nachw. LR-*Siolek* § 30 GVG Rn. 5.

lichen Unbefangenheit in größtmöglichem Maße bewahren, jedoch überwiegen die Gründe, die für die richterliche Aktenkenntnis aller *Berufsrichter* sprechen: Ohne Beherrschung des gesamten Prozeßstoffs nach Aktenlage kann der Vorsitzende weder der richterlichen Aufklärungspflicht nachkommen, noch die Verhandlungsleitung übernehmen. Zusatzfragen und ergänzende Vernehmungen durch die beisitzenden Richter zwecks Schließung von Aufklärungslücken wären unmöglich, weil diese in den meisten Fällen erst durch einen Vergleich mit dem Akteninhalt erkennbar werden. In entsprechender Weise wird auch der Berichterstatter den Anforderungen der gerichtlichen Aufklärungspflicht nur genügen können, wenn er über den Prozeßstoff umfassend orientiert ist.
Nicht so vordringlich erscheint demgegenüber die Kenntnis der Ermittlungsergebnisse durch den dritten Berufsrichter der Sicherungskammer (vgl. § 74d GVG-neu[494]). Ihm die Akteneinsicht zu versagen könnte dazu führen, daß er unbewußten Beeinflussungen der übrigen Berufsrichter durch den Akteninhalt vorbeugen und gegebenenfalls korrigierend eingreifen würde. Allerdings erscheint die Durchführbarkeit einer solchen Regelung unmöglich, weil bei der Entscheidung über die Zurückweisung des Sicherungsantrag gem. § 10 oder die Einbeziehung rechtsfolgenrelevanter Tatsachen in die Tatverhandlung nach § 20 Abs. 2 alle Richter mitwirken müssen und sich auch faktisch nicht kontrollieren läßt, ob die Richter mit Aktenkenntnis bei der täglichen Zusammenarbeit mit dem dritten Berufsrichter ihre Geheimhaltungspflicht hinsichtlich der Ermittlungsergebnisse erfüllen. Die daraus resultierenden Revisionsmöglichkeiten würden der Effizienz des Verfahrens nur schaden.

Was die Aktenkenntnis der *Laienrichter* angeht, so erscheint es sinnvoll, ihnen die Kenntnis der Tatakten zu gestatten, die der Persönlichkeitsakten hingegen zu versagen. Daß die Akteneinsicht durch die Schöffen nicht grundsätzlich unzulässig ist, läßt sich dem Willen des Gesetzgebers eindeutig entnehmen. Denn dieser ließ zunächst durch das StVÄG 1979 in gewissem Umfang das sog. Selbstleseverfahren von Urkunden zu (§ 249 II StPO) und beseitigte dann die dort für die Schöffen bestehende Beschränkung („Schöffen ist hierzu erst nach der Verlesung des Anklagesatzes Gelegenheit zu geben") durch das StVÄG 1987.[495] Darüberhinaus stehen die Laienrichter nach § 30 GVG den Berufs-

494 Anhang V.

495 Die Begründung des Regierungsentwurfs (BT-Drucks. X/1313, S. 29) führt zu dieser Änderung aus, es könne „abweichend von der sehr starren und schematischen Regelung des geltenden Rechts" zweckmäßig sein, daß die Schöffen auch schon vor der Verlesung des Anklagesatzes, „in besonders gelagerten Einzelfällen" Kenntnis nehmen. „Die Neufassung stellt klar, daß dies rechtlich nicht unzulässig ist." Die unmittelbare Beziehung der Neufassung des § 249 II StPO zu dem Problem der Befangenheit der Schöffen durch die bloße Kenntnis von der Darstellung des Ermittlungsergebnisses in der Ankla-

richtern gleich, mit denen sie sich die Entscheidungsverantwortung teilen. Entsprechend fordert die Mehrheit der Autoren im wissenschaftlichen Schrifttum[496] die Gleichstellung der Laienrichter auch hinsichtlich der Aktenkenntnis.

Die Argumente für diese Gleichstellung liegen auf der Hand. Zunächst ist den Schöffen im allgemeinen Strafverfahren auch außerhalb des Selbstleseverfahrens Aktenkenntnis zu vermitteln, so z.B., wenn über ein Vereidigungsverbot nach § 60 Nr. 2 StPO oder ein Auskunftsverweigerungsrecht nach § 55 StPO zu entscheiden ist oder wenn zulässigerweise ein Beschluß nach § 209 II StPO verlesen werden soll.[497] Dasselbe ist häufig bei Entscheidungen zu Haftfragen oder über Beweisanträge der Fall, weil die Mitwirkung der Schöffen andernfalls nur formaler Natur wäre. Zudem beeinträchtigt die fehlende Akteneinsicht das den Schöffen uneingeschränkt zustehende Fragerecht und läßt sie zu Statisten gegenüber den Berufsrichtern werden.[498] Zudem ist nicht plausibel, warum deren vorherige Aktenkenntnis die Grundsätze der Unmittelbarkeit und Mündlichkeit nicht gefährden soll, wenn das gleiche Vorwissen der Schöffen diese Grundsätze verletzt. Im übrigen müssen sich die Schöffen schon bisher von Beweisergebnissen freimachen, wenn sich später deren Unverwertbarkeit ergibt,[499] oder sie müssen die Ergebnisse des früheren Verfahrens von der Beweisaufnahme in der Berufungshauptverhandlung trennen (§ 324 I StPO), so daß nicht ersichtlich ist, weshalb sie vorherige Aktenkenntnis und spätere Beweisergebnisse zur Tatfrage nicht auseinanderhalten können sollten.[500] Daher läßt § 22 die Einsicht in die Tatakte auch für Laienrichter zu.

Hinsichtlich der Einsicht in die Persönlichkeitsakte erfolgte allerdings keine Gleichstellung, denn die Persönlichkeitsakte wird von ärztlichen Gutachten und Anamneseberichten bestimmt, deren Inhalt der im Umgang mit diesen Schriftstücken unerfahrene Laienrichter nicht verstehen wird, der aber gleichwohl den Verdacht einer generellen Gefährlichkeit des Maßregelbetroffenen zu wecken imstande ist, obwohl diese in der Rechtsfolgenverhandlung erst nach der Feststellung der Schuldunfähigkeit zu prüfen ist. Da das geltende Verfahrensrecht

---

geschrift ergibt sich daraus, daß „die ohnehin problematische Bewertung der Voreingenommenheitsgefahr in der Situation, die *BGHSt* 13, 73 zugrunde lag, wohl kaum noch haltbar“ ist, so *Rieß* JR 1987, 392f. (Anm. zu *BGH* JR 1987, 389).

496 Nachw. bei *Kissel* § 30 Rn. 3f.; KK-*Kissel* § 30 GVG Rn. 2; *Kleinknecht-Meyer-Goßner* § 30 GVG Rn. 2; *Rennig*, S. 149ff.; *Schreiber*, *Welzel*-FS, S. 955ff.; *Volk*, FS-*Dünnebier*, S. 382.

497 *BGHSt* 43, 360ff.

498 Zu dieser Gefahr *BGH* NJW 1997, 1792.

499 *BGHSt* 42, 191, 193f.; *BGH* NJW 1998, 1163; *Katholnigg* § 30 Rn. 2.

500 So aber noch die Begründung von *RGSt* 69, 120, 124; *BGHSt* 5, 261ff.

einen Anspruch der Schöffen auf umfassende Akteneinsicht ebensowenig enthält, wie ein generelles Verbot solcher Kenntnis, ist diese Ungleichbehandlung der Schöffen de lege ferenda zulässig.

Satz 2 ist eine selbstverständliche Folge der Einführung des Tatinterlokuts. Gleichwohl erschien eine gesetzliche Klarstellung geboten, um sicherzustellen, daß der Inhalt der Persönlichkeitsakte der Tatverhandlung nicht stillschweigend zugrundegelegt[501] oder von der Staatsanwaltschaft in die Tatverhandlung eingebracht wird. Vielmehr ist für die seltenen Ausnahmen, in denen dies zulässig ist, ein besonderer Gerichtsbeschluß erforderlich, § 20 Abs. 2.

---

501 Auch nicht in den Fällen, in denen gem. § 7 Abs. 4 S. 2 d. Entw. die Persönlichkeitsakten bereits mit den Tatakten vorgelegt worden sind.

§ 23 Gang der Tatverhandlung

(1) Die Tatverhandlung beginnt mit dem Aufruf der Sache. Der Vorsitzende stellt fest, ob der Maßregelbetroffene und der Verteidiger anwesend und die Beweismittel herbeigeschafft, insbesondere die geladenen Zeugen und Sachverständigen erschienen sind.

(2) Die Zeugen verlassen den Sitzungssaal. Der Vorsitzende stellt die persönlichen Verhältnisse des Maßregelbetroffenen fest. Darauf überzeugt sich das Gericht von der Vernehmungsfähigkeit des Maßregelbetroffenen oder stellt fest, daß die Voraussetzungen des § 18 vorliegen.

(3) Der Staatsanwalt verliest den Antragssatz.

(4) Sodann wird der Maßregelbetroffene darauf hingewiesen, daß es ihm freistehe, sich zum Antragssatz zu äußern oder nicht zur Tatfrage auszusagen; er ist über die Einbeziehungsmöglichkeit von Spontangeständnissen nach Satz 4 zu belehren. Ist er zur Aussage bereit, gibt der Vorsitzende ihm Gelegenheit, sich im Zusammenhang zu äußern. Die Vernehmung erfolgt durch den Vorsitzenden. Die Tatfrage nicht betreffende Umstände dürfen nur bei Geständnissen, unter den Voraussetzungen des § 266 berücksichtigt werden. Fragen, die nicht zur Tatfrage gehören, ungeeignet oder sonst mißbräuchlich sind, hat der Vorsitzende zurückzuweisen.

Zu § 23:

Die Ausformulierung des im wesentlichen § 243 StPO entsprechenden Verfahrensablaufs dient vor allem der Übersichtlichkeit des Entwurfs. Nach dem Aufruf der Sache und den Feststellungen nach § 243 I StPO werden die persönlichen Verhältnisse nach § 111 OWiG und die Vernehmungsfähigkeit des Maßregelbetroffenen als Voraussetzung der Vernehmung nach Absatz 4 festgestellt. Der Maßregelbetroffene soll sich, soweit nur irgend möglich, persönlich in der Sicherungshauptverhandlung äußern können. Daher steht auch eine dauernde Verhandlungsunfähigkeit seiner Anwesenheit zu Beginn der Sicherungshauptverhandlung nicht entgegen.[502] Ist auch eine kurzzeitige Teilnahme an der Sicherungshauptverhandlung nicht möglich, ist festzustellen, daß dic Voraussetzungen der Abwesenheitsverhandlung nach § 18 Abs. 1 vorliegen. **Absatz 3 und 4** entsprechen § 243 III 1, IV 1 StPO. Der aussagewillige Maßregelbetroffene erhält die Gelegenheit sich zusammenhängend zu äußern, so wie es § 69 I 1 StPO für die Aussage von Zeugen vorsieht.[503] Hat der Maßregelbetroffene die Tat aus

502 Vgl. Komm. § 18 Abs. 1 S. 1 d. Entw. (S. 189f.).

503 Ist er zu einer zusammenhängenden Einlassung nicht in der Lage, erfolgt seine Vernehmung in der Form von Fragen und Antworten.

seiner Sicht darstellen können, kann er von dem Vorsitzenden nach Maßgabe der §§ 239, 240 StPO vernommen werden (§ 19 Abs. 1). Die Vernehmung kann unterbleiben, wenn nach übereinstimmender Auffassung aller Beteiligten der Sachverhalt schon durch die zusammenhängende Darstellung geklärt ist, so daß keine Notwendigkeit besteht, den Maßregelbetroffenen weiter zu befragen. Von den Äußerungen des Maßregelbetroffenen dürfen nur die für die Tatfeststellung relevanten Umstände weiter verfolgt werden. Der Vorsitzende hat darauf hinzuwirken, daß der Maßregelbetroffene rechtsfolgenrelevante Tatsachen beiseite läßt, weil deren Erörterung zu einer Voreingenommenheit des Gerichts führen könnte. Eine Ausnahme bilden sog. Spontangeständnisse. Diese können unter den Voraussetzungen des § 266 StPO in die Tatverhandlung einbezogen werden. Die Befugnis zur Zurückweisung unzulässiger, ungeeigneter, nicht zur Tatfrage gehörender oder sonst mißbräuchlicher Fragen entspricht § 241 StPO.

§ 24 Beweisaufnahme

(1) Nach der Vernehmung des Maßregelbetroffenen folgt die Beweisaufnahme. Ein Beweismittel, das für die Tat- und für die Rechtsfolgenfrage von Bedeutung ist, wird im ersten Abschnitt nur insoweit herangezogen, als es für die Tatfrage notwendig ist.

(2) Zeugen und Sachverständige sind grundsätzlich vom Vorsitzenden zu veranlassen, zunächst im Zusammenhang auszusagen und ihre Ausführungen auf die Tatfrage zu beschränken. Für ihre Vernehmung finden § 23 Absatz 4 sowie die allgemeinen Vorschriften über die Vernehmung von Zeugen und Sachverständigen entsprechend Anwendung.

(3) Richtet sich das Verfahren gegen einen der Gerichtssprache nicht mächtigen Maßregelbetroffenen, hat der Vorsitzende den Dolmetscher zu beauftragen, dem Maßregelbetroffenen die Schlußvorträge mindestens durch eine gedrängte Inhaltsangabe verständlich zu machen und die Anträge des Staatsanwalts und des Verteidigers wörtlich zu übersetzen. Dasselbe gilt für einen tauben Maßregelbetroffenen, sofern nicht eine schriftliche Verständigung erfolgt.

Zu § 24 :

§ 24 **Absatz 1** zitiert § 244 I StPO und bestimmt, daß auch doppelrelevante Tatsachen in die Tatverhandlung einbezogen werden dürfen.[504] Dies betrifft jedoch nur einen vergleichsweise schmalen Ausschnitt aus dem Persönlichkeitsbereich. Aus diesem dürfen nur die für die Tatfrage unmittelbar bedeutsamen Tatsachen nach vorne gezogen werden.[505] Meinungsverschiedenheiten darüber, ob ein Umstand in den ersten oder zweiten Abschnitt eingebracht werden darf, sind durch Gerichtsbeschluß zu entscheiden. Dessen Revisibilität wird gemeinsam mit einer sich herausbildenden Richtlinienrechtsprechung für eine angemessene Handhabung sorgen.[506] Die Vernehmungen im Rahmen der Beweisaufnahme erfolgen nach § 23 Abs. 4 und den allgemeinen Vorschriften. Das Fragerecht des Maßregelbetroffenen ergibt sich aus §§ 19 i.V.m. 240 StPO. I.ü. gilt § 258 StPO. **Absatz 3** verbessert die Stellung eines der Gerichtssprache nicht mächtigen oder tauben Maßregelbetroffenen, dem nach § 259 StPO aus den Schlußvorträgen nur

---

504 Dazu näher *Dahs jun.* GA 1971, 357ff.

505 Soweit es auf das Motiv ankommt - aber eben nur soweit - darf z.B. die finanzielle Situation des Maßregelbetroffenen, schon bei der Beweisaufnahme über die Tat erörtert werden. Geht es um die Unvermeidbarkeit eines Verbotsirrtums, müssen u.U. intellektuelle Fähigkeiten und die berufliche Bildung erörtert werden.

506 Vgl. *Roxin*, Reform, S. 71f.; *Dahs sen.* NJW 1970, 1709; *Römer* GA 1969, 342; *Fischinger* ZStW 1969 (81), 56.

die Anträge des Staatsanwalts und des Verteidigers bekanntgemacht werden müssen.

§ 25 Vorbereitung der Rechtsfolgenverhandlung

(1) Nach dem Zwischenbescheid werden dem Gericht die Persönlichkeitsakten vorgelegt, sofern sie nicht bereits gem. § 7 Absatz 4 Satz 2 mit dem Sicherungsantrag übersandt worden sind. Fehlt ein Gerichtshilfebericht, obwohl die Voraussetzungen des § 2 Absatz 3 Satz 2 erfüllt sind, ersucht der Vorsitzende die Gerichtshilfe um den Bericht. Hält das Gericht die Anwesenheit der Gerichtshilfe für notwendig oder sind für die Rechtsfolgenverhandlung Zeugen oder Sachverständige erforderlich, die noch nicht gem. §§ 214ff. geladen sind, ordnet der Vorsitzende die Ladung an.

(2) In den Fällen des Absatzes 1 Satz 2 und 3 sowie in Verfahren, in denen eine Verhandlungspause zur Vorbereitung der Rechtsfolgenverhandlung nicht ausreicht, beschließt das Gericht die Unterbrechung der Sicherungshauptverhandlung und bestimmt einen Termin für den Beginn der Rechtsfolgenverhandlung. Der Termin soll binnen möglichst kurzer Frist stattfinden. § 229 gilt mit der Maßgabe, daß die Unterbrechung bis zum Beginn der Rechtsfolgenverhandlung nicht länger als zwei Monate dauern darf. Die Rechtsfolgenverhandlung darf in besonderen Fällen einmal bis zu dreißig Tagen unterbrochen werden, auch wenn sie nicht bereits an zehn Tagen stattgefunden hat.

Zu § 25:

In § § 25 und § 26 sind die Besonderheiten der Sicherungshauptverhandlung nach dem Zwischenbescheid geregelt. Soweit sich hier keine Sonderregelungen finden, gelten die §§ 226ff. StPO. Nach dem Zwischenbescheid muß das Gericht die Rechtsfolgenverhandlung vorbereiten. Hierfür ist die Kenntnis der Persönlichkeitsakten sowie u.U. die Ladung von Zeugen, Sachverständigen und der Gerichtshilfe erforderlich.

§ § 25 schafft die verfahrenstechnischen Voraussetzungen für die Leitung der Rechtsfolgenverhandlung und die Aufklärung aller relevanten Umstände durch das Gericht. Hat das Gericht die Persönlichkeitsakten gem. § 7 Abs. 4 S. 2 bereits mit den Tatakten erhalten, wird sich die Rechtsfolgenverhandlung i.d.R. ohne Unterbrechung anschließen können. Allerdings ist zu erwarten, daß auch sonst eine nur kurze Unterbrechung ausreichen wird, denn wegen der §§ 2, 14 und 15 davon ausgegangen werden, daß die für die Rechtsfolgenverhandlung benötigten Zeugen und Sachverständigen bereits geladen sind und auch ein Gerichtshilfebericht vorliegt. Lediglich in den (wohl seltenen) Fällen, in denen die Staatsanwaltschaft einen erforderlichen Gerichtshilfebericht noch nicht angefordert hat oder in denen sie oder der Maßregelbetroffene die notwendigen Ladungen von Zeugen oder Sachverständigen nicht beantragt hat (Absatz 1 Satz 3), ist eine längere Unterbrechung der Sicherungshauptverhandlung zu befürchten.

Absatz 2 trifft Sonderregelungen für die Ausnahmefälle, in denen längere Unterbrechungen zwischen Tat- und Rechtsfolgenverhandlung unvermeidlich sind. Die Unterbrechungsfristen des § 229 StPO reichen auch in diesen Fällen nicht aus. Ihre Einhaltung ist auch nach der ratio legis nicht zwingend geboten, da es nach der Feststellung der Tat nicht mehr darum geht, den Eindruck der Beweisaufnahme möglichst lebendig zu erhalten. In der Rechtsfolgenverhandlung geht es um einen neuen, abtrennbaren Abschnitt der Sicherungshauptverhandlung, der ohne Beeinträchtigung der Wahrheitsfindung und des unmittelbaren Eindrucks aus der Hauptverhandlung auch einige Zeit später stattfinden kann.[507] Allerdings gebieten die Konzentrationsmaxime und das Ziel der Verfahrensbeschleunigung eine Anberaumung der Rechtsfolgenverhandlung binnen möglichst kurzer Frist. Diese kann auch kürzer sein, als die 10-Tages-Frist des § 229 I StPO. Bei der Ladung von Zeugen und Sachverständigen können aber auch 30 Tage zu kurz sein. Daher erschien eine Ausweitung auf 2 Monate erforderlich, aber auch ausreichend. Darüberhinaus kann die Rechtsfolgenverhandlung in besonderen Fällen (z.B. zur Klärung von Behandlungsmöglichkeiten) einmal bis zu 30 Tagen unterbrochen werden, auch wenn die Voraussetzung des § 229 II 1 StPO (zehntägige Verhandlungsdauer) nicht erfüllt ist.

507 Dies passiert im allgemeinen Strafverfahren z.B. bei der Strafmaßberufung oder bei der Teilaufhebung eines angefochtenen Urteils und der Zurückverweisung durch das Revisionsgericht.

§ 26 Ablauf der Rechtsfolgenverhandlung

(1) Für den Gang der Rechtsfolgenverhandlung gilt § 23 Absatz 1, Absatz 2 Satz 1 und 3 entsprechend. Anschließend berichtet der Vorsitzende über den Zwischenbescheid. Darauf verliest der Staatsanwalt den Rechtsfolgenantrag.

(2) Es folgt die Beweisaufnahme zur Schuldfähigkeit des Maßregelbetroffenen durch Vernehmung des nach §§ 15 Absatz 2 bestellten Sachverständigen. Ist dessen Erscheinen vor Gericht aus den in § 251 I Nr. 1, 2 genannten Gründen nicht möglich, kann das Gericht einen anderen Arzt zum Sachverständigen bestellen. In diesem Fall beschließt es gleichzeitig die Unterbrechung oder Aussetzung der Rechtsfolgenverhandlung, um dem Sachverständigen Gelegenheit zur Vorbereitung des von ihm zu erstattenden Gutachtens zu geben.

(3) Der Sachverständige hat seine Ausführungen zunächst auf die Feststellungen zur Schuldfähigkeit zu beschränken. War der Maßregelbetroffene im Tatzeitpunkt schuldunfähig, so ist weiter festzustellen, ob die Schuldunfähigkeit auf einem in der Person des Maßregelbetroffenen liegenden Zustand beruht, der auch für die nach § 20 Absatz 5 festgestellte Tat ursächlich geworden ist.

(4) Stellt das Gericht fest, daß die Tat infolge des die Schuldfähigkeit ausschließenden Zustandes begangen wurde, weist der Vorsitzende den Maßregelbetroffenen darauf hin, daß es ihm freistehe, sich über seine soziodemographischen Daten zu äußern oder nicht dazu auszusagen. Ist der Maßregelbetroffene zur Aussage bereit, veranlaßt der Vorsitzende ihn, im Zusammenhang zu berichten. Darauf erstattet der Gerichtshelfer seinen Bericht. Falls ein Gerichtshelfer nicht anwesend ist, befragt der Vorsitzende den Maßregelbetroffenen anhand der Persönlichkeitsakten, insbesondere des Gerichtshilfeberichts. Ergänzende Fragen können auch dem Gerichtshelfer gestellt werden.

(5) Im Anschluß hat das Gericht Beweis über die rechtsfolgenrelevanten Umstände, insbesondere zu der Frage zu erheben, ob von dem Maßregelbetroffenen künftig infolge seines die Schuldfähigkeit ausschließenden Zustandes erhebliche rechtswidrige Taten zu erwarten sind. Stellt das Gericht die abstrakte Gefährlichkeit des Zustandes des Maßregelbetroffenen fest, hat es auf dieser Grundlage Feststellungen zu der konkreten Art der von ihm ausgehenden Gefahr zu treffen. Dabei können auch solche Umstände berücksichtigt werden, die mit der im Zwischenbescheid festgestellten Tat nicht im Zusammenhang stehen. Das Gericht hat besonders festzustellen, daß die Art der zu erwartenden Gefahr derjenigen entspricht, die in der festgestellten Tat zum Ausdruck gekommen ist und daß die beantragte oder eine andere in Betracht kommende Maßregel im Hinblick auf die im Zwischenbescheid festgestellte Tat verhältnismäßig ist. § 24 gilt entsprechend. Im übrigen unterliegt die Gestaltung der Beweisaufnahme, des weiteren Ablaufs der Rechtsfolgenverhandlung und deren äußere Gestaltung dem Ermessen des Vorsitzenden. Sachverständiger und Gerichtshelfer erhalten auf Verlangen das Wort. Der Betreuer soll als Zeuge gehört werden.

(6) Das Gericht läßt in der Rechtsfolgenverhandlung die Öffentlichkeit zu, wenn überwiegende Interessen der Allgemeinheit oder der Rechtspflege eine öffentliche Verhandlung über die Schuldfähigkeit oder die Rechtsfolgen gebieten. Auf Antrag kann die Öffentlichkeit auch für die Verkündung der Urteilsgründe oder eines Teils davon ausgeschlossen werden. Die §§ 171a, 172, 173 des Gerichtsverfassungsgesetzes bleiben unberührt.

Zu § 26:

§ 26 regelt den weiteren Ablauf der Rechtsfolgenverhandlung in Anlehnung an § 23. Nach dem Bericht des Vorsitzenden über die im Zwischenbescheid festgestellte Tat und der Verlesung des Rechtsfolgenantrags folgt (noch vor der Vernehmung des Maßregelbetroffenen zu seinen soziodemographischen Daten) die Beweisaufnahme zur Schuldfähigkeit des Maßregelbetroffenen durch Vernehmung eines Sachverständigen, **Absatz 2**. Da dieser seine Beurteilung auf möglichst intensive und detaillierte Untersuchungen soll stützen können, ist der nach § 15 Abs. 2 bestellte Sachverständige zu vernehmen, der den Maßregelbetroffenen im Idealfall bereits seit dem Ermittlungsverfahren kennt. Nur wenn dieser Sachverständige verstorben ist oder seinem Erscheinen in der Rechtsfolgenverhandlung für eine längere oder ungewisse Zeit Krankheit, Gebrechlichkeit oder andere nicht zu beseitigende Hindernisse entgegenstehen, kann ein anderer Arzt zum Sachverständigen bestellt werden, Absatz 2 Satz 2 i.V.m. § 251 I Nr. 1, 2 StPO. In diesem Fall ist die Rechtsfolgenverhandlung auszusetzen oder zu unterbrechen um dem neuen Sachverständigen Gelegenheit zur Vorbereitung des von ihm zu erstattenden Gutachtens zu geben. Dies folgt schon aus der gerichtlichen Aufklärungspflicht.

Durch die Vernehmung des Sachverständigen nach **Absatz 3** müßen drei Tatsachen zur Überzeugung des Gerichts bewiesen werden:
Erstens, als materielle Grundvoraussetzung der selbständigen Maßregelanordnung, daß der Maßregelbetroffene im Tatzeitpunkt mit Sicherheit schuldunfähig war. Daher hat der Sachverständige seine Ausführungen zunächst auf die Feststellungen zur Schuldfähigkeit zu beschränken. Kann die Schuldunfähigkeit nicht mit Sicherheit festgestellt werden, ist das Sicherungsverfahren unzulässig (§ 1 Abs. 2) und ins allgemeine Strafverfahren überzuleiten (§ 31). Dies wird nur selten vorkommen, da die Schuldunfähigkeit des Maßregelbetroffenen (gegebenenfalls sogar von demselben Sachverständigen) bereits im Ermittlungsverfahren gutachterlich festgestellt worden ist (§ 2 Abs. 2).
War der Maßregelbetroffene nach den Feststellungen des Sachverständigen bei Begehung der Tat schuldunfähig, ist als zweites zu beweisen, daß die Schuldun-

fähigkeit im Tatzeitpunkt auf einem in der Person der Maßregelbetroffenen liegenden Zustand beruht. Es reicht also nicht die Diagnose, daß die körperliche oder geistige Gesundheit des Maßregelbetroffenen gegenüber dem Durchschnitt nachteilig verändert ist, sondern diese Veränderung muß „in seiner Person liegen", ihm also zumindest auf gewisse Dauer anhaften und nicht von außen verursacht worden sein. Daran fehlt es etwa bei nicht süchtigen, im Tatzeitpunkt berauschten oder im unverschuldeten Affekt handelnden Tätern.
Schließlich ist der Nachweis zu führen, daß der krankhafte Zustand des Maßregelbetroffenen für die im Zwischenbescheid festgestellte Tat im Sinne einer conditio-sine-qua-non ursächlich geworden ist, daß also der Maßregelbetroffene die Tat in gesundem Zustand nicht begangen hätte. An diese Feststellung sind strenge Anforderungen zu stellen. Zweifel sind zugunsten des Maßregelbetroffenen zu berücksichtigen, gegen den eine Maßregelanordnung dann nur nach landesrechtlichen Vorschriften in Betracht kommt.

Stehen die vorgenannten Tatsachen zur Überzeugung des Gerichts fest, erhält der Maßregelbetroffene die Gelegenheit, seine soziodemographischen Daten im Zusammenhang darzustellen. Um eine möglichst umfassende und sachgerechte Darstellung seiner Persönlichkeit zu erhalten, soll der Gerichtshelfer seinen Bericht in unmittelbarem Anschluß an die Äußerung des Maßregelbetroffenen erstatten, also noch vor dessen Befragung durch den Vorsitzenden und die anderen Verfahrensbeteiligten, **Absatz 4**. Wegen des Mündlichkeitsgrundsatzes ist der Gerichtshilfebericht außer in den Fällen des § 14 Abs. 2 S. 2 HS. 1, in denen die Verfahrensbeteiligten auf die Teilnahme der Gerichtshilfe verzichtet haben, mündlich zu erstatten. In beiden Fällen kommen freilich nur die vom Maßregelbetroffenen bestätigten oder durch andere Beweismittel nachgewiesenen Informationen als Entscheidungsgrundlage in Betracht. Eine Verlesung des Gerichtshilfeberichts gem. § 256 StPO ist wegen dessen Nähe zu den nicht verlesbaren Leumundszeugnissen unzulässig.
Die Befragung des Maßregelbetroffenen und des Gerichtshelfers durch die Verfahrensbeteiligten unterliegt keinen festen Regeln. Überhaupt empfiehlt es sich, die Gestaltung der Rechtsfolgenverhandlung dem Ermessen des Vorsitzenden zu überlassen, damit ein möglichst offenes Gespräch über die Notwendigkeit und Zweckmäßigkeit einer strafrechtlichen Maßregelanordnung zustande kommen kann.[508] Lediglich das Rederecht des Gerichtshelfers muß in Anlehnung an § 50 III 2 JGG sichergestellt werden. Dem trägt **Absatz 5 Satz 7** Rechnung.

Nach der Vernehmung des Maßregelbetroffenen erhebt das Gericht Beweis über die rechtsfolgenrelevanten Umstände, wobei die Frage im Vordergrund steht, ob

---

508 Vgl. Komm. zu § 19 Abs. 1 d. Entw. (S. 196f.).

von ihm infolge seines krankhaften Zustandes künftig die Begehung erheblicher rechtswidriger Taten zu erwarten ist, **Absatz 5 Satz 1**. Die Annahme einer solchen Gefährlichkeit setzt voraus, daß das Gericht den diagnostizierten Krankheitszustand des Maßregelbetroffenen für abstrakt gefährlich hält und prognostiziert, daß die Art der infolge dieses Zustandes für Dritte bestehenden Gefahr derjenigen Gefahr entspricht, die sich in der Begehung der im Zwischenbescheid festgestellten Tat realisiert hat, **Absatz 5 Satz 2 - 4**.

Der Maßregelbetroffene ist *infolge* seines Zustandes abstrakt gefährlich, wenn er gerade wegen seiner Krankheit generell für fremde Rechtsgüter gefährlich werden könnte. Dies ist immer der Fall, wenn die Gefährdung Dritter eine typische Folge des krankhaften Zustandes ist, z.B. bei Kleptomanie, aggressivem Verfolgungswahn, Alkohol- oder Drogensucht.
Hält das Gericht den krankhaften Zustand des Maßregelbetroffenen für generell gefährlich, hat es auf dieser Grundlage die konkrete Art der von dem Maßregelbetroffenen ausgehenden Gefährlichkeit zu prognostizieren. Dies kann in manchen Fällen einfach sein. Z.B. begründet die Kleptomanie ausschließlich Gefahren für Vermögenswerte, so daß sich die abstrakte Gefährlichkeit des krankhaften Zustandes ihrer konkreten Art nach auf die künftige Begehung von Vermögensdelikten richtet. I.d.R. wird die Prognoseentscheidung aber schwieriger sein, z.B. weil über die Ursachen des krankhaften Zustandes Zweifel bestehen oder weil der Zustand medizinisch nicht exakt diagnostizierbar ist oder weil die Folgen eines medizinisch eindeutigen feststellbaren Krankheitszustandes nicht generell typisierbar sind. Zudem treten selbst typische Folgen eines medizinisch eindeutig diagnostizierbaren Krankheitszustandes nicht in jedem Krankheitsverlauf hervor, da die inneren und äußeren Umstände denen der Maßregelbetroffene in seinem Alltag begegnet von Fall zu Fall verschieden sind. Nicht jeder Alkoholiker neigt zu rauschbedingt aggressivem Verhalten, von einem wohlhabenden Kokainisten gehen hinsichtlich der sonst für Drogenabhängige typischen Beschaffungskriminalität keine Gefahren aus und die Ausdrucksformen der Aggressivität einer paranoiden Persönlichkeit können von verbalen Anwürfen über die Sachgewalt bis zu gezielt tödlichen Angriffen mit gemeingefährlichen Mitteln reichen. Daher können und müssen bei der Feststellung der konkreten Art der von dem Maßregelbetroffenen ausgehenden Gefahr auch Umstände berücksichtigt werden, die nicht zu der den Gegenstand des Sicherungsverfahrens bildenden prozessualen Tat gehören.[509] Hierzu gehört insbesondere das alltägliche Verhalten des Maßregelbetroffenen in unerwarteten oder belastenden Situationen, sein Verhalten gegenüber befreundeten oder verfeindeten Dritten sowie andere Begebenheiten, die bereits Anlaß zu einer Untersuchung des Gesundheits-

509 So auch LR-*Gössel* § 414 Rn. 24.

zustandes des Maßregelbetroffenen gegeben haben oder hätten geben können. Daher soll auch der Betreuer als Zeuge gehört werden, **Absatz 5 Satz 8**.[510]

Aus der Art der konkreten Gefährlichkeit ist zu schließen, ob von dem Maßregelbetroffenen die künftige Begehung *erheblicher* rechtswidriger Taten zu erwarten ist.[511] Die Voraussetzungen unter denen Erheblichkeit anzunehmen ist, sind umstritten.[512]
Gewinnt das Gericht die Überzeugung, daß von dem Maßregelbetroffenen infolge seines Zustandes erhebliche rechtswidrige Taten zu erwarten sind, hat es die Art der prognostizierten Gefährlichkeit mit derjenigen zu vergleichen, die sich in der im Zwischenbescheid festgestellten Tat realisiert hat. Nur wenn sich diese entsprechen liegt eine Symptomtat vor, infolge derer die Anordnung einer strafrechtlichen Maßregel erfolgen kann.

Absatz 6: Um die Frage der Schuldfähigkeit und nach der Notwendigkeit der Maßregelanordnung beurteilen zu können, müssen in der Rechtsfolgenverhandlung zahlreiche höchstpersönliche Umstände erörtert werden. Wäre die Verhandlung öffentlich, bestünde die Gefahr, daß der Maßregelbetroffene wichtige Tatsachen verschweigt oder daß er vor der Öffentlichkeit bloßgestellt wird. Wahrheitsfindung und Persönlichkeitsschutz gebieten daher einen grundsätzlichen Ausschluß der Öffentlichkeit. Das Gericht läßt die Öffentlichkeit jedoch auch in der Rechtsfolgenverhandlung zu, wenn überwiegende Interessen der Allgemeinheit oder der Rechtspflege dies gebieten. Denn ein uneingeschränkter Ausschluß der Öffentlichkeit in der Rechtsfolgenverhandlung würde außer Acht lassen, daß der Grundsatz der Öffentlichkeit der Hauptverhandlung nicht nur dem Persönlichkeitsschutz, sondern auch den berechtigten Informationsinteressen der Allgemeinheit dient. Eine öffentliche Dokumentation korrekter Rechtsanwendung kann gerade im Sicherungsverfahren ein wesentlicher Faktor für die Erhaltung des Vertrauens in die Rechtspflege sein. Die Entscheidung über den Öffentlichkeitsausschluß muß sich daher an einer Güter- und Interessenabwägung orientieren, bei der der Persönlichkeitsschutz des Maßregelbetroffenen grundsätzlich vor geht. Dieser Vorrang entspricht der Auffassung, daß das Interesse der Öffentlichkeit bei sanktionsrelevanten Tatsachen geringer zu bewerten ist, als bei tatbezogenen Umständen. In kritischen Fällen soll die Rechtspflege jedoch deutlich machen können, daß auch die Entscheidung über die Schuldfä-

---

510 So auch *BGH* NStZ 1996, 610; zur Anhörung des Betreuers im Ermittlungsverfahren vgl. § 2 Abs. 6 d. Entw.

511 Die Anordnungsvoraussetzungen sind insofern strenger als die zur Stellung des Sicherungsantrags erforderlichen Voraussetzungen (vgl. § 6 Abs. 1 Ziff. 2, 4 d. Entw.).

512 Vgl. Komm. zu § 6 Abs. 1 Nr. 2, 4 d. Entw. (S. 139ff., 147ff.).

higkeit und die Rechtsfolgen nach rational nachprüfbaren Kriterien in einem sachlichen und fairen Verfahren erfolgt.

Absatz 6 Satz 2, 3 stellt klar, daß die Öffentlichkeit bei der Verkündung der Urteils*formel* uneingeschränkt beizubehalten ist, während sie bei der Verkündung der Urteils*gründe* auf Antrag des Staatsanwalts, des Maßregelbetroffenen oder seines Verteidgers ganz oder teilweise ausgeschlossen werden kann. Das Erfordernis eines besonderen Antrags und eines Gerichtsbeschlusses macht deutlich, daß hierfür eine eigenständige Entscheidung zu treffen ist, bei der sich die Interessenabwägung i.d.R. eher zugunsten der Öffentlichkeit auswirken wird, da in der mündlichen Urteilsbegründung nicht alle Einzelheiten aus dem Persönlichkeitsbereich des Maßregelbetroffenen wiederholt werden müssen. Die Möglichkeit gem. § 173 II GVG, die Öffentlichkeit auch ohne Antrag auszuschließen, bleibt unberührt.

§ 27 Beweisrecht; entsprechende Anwendbarkeit anderer Vorschriften

(1) §§ 244 Abs. 2 - 6, 245, 246, 247 - 253, 255 - 259 und 261 gelten entsprechend, 249 und 256 nur unter den Voraussetzungen des § 20 Absatz 2 Satz 1 und 2 soweit § 24 Absatz 1 nicht entgegensteht, sowie § 248 S. 2 mit der Maßgabe, daß vor der Entlassung der Zeugen und Sachverständigen auch der Verteidiger zu hören ist.

(2) Erklärungen des Maßregelbetroffenen, die in einem richterlichen Protokoll enthalten sind, können verlesen werden, in der Tatverhandlung jedoch nur zum Zweck der Beweisaufnahme über ein Geständnis, wenn der Maßregelbetroffene bei Abgabe der Erklärung vernehmungsfähig war. Dasselbe kann geschehen, wenn ein in der Vernehmung hervortretender Widerspruch mit der früheren Aussage nicht auf andere Weise ohne Unterbrechung der Sicherungshauptverhandlung festgestellt werden kann.

Zu § 27:

Für die Beweisaufnahme in der Sicherungshauptverhandlung gelten die allgemeinen Regeln, unter Beachtung der durch das Interlokut vorgegebenen Trennung des Verfahrensstoffs. Vor der Anordnung oder Genehmigung des Weggehens von Zeugen und Sachverständigen sieht **Absatz 1** die in § 248 S. 2 StPO nicht vorgeschriebene, in der Rechtspraxis jedoch übliche[513] Anhörung auch des Verteidigers vor, denn im Sicherungsverfahren muß insbesondere diesem Gelegenheit zu der Erklärung gegeben werden, ob er an die Beweisperson weitere Fragen stellen wolle.

Die Verlesung von Erklärungen des Maßregelbetroffenen, die in einem richterlichen Protokoll enthalten sind, unterliegt in der Tatverhandlung der Beschränkung des § 254 StPO, **Absatz 2**. Die Verlesung ist dort also nur zum Zwecke der Beweisaufnahme über ein Geständnis zulässig. Diese Beschränkung gilt über § 18 Abs. 5 S. 1 auch für die Abwesenheitstatverhandlung, so daß die derzeit weiter reichende Verlesungsmöglichkeit nach § 415 IV StPO de lege ferenda beschränkt wird.[514] Die in einem richterlichen Protokoll enthaltenen Erklärungen des Maßregelbetroffenen können erst in der Rechtsfolgenverhandlung ohne die Einschränkung des § 254 StPO verlesen werden.

513 Vgl. Kleinknecht/Meyer-Goßner § 248 Rn. 3.

514 Siehe auch Komm. zu § 18 Abs. 5 d. Entw. (S. 195).

§ 28 Bindung des Gerichts an den Rechtsfolgenantrag

(1) Das Gericht ist an den Rechtsfolgenantrag nicht gebunden. Die Maßregel wird selbständig angeordnet, wenn dies gesetzlich zulässig ist und die Feststellungen nach § 26 Absatz 3 - 5 getroffen wurden.

(2) Das Gericht kann eine vom Rechtsfolgenantrag abweichende Maßregel anordnen, wenn der Maßregelbetroffene zuvor auf die Veränderung des rechtlichen Gesichtspunktes besonders hingewiesen und ihm Gelegenheit zur Verteidigung gegeben worden ist.

Zu § 28:

Anders als § 414 II 3, 4 StPO normiert **Absatz 1** (i.V.m. § 20 Absatz 3 Satz 3) nunmehr *eindeutig*, daß der Prozeßgegenstand im Sicherungsverfahren ebenso wie im allgemeinen Strafverfahren allein durch die Tat im prozessualen Sinne bestimmt wird.[515] Zwar muß nach § 7 Abs. 1 ein konkreter Rechtsfolgenantrag gestellt werden. Die Konkretisierung dient jedoch nicht zur Bestimmung des Verfahrensgegenstandes, sondern allein dem Schutz des Maßregelbetroffenen, der sich bei seiner Verteidigung auf die beantragte Maßregel und deren besondere Voraussetzungen einstellen und beschränken können soll. Daher ist das Gericht bei seiner Entscheidung an den Rechtsfolgenantrag nicht gebunden.

Zur Wahrung einer effektiven Verteidigung ist eine vom Rechtsfolgenantrag abweichende Maßregelanordnung jedoch erst zulässig, nachdem der Maßregelbetroffene auf die Veränderung des rechtlichen Gesichtspunktes besonders hingewiesen und ihm Gelegenheit zur Verteidigung gegeben worden ist, **Absatz 2**.[516] Die Maßregel kann nur dann im Sicherungsverfahren angeordnet werden, wenn ihre selbständige Anordnung gesetzlich zulässig ist und die Voraussetzungen des § 26 Abs. 3 - 5 erfüllt sind.

---

515 Zur Begr. siehe Komm. zu § 20 Abs. 3 S. 3 d. Entw. (S. 202ff., 204ff.).

516 Die Regelung entspricht § 265 II StPO. Nach *BGHSt* 29, 274, 279; BGH StV 91, 198 ist der Hinweis auf die mögliche Anordnung einer Sicherungsmaßregel ebenfalls erforderlich, wenn eine andere als die in der Anklageschrift bezeichnete Maßregel in Betracht kommt. Daß ein Sachverständiger sich dazu geäußert hat, genügt allein nicht, *BGH*, Urt. v. 9.6.1993, 2 StR 242/93.

§ 29 Urteil

(1) Die Rechtsfolgenverhandlung schließt mit der auf die Beratung folgenden Verkündung des Urteils.

(2) Wird im Urteil eine Maßregel der Besserung und Sicherungs angeordnet, so ist diese in der Urteilsformel nach der rechtlichen Bezeichnung der im Zwischenbescheid festgestellten Tat anzugeben. Wird eine Maßregel der Besserung und Sicherung nicht angeordnet, ist auf Zurückweisung des Antrags zu erkennen, wenn nicht die Einstellung des Verfahrens wegen eines anderen Verfahrenshindernisses als dem der Verhandlungsunfähigkeit auszuprechen ist. Darüberhinaus obliegt die Fassung der Urteilsformel dem Ermessen des Gerichts.

(3) Nach der Urteilsformel werden die angewendeten Vorschriften nach Paragraph, Absatz, Nummer, Buchstabe und mit der Bezeichnung des Gesetzes aufgeführt.

(4) Wird ein Berufsverbot angeordnet, ist im Urteil der Beruf, der Berufszweig das Gewerbe oder der Gewerbezweig, dessen Ausübung verboten wird, genau zu bezeichnen.

(5) §§ 261 - 263 Abs. 1, 268 und 275 gelten entsprechend.

Zu § 29:[517]

Absatz 1 entspricht § 260 I StPO.

Gibt das Gericht dem Sicherungsantrag statt, muß es die Maßregel, die angeordnet wird und die Anknüpfungstat im Urteilstenor angeben. **Absatz 2** entspricht damit § 260 IV 1 StPO, steht aber im Widerspruch zur Rechtsprechung des *BGH*, derzufolge die im Sicherungsantrag bezeichnete Tat im Tenor des Sicherungsurteils nicht genannt werden soll.[518] Die Kennzeichnung der Anlaßtat könne im Urteilsspruch unterbleiben, weil im Sicherungsverfahren kein Schuldspruch ergehe und die rechtswidrige Tat nur Anlaß für die Verhängung der Maßregel sei. Die Literatur hat sich dieser Ansicht ausnahmslos angeschlossen.[519]

---

517 In der Hauptverhandlung kommen als verfahrensabschließende Entscheidungen neben dem Urteil nur „schuldunabhängige" Einstellungen (nach §§ 154 II, 154a II, 153e II, 154b IV StPO), nicht aber die „schuldabhängigen" Einstellungen (z.B. nach §§ 153 II, 153a II , 153b II StPO) in Betracht.

518 In *BGH* MDR 1985, 449 änderte der *BGH* den im Sicherungsverfahren ergangenen Urteilsspruch, den Beschuldigten „wegen eines im Zustand der Schuldunfähigkeit begangenen versuchten Totschlags in einem psychiatrischen Krankenhaus unterzubringen" dahin ab, daß die Kennzeichnung der Anlaßtat entfiel.

519 KMR-*Paulus* § 414 Rn. 22; *Schulz/Händel* Vor § 413 Rn. 13; AK-*Keller* § 414 Rn. 13; KK-*Fischer* § 414 Rn. 18; *Kleinknecht/Meyer* § 414 Rn. 6; LR-*Gössel* § 414 Rn. 26.

Allerdings stellt *Gössel*[520] klar, daß die Bezeichnung der Tat seiner Auffassung nach allein mangels Schuldspruchs unterbleibt, nicht aber deswegen, weil die vom Maßregelbetroffenen begangene Unrechtstat etwa nur „Anlaßtat" sei. Der *BGH* verkenne mit dieser Beweisführung, daß auch die Maßregeln Rechtsfolgen einer Tat seien, also nicht bloß einen „Anlaß" sondern, was z.B. auch im § 62 StGB aufscheine, notwendig einen Grund haben müssen, der als Realgrund in der rechtswidrigen Tat und der Tätergefährlichkeit liege. Wenn ich *Gössel* richtig verstehe, so bezeichnet er den Prozeßgegenstand des Sicherungsverfahrens als „Realgrund" der Maßregel.[521] Bei dieser Interpretation ist seiner Kritik beizutreten, daß die Anordnung der Maßregel als Strafrechtsfolge mehr als einen bloßen Anlaß voraussetzt. Dieses „Mehr" ist bei der selbständigen Maßregelanordnung die Anknüpfungstat als Symptomtat, denn diese ist Gegenstand des Sicherungsverfahrens. Der Urteilsspruch muß den Prozeßgegenstand erschöpfend erledigen. Ob das der Fall ist, beurteilt sich im allgemeinen Strafverfahren durch einen Vergleich der (anhand der Urteilsgründe auslegbaren) Urteilsformel mit der zugelassenen Anklage.[522] Dasselbe muß auch für das Sicherungsverfahren gelten. Deshalb ist es konsequent, de lege ferenda auch die Angabe der Anknüpfungstat im Tenor des Sicherungsurteils zu verlangen.

Liegt dem Sicherungsantrag die Annahme mehrerer selbständiger Handlungen zugrunde und wird eine der Taten in der Sicherungshauptverhandlung nicht erwiesen, so erfolgt keine Teilablehnung, weil dann nur einer von mehreren Unterbringungsgründen wegfallen ist. Wird eine Maßregel angeordnet, so sind entsprechend § 260 V StPO die rechtliche Bezeichnung der Anknüpfungstat und die angewendeten Vorschriften anzugeben, **Absatz 3**. **Absatz 4** entspricht § 260 Abs. 2 StPO. Im übrigen gelten die Vorschriften zur freien Beweiswürdigung, zur Behandlung zivilrechtlicher Vorfragen, zur Abstimmungsmehrheit und sowie über die Frist und Form der Urteilsniederschrift.[523]

---

520 LR-*Gössel* § 414 Fn. 52; *ders.*, in FS-*Pfeiffer*, S. 8ff.,

521 Überträgt man diese Terminologie auf das allgemeine Strafverfahren, so müßte dort die prozessuale Tat als Realgrund der Strafe bezeichnet werden, da die Feststellungen zur prozessualen Tat die Grundlage des Schuldspruchs bilden.

522 *BGH* NStZ 93, 551 m.w.N.

523 Die Strafliste ist kein Teil der Urteilsformel. Sie stellt die zuverlässige Erfassung der Verurteilung im Bundeszentralregister und in anderen Registern sicher. Daher wird sie weder bei der Urteilsverkündung nach § 268 II StPO verlesen noch sonst in der Hauptverhandlung bekanntgegeben; so für das allgemeine Strafverfahren *OLG Karlsruhe* VRS 54, 68, 70; 58, 263f.; *BGH* NStZ-RR 1997, 166. - Auch die Auswahl und Bezeichnung der Vollzugsanstalt ist nicht Sache des Tatgerichts, *RGSt* 70, 176f.; *OLG Hamm* SJZ 1050, 213; LR-*Gössel* § 414 Rn. 27 m.w.N.

Unterbleibt die Anordnung einer Maßregel, so muß der Urteilsformel zu entnehmen sein, ob das Sicherungsverfahren wegen eines Prozeßhindernisses eingestellt oder die Maßregelanordnung abgelehnt wird, weil die Voraussetzungen des staatlichen Sicherungsanspruchs nicht bewiesen sind. Im Tenor des Einstellungsurteils wird lediglich das Bestehen eines Prozeßhindernisses festgestellt, dessen Art sich aus den Urteilsgründen ergibt.[524] Sieht das Gericht die Voraussetzungen des staatlichen Sicherungsanspruchs als nicht erwiesen an, weist es den Sicherungsantrag als unbegründet zurück. Im übrigen obliegt die Fassung der Urteilsformel (wie im allgemeinen Strafverfahren, § 260 III 5 StPO) dem Ermessen des Gerichts.

Kostenmäßig steht die selbständige Anordnung einer Maßregel gem. § 465 I StPO einer Verurteilung zur Strafe, die Ablehnung des Sicherungsantrags gem. §§ 467 StPO, 2, 8 StrEG einem Freispruch gleich. Wird nur ein Teil der im Sicherungsantrag genannten selbständigen Taten als erwiesen angesehen, so erfolgt Kostenverteilung in gleicher Weise wie bei einem Urteil, das teils auf Strafe, teils auf Freispruch lautet (§ 465 I StPO: „insoweit zu tragen, als sie durch das Verfahren wegen einer Tat entstanden sind, wegen derer eine Maßregel [...] gegen ihn angeordnet wird.").[525]

524 Die Verhandlungsunfähigkeit des Maßregelbetroffenen führt wegen § 18 d. Entw. nicht zur Verfahrenseinstellung.

525 LR-*Gössel* § 414 Rn. 30 m.w.N.

§ 30 Urteilsgründe

(1) Wird gegen den Maßregelbetroffenen eine Maßregel der Besserung und Sicherung angeordnet, gliedern sich die Urteilsgründe in einen ersten, die Tat, und in einen zweiten, die Schuldfähigkeit und die Rechtsfolgen betreffenden Teil.

(2) Im ersten Teil der Urteilsgründe sind die für erwiesen erachteten Tatsachen anzugeben, in denen die gesetzlichen Merkmale der Straftat gefunden werden und das angewendete Strafgesetz zu bezeichnen. Bei einer Vielzahl von Straftaten, die denselben Tatbestand erfüllen, ist die Mitteilung des konkreten Sachverhalts der Einzeltat nur dann entbehrlich, wenn die Einzelfälle in allen wesentlichen Umständen gleichgelagert sind. Das Gericht hat die Beweismittel und die für die richterliche Überzeugung maßgebenden Gründe stets anzuführen. Auf Abbildungen, die sich bei den Tatakten befinden, kann wegen der Einzelheiten verwiesen werden. Stützt das Gericht die Identifizierung des Maßregelbetroffenen auf eine bei der Tatbegehung gefertigte Abbildung, so genügt die Bezugnahme auf diese Abbildung, wenn sie zur Identifizierung uneingeschränkt geeignet ist. In diesem Fall genügt die Mitteilung über die Art der Abbildung, den Aufnahmeort und die Aufnahmezeit, wobei anzugeben ist, ob eine weibliche oder männliche Person gezeigt wird. Andernfalls sind die für die richterliche Überzeugungsbildung bestimmenden charakteristischen Merkmale zu beschreiben. Abgesehen von Satz 5 sind Verweisungen und jegliche Bezugnahme auf Schriftstücke oder andere Erkenntnisquellen außerhalb des Urteils unzulässig. Die Sachverhaltsdarstellung ist von der Beweiswürdigung zu trennen.

(3) Für die Begründung des dem Sicherungsantrag stattgebenden Urteils gilt § 267 II StPO entsprechend.

(4) Im zweiten Teil der Urteilsgründe sind die für erwiesen erachteten, rechtsfolgenrelevanten Tatsachen anzugeben sowie die maßgeblichen Erwägungen, auf denen die Feststellungen nach § 26 Absatz 3 - 5 beruhen. Der Grund der Schuldunfähigkeit ist zu bezeichnen. Die angewendeten gesetzlichen Bestimmungen sind anzugeben. § 267 III 2, 3 ist entsprechend anwendbar.

(5) Wird innerhalb der Frist kein Rechtsmittel eingelegt, so müssen die erwiesenen Tatsachen, in denen die gesetzlichen Merkmale der Straftat gefunden werden, die rechtsfolgenrelevanten Tatsachen und das angewendete Strafgesetz angegeben werden. Bei Urteilen, die nur die Entziehung der Fahrerlaubnis und die Einziehung des Führerscheins anordnen, kann auf den Antragssatz und den Rechtsfolgenantrag verwiesen werden. Den weiteren Inhalt der Urteilsgründe bestimmt das Gericht unter Berücksichtigung der Umstände des Einzelfalls nach seinem Ermessen. Die abgekürzte Urteilsfassung ist durch einen entsprechenden Vermerk zu kennzeichnen. Die Urteilsgründe können innerhalb der in § 275 Abs. 1 S. 2 vorgesehenen Frist ergänzt werden, wenn gegen die Versäumung der Frist zur Einlegung des Rechtsmittels Wiedereinsetzung in den vorherigen Stand gewährt wird.

(6) Wird der Sicherungsantrag nach der Tatverhandlung zurückgewiesen, müssen die Urteilsgründe ergeben, daß bei unterstellter Schuldfähigkeit des Maßregelbetroffenen eine strafbare Handlung aus tatsächlichen oder rechtlichen Gründen nicht festgestellt ist. Das Gericht hat darzulegen, welchen Sachverhalt es als festgestellt erachtet und den Weg, der es zu diesen Feststellungen geführt hat, im Rahmen einer Beweiswürdigung darzulegen. Wird innerhalb der Frist kein Rechtsmittel eingelegt, braucht nur angegeben zu werden ob die dem Maßregelbetroffenen zur Last gelegte Straftat aus tatsächlichen oder rechtlichen Gründen nicht festgestellt worden ist.
(7) Erfolgt die Zurückweisung des Sicherungsantrags nach der Rechtsfolgenverhandlung, so müssen die Urteilsgründe entsprechend Absatz 6 ergeben, weshalb eine Maßregel nicht angeordnet worden ist.

Zu § 30:

Absatz 1 ordnet die durch das Interlokut erreichte Trennung des Verfahrensstoffs auch für dessen Darstellung in den Urteilsgründen an. **Absatz 2 Satz 2** präzisiert § 267 I StPO im Sinne der Anforderungen, die von der neueren Rechtsprechung an die Abfassung der Urteilsgründe im allgemeinen Strafverfahren gestellt werden. Der *BGH* hat wiederholt die Angabe von Ort, Zeit und ungefährer Begehungsweise der Tat gefordert, soweit diese zur Identifizierung der Tat notwendig ist. Die Tat müsse sich eindeutig von anderen gleichartigen strafbaren Handlungen desselben Täters unterscheiden lassen. Die Schilderung müsse um so konkreter sein, je größer die allgemeine Möglichkeit ist, daß der Angeklagte weitere Straftaten gleicher Art verübt hat.[526] Insbesondere bei Serienstraftaten, die früher vielfach unzutreffend als fortgesetzte Handlung gewertet wurden, wird nun die größstmögliche Individualisierung und Konkretisierung der Einzeltaten statt einer Schätzung der Anzahl der Taten verlangt.[527] Die Nichtmitteilung des konkreten Sachverhalts der Einzeltaten stellt jedenfalls dann einen Sachmangel dar, wenn die Einzelfälle nicht in allen wesentlichen tatsächlichen Umständen gleichgelagert sind.[528]
Daß allein eine die Ergebnisse der Hauptverhandlung klar zusammenfassende Sachverhaltsschilderung den Erfordernissen des geltenden Rechts genügt, hat der

---

526 *BGHSt* 22, 90, 92; *BGHR*, § 267 Abs. 1 S. 1 StPO, Tat 3, 4 und 7.

527 *BGHSt* 42, 107ff.; BGH NStZ 1994, 352f., 502, 555f.; StV 1995, 287; *BGHR*, § 267 Abs. 1 S. 1 Mindestanforderungen 7, 8. Allerdings ist es in Ausnahmefällen zulässig, einen rechnerisch bestimmten Teil des Gesamtgeschehens bestimmten strafrechtlich erheblichen Verhaltensweisen im Wege der Schätzung zuzuordnen.

528 *BGH* NStZ 1992, 602f. m. Anm. *Molketin*.

BGH schon vor langem festgestellt[529] und eine möglichst in sich geschlossene Darstellung verlangt.[530]

Während § 267 I StPO mit Rücksicht auf den Grundsatz der freien richterlichen Beweiswürdigung von den Urteilsgründen zum Schuldspruch nur die Angabe des vom Tatrichter für erwiesen erachteten Tatgeschehens fordert, ihn darüberhinaus aber nur im Fall des § 267 III 2, 3 StPO zu der Darlegung verpflichtet, auf welchem Weg und aufgrund welcher Tatsachen und Beweismittel er zu dieser Überzeugung gelangt ist,[531] verpflichtet **Absatz 2 Satz 3** das Gericht generell zur Angabe der für die richterliche Überzeugung maßgebenden Gründe. Dies erscheint im Sicherungsverfahren aus Gründen der Nachprüfbarkeit der Entscheidung geboten. Die Sachverhaltsdarstellung ist von der Beweiswürdigung zu trennen, **Absatz 2 Satz 9**.

Stützt das Gericht seine Überzeugung von der Täterschaft des Maßregelbetroffenen auf andere Tatsachen (Indizien, Beweisanzeichen, „Untertatsachen") so *muß* (§ 267 I 2 StPO: soll) es diese in den Urteilsgründen angeben. Dabei wurde die Verweisungsmöglichkeit des § 267 I 2 StPO in **Absatz 2 Satz 4** übernommen, die im Sicherungsurteil vor allem im Hinblick auf die Fahrerlaubnisentziehung einige Bedeutung erlangen könnte, z.B. wenn eine Tat nach § 142 StGB mit einem Radarfoto bewiesen werden soll. Sie kommt aber auch für andere Taten in Betracht, z.B. bei Diebstählen oder Überfällen in videoüberwachten Räumen. Daher enthält **Absatz 2 Satz 5 - 7** eine Präzisierung entsprechend der für das Bußgeldverfahren ergangenen Entscheidung des *BGH*.[532]
Das Gericht kann von der Bezugnahme auf die Abbildung absehen. Dann aber muß es dem Revisionsgericht, dem die Abbildung als Anschauungsobjekt nicht zur Verfügung steht, durch eine entsprechend ausführliche Beschreibung die

---

529 *BGH* NStZ 1984, 565f.; NStZ 1992, 49ff.; *Kroschel/Meyer-Goßner*, S. 87; *Sassenberg-Walter*, Die Urteilsgründe im Strafverfahren, 1987, S. 55; *Pohl*, Rn. 171 m.w.N.

530 *BGH* NJW 1951, 325; NStZ 1984, 213; 1989, 15; 1994, 400.

531 Trotz dieser verfahrensrechtlich eindeutigen, z.T. als verfehlt angesehenen Regelung wird bis heute darüber gestritten, ob und wieweit § 267 StPO den Tatrichter im allgemeinen Strafverfahren verfahrensrechtlich verpflichtet, Beweismittel und Beweiswürdigung in den Urteilsgründen darzulegen, vgl. Nachw. bei KK-*Engelhardt* § 267 Rn. 12. Dieser Streit ist für die Praxis heute nur noch von untergeordneter Bedeutung, denn jedenfalls gebieten sachlich-rechtliche Erwägungen solche näheren Darlegungen, wenn sie aus Gründen der Nachprüfbarkeit der Entscheidung geboten erscheinen, *BGH* StV 1984, 188; NStZ 1990, 448; *OLG Düsseldorf* VRS 1965, 381ff. Das folgt aus § 261 StPO, der den Tatrichter zur umfassenden und erschöpfenden Würdigung der Beweise zwingt und von ihm verlangt, dem Revisionsgericht durch entsprechende Darlegungen in den Urteilsgründen die Nachprüfung der getroffenen Entscheidung zu ermöglichen.

532 *BGHSt* 41, 376ff.

Prüfung ermöglichen, ob sie für eine Identifizierung geeignet ist. In diesem Fall muß das Urteil Ausführungen zur Bildqualität (insbesondere zur Bildschärfe) enthalten und die abgebildete Person oder jedenfalls mehrere Identifizierungsmerkmale in ihren charakteristischen Eigenarten so präzise beschreiben, daß dem Revisionsgericht anhand der Beschreibung in gleicher Weise wie bei Betrachtung der Abbildung die Prüfung ihrer Beweisergiebigkeit ermöglicht wird.
Abgesehen von Satz 4 sind Verweisungen und jegliche Bezugnahme auf Schriftstücke oder andere Erkenntnisquellen außerhalb des Urteils unzulässig, **Absatz 2 Satz 8**.

Da die Maßregelanordnung nur unter der Voraussetzung zulässig ist, daß die Art der prognostizierten Gefährlichkeit derjenigen entspricht, die sich auch in der Anknüpfungstat konkretisiert hat, kommt den in § 267 II StPO genannten besonderen Umständen[533] auch im Sicherungsverfahren erhebliche Bedeutung zu. Daher ist § 267 II StPO im Falle der Maßregelanordnung entsprechend anwendbar, **Absatz 3**.

Für die Begründung des Rechtsfolgenausspruchs gelten die vorgenannten strengen Grundsätze sowie § 267 III S. 2 und 3 StPO entsprechend. Da es sich bei der Bewertung, ob eine i.S.d. § 20 StGB erhebliche Störung gegeben ist, um eine Rechtsfrage handelt, muß das Gericht eine klare Zuordnung zu einem der in § 20 StGB abschließend aufgeführten biologischen Merkmale vornehmen, **Ab-**

---

533 Zum Begriff KK-*Engelhardt* § 263 Rn. 4 – 6: Zu den vom Strafgesetz besonders vorgesehenen Umständen, die die Strafbarkeit ausschließen, gehören auch die Rechtfertigungsgründe, die sich aus anderen Gesetzen ergeben, z.B. §§ 228, 904 BGB, § 127 StPO, § 758 ZPO. Der Maßregelantrag ist zurückzuweisen, wenn das Gericht die Voraussetzungen der §§ 32, 193 StGB bejaht oder die Wahrheit der behaupteten ehrenrührigen Tatsache i.S.v. §186 StGB als erwiesen erachtet. Dasselbe gilt, bei Annahme der Voraussetzungen des § 24 StGB. Allerdings ist zu beachten, daß eine Maßregelanordnung wegen einer im Zeitpunkt des Rücktritts bereits vollendeten Symptomtat erfolgen kann (vgl. *BGH* MDR 1985, 449 unter Bezugnahme auf *BGHSt* 31, 132, 135; dort war der Maßregelbetroffene nach einem mit Tötungsvorsatz ausgeführten Messerstich durch Benachrichtigung von Polizei und Krankenwagen vom Versuch des Tötungsdelikts gem. § 24 I StGB zurückgetreten. Die mit dem Messerstich vollendete gefährliche Körperverletzung durfte jedoch als Anknüpfungstat für die Maßregelanordnung herangezogen werden.).
Mit Umständen, die die Strafbarkeit vermindern, sind alle im Gesetz tatbestandsmäßig umschriebenen Privilegierungen gemeint. Können z.B. die Voraussetzungen des § 213 oder § 216 StGB nicht ausgeschlossen werden, so ist die Maßregelanordnung wegen eines Totschlags nach § 212 StGB unzulässig. Umstände, die die Strafbarkeit erhöhen, sind die benannten Strafschärfungsgründe; diese beschreiben die tatsächlichen Voraussetzungen, von denen eine Strafschärfung abhängt.

satz 4 Satz 2. Zudem ist die genaue Bewertung für die Frage des Ausmaßes der Schuldfähigkeitsbeeinträchtigung ebenso von Bedeutung wie für die Gefahrenprognose.[534] Desweiteren sind die maßgeblichen Erwägungen anzugeben, auf denen die Feststellungen nach § 26 Abs. 3 - 5 beruhen. Diese Formulierung wurde gewählt, weil es bei der Rechtsfolgenentscheidung im Sicherungsverfahren nicht nur um die Feststellung von Tatsachen, sondern vor allem um prognostische Entscheidungen geht, die mit dem Begriff „Erwägungen" erfaßt werden sollen.

Absatz 5 übernimmt mit kleinen Änderungen die Regelung zum abgekürzten Urteil nach § 267 IV StPO. Da wegen § 33 ein Rechtsmittelverzicht des Maßregelbetroffenen de lege ferenda nicht möglich ist, fehlt die erste Variante des § 267 IV 1 StPO. Die abgekürzte Fassung ist durch einen entsprechenden Zusatz zu kennzeichnen.

Absatz 6 entspricht § 267 V StPO, allerdings ohne auf den Freispruch zurückzugreifen, denn das Sicherungsverfahren richtet sich nicht auf Schuldfeststellung. Durch die Vermeidung der Worte „nicht überführt", die auf einen Änderungsvorschlag des Strafrechtsausschusses der Bundesrechtsanwaltskammer zum StPÄG zurückgeht,[535] wird die Abkehr des heutigen Strafprozesses von den Nachwirkungen des Inquisitionsprozesses unterstrichen. Ziel ist nicht mehr die Überführung des Angeklagten sondern die Beantwortung der Frage, ob ein staatlicher Straf- oder Sicherungsanspruch besteht oder nicht. Aus diesem Grund wurde für das Sicherungsverfahren auch die in der nüchternen Sprache des Prozeßrechts bleibende Formulierung der Zurückweisung des Sicherungsantrags

---

534 *BGH* NStZ 1999, 128f. Mit der Begründung, das die Steuerungsfähigkeit des Angeklagten im Tatzeitpunkt aufgrund seiner geistigen Subnormalität und einer dissozialen Fehlentwicklung infolge frühkindlicher Vernachlässigung und der dadurch bedingten Störung seiner sexuellen Impulshandlungen erheblich vermindert, jedoch nicht aufgehoben war, wird weder ein Zustand nach § 21 StGB noch ein Zustand dargetan, der die Unterbringung nach § 63 StGB rechtfertigt; ebenso Urt. v. 14.4.1999 - 3 StR 45/99; *BGHR*, § 63 StGB Zustand 14, 15, 17, 18; zu den Anforderungen an die Darstellung der Strafzumessungsgründe vgl. *Detter* NStZ 1999, 494ff., der die bis Ende Juni 1999 fertiggestellten Entscheidungen des *BGH* auswertet. Vgl. auch *BGH* StV 1999, 485f., der eine allein auf die Anlaßtat und ein psychologisches Sachverständigengutachten gestützte Gefährlichkeitsprognose für nicht ausreichend hält, wenn der Anlaßtat eine Ausnahmesituation (Entfernen von Möbeln aus der ehelichen Wohnung durch die getrennt lebende Ehefrau, in Abwesenheit des Angeklagten) zugrunde lag.

535 Stellungnahme zum Regierungsentwurf eines Gesetzes zur Änderung der StPO und des GVG (StPÄG), Stand: Dezember 1960. Synoptische Gegenüberstellung des geltenden Rechts, des E 1960 und der Auffassungen des Strafrechtsausschusses der Bundesrechtsanwaltskammer, S. 77.

gewählt. Diese bedeutet eine uneingeschränkte Verneinung des strafrechtlichen Sicherungsanspruchs, da es für die Verneinung belanglos ist, ob sie auf materiell-rechtlichen oder auf prozessualen Gründen beruht.[536] **Absatz 6 Satz 2** entspricht den Anforderungen, die der *BGH* an die Begründungspflicht bei freisprechenden Strafurteilen stellt[537] und dient, ebenso wie der Begründungszwang nach **Absatz 7** der revisionsgerichtlichen Nachprüfbarkeit des Sicherungsurteils. Die Zurückweisungsgründe müssen neben der Sachverhaltsdarstellung stets eine Beweiswürdigung enthalten und so abgefaßt sein, daß das Revisionsgericht prüfen kann, ob dem Tatgericht Rechtsfehler unterlaufen sind, insbesondere, ob der den Entscheidungsgegenstand bildende Sachverhalt erschöpfend gewürdigt wurde, gegebenenfalls warum das festgestellte Verhalten bei unterstellter Schuldfähigkeit des Maßregelbetroffenen nicht strafbar ist.

---

536 Siehe auch *Eb. Schmidt* NJW 1963, 1088f.
537 *BGH* NStZ 1990, 448f.

§ 31 Überleitung ins Strafverfahren

(1) Ergibt sich bei oder nach der Beschlußfassung über die Durchführung des Sicherungsverfahrens die Schuldunfähigkeit des Maßregelbetroffenen nicht und ist das Gericht für das Strafverfahren nicht zuständig, so spricht es durch Beschluß seine Unzuständigkeit aus und verweist die Sache an das zuständige Gericht. § 270 Abs. 3 gilt entsprechend, ebenso § 270 Abs. 2, wenn ein Zwischenbescheid nicht erlassen wurde. Andernfalls bezeichnet das Gericht die Tat so, wie sie im Zwischenbescheid festgestellt worden ist. Das für das Strafverfahren zuständige Gericht ist entsprechend § 21 an die Feststellungen des Zwischenbescheids gebunden.

(2) Ergibt sich bei oder nach der Beschlußfassung über die Durchführung des Sicherungsverfahrens die Schuldunfähigkeit des Maßregelbetroffenen nicht und ist das Gericht auch für das Strafverfahren zuständig, so ist der Maßregelbetroffene auf die veränderte Rechtslage hinzuweisen und ihm Gelegenheit zur Verteidigung zu geben, wenn ein Zwischenbescheid nicht ergangen ist. Erklärt er, auf die Verteidigung nicht genügend vorbereitet zu sein, ist auf seinen Antrag die Sicherungshauptverhandlung auszusetzen oder zu unterbrechen. Ist aufgrund des § 18 in Abwesenheit des Maßregelbetroffenen verhandelt worden, sind diejenigen Teile der Hauptverhandlung zu wiederholen, bei denen der Maßregelbetroffene in der Sicherungshauptverhandlung nicht zugegen war. Die Wiederholung kann durch eine Unterrichtung über das Verhandelte ersetzt werden, wenn diese zur nachträglichen Unterrichtung ausreicht.

Zu § 31:

§ 31 regelt den Übergang vom Sicherungs- zum Strafverfahren, wenn dieses nachträglich wegen erwiesener Schuldfähigkeit oder nicht zu erweisender Schuldunfähigkeit zulässig wird.[538] Nach der jetzigen Rechtspraxis wird das

---

538 Eine Regelung für den umgekehrten Fall, daß sich im allgemeinen Strafverfahren die Schuldunfähigkeit des Angeklagten erweist, kann dagegen nicht getroffen werden. Die Möglichkeit einer gerichtlichen Verfahrenseinleitung von Amts wegen, würde die (de lege lata und de lege ferenda) der Staatsanwaltschaft zugewiesene Entscheidung über die Stellung des Sicherungsantrag unterlaufen. Darüberhinaus entspricht zwar der Sicherungsantrag den Erfordernissen einer Anklage, diese erfüllt aber nicht die Voraussetzungen des Sicherungsantrags. Dieser muß nach § 413 einen Rechtsfolgenantrag enthalten und de lege ferenda die Voraussetzungen des § 7 erfüllen. Im übrigen hätte die Staatsanwaltschaft mit der Eröffnung des allgemeinen Hauptstrafverfahrens auch nicht mehr die Möglichkeit zur Umwandlung der Anklage (§ 156 StPO). Daher muß die Entscheidung über die Anordnung einer Maßregel auch dann im allgemeinen Strafverfahren getroffen werden, wenn sich dort die Schuldunfähigkeit des Angeklagten erweist.

Sicherungsverfahren nicht übergeleitet, wenn sich die Schuldfähigkeit zur Tatzeit nicht mehr klären läßt.[539] Dies ist nicht angängig, denn obwohl das rechtskräftige Sachurteil im Sicherungsverfahren die Eröffnung eines allgemeinen Strafverfahrens wegen derselben Tat hindert,[540] ist doch entgegen dieser Auffassung ein beachtliches Interesse anzuerkennen, im Strafverfahren vom Schuldvorwurf ausdrücklich freigesprochen zu werden.[541]
Im Grundsatz enthält § 31 die Regelung des § 416 StPO, der allerdings zu eng ist, weil die Notwendigkeit der Überleitung vom Sicherungs- ins Strafverfahren auch schon bei der Beschlußfassung über die Durchführung des Sicherungsverfahrens eintreten kann.[542] Die Formulierung wurde entsprechend der Abschaffung des Eröffnungsverfahrens gewählt. Die von § 416 StPO abweichende, § 1 Abs. 2 entsprechende Negativformulierung „ergibt sich die Schuldunfähigkeit des Maßregelbetroffenen *nicht*“ geht auf einen Vorschlag von *Sax*[543] zurück. Angesichts der vorstehend vertretenen Meinung ist sie der bisherigen Positivumschreibung des Gesetzes vorzuziehen.

§ 31 differenziert wie § 416 StPO[544] danach, ob das Gericht für das Strafverfahren zuständig ist (Absatz 2) oder nicht (Absatz 1). Ist es unzuständig, stellt es die fehlende Kompetenz durch Beschluß fest und verweist die Sache an das zuständige Gericht, **Absatz 1 Satz 1**. Anders als die §§ 269, 270 StPO, die nur die Verweisung an ein höheres Gericht kennen, spricht § 31 (ebenso wie § 416 StPO) allgemein vom zuständigen Gericht. Die Zulässigkeit der Verweisung der Sache an ein niedrigeres Gericht ist erforderlich, da der Maßregelbetroffene andernfalls u.U. eine Tatsacheninstanz verlieren würde. Der Beschluß kann entsprechend §§ 209 II, 210 II StPO von der Staatsanwaltschaft angefochten werden. Stellt sich die Schuldfähigkeit des Maßregelbetroffenen vor Erlaß des Zwischenbescheides heraus, so ist die Tat entsprechend dem Sicherungsantrag zu bezeichnen, **Satz 2** i.V.m. § 270 II StPO. Andernfalls ist sie nach den Feststellungen des Zwischenbescheides anzugeben, die für das nun im Strafverfahren erkennende Gericht bindend sind, **Satz 3, 4**. Da der Verweisungsbeschluß die Hauptverhandlung vor einem neuen Gericht eröffnet, *muß* dieses das Verfahren durchführen, auch wenn es den Angeklagten für schuldunfähig hält, denn die Antragsschrift stellt zugleich hilfsweise eine Anklageschrift dar und daß ein

---

539 *BGHSt* 16, 198ff. m. abl. Anm. *Fränkel* in LM § 429d Nr. 2 (Bl. 1629).
540 Vgl. Komm. zu § 33 d. Entw. (S. 245f.).
541 Ebenso AK-*Keller* § 416 Rn. 2.
542 So zutreffend LR-*Gössel* § 416 Rn. 1ff. mit ausführlichen Erörterungen zur jetzigen Rechtslage.
543 *Sax* JZ 1962, 501, 502.
544 Hierzu eingehend LR-*Gössel* § 416 Rn. 9ff.

Verweisungsbeschluß vorliegt, ist als Prozeßvoraussetzung von Amts wegen zu berücksichtigen.

Ist das Gericht auch für das Strafverfahren zuständig, wird das laufende Sicherungsverfahren kraft Gesetzes in das Strafverfahren übergeleitet. Den Grundsätzen des § 265 StPO entsprechend, erhält der nunmehr Angeklagte einen Hinweis auf die veränderte Rechtslage und Gelegenheit zur Verteidigung. Die vom *BGH* anerkannte Befugnis, neben der Aussetzung auch die Unterbrechung der Verhandlung zu fordern, ist nunmehr ausdrücklich in **Absatz 2** festgeschrieben. Das Gericht muß einem auf die bloße Behauptung mangelnder Vorbereitung gestützten Antrag stattgeben. Ist im Sicherungsverfahren gem. § 18 in Abwesenheit des Maßregelbetroffenen verhandelt worden, müssen die betreffenden Teile wegen § 230 StPO wiederholt, d.h., die Hauptverhandlung muß insoweit von neuem durchgeführt werden. Verwertet werden dürfen nur die in der Wiederholung erhobenen Beweise, während hinsichtlich der früher erhobenen Beweise (in den zu wiederholenden Teilen) ein Verwertungsverbot besteht. Die Wiederholung kann u.U. in vollem Umfang durch eine Unterrichtung ersetzt werden, wenn diese im Strafverfahren zur nachträglichen Unterrichtung ausreicht, vgl. §§ 247 S. 4, 231a II, 231b II StPO.[545]

Der Übergang vom Sicherungs- ins Strafverfahren ist während der gesamten Dauer der Sicherungshauptverhandlung bis zur vollständigen Verkündung des tatrichterlichen Urteils möglich. Er ist ferner auch dann möglich, wenn das im Sicherungsverfahren ergangene, auf Unterbringung lautende Urteil auf die Revision des Maßregelbetroffenen hin aufgehoben, die Sache zurückverwiesen und nun die erheblich verminderte Schuldfähigkeit i.S.d. §21 StGB für möglich gehalten oder sicher festgestellt wird. Zwar steht § 358 II StPO der Verhängung einer Strafe entgegen, die Unterbringung darf aber nunmehr im Strafverfahren erneut angeordnet werden.[546]

---

545 So zutr. LR-*Gössel* § 416 Rn. 11 m.w.N.

546 So LR-*Gössel* § 416 Rn. 12.

§ 32 Rechtskraftwirkung des Sicherungsurteils
Durch das Urteil nach § 20 Absatz 4 Satz 1 wird die Strafklage bezüglich der im Antragssatz bezeichneten Tat, durch ein Urteil nach § 29 Absatz 2 die Strafklage bezüglich der im Zwischenbescheid festgestellten Tat verbraucht.

Zu § 32:

Mit Eintritt der materiellen Rechtskraft des Sicherungsurteils nach § 20 Abs. 4 und § 29 Abs. 1 ist das Sicherungsverfahren wegen der Anknüpfungstat, die den Gegenstand des Verfahrens bildet, vollständig abgeschlossen. Damit werden Strafklage und Sicherungsanspruch wegen dieser Tat verbraucht.[547] Wie im allgemeinen Strafverfahren verbraucht nur die Sachentscheidung Straf- und Sicherungsanspruch, nicht aber ein Einstellungsurteil oder die Verwerfung bzw. Zurückweisung des Sicherungsantrags nach § 10. Daß hinsichtlich einer möglichen Straftat durch das Sicherungsurteil gewissermaßen ein Freispruch ergeht,[548] ergibt sich schon aus dem Prozeßgegenstand des Sicherungsverfahrens. Ein diesbezüglicher Wille des Gesetzgebers läßt sich aber auch aus der Zulassung der Überleitung ins Strafverfahren entnehmen.[549]
Sicherungs- und Strafanspruch sind umfassend verbraucht, wenn die Maßregel mangels erweislicher Täterschaft des Maßregelbetroffenen abgelehnt wird. Dasselbe gilt, wenn das Gericht das Sicherungsbedürfnis der Allgemeinheit verneint, denn nicht die Begründung, daß das Sicherungsbedürfnis fehlt, wird rechtskräftig, sondern die Feststellung, daß die Voraussetzungen des Sicherungsanspruchs nicht gegeben sind.[550] Stellt sich nach der Eintritt der Rechtskraft die Gemeingefährlichkeit des Maßregelbetroffenen heraus, so kann ein Sicherungsverfahren nur eingeleitet werden, wenn sich die Gemeingefährlichkeit aus der Begehung einer neuen Straftat ergibt,[551] da Art. 103 III GG die Einleitung eines neuen Strafverfahrens gegen denselben Täter wegen derselben Tat verbietet.

---

547 Vor Eintritt der Rechtskraft besteht das Verfahrenshindernis der Rechtshängigkeit, vgl. S. 166.

548 So *BGHSt* 11, 319, 322; 13, 91, 94; 16, 198ff.; *RGSt* 69, 170, 172; *Hanack* JZ 74, 57; AK-*Keller* § 414 Rn. 15 m. zahlr. Nachw.

549 LR-*Gössel* § 414 Rn. 34ff.; *BGH* NJW 70, 1242; KK-*Fischer* § 414, 22f.; *Pfeiffer* § 414 Rn. 6.

550 *RGSt* 68, 383f. und 393ff.; 69, 170, 172; LR-*Gössel* § 414 Rn. 36; *Dörffler* DJ 1933, 751.

551 So auch *BGHSt* 11, 319, 322; AK-*Keller* § 414 Rn. 16; LR-*Gössel* § 414 Rn. 36; *Schlüchter* Rn. 805; a.A. wohl *Peters*, Strafprozeß, S. 572; *Rüping*, Theorie, Rn. 591; *Nagler* GS 1939 (112), 345; *Henkel* ZStW 1938 (58), 214; *ders.*, (2), S. 418.

De lege lata entfaltet auch das Sicherungsurteil gegen den verhandlungsunfähigen Maßregelbetroffenen die vorbeschriebene Wirkung. Mit Eintritt der Rechtskraft werden Sicherungs- und Strafanspruch verbraucht, da Gegenstand des Verfahrens auch die Frage ist, ob nach der objektiven und subjektiven Seite überhaupt ein Strafanspruch entstanden ist, der sich nur wegen der Verhandlungsunfähigkeit als unrealisierbar erweist und sich deshalb in einen Sicherungsanspruch wandelt.[552] Daher ist die Einleitung eines Strafverfahrens unzulässig, wenn der Maßregelbetroffene nach Rechtskraft des Sicherungsurteils die Verhandlungsfähigkeit wiedererlangt.[553]

Umgekehrt steht auch das rechtskräftig freisprechende Strafurteil der Einleitung eines Sicherungsverfahrens wegen der abgeurteilten Tat entgegen. Denn das Gericht war bei seiner Entscheidung in der Lage und verpflichtet zu prüfen, ob mit dem Freispruch die Anordnung einer Maßregel gem. § 71 StGB zu verbinden ist. In der Nichtanordnung liegt daher die Verneinung der Anordnungsvoraussetzungen.[554]

---

552 LR-*Gössel* § 414 Rn. 32.

553 H.M., vgl. nur KK-*Fischer* § 414 Rn. 23 und KMR-*Paulus* Vor § 413 Rn. 16, mit der Begründung, daß an § 416 StPO und der Möglichkeit der Anordnung von Maßregeln im Strafverfahren erkennbar sei, daß Straf- und Sicherungsverfahren grundsätzlich gleichgestellt sind; a.A. bis zur 36. Auflage 1983 *Kleinknecht/Meyer* § 416 Rn. 8, mit der Begründung, die StA habe aus prozessualen Gründen von vornherein nur eine beschränkte Sachentscheidung erstrebt, die nun im Strafverfahren aufgehoben oder bestätigt werden könne.

554 KMR-*Paulus* Vor § 413 Rn. 16 m.w.N.; a.A. *Nagler* GS 1939 (112), 334.

§ 33 Rechtsmittelverzicht und Zurücknahme

Der Maßregelbetroffene und sein Verteidiger können auf Rechtsmittel nicht verzichten. Bestehen Zweifel an der Geschäftsfähigkeit des Maßregelbetroffenen, so entscheidet der Verteidiger über die Einlegung und Zurücknahme eines Rechtsmittels.

Zu § 33:

Infolge der Zuständigkeitskonzentration kann das Urteil nur mit der Revision angefochten werden.[547] Anders als **Satz 1** hält der *BGH* einen Rechtsmittelverzicht des Maßregelbetroffenen im Sicherungsverfahren für zulässig, wenn dieser verhandlungsfähig ist.[548] Gemeint ist damit, und das macht diese Ansicht fraglich, daß auch ein Verzicht eines Geschäftsunfähigen wirksam sein kann,[549] wenn er nämlich verhandlungsfähig ist. Diese Rechtsprechung, die für das allgemeine Strafverfahren im Anschluß an das *Reichsgericht* übernommen wurde,[550] ist jedoch mit dessen eigener Definition zur Verhandlungfähigkeit nicht vereinbar, denn nach dieser muß der Beschuldigte in der Lage sein, seine Interessen vernünftig zu vertreten, seine Rechte zu wahren und seine Verteidigung in vernünftiger und verständlicher Weise zu führen.[551] Diese Fähigkeit muß aber bei einem Geschäftsunfähigen bezweifelt werden. Entsprechend kann nach § 105 BGB der Geschäftsunfähige, ohne Rücksicht auf den Schutz seiner Erklärungsgegner, nicht einmal einen wirksamen Kaufvertrag über den Kauf z.B. eines Buches für 5,-- DM abschließen, weil das Gesetz ihn vor den Folgen seiner Unfähigkeit, vernünftige Entscheidungen zu treffen, schützen will. Da die StPO keine generelle Regelung über die Wirksamkeit der Prozeßhandlungen Geschäftsunfähiger trifft, wird man aber jedenfalls für die besonders schwerwiegende Entscheidung über den Rechtsmittelverzicht die Grundentscheidung des BGB für den Schutz Geschäftsunfähiger und beschränkt Geschäftsfähiger zur Beantwortung der Frage heranziehen können, ob ein solcher Rechtsmittelverzicht

---

547 Zur Möglichkeit der Wiederaufnahme de lege lata LR-*Gössel* § 414 Rn. 38.

548 *BGH* NStZ 1999, 526f.

549 *OLG Dresden* LpzZ 1917, Sp. 495 spricht dies klar aus.

550 *BGH* MDR 1955, 271f. im Anschluß an *RGSt* 64, 14f., das sich auf *OLG Dresden* in LpzZ 1917, Sp. 495 beruft; dagegen *Gerland* JW 1930, 2568; *Dencker*, S. 65f.

551 *RGSt* 1, 149, 151; *RGSt* 52, 36f. spricht von „Wahrnehmung seiner Rechte und der vernünftigen Vertretung seiner Interessen." Heute wird überwiegend formuliert, der Verzichtende müsse sich bei seiner Erklärung in einem Zustand geistiger Freiheit und Klarheit befinden, der ihn in die Lage versetze, Bedeutung und Reichweite seiner Erklärung zu erkennen; Nachw. bei *Kleinknecht/Meyer-Goßner* § 302 Rn. 8a. Ein solcher Zustand wird durch Schuldunfähigkeit nicht notwendig ausgeschlossen; vgl. auch S. 108f., 114.

wirksam sein kann.[552] Das zeigt nicht nur der wertende Vergleich der auf dem Spiel stehenden Interessen, sondern auch § 298 StPO. Dieser schützt den Angeklagten vor den Folgen eines unvernünftigen Verzichts, indem er dessen gesetzlichem Vertreter ein Recht zur selbständigen Rechtsmittel-einlegung für den Angeklagten gibt. Einen solchen Schutz braucht aber auch der Angeklagte, dessen Geschäftsunfähigkeit nicht zur Bestellung eines gesetzlichen Vertreters geführt hat. Man kann sich über diese Überlegungen auch nicht mit dem (möglicherweise für andere Verfahrensabschnitte und Verfahrenshandlungen beachtlichen) Argument hinwegsetzen, das Gericht selbst sei ja in der Lage und aufgrund seiner Fürsorgepflicht auch gehalten, die Vernunft des Angeklagten zu überprüfen und etwaige Unvernunft von Amts wegen auszugleichen. Denn spätestens für die Frage, ob Rechtsmittel einzulegen sind oder nicht, kann das Gericht nicht die geeignete Instanz sein, weil diese Handlung sich ja letztlich gegen es richtet.[553] Daher ist die Rechtsprechung des *BGH* insoweit generell, d.h. auch für das allgemeine Strafverfahren abzulehnen.
Da bei dem vom Sicherungsverfahren betroffenen Täterkreis grundsätzlich die Möglichkeit besteht, daß ihre geistige Freiheit durch den krankhaften Zustand beeinträchtigt wird, der auch die strafrechtliche Verantwortlichkeit im Tatzeitpunkt ausgeschlossen hat, ist der Rechtsmittelverzicht des Maßregelbetroffenen im Sicherungsverfahren unzulässig. Auch der Verteidiger kann auf Rechtsmittel nicht verzichten, da der Maßregelbetroffene ansonsten von vornherein die einzige Möglichkeit zur Überprüfung des Sicherungsurteils verlieren würde (de lege lata verliert er evtl. auch eine Tatsacheninstanz).
Davon abgesehen, muß überhaupt in Frage gestellt werden, ob die Ratio des Rechtsmittelverzichts, die Herbeiführung eines gegenüber dem „normalen" Prozeßabschluß erhöhten Maßes an Rechtsfrieden,[554] im Sicherungsverfahren überhaupt erreicht werden kann.

Ist der Maßregelbetroffene geschäftsunfähig oder bestehen unaufklärbare Zweifel an seiner Geschäftsfähigkeit, was im Freibeweis zu klären ist, so entscheidet der Verteidiger allein über Einlegung und Zurücknahme eines Rechtsmittels. **Satz 2** enthält damit eine notwendige Ausnahme zu § 302 II StPO, der das Recht des Verteidigers (sei es ein eigenes[555] oder nicht[556]) insoweit beschränkt, als dieser nicht gegen den ausdrücklichen Willen seines Mandanten von den Befugnissen nach § 297, 302 I StPO Gebrauch machen darf. Die Entscheidung über die

---

552 So *Dencker*, S. 66.
553 So *Dencker*, S. 66f.
554 Vgl. die Herleitung von *Dencker*, S. 36ff.
555 So wohl *BGHSt* 12, 367, 370; *Kleinknecht/Meyer-Goßner* § 297 Rn. 3.
556 So KMR-*Paulus* § 297 Rn. 2.

Einlegung und Zurücknahme eines Rechtsmittels in diesem Fall allein dem Verteidiger zu überlassen, entspricht der Wertung des § 297 StPO, der den Verteidiger kraft Gesetzes als berechtigt erklärt, für den Beschuldigten Rechtsmittel einzulegen. Die Norm bringt damit zum Ausdruck, daß der Verteidger grundsätzlich keiner besonderen Ermächtigung seitens des Beschuldigten bedarf, weil er die Vermutung für sich hat, daß er dem Willen desselben entsprechend handelt.[557] Die Alternative einer Entscheidung durch das erkennende oder das Vormundschaftsgericht wäre demgegenüber nicht sachgerecht und zu kompliziert.
Wird der Maßregelbetroffene von mehreren Verteidigern vertreten, so kann ein jeder nur das von ihm eingelegt Rechtsmittel zurücknehmen.

557 So lauten schon die Motive zu § 339 der RStPO, der Vorgängernorm des heutigen § 297 StPO; Nachw. bei *Löwe*, Strafprozeßordnung für das Deutsche Reich, 1879, § 339 Anm. 2.

1. Gesetzestext des § 20a und der Maßregeln der Sicherung und Besserung i.d.F. des GewVerbrG vom 24.03.1933 (RGBl. I, 995)

§ 20a [Strafschärfung gegenüber gefährlichen Gewohnheitsverbrechern]
(1) Hat jemand, der schon zweimal rechtskräftig verurteilt worden ist, durch eine neue vorsätzliche Tat eine Freiheitsstrafe verwirkt, und ergibt die Gesamtwürdigung der Taten, daß er ein gefährlicher Gewohnheitsverbrecher ist, so ist, soweit die neue Tat nicht mit schwererer Strafe bedroht ist, auf Zuchthaus bis zu fünf Jahren und, wenn die neue Tat auch ohne diese Strafschärfung ein Verbrechen wäre, auf Zuchthaus bis zu fünfzehn Jahren zu erkennen. Die Strafschärfung setzt voraus, daß die beiden früheren Verurteilungen wegen eines Verbrechens oder vorsätzlichen Vergehens ergangen sind und in jeder von ihnen auf Todesstrafe, Zuchthaus oder Gefängnis von mindestens sechs Monaten erkannt worden ist.
(2) Hat jemand mindestens drei vorsätzliche Taten begangen und ergibt die Gesamtwürdigung der Taten, daß er ein gefährlicher Gewohnheitsverbrecher ist, so kann das Gericht bei jeder abzuurteilenden Einzeltat die Strafe ebenso verschärfen, auch wenn die übrigen im Abs. 1 genannten Voraussetzungen nicht erfüllt sind.
(3) ...... (4) ......

§ 42a [Maßregeln der Sicherung und Besserung]
Maßregeln der Sicherung und Besserung sind:
1. die Unterbringung in einer Heil- oder Pflegeanstalt,
2. die Unterbringung in einer Trinkerheilanstalt oder einer Entziehungsanstalt,
3. die Unterbringung in einem Arbeitshaus,
4. die Sicherungsverwahrung,
5. die Entmannung gefährlicher Sittlichkeitsverbrecher,
6. die Untersagung der Berufsausübung.

§ 42b [Unterbringung in einer Heil- oder Pflegeanstalt]
(1) Hat jemand eine mit Strafe bedrohte Handlung im Zustand der Zurechnungsunfähigkeit (§ 51 Abs. 1, § 55 Abs. 1) oder der verminderten Zurechnungsfähigkeit (§ 51 Abs. 2, § 55 Abs. 2) begangen, so ordnet das Gericht seine Unterbringung in einer Heil- oder Pflegeanstalt an, wenn die öffentliche Sicherheit es erfordert. Dies gilt nicht bei Übertretungen.
(2) Bei vermindert Zurechnungsfähigen tritt die Unterbringung neben die Strafe.

§ 42c [Unterbringung in einer Trinkerheilanstalt oder Entziehungsanstalt]
Wird jemand, der gewohnheitsmäßig im Übermaß geistige Getränke oder andere berauschende Mittel zu sich nimmt, wegen eines Verbrechens oder Vergehens, das er im

Rausch begangen hat oder das mit einer solchen Gewöhnung in ursächlichem Zusammenhang steht, oder wegen Volltrunkenheit (§ 330a) zu einer Strafe verurteilt und ist seine Unterbringung in einer Trinkerheilanstalt oder einer Entziehungsanstalt erforderlich, um ihn an ein gesetzmäßiges und geordnetes Leben zu gewöhnen, so ordnet das Gericht neben der Strafe die Unterbringung an.

§ 42d [Unterbringung in einem Arbeitshaus oder Asyl]

(1) Wird jemand nach § 361 Nr. 3 bis 5, 6a bis 8 zu Haftstrafe verurteilt, so ordnet das Gericht neben der Strafe seine Unterbringung in einem Arbeitshaus an, wenn sie erforderlich ist, um ihn zur Arbeit anzuhalten und an ein gesetzmäßiges und geordnetes Leben zu gewöhnen.

(2) Daselbe gilt, wenn jemand, der gewohnheitsmäßig zum Erwerbe Unzucht treibt, nach § 361 Nr. 6 zu Haftstrafe verurteilt wird.

(3) Wegen Bettelns ist die Anordnung nur zulässig, wenn der Täter aus Arbeitsscheu oder Liederlichkeit oder gewerbsmäßig gebettelt hat.

(4) Arbeitsunfähige, deren Unterbringung in einem Arbeitshaus angeordnet ist, können in einem Asyl untergebracht werden.

§ 42e [Sicherungsverwahrung]

Wird jemand nach § 20a als ein gefährlicher Gewohnheitsverbrecher verurteilt, so ordnet das Gericht neben der Strafe die Sicherungsverwahrung an, wenn die öffentliche Sicherheit es erfordert.

§§ 42f - 42i enthalten Regelungen zur Unterbringungsdauer, zur Zulässigkeit und zum Inhalt des Vollzugs sowie zur Rechtsnatur der Entlassung des Untergebrachten als bedingte Aussetzung.

§ 42k [Entmannung]

(1) Das Gericht kann neben der Strafe anordnen, daß ein Mann, der zur Zeit der Entscheidung das ein-undzwanzigste Lebensjahr vollendet hat, zu entmannen ist,

1. wenn er wegen eines Verbrechens der Nötigung zur Unzucht, der Schändung, der Unzucht mit Kindern oder der Notzucht (§§ 176 bis 178) oder wegen eines zur Erregung oder Befriedigung des Geschlechtstriebs begangenen Vergehens oder Verbrechens der öffentlichen Vornahme unzüchtiger Handlungen oder der Körperverletzung (§§ 183, 223 - 226) zu Freiheitsstrafe von mindestens sechs Monaten verurteilt wird, nachdem er schon einmal wegen einer solchen Tat zu Freiheitsstrafe rechtskräftig verurteilt worden ist, und die Gesamtwürdigung der Taten ergibt, daß er ein gefährlicher Sittlichkeitsverbrecher ist;

2. wenn er wegen mindestens zwei derartigen Taten zu Freiheitsstrafe von mindestens einem Jahr verurteilt wird und die Gesamtwürdigung der Taten ergibt, daß er ein gefährlicher Sittlichkeitsverbrecher ist, auch wenn er früher wegen einer solchen Tat noch nicht verurteilt worden ist;

3. wenn er wegen eines zur Erregung oder Befriedigung des Geschlechtstriebs begangenen Mordes oder Totschlags (§§ 211 bis 215) verurteilt wird.
(2) ... (3) ...

§ 42l [Untersagung der Berufsausübung]
(1) Wird jemand wegen eines Verbrechens oder Vergehens, das er unter Mißbrauch seines Berufs oder Gewerbes oder unter grober Verletzung der ihm kraft seines Berufs oder Gewerbes obliegenden Pflichten begangen hat, zu Freiheitsstrafe von mindestens drei Monaten verurteilt, so kann ihm das Gericht zugleich auf die Dauer von mindestens einem und höchstens fünf Jahren die Ausübung des Berufs, Gewerbes oder Gewerbezweiges untersagen, wenn dies erforderlich ist, um die Allgemeinheit vor weiterer Gefährdung zu schützen.
(2) ... (3) ...

2. Gesetzestext der Maßregel der Entziehung der Fahrerlaubnis in der Fassung des 1. StrVSichG vom 19.12.1952 (BGBl. I, S. 832)

§ 42m Entziehung der Fahrerlaubnis
(1) Wird jemand wegen einer mit Strafe bedrohten Handlung, die er bei oder in Zusammenhang mit der Führung eines Kraftfahrzeuges oder unter Verletzung der dem Führer eines Kraftfahrzeuges obliegenden Pflichten begangen hat, zu einer Strafe verurteilt oder lediglich wegen Zurechnungsunfähigkeit freigesprochen, so entzieht ihm das Gericht die Fahrerlaubnis, wenn er sich durch die Tat als ungeeignet zum Führen von Kraftfahrzeugen erwiesen hat. [...]
(2) Wird die Fahrerlaubnis entzogen, so ist ein von einer deutschen Behörde ausgestellter Führerschein einzuziehen. [...]
(3) Die Fahrerlaubnis erlischt mit der Rechtskraft des Urteils. Das Gericht bestimmt im Urteil eine Frist, vor deren Ablauf die Verwaltungsbehörde keine neue Fahrerlaubnis erteilen darf. Die Frist beträgt mindestens sechs Monate und höchstens fünf Jahre. [...]
(4) Erscheint die Maßregel nicht mehr erforderlich, um die Allgemeinheit vor Gefährdung zu schützen, kann das Gericht die Erteilung einer neuen Fahrerlaubnis nachträglich durch Beschluß gestatten.

Überblick über die Entwicklung der selbständigen Maßregeln; Gesetzestext in der geltenden Fassung

1. § 63 StGB

§ 63 StGB ist durch das 2. StrRG vom 04.07.1969 (BGBl. I, 717, 728; in Kraft getreten am 01.01.1975, Art. 326 EGStGB 1974) - mit redaktionellen Änderungen durch Art. 18 II Nr. 20 EGStGB - neu gestaltet worden (näher LK-*Hanack*, § 63 Rn. 13f.). Bis dahin galt seit dem GewVerbrG § 42b StGB, der außer in der Bezugnahme auf § 55 Abs. 1 und 2 StGB (Taubstumme, ursprünglich § 58 Abs. 1 und 2 StGB) während seiner Geltung unverändert blieb. Ein Schwerpunkt der Reformbewegung war der Versuch, die Voraussetzungen der künftigen Gefährlichkeit des Täters gesetzlich genauer und restriktiver zu umschreiben. Die Maßregel wurde dann jedoch trotz wiederholter und eingehender Erörterung in ihrer überkommenen Grundstruktur nicht angetastet. Die geltende Fassung lautet:

§ 63 Unterbringung in einem psychiatrischen Krankenhaus
Hat jemand eine rechtswidrige Tat im Zustand der Schuldunfähigkeit (§ 20) oder der verminderten Schuldfähigkeit (§ 21) begangen, so ordnet das Gericht die Unterbringung in einem psychiatrischen Krankenhaus an, wenn die Gesamtwürdigung des Täters und seiner Tat ergibt, daß von ihm infolge seines Zustandes in Zukunft erhebliche rechtswidrige Taten zu erwarten sind, und er deshalb für die Allgemeinheit gefährlich ist.

2. § 64 StGB

§ 64 StGB ist durch das 2. StrRG - mit einer redaktionellen Änderung durch Art. 214 EGStGB - neu gestaltet worden (näher LK-*Hanack*, § 64 Rn. 18f.). Bis dahin galt seit dem GewVerbrG unverändert § 42c StGB. Die geltende Fassung lautet:

§ 64 Unterbringung in einer Entziehungsanstalt
(1) Hat jemand den Hang, alkoholische Getränke oder andere berauschende Mittel im Übermaß zu sich zu nehmen, und wird er wegen einer rechtswidrigen Tat, die er im Rausch begangen hat oder die auf seinen Hang zurückgeht, verurteilt oder nur deshalb nicht verurteilt, weil seine Schuldunfähigkeit erwiesen oder nicht auszuschließen ist, so ordnet das Gericht seine Unterbringung in einer Entziehungsanstalt an, wenn die Gefahr besteht, daß er infolge seines Hanges erhebliche rechtswidrige Taten begehen wird.

(2) Die Anordnung unterbleibt, wenn eine Entziehungskur von vornherein aussichtslos erscheint.

3. § 69 StGB

Vor Inkrafttreten des 1. StraßenVSichG war die Fahrerlaubnisentziehung eine Maßnahme der Verwaltungsbehörde. Nunmehr liegt die Anordnung in den Händen des Strafrichters, wenn der Täter eine mit Strafe bedrohte Handlung bei oder im Zusammenhang mit dem Führen eines Kraftfahrzeugs oder unter Verletzung der Pflichten eines Kraftfahrzeugführers begangen hat. Die daneben bestehende Zuständigkeit der Verwaltungsbehörde für die Fahrerlaubnisentziehung nach §§ 4 StVG, 15 b StVZO ist durch Art. 2 VO vom 18.08.1998 (BGBl. I, 2214) beseitigt worden. Das 1. StraßenVSichG 1952 hatte die Vorschriften über die Entziehung der Fahrerlaubnis, die Festsetzung der Sperrfrist und die Behandlung der ausländischen Fahrausweise in § 42m zusammengefaßt. Das 2. StraßenVSichG 1964 verteilte sie auf §§ 42m, 42n und 42o (Amtl. Begr. VkBl. 1965, 20). Das 1. StrRG vom 25.06.1969 (BGBl. I, 645) fügte dem Abs. 1 des § 42m den Satz 2 an. Das 2. StrRG (BGBl. I, 717, 732f.) ließ die Bestimmungen über die Fahrerlaubnisentziehung ihrem Inhalt nach unberührt, paßte den Gesetzestext redaktionell dem nunmehr üblichen Sprachgebrauch des Allgemeinen Teils an und gab den Bestimmungen die Pragraphennummern 69, 69a und 69b. Die geltende Fassung lautet:

§ 69 Entziehung der Fahrerlaubnis

(1) Wird jemand wegen einer rechtswidrigen Tat, die er bei oder im Zusammenhang mit dem Führen eines Kraftfahrzeugs oder unter Verletzung der Pflichten eines Kraftfahrzeugführers begangen hat, verurteilt oder nur deshalb nicht verurteilt, weil seine Schuldunfähigkeit erwiesen oder nicht auszuschließen ist, so entzieht ihm das Gericht die Fahrerlaubnis, wenn sich aus der Tat ergibt, daß er zum Führen von Kraftfahrzeugen ungeeignet ist. Einer weiteren Prüfung nach § 62 bedarf es nicht.

(2) Ist die rechtswidrige Tat in den Fällen des Absatzes 1 ein Vergehen,

1. der Gefährdung des Straßenverkehrs (§ 315 c),

2. der Trunkenheit im Verkehr (§ 316),

3. des unerlaubten Entfernens vom Unfallort (§ 142), obwohl der Täter weiß oder wissen kann, daß bei dem Unfall ein Mensch getötet oder nicht unerheblich verletzt worden oder an fremden Sachen bedeutender Schaden entstanden ist, oder

4. des Vollrausches (§ 323 a), der sich auf eine der Taten nach den Nummern 1 bis 3 bezieht,

so ist der Täter in der Regel als ungeeignet zum Führen von Kraftfahrzeugen anzusehen.

(3) ...

4. § 70 StGB

Die Maßregel des Berufsverbots war zunächst in § 421 geregelt, der mit einer Ergänzung durch das Gesetz vom 28.06.1935 (RGBl. I, 839, Einfügung des Abs. 4, des Vorläufers der heutigen § 70a, 70b) und redaktionellen Änderungen durch Art. 1 Nr. 19 des 1. StrRG unverändert bis zur Strafrechtsreform galt. Die heutige Regelung in den §§ 70 bis 70b beruht auf dem 2. StrRG (BGBl. I, 717, 733f.) mit redaktionellen Änderungen von § 70 Abs. 1 und 2 durch Art. 18 Nr. 35 und Nr. 36 EGStGB und geht weitgehend auf die §§ 101, 106 - 108 E 1962 zurück. Sie enthält in manchen Teilfragen, nicht jedoch im Kern, Änderungen des früheren Rechts (Einzelheiten s. LK-*Hanack* zu § 70), durch die, in Anpassung an die anderen Maßregeln, insbesondere die Voraussetzungen und Rechtsfolgen der Anordnung differenzierter gestaltet wurden. Die geltende Fassung lautet:

§ 70 Anordnung des Berufsverbots

(1) Wird jemand wegen einer rechtswidrigen Tat, die er unter Mißbrauch seines Berufs oder Gewerbes oder unter grober Verletzung der mit ihnen verbundenen Pflichten begangen hat, verurteilt oder nur deshalb nicht verurteilt, weil seine Schuldunfähigkeit erwiesen oder nicht auszuschließen ist, so kann ihm das Gericht die Ausübung des Berufs, Berufszweiges, Gewerbes oder Gewerbezweiges für die Dauer von einem Jahr bis zu fünf Jahren verbieten, wenn die Gesamtwürdigung des Täters und der Tat die Gefahr erkennen läßt, daß er bei weiterer Ausübung des Berufs, Berufszweiges, Gewerbes oder Gewerbezweiges erhebliche rechtswidrige Taten der bezeichneten Art begehen wird. Das Berufsverbot kann für immer angeordnet werden, wenn zu erwarten ist, daß die gesetzliche Höchstfrist zur Abwehr der von dem Täter drohenden Gefahr nicht ausreicht.

(2) - (4) ...

Vorschlag zur Konkretisierung des Wortlauts der §§ 63, 64 und 69 StGB de lege ferenda

§ 63 Unterbringung in einem psychatrischen Krankenhaus

Hat jemand eine rechtswidrige Tat im Zustand der Schuldunfähigkeit (§ 20) oder der verminderten Schuldfähigkeit (§ 21) begangen, so ordnet das Gericht die Unterbringung in einem psychatrischen Krankenhaus an, wenn die Gesamtwürdigung des Täters und seiner Tat ergibt, daß von ihm infolge seines Zustandes in Zukunft erhebliche rechtswidrige Taten zu erwarten sind, *die der Art der Begehungsweise und dem verletzten Rechtsgut nach der begangenen Tat entsprechen*, und er deshalb für die Allgemeinheit gefährlich ist.

§ 64 Unterbringung in einer Entziehungsanstalt

(1) Hat jemand den Hang, alkoholische Getränke oder andere berauschende Mittel im Übermaß zu sich zu nehmen, und wird er wegen einer rechtswidrigen Tat, die er im Rausch begangen hat oder die *sonst* auf seinen Hang zurückgeht, verurteilt oder nur deshalb nicht verurteilt, weil seine Schuldunfähigkeit erwiesen oder nicht auszuschließen ist, so ordnet das Gericht seine Unterbringung in einer Entziehungsanstalt an, wenn die Gefahr besteht, daß er [infolge] *als unmittelbare Folge* seines Hanges erhebliche rechtswidrige Taten begehen wird, *um sich den Besitz alkoholischer Getränke oder anderer berauschender Mittel zu erhalten oder sich diese oder die dafür erforderlichen Mittel zu verschaffen.*

(2) Die Anordnung unterbleibt, wenn eine Entziehungskur von vornherein aussichtslos erscheint.

§ 69 Entziehung der Fahrerlaubnis

(1) Wird jemand wegen einer rechtswidrigen Tat, die er [bei oder im Zusammenhang mit dem Führen eines Kraftfahrzeugs oder] unter Verletzung der Pflichten eines Kraftfahrzeugführers begangen *oder bei der ein Kraftfahrzeug gezielt als Mittel der Tat unter Ausnutzung der besonderen Verhältnisse des Straßenverkehrs eingesetzt* hat, verurteilt oder nur deshalb nicht verurteilt, weil seine Schuldunfähigkeit erwiesen oder nicht auszuschließen ist, so entzieht ihm das Gericht die Fahrerlaubnis, wenn sich aus der Tat ergibt, daß er zum *verkehrssicheren* Führen von Kraftfahrzeugen ungeeignet ist, *oder wenn die Gesamtwürdigung des Täters und seiner Tat ergibt, daß er auch in Zukunft Kraftfahrzeuge zur Begehung erheblicher Straftaten, namentlich zu solchen, durch welche die Opfer seelisch oder körperlich schwer geschädigt werden oder schwerer wirtschaftlicher Schaden angerichtet wird, einsetzen wird und er deshalb für die Allgemeinheit gefährlich ist.* Einer weiteren Prüfung nach § 62 bedarf es nicht.

(2) unverändert.

(3) § 248 b Abs. 4 gilt entsprechend.

(4) jetziger Abs. 3 - unverändert

Gesetzestext des Sicherungsverfahrens

in der Fassung des GewVerbrG vom 24.03.1933 (RGBl. I, 1003), eingefügt im 6. Buch als 3a. Abschnitt

Sicherungsverfahren

§ 429a
Liegen Anhaltspunkte dafür vor, daß der Beschuldigte eine mit Strafe bedrohte Handlung im Zustand der Zurechnungsunfähigkeit begangen hat, und führt die Staatsanwaltschaft das Verfahren wegen der Zurechnungsunfähigkeit des Beschuldigten nicht durch, so kann sie den Antrag stellen, die Unterbringung des Beschuldigten in einer Heil oder Pflegeanstalt selbständig anzuordnen (Sicherungsverfah-ren).

§ 429b
(1) Für das Sicherungsverfahren gelten sinngemäß die Vorschriften über das Strafverfahren, soweit nichts anderes bestimmt ist.
(2) Der Antrag steht der öffentlichen Klage gleich. An die Stelle der Anklageschrift tritt eine Antragsschrift, die den Erfordernissen der Anklageschrift entsprechen muß. Wird im Urteil die Unterbringung nicht angeordnet, so ist auf Aufhebung des Antrags zu erkennen.
(3) Wäre für das Strafverfahren das Reichsgericht oder das Oberlandesgericht in erster Instanz zuständig, so tritt für das Sicherungsverfahren die große Strafkammer an ihre Stelle.

eingefügt im 6. Buch als 2. Abschnitt durch Art. 21 Nr. 108 EGStGB 1974 vom 02.03.1974

Sicherungsverfahren

§ 413 Antrag der Staatsanwaltschaft
Führt die Staatsanwaltschaft das Strafverfahren wegen Schuldunfähigkeit oder Verhandlungsunfähigkeit des Täters nicht durch, so kann die Staatsanwaltschaft den Antrag stellen, Maßregeln der Besserung und Sicherung selbständig anzuordnen, wenn dies gesetzlich zulässig ist und die Anordnung nach dem Ergebnis der Ermittlungen zu erwarten ist (Sicherungsverfahren).

§ 414 Verfahren
(1) Für das Sicherungsverfahren gelten sinngemäß die Vorschriften über das Strafverfahren, soweit nichts anderes bestimmt ist.
(2) Der Antrag steht der öffentlichen Klage gleich. An die Stelle der Anklageschrift tritt eine Antragsschrift, die den Erfordernissen der Anklageschrift entsprechen muß. In der Antragsschrift ist die Maßregel der Besserung und Sicherung zu bezeichnen, deren Anordnung die Staatsanwaltschaft beantragt. Wird im Urteil eine Maßregel der Besserung und Sicherung nicht angeordnet, so ist auf Ablehnung des Antrags zu erkennen.
(3) Im Vorverfahren soll einem Sachverständigen Gelegenheit zur Vorbereitung des in der Hauptverhandlung zu erstattenden Gutachtens gegeben werden.

§ 429c

(1) Ist im Sicherungsverfahren das Erscheinen des Beschuldigten vor Gericht wegen seines Zustandes unmöglich oder aus Gründen der öffentlichen Sicherheit oder Ordnung unangebracht, so kann das Gericht die Hauptverhandlung durchführen, ohne daß der Beschuldigte zugegen ist.
(2) In diesem Falle ist der Beschuldigte vor der Hauptverhandlung durch einen beauftragten Richter unter Zuziehung eines Sachverständigen zu vernehmen. Von dem Vernehmungstermin sind die Staatsanwaltschaft, der Beschuldigte, der Verteidiger und der gesetzliche Vertreter zu benachrichtigen. Ihrer Anwesenheit bei der Vernehmung bedarf es nicht.

(3) Erfordert es die Rücksicht auf den Zustand des Beschuldigten oder ist eine ordnungsmäßige Durchführung der Hauptverhandlung sonst nicht möglich, so kann das Gericht im Sicherungsverfahren nach der Vernehmung des Beschuldigten zur Sache die Hauptverhandlung durchführen, auch wenn der Beschuldigte nicht oder nur zeitweise zugegen ist.
(4) Soweit eine Hauptverhandlung ohne den Beschuldigten stattfindet, können seine früheren Erklärungen, die in einem richterlichen Protokoll enthalten sind, verlesen werden. Das Protokoll über die Vorvernehmung nach Abs. 2 Satz 1 ist zu verlesen.

§ 415 Hauptverfahren ohne den Beschuldigten

(1) Ist im Sicherungsverfahren das Erscheinen des Beschuldigten vor Gericht wegen seines Zustandes unmöglich oder aus Gründen der öffentlichen Sicherheit oder Ordnung unangebracht, so kann das Gericht die Hauptverhandlung durchführen, ohne daß der Beschuldigte zugegen ist.
(2) In diesem Falle ist der Beschuldigte vor der Hauptverhandlung durch einen beauftragten Richter unter Zuziehung eines Sachverständigen zu vernehmen. Von dem Vernehmungstermin sind die Staatsanwaltschaft, der Beschuldigte, der Verteidiger und der gesetzliche Vertreter zu benachrichtigen. Der Anwesenheit des Staatsanwalts, des Verteidigers und des gesetzlichen Vertreters bei der Vernehmung bedarf es nicht.
(3) Fordert es die Rücksicht auf den Zustand des Beschuldigten oder ist eine ordnungsgemäße Durchführung der Hauptverhandlung sonst nicht möglich, so kann das Gericht im Sicherungsverfahren nach der Vernehmung des Beschuldigten zur Sache die Hauptverhandlung durchführen, auch wenn der Beschuldigte nicht oder nur zeitweise zugegen ist.
(4) Soweit eine Hauptverhandlung ohne den Beschuldigten stattfindet, können seine früheren Erklärungen, die in einem richterlichen Protokoll enthalten sind, verlesen werden. Das Protokoll über die Vorvernehmung nach Absatz 2 Satz 1 ist zu verlesen.
(5) In der Hauptverhandlung ist ein Sachverständiger über den Zustand des Beschuldigten zu vernehmen. Hat der Sachverständige den Beschuldigten nicht schon früher untersucht, so soll ihm dazu vor der Hauptverhandlung Gelegenheit gegeben werden.

§ 429d
(1) Ergibt sich im Sicherungsverfahren nach der Eröffnung des Hauptverfahrens die Zurechnungsfähigkeit des Beschuldigten und ist das Gericht für das Strafverfahren nicht zuständig, so spricht es durch Beschluß seine Unzuständigkeit aus und verweist die Sache an das zuständige Gericht. § 270 Abs. 2, 3 gilt entsprechend.
(2) Ergibt sich im Sicherungsverfahren nach der Eröffnung des Hauptverfahrens die Zurechnungsfähigkeit des Beschuldigten und ist das Gericht auch für das Strafverfahren zuständig, so ist der Beschuldigte auf die veränderte Rechtslage hinzuweisen und ihm Gelegenheit zur Verteidigung zu geben. Behauptet er, auf die Verteidigung nicht genügend vorbereitet zu sein, so ist auf seinen Antrag die Hauptverhandlung auszusetzen. Ist auf Grund des § 429c in Abwesenheit des Beschuldigten verhandelt worden, so sind diejenigen Teile der Hauptverhandlung zu wiederholen, bei denen der Beschuldigte nicht zugegen war.

§ 429e
(1) Ist ein Deutscher im Ausland wegen eines Verbrechens oder vorsätzlichen Vergehens zu Freiheitsstrafe verurteilt worden und liegen bei ihm die Voraussetzungen vor, die bei seiner Verurteilung im Inland die Anordnung der Sicherungsverwahrung oder der Entmannung gerechtfertigt hätten, so kann die Staatsanwaltschaft den Antrag stellen, die Maßregel nachträglich anzuordnen (nachträgliches Sicherungsverfahren).
(2) Auf das Verfahren findet § 429b entsprechende Anwendung.

§ 416 Überleitung ins Strafverfahren
(1) Ergibt sich im Sicherungsverfahren nach Eröffnung des Hauptverfahrens die Schuldfähigkeit des Beschuldigten und ist das Gericht für das Strafverfahren nicht zuständig, so spricht es durch Beschluß seine Unzuständigkeit aus und verweist die Sache an das zuständige Gericht. § 270 Abs. 2 und 3 gilt entsprechend.
(2) Ergibt sich im Sicherungsverfahren nach der Eröffnung des Hauptverfahrens die Schuldfähigkeit des Beschuldigten und ist das Gericht auch für das Strafverfahren zuständig, so ist der Beschuldigte auf die veränderte Rechtslage hinzuweisen und ihm Gelegenheit zur Verteidigung zu geben. Behauptet er, auf die Verteidigung nicht genügend vorbereitet zu sein, so ist auf seinen Antrag die Hauptverhandlung auszusetzen. Ist auf Grund des § 415 in Abwesenheit des Beschuldigten verhandelt worden, so sind diejenigen Teile der Hauptverhandlung zu wiederholen, bei denen der Beschuldigte nicht zugegen war.

(3) Die Absätze 1 und 2 gelten entsprechend, wenn sich im Sicherungsverfahren nach Eröffnung des Hauptverfahrens ergibt, daß der Beschuldigte verhandlungsfähig ist und das Sicherungsverfahren wegen seiner Verhandlungsunfähigkeit durchgeführt wird.

Mit dem Entwurf eines Sicherungsverfahrens de lege ferenda notwendig verbundene Folgeänderungen

I. StGB

§ 71 Selbständige Anordnung
Die Unterbringung in einem psychiatrischen Krankenhaus oder in einer Entziehungsanstalt kann das Gericht auch selbständig anordnen, wenn das Strafverfahren wegen erwiesener Schuldunfähigkeit des Täters undurchführbar ist.

Zu § 71 StGB:
Durch die Hinzufügung der *erwiesenen* Schuldunfähigkeit wird klargestellt, daß bei Zweifeln über die Schuldfähigkeit das allgemeine Strafverfahren eingeleitet werden muß.[566] Desweiteren kann gegen einen im Tatzeitpunkt schuldfähigen, im Verhandlungszeitpunkt jedoch verhandlungsunfähigen Täter eine Maßregel nicht selbständig angeordnet werden.[567]

II. StPO

§ 6a Zuständigkeit besonderer Strafkammern
Die Zuständigkeit besonderer Strafkammern nach den Vorschriften des Gerichtsverfassungsgesetzes (§§ 74 Abs. 2, 74a, 74c, 74d des Gerichtsverfassungsgesetzes) prüft das Gericht bis zur Eröffnung des Hauptverfahrens von Amts wegen. Danach darf es seine Unzuständigkeit nur auf Einwand des Angeklagten beachten. Der Angeklagte kann den Einwand nur bis zum Beginn seiner Vernehmung zur Sache in der Hauptverhandlung geltend machen.

Zu § 6a StPO:
Bei der Aufzählung der Normen des GVG in § 6a Satz 1 ist § 74d- GVG-neu einzufügen.

§ 395 Befugnis zum Anschluß
(1) Der erhobenen öffentlichen Klage oder dem Sicherungsantrag kann sich als Nebenkläger anschließen, ...(i.ü. unverändert)

---

566 Zur Begründung siehe Komm. zu § 1 Abs. 2 d. Entw. (S. 105).
567 Zur Begründung siehe Komm. zu § 1 Abs. 1 d. Entw. (S. 98ff.).

Zu § 395 StPO-neu:

§ 395 StPO-neu erklärt die Nebenklage für zulässig und enthält damit die vom *BGH* für die Änderung seiner Rechtsprechung geforderte[568] gesetzliche Festschreibung der Zulässigkeit der Anschlußmöglichkeit eines Nebenklägers im Sicherungsverfahren, die noch bis vor wenigen Jahren nahezu einhellig verneint wurde.[569]

Der 1. Strafsenat des *BGH*[570] hat eine Zulassung der Nebenklage im Sicherungsverfahren mit der Begründung verneint, die Nebenklage ziele ihrem Wesen nach auf eine Bestrafung des Täters ab, so daß für eine „sinngemäße“ Anwendung des § 395 StPO auf das Sicherungsverfahren kein Raum sei. Zwar könne das persönliche Interesse eines Verletzten (oder dessen Angehöriger) an einer Maßnahme der Unterbringung genauso groß sein, wie an einer Bestrafung des Täters, demgegenüber sei jedoch die Feststellung der „Anlaßtat" im Sicherungsverfahren, zu deren Aufklärung der Nebenkläger allenfalls beitragen könne, im Sicherungsverfahren unbedeutend, weil das Sicherungsverfahren ausschließlich den Schutz der Allgemeinheit vor gefährlichen, schuldunfähigen Rechtsbrechern bezwecke.[571] Nach der hier vertretenen Auffassung ist diese Begründung schon deshalb unzureichend, weil sie die Bedeutung der Symptomtat für das Sicherungsverfahren verkennt.[572] Sie widerspricht jedoch auch der inzwischen veränderten Rechtslage, die die Beteiligung des Verletzten am Verfahren nunmehr vorrangig unter dem Aspekt des Opferschutzes beurteilt. Seit der umfassenden Neugestaltung der Vorschriften über die Nebenklage[573] steht nicht mehr das Interesse des Nebenklägers an einer Bestrafung des Täters im Vordergrund sondern die intensivere Beteiligung des Verletzten am gerichtlichen Verfahren durch Einräumung eigener prozessualer Befugnisse, mit denen der sich insbesondere gegen eine Verschiebung der Tatverantwortung zu seinen Lasten soll zur Wehr setzen können.[574]

---

568 Zuletzt *BGH* NStZ 99, 312.

569 *BGH* NJW 1974, 2244; NStZ 1992, 30; NStZ 99, 312 mit Hinweis auf Beschl. v. 5.7.1994 - 5 StR 350/94, v. 2.5.1995 - 5 StR 175/95 und v. 23.08.1995 - 2 StR 369/95; *BGHR* StPO § 395 Anschlußbefugnis 1. Im Anschluß an die sehr kurze Entscheidung in NJW 1974, 2244, in der bereits vorsichtige Zweifel („trotz einiger Bedenken“) an der tradierten Rechtsauffassung geäußert werden: *OLG Oldenburg* NStZ-RR 1996, 310; *OLG Hamm* StV 1992, 460; *OLG München* MDR 1974, 402; *LG Ravensburg* NStZ 1995, 303; LR-*Gössel* (24) Vor § 413 Rn. 6 und § 414 Rn. 1; KK-*Pelchen* (3)Vor § 395 Rn. 5 a.E. und § 395 Rn. 4; KMR-*Fezer* § 395 Rn. 10; *Kleinknecht Meyer-Goßner* § 395 Rn. 12; Vor § 395 Rn. 5; offengelassen in *BGH* NStZ 1996, 244 der „beachtliche Gründe“ für die Gegenmeinung anerkennt.

570 *BGH* NJW 1974, 2244.

571 Vgl. KMR-*Paulus* Vor § 413 Rn. 2; LR-*Gössel* (24) Vor § 413 Rn. 6; a.A. nun aber *ders.*, in der 25. Aufl. Vor § 413 Rn. 9ff.

572 S. 28ff.; Komm. zu § 6 Abs. 1 Ziff. 3 d. Entw. (S. 142ff.).

573 Durch das Opferschutzgesetz vom 18.12.1986 (BGBl. I, 2496).

574 BT-Drucks. VII/2989, S. 6; X/5305, S. 9, 11.

Die Zulässigkeit der Nebenklage wurde für das Sicherungsverfahren z.T. mit der Begründung verneint, das Fehlen von Verantwortlichkeit auf der Täterseite relativiere dessen Verantwortungszuweisung an das Opfer.[575] Dem kann nicht zugestimmt werden, denn schon die Feststellung der Schuld(un)fähigkeit ist oftmals auch entscheidend von Tatsachenfeststellungen zur Verantwortlichkeit auf der Täter- bzw. Opferseite abhängig. Auf diese Tatsachenfeststellung eine Einflußmöglichkeit zu gewinnen, ist natürliches Recht eines aktiv am Verfahren zu beteiligenden Opfers.[576]

Darüberhinaus besteht ein Schutz- und Abwehrbedürfnis des in seinen höchstpersönlichen Rechtsgütern Verletzten aber ganz *unabhängig* von der Schuldfähigkeit des Täters. Es ist nicht an die schuldhafte Handlung geknüpft, sondern kann überall dort bestehen, wo es um die Feststellung eines rechtswidrigen Unrechtstatbestandes geht. Indem § 395 StPO eine *rechtswidrige*, nicht aber eine Verschulden erfordernde Straftat für den Anschluß als Nebenkläger voraussetzt, ist von Gesetzes wegen klargestellt, daß sich das Anschlußrecht des Nebenklägers auch auf Taten erstreckt, die im Zustand der Schuldunfähigkeit begangen worden sind.[577]
Darüberhinaus spricht ein weiterer Gesichtspunkt für die Zulässigkeit der Nebenklage im Sicherungsverfahren:[578] Lehnt der Tatrichter eine Unterbringung des Angeklagten in einem psychiatrischen Krankenhaus nach § 63 StGB ab, nachdem dieser wegen Schuldunfähigkeit freigesprochen worden ist, so kann der Nebenkläger, ohne sich gegen den Freispruch zu wenden, das Verfahren mit dem Ziel der Unterbringung des Täters weiterbetreiben.[579] Es ist kein sachlicher Grund erkennbar, dem Tatopfer diese Möglichkeit zu verwehren, nur weil sich die Schuldunfähigkeit des Täters schon im Ermittlungsverfahren herausgestellt hat. Denn ob zunächst die Einleitung eines Strafverfahrens erfolgt, oder ob die Staatsanwaltschaft sogleich das Sicherungsverfahren wählt, hängt je nach den Umständen des Einzelfalls von Zufälligkeiten, z.B. von dem Eindruck ab, den der Tatverdächtige auf die Ermittlungsbeamten macht. An sie die Frage der Nebenklagezulässigkeit zu knüpfen, ist verfehlt.

---

575 So *OLG München* MDR 1974, 402.

576 *OLG Frankfurt* NStZ-RR 2000, 17f.; NJW 1994, 3243 unter Bezugnahme auf *OLG Köln* NStZ 1994, 144; KK-*Senge* § 395 Rn. 4.

577 Mit derselben Zielrichtung weist *Weigend* NStZ 1991, 99 darauf hin, daß kein sachlicher Grund bestehe, das „natürliche" Interesse des zur Nebenklage grundsätzlich befugten Opfers am Sicherungsverfahren durch Gewährung aller übrigen Mitwirkungsbefugnisse (Strafantragstellung, Verletztenrechte nach §§ 406d - 406f StPO) anzuerkennen, ihm aber gleichwohl den Anschluß als Nebenkläger zu verweigern; so jetzt auch *OLG Frankfurt* NStZ 2000, 17f.

578 Vgl. *OLG Frankfurt* NStZ-RR 2000, 17f.

579 *BGH* NStZ 95, 609.

Daß aus diesen Gründen die den Anschluß als Nebenkläger im Sicherungsverfahren für zulässig haltende Ansicht[580] den Vorzug verdient, meint nun offenbar auch der *BGH*[581], der eine Änderung seiner gefestigten Rechtsprechung letztlich nur deshalb verweigert, weil der Gesetzgeber in Kenntnis dieser Rechtsprechung trotz mehrfacher Änderung der §§ 395ff. StPO[582] die Zulassung der Nebenklage im Sicherungsverfahren nicht normiert hat. Allerdings spricht diese Untätigkeit nicht gegen die Zulassung der Nebenklage im Sicherungsverfahren, denn in der Amtlichen Begründung zum Entwurf des Opferschutzgesetzes ist die Frage, ob Änderungen der Vorschriften über die Nebenklage Auswirkungen auf das Sicherungsverfahren haben könnten, überhaupt nicht angesprochen worden. Es sind demnach keine Anhaltspunkte ersichtlich, die Untätigkeit des Gesetzgebers als „planmäßig" anzusehen.[583]

III. GVG

§ 24 GVG-neu[584] – Zuständigkeit des Amtsgerichts

(1) In Strafsachen sind die Amtsgerichte zuständig, wenn nicht

---

580 *OLG Frankfurt* NStZ-RR 2000, 17f.; *OLG Düsseldorf* NStZ-RR 2000, 18; *OLG Düsseldorf* JR 1999, 253 m. Anm. *Gössel*; *LG München* NStZ-RR 1998, 78; *OLG Saarbrücken* NStZ 1997, 453; *OLG Hamburg* NJW 1997, 1719; *KG* JR 1995, 127 m. Anm. *Gössel*; *OLG Frankfurt* NJW 1994, 3243; *OLG Köln* JR 1994, 344 m. zust. Anm. *Gössel* unter Aufgabe seiner in LR (24) vertretenen Gegenansicht; *LG Essen* NStZ 1991, 98 m. zust. Anm. *Weigend*; *Gruhl* NJW 1991, 1874; LR-*Hilger* Vor § 395 Rn. 16; LR-*Gössel* § 413 Rn. 7ff. m.w.N., § 414 Rn. 1; KK-*Senge* § 395 Rn. 4 entgegen der Vorauflage; so wohl auch KK-*Fischer* § 414 Rn. 4, der sich insoweit aber zu Unrecht auf *BGH*, Beschl. v. 3.5.1983 - 4 Str 107/83 beruft; *Heidemeier*, S. 316ff.

581 *BGH* NStZ 1999, 312f.

582 Zuletzt im Zeugenschutzgesetz v. 30.04.1998 (BGBl. I, 820).

583 *OLG Frankfurt* NStZ-RR 2000, 17f.

584 Die geringfügigen Änderungen sind durch § 74 Abs. 2 GVG-neu bedingt. In seiner geltenden Fassung lautet § 24 GVG:
(1) In Strafsachen sind die Amtsgerichte zuständig, wenn nicht
1. die Zuständigkeit des Landgerichts nach § 74 Abs. 2 oder § 74a oder des Oberlandesgerichts nach § 120 begründet ist,
2. im Einzelfall eine höhere Strafe als vier Jahre Freiheitsstrafe oder die Unterbringung des Beschuldigten in einem psychiatrischen Krankenhaus, *allein* oder neben einer Strafe, oder in der Sicherungsverwahrung zu erwarten ist oder
3. die Staatsanwaltschaft wegen der besonderen Bedeutung des Falles Anklage beim Landgericht erhebt.
(2) Das Amtsgericht darf nicht auf eine höhere Strafe als vier Jahre Freiheitsstrafe und nicht auf die Unterbringung in einem psychiatrischen Krankenhaus, *allein* oder neben einer Strafe, oder in der Sicherungsverwahrung erkennen.

1. die Zuständigkeit des Landgerichts nach § 74 Abs. 2 oder § 74a oder des Oberlandesgerichts nach § 120 begründet ist,
2. im Einzelfall eine höhere Strafe als vier Jahre Freiheitsstrafe oder die Unterbringung des Beschuldigten in einem psychiatrischen Krankenhaus neben einer Strafe oder in der Sicherungsverwahrung zu erwarten ist oder
3. die Staatsanwaltschaft wegen der besonderen Bedeutung des Falles Anklage beim Landgericht erhebt.
(2) Das Amtsgericht darf nicht auf eine höhere Strafe als vier Jahre Freiheitsstrafe und nicht auf die Unterbringung in einem psychiatrischen Krankenhaus neben einer Strafe oder in der Sicherungsverwahrung oder die selbständige Anordnung einer Maßregel der Besserung und Sicherung erkennen.

§ 74 GVG-neu[585] – Zuständigkeiten
(1) Die Strafkammern sind als erkennende Gerichte des ersten Rechtszuges zuständig für alle Verbrechen, die nicht zur Zuständigkeit des Amtsgerichts oder des Oberlandesgerichts gehören. Sie sind auch zuständig für alle Straftaten bei denen eine höhere Strafe als vier Jahre Freiheitsstrafe oder die Unterbringung in einem psychiatrischen Krankenhaus neben einer Strafe oder in der Sicherungsverwahrung zu erwarten ist oder oder wegen denen die Staatsanwaltschaft die selbständige Anordnung einer Maßregel der Besserung und Sicherung beantragt oder bei denen sie wegen der besonderen Bedeutung des Falles Anklage beim Landgericht erhebt (§ 24 Abs. 1 Nr. 3).
(2) und (3) unverändert

§ 74d GVG-neu[586] - Zuständigkeit des Kammer für Sicherungsverfahren
Für die selbständige Anordnung einer Maßregel der Besserung und Sicherung ist eine Strafkammer als Kammer für Sicherungsverfahren zuständig, deren weitere Zuständigkeit unberührt bleibt.

Begründung zur Änderung des GVG:

De lege lata orientiert sich die Zuständigkeit für das Sicherungsverfahren an den für das Strafverfahren geltenden Normen des GVG: Das Amtsgericht entscheidet, als

---

585 Die Neufassung betrifft lediglich die 2. Variante des § 74 Abs. 1 Satz 2 GVG, der in seiner geltenden Fassung lautet: „Sie sind auch zuständig für alle Straftaten, bei denen eine höhere Strafe als vier Jahre Freiheitsstrafe oder die Unterbringung in einem psychiatrischen Krankenhaus, allein oder neben einer Strafe, oder in der Sicherungsverwahrung zu erwarten ist oder bei denen die Staatsanwaltschaft wegen der besonderen Bedeutung des Falles Anklage beim Landgericht erhebt (§ 24 Abs. 1 Nr. 3)."

586 § 74d GVG wird 74e GVG-neu, § 74e GVG wird § 74f GVG-neu; beide Normen bleiben inhaltlich unverändert.

Umkehrschluß aus § 24 Abs. 2 GVG, über die Unterbringung in einer Entziehungsanstalt, den Entzug der Fahrerlaubnis und das Berufsverbot (§§ 64, 69, 70 StGB), grundsätzlich als Schöffengericht, durch den Einzelrichter gem. § 24 I Nr. 2 GVG. Die Strafkammer entscheidet über die in § 71 StGB genannten Maßregeln, wenn die Staatsanwaltschaft gem. § 24 Abs. 1 Nr. 3 GVG bei ihr Anklage erhebt, sowie stets über die Unterbringung in einem psychiatrischen Krankenhaus, § 74 Abs. 1 S. 2 GVG. Wegen des Sachzusammenhangs zwischen Sicherungs- und allgemeinem Strafverfahren erstreckt sich die Zuständigkeit einer Spezialkammer (§§ 74 Abs. 2, 74a, 74c GVG) und die des Oberlandesgerichts nach § 120 GVG auch auf das Sicherungsverfahren.[587] Ebenso schließt in Jugendsachen die generelle Kompetenz des Jugendschöffengerichts (§ 41 Abs. 1 JGG) die für das Sicherungsverfahren ein.[588]

Im Gegensatz dazu sieht **§ 74 Absatz 1 Satz 2 GVG-neu** eine Konzentration der Zuständigkeit bei einer Strafkammer des Landgerichts vor, die nach **§ 74d GVG-neu** neben ihrer sonstigen Zuständigkeit als Kammer für Sicherungsverfahren tätig wird. Die § 429b III StPO entsprechende[589] Zuständigkeitskonzentration de lege ferenda dient vor allem der Rechtssicherheit. Bei der verhältnismäßig geringen Zahl von Sicherungsanträgen, die ohnehin überwiegend bei den Landgerichten anhängig gemacht werden, wird einer kleineren Anzahl von Richtern ermöglicht, ausreichende Erfahrungen mit den Besonderheiten des Interlokutverfahrens sowie dem von ihm betroffenen Täterkreis zu sammeln, um so eine möglichst gleichmäßige Anwendungspraxis, insbesondere bei der Frage der Unterbringungsbedürftigkeit zu gewährleisten und zugleich die Rechtsmittelkontrolle dem *BGH* vorzubehalten. Bei einem routinierten Umgang mit

---

587 So *OLG Stuttgart* NStZ 1987, 292; KK-*Meyer-Goßner* § 414, Rn. 17.

588 Vgl. *AK-Keller* § 414, Rn. 7; LR-*Gössel* § 414 Rn. 14, jew. m.w.N. Nach *OLG Saarbrücken* NStZ 1985, 93 soll dies trotz § 24 I Nr. 2 GVG auch für die Unterbringung im psychiatrischen Krankenhaus gelten; krit. hierzu *BVerfG* NJW 186, 771; *Eisenberg* NJW 1986, 2408.

589 Nach § 429b III StPO (Anhang IV) war für das Sicherungsverfahren die Strafkammer als erkennendes Gericht des ersten Rechtszuges zuständig. Die Vorschrift bezweckte eine Entlastung der erstinstanzlichen Gerichte; sie ließ die Zuständigkeit der Amtsgerichte, soweit sie bei Annahme der Zurechnungsfähigkeit für das Strafverfahren gegeben war, auch für das selbständige Sicherungsverfahren unberührt. Die auf dem Vereinheitlichungsgesetz von 1950 beruhende Fassung, die den in der britischen und amerikanischen Besatzungszone bestehenden Rechtszustand übernahm, bezweckte demgegenüber auch eine Zuständigkeitskonzentration, die eigentlich im GVG hätte geregelt werden müssen. Während nach dem damals geltenden GVG im Strafverfahren auch der Einzelrichter in den Fällen des § 25 Nr. 2b, c, 3 GVG unter Freisprechung die Unterbringung in einer Heil- oder Pflegeanstalt wegen Zurechnungsunfähigkeit anordnen konnte, wurde nun durch § 429b Abs. 3 StPO dem Schöffengericht und Einzelrichter die Zuständigkeit für das selbständige Sicherungsverfahren entzogen und der großen Strafkammer (§ 76 Abs. 2 GVG) übertragen. Diese Zuständigkeitskonzentration wurde 1974 bei der Umgestaltung des Sicherungsverfahrens wieder aufgehoben.

dem Interlokutverfahren ist zudem eine schnellere Erledigung der einzelnen Verfahren zu erwarten. Mit der Konzentration der Befassungs- und Entscheidungskompetenz beim *Landgericht* läßt sich die Verkürzung des Instanzenzuges rechtfertigen, die dem Beschleunigungsgebot Rechnung trägt.

Übersicht zur Anzahl der 1990 bis 1999 bundesweit gestellten Sicherungsanträge vor den Amtsgerichten nach § 413 StPO; §§ 39, 40 JGG; vor den Landgerichten nach § 413 StPO; § 41 JGG

	Amtsgerichte	Landgerichte
1990		
erledigte Verfahren insges.	630.171	12.703
Antrag auf Einleitung eines Sicherungsverfahrens	50	219
1991		
erledigte Verfahren insges.	614.880	14.260
Antrag auf Einleitung eines Sicherungsverfahrens	58	242
1992		
erledigte Verfahren insges.	630.204	14.477
Antrag auf Einleitung eines Sicherungsverfahrens	51	281
1993		
erledigte Verfahren insges.	699.434	15.105
Antrag auf Einleitung eines Sicherungsverfahrens	76	242
1994		
erledigte Verfahren insges.	752.763	15.369
Antrag auf Einleitung eines Sicherungsverfahrens	69	268
1995		
erledigte Verfahren insges.	775.228	14.295
Antrag auf Einleitung eines Sicherungsverfahrens	50	275
1996		
erledigte Verfahren insges.	799.648	14.795
Antrag auf Einleitung eines Sicherungsverfahrens	50	280
1997		
erledigte Verfahren insges.	818.587	15.063
Antrag auf Einleitung eines Sicherungsverfahrens	90	342
1998		
erledigte Verfahren insges.	845.067	14.425
Antrag auf Einleitung eines Sicherungsverfahrens	52	390
1999		
erledigte Verfahren insges.	862.381	14.394
Antrag auf Einleitung eines Sicherungsverfahrens	80	383

Quelle: Statist. Bundesamt Wiesbaden, Arbeitsunterlage Strafgerichte 1990 – 1999
1990 - 1992 Angaben nur für das frühere Bundesgebiet (einschl. Berlin-Ost)
1993 keine Angaben für Mecklenburg-Vorpommern und Sachsen
1994 keine Angaben für Mecklenburg-Vorpommern

Literaturverzeichnis

Albrecht, Peter: Die allgemeinen Voraussetzungen zur Anordnung freiheitsentziehender Massnahmen gegenüber erwachsenen Delinquenten, Basel u.a., 1981

Alsberg, Max: Das Weltbild des Strafrichters, Mannheim u.a., 1930

Ancel, Marc: La Défence sociale nouvelle (un mouvement de Politique criminelle humaniste), Paris, 1954

Andenaes, Johannes: „General Report" zum 10. Internationalen Strafrechtskongreß Rom, 1969, in: Revue Internationale des Droit Pénal, Band 40, S. 659ff.

Arndt, Dietrich/ Guelde, Hermann: Straßenverkehrssicherungsgesetz, 4. Aufl., Münster Westf., 1953

Arntzen, F.: Untere Altersgrenze der Zeugeneignung, in: DRiZ 1976, 20

Atzler, Bernhard: Das Recht des ehrenamtlichen Richters, die Verfahrensakten einzusehen, in: DRiZ 1991, 207f.

Baumann, Jürgen: Unterbringungsrecht, Bielefeld, 1966 (zit.: Unterbringungsrecht)

Baumann, Jürgen: Unterbringung und Freiheitsentziehung, in: Göppinger, H./Witter, H. (Hrsg.), Handbuch der forensischen Psychiatrie, Band I, Berlin u.a., 1972, S. 358ff.

Baumann, Jürgen: Strafprozeßreform in Raten, in: ZRP 1975, 38ff.

Baxhenrich, Bernhard: Die Verhandlungsfähigkeit des Angeklagten, Diss., Münster, 1979

Beese, Hans: Die Gerichtshilfe für Erwachsene. Aufgabenstellung, Arbeitsmethodik und rechtliche Fragen, gesehen aus der Praxis von Strafrichtern und Staatsanwälten, in: Bewhilfe 1980, 142ff.

Beese, Hans: Die prozessuale Stellung der Gerichtshilfe für Erwachsene und ihre Bedeutung für die Entwicklung dieses Instituts der modernen Strafrechtspflege, in: Bewhilfe 1977, 66ff.

Biland-Zimmermann, Beatrice: Das Schuldinterlokut in der Hauptverhandlung, Diss., Zürich, 1975

Binding, Karl: Grundriss des Deutschen Strafrechts. Allgemeiner Teil, 8. Aufl., Leipzig, 1913 (zit.: AT)

Bittmann, Folker: Selbsthilfe der Justiz gegen Überlastung, in: DRiZ 1991, 208f.

Blau, Günter: Die Teilung des Strafverfahrens in zwei Abschnitte. Schuldspruch und Strafausspruch, in: ZStW 81 (1969), 31ff.

Blau, Günter: Tagungsbericht. Der X. Internationale Strafrechtskongreß in Rom vom 29. September bis 5. Oktober 1969, in: ZStW 82 (1970), 571ff.

Blau, Günter: Die Mitwirkung des Richters beim Vollzug, in: Straf- und Maßregelvollzug. Bericht über die XVII. Tagung der Gesellschaft für die gesamte Kriminologie vom 5.-7.10.1973 in Bad Nauheim, Kriminologische Gegenwartsfragen, Bd. 11, Stuttgart, 1974, S. 94ff. (zit.: Mitwirkung)

Bockelmann, Paul: Schuld und Sühne. Rede zur feierlichen Immatrikulation am 18. Mai 1957, 2. Aufl., Göttingen, 1958 (zit.: Schuld und Sühne)

Bockelmann, Paul: Strafrecht Allgemeiner Teil, 3. Aufl., München, 1979 (zit.: AT)

Böning, Wolfgang: Die Unterbringung psychisch Kranker und Süchtiger, in: SchlHA 1960, 159ff.

Bottke, Wilfried: Bemerkungen zur Gerichtshilfe für Erwachsene, in: MschKrim 1981, 62ff.

Brandt, Arthur: Mängel der Strafzumessung, in: JW 1925, 2719ff.

Bruns, Hans-Jürgen: Die Maßregeln der Besserung und Sicherung im StGB-Entwurf 1956. Rechtsdogmatische Gedanken zu kriminalpolitischen Problemen, in: ZStW 71 (1959), 210 ff.

Bruns, Hans-Jürgen: Die Entziehung der Fahrerlaubnis (§ 42m StGB, § 111a StPO). Ein Rückblick auf Rechtsprechung und Lehre aus dem ersten Jahr seit dem Inkrafttreten des Gesetzes zur Sicherung des Straßenverkehrs vom 19.12.1952, in: GA 1954, 161ff.

Bruns, Hans-Jürgen: Strafzumessungsrecht. Allgemeiner Teil, 1. Aufl., Köln u.a., 1967, 2. Aufl., Köln u.a., 1974 (zit.: Strafzumessungsrecht)

Brüssow, Rainer: Beweisverwertungsverbot in Verkehrsstrafverfahren, in: StraFo 1998, 294ff.

Cabanis, Detlef: Verhandlungs- und Vernehmungs(un)fähigkeit, in: StV 1984, 87ff.

Creifelds, Carl: Die Strafprozeßnovelle, in: JR 1965, 1ff.

Dahs jun., Hans: Praktische Probleme des Schuldinterlokuts, in: GA 1971, 351ff.

Dahs jun., Hans: Die Ausweitung des Widerspruchserfordernisses, in: StraFo 1998, 253ff.

Dahs sen., Hans: Reform der Hauptverhandlung, in: Festschrift für Hubert Schorn, Frankfurt a.M., 1966, S. 14ff.

Dahs sen., Hans: 48. Deutscher Juristentag vom 22. bis 25. September 1970 in Mainz. Fortschrittliches Strafrecht in rückständigem Strafverfahren. Zur Dringlichkeit einer Zweiteilung der Hauptverhandlung durch ein „Schuldinterlokut“, in: NJW 1970, 1705ff.

Dahs sen., Hans: Der Anwalt im Strafprozeß, in: AnwBl. 1959, 171ff.

Dästner, Christian: Flexibles Schuldinterlokut? Zu den Bedenken der Praxis gegen eine Zweiteilung der Hauptverhandlung, in: DRiZ 1977, 9ff.

Dästner, Christian: Zur spezialpräventiven Ausrichtung des Strafverfahrens durch Zweiteilung der Hauptverhandlung. Ergebnisse und Defizite einer langen Diskussion, in: Recht und Politik 1976, 86ff.

Dencker, Friedrich: Willensfehler bei Rechtsmittelverzicht und Rechtsmittelzurücknahme im Strafprozeß, 1972, Bonn

Detterbeck, Steffen: Streitgegenstand und Entscheidungswirkungen im öffentlichen Recht. Grundlagen des Verfahrens vor den allgemeinen Verwaltungsgerichten und dem BVerfG, Tübingen, 1995

Dölling, Dieter: Zweiteilung der Hauptverhandlung. Eine Erprobung vor Einzelrichtern und Schöffengerichten, Göttingen, 1978

Dolzer, Rudolf/ Vogel, Klaus (Hrsg.): Bonner Kommentar zum Grundgesetz, Heidelberg, 95. Lieferung, Febr. 2000

Dörffler: Das Sicherungsverfahren, in: Deutsche Justiz 1933, 749ff.

Dreher, Eduard: Liegt die Sicherungsverwahrung im Sterben?, in: DRiZ 1957, 51ff.

Dreher, Eduard/ Maassen, Hermann: Strafgesetzbuch mit Erläuterungen und den wichtigsten Nebengesetzen, München u.a., 1954

Ernst, Christoph: Das gerichtliche Zwischenverfahren nach Anklageerhebung, Frankfurt, 1986

Exner, Franz: Das System der sichernden und bessernden Maßregeln nach dem Gesetz vom 24. November 1933, in: ZStW 53 (1934), 629ff.

Exner, Franz: Kriminologie, 3.Aufl., Berlin u.a., 1949

Eyermann, Erich/ Fröhler, Ludwig: Verwaltungsgerichtsordnung. Kommentar, 10. Aufl., München, 1998

Fezer, Gerhard: Strafprozeßrecht, 2. Aufl., München, 1995 (zit.: StPO)

Fezer, Gerhard: Richterliche Kontrolle der Ermittlungstätigkeit der Staatsanwaltschaft vor Anklageerhebung?, in: Gedächtnisschrift für Horst Schröder, München, 1978, S. 407ff.

Fischer, Bianca: Die Vernehmung des Beschuldigten im strafrechtlichen Ermittlungsverfahren, Diss., Erlangen u.a., 1976

Fischinger, Helmuth: Die Teilung des Strafverfahrens in zwei Abschnitte. Schuldspruch und Strafausspruch. Straftheoretische Einordnung, inhaltliche Ausgestaltung und rechtsstaatliche Anforderungen, in: ZStW 81 (1969), 49ff.

Frisch, Wolfgang: Maßregeln der Besserung und Sicherung im strafrechtlichen Rechtsfolgensystem, in: ZStW 102 (1990), 343ff.

Frommel, Monika: Präventionsmodelle in der deutschen Strafzweck-Diskussion. Beziehungen zwischen Rechtsphilosophie, Dogmatik, Rechtspolitik und Erfahrungswissenschaften, Berlin, 1987

Fuhrmann, Hans: Die kleine Strafprozeßreform. 1. Ihr Werden; 2. Haftgrund der Verdunkelungsgefahr; 3. Eröffnungsrichter, in: JR 1963, 379ff.

Gallas, Wilhelm: Zur Struktur des kommenden Strafverfahrens, in: ZStW 58 (1939), 624ff.

Geerds, Friedrich: Zur kriminellen Prognose, in: MschrKrim. 43 (1960), 92ff.

Geerds, Friedrich: Auskunftsverweigerungsrecht oder Schweigebefugnis? Zur Problematik der §§ 55, 56 StPO, in: Festschrift für Ulrich Stock, Würzburg, 1966, S. 171ff.

Germann, Richard: Der Eröffnungsbeschluß, in: NJW 1960, 758f.

Göbel, Oswald: Sinnwandel des Eröffnungsbeschlusses?, in: MDR 1962, 437ff.

Gössel, Karl-Heinz: Wesen und Begründung der strafrechtlichen Sanktionen, in: Festschrift für Gerd Pfeiffer, Köln u.a., 1988, S. 3ff.

Grau, Fritz: Die Bedeutung des Vorlebens des Angeklagten für den Schuldigspruch. Eine Entgegnung, in: Deutsche Justiz 1937, 1529ff.

Gruhl, Jens: Nebenklage und Sicherungsverfahren, in: NJW 1991, 1874f.

Grünhut, Max: Die Bedeutung englischer Verfahrensformen für eine deutsche Strafprozeßreform, in: Festschrift für Hellmuth von Weber, Bonn, 1963, S. 343ff.

Grünwald, Gerald: Die Teilrechtskraft im Strafverfahren, Göttingen, 1964 (zit.: Teilrechtskraft)

Grünwald, Gerald: Sicherungsverwahrung, Arbeitshaus, vorbeugende Verwahrung und Sicherungsaufsicht im Entwurf 1962, in: ZStW 76 (1964), 633 ff.

Guelde, Herrmann: Die Entziehung der Fahrerlaubnis, Berlin, 1955

Haddenbrock, Siegfried: Das Sachverständigendilemma im deutschen Strafprozeß ohne Tat- oder Schuldinterlokut, in: NJW 1981, 1302ff.

Hahn, Carl (Hrsg.): Die gesamten Materialien zur Strafprozeßordnung und dem Einführungsgesetz zu derselben vom 1.2.1877, 1. Abt., 1885, 2. Abt. 1886, 2. Aufl., Berlin, Neudruck 1983

Hanack, Ernst-Walter: Die Rechtsprechung des Bundesgerichtshofs zum Strafverfahrensrecht, (Band 11 - 22 der Amtlichen Sammlung), in: JZ 1972, 313ff. und JZ 1974, 54ff.

Hartung, Fritz: Einführung des anglo-amerikanischen Verfahrensrechts in Deutschland?, in: Festschrift für Ernst Heinrich Rosenberg, Berlin, 1949, S. 231ff.

Hartung, Fritz: Einführung englisch-amerikanischen Strafverfahrensrechtes in Deutschland?, in: NJW 1952, 201ff.

Hartung, Fritz: Der BGH zur Entziehung der Fahrerlaubnis, in: JZ 1954, 137

Hassemer, Winfried: Die „Funktionsfähigkeit der Strafrechtspflege“ – ein neuer Rechtsbegriff?, in StV 1982, 275ff.

Heckner, Wolfgang: Die Zweiteilung der Hauptverhandlung nach Schuld- und Reaktionsfrage (Schuldinterlokut). Vorschlag einer Gesetzesnovelle zum Strafverfahrensrecht, Diss., München, 1973

Hegel, Georg Friedrich Wilhelm: Grundlinien der Philosophie des Rechts, Leipzig, 1821, mit den von Gans redigierten Zusätzen aus Hegels Vorlesungen, Jubiläumsausgabe Glockner (Hrsg.)

Heidemeier, Jochen: Sinn und Zweck der Nebenklage, Diss., Passau, 1985

Heinitz, Ernst: Zweiteilung der Hauptverhandlung?, in: Festgabe für U. von Lübtow, Berlin, 1970, S. 835ff.

Heinitz, Ernst: Die Individualisierung der Strafen und Maßnahmen in der Reform des Strafrechts und des Strafprozesses. Vortrag, gehalten vor der Berliner Juristischen Gesellschaft am 3. Februar 1960, in: Schriftenreihe der Juristischen Gesellschaft, Berlin, 1960 (zit.: Individualisierung)

Heinitz, Ernst: Gedanken zur Strafprozeßreform, in: JR 1961, 241ff.

Heintschel-Heinegg, Bernd/ Stöckel, Heinz (Hrsg.): Kommentar zur Strafprozeßordnung, Neuwied, 25. Lieferung, Stand: Okt. 2000 (zit.: KMR-Bearbeiter)

Hellmer, Joachim: Hangtäterschaft und Berufsverbrechertum (Zur Anordnung der Sicherungsverwahrung), in ZStW 73 (1961), S. 441ff.

Hellmer, Joachim: Hangtäterschaft und Berufsverbrechertum (Zur Anordnung der Sicherungsverwahrung), in: ZStW 73 (1961), 441ff.

Henkel, Heinrich: Das Sicherungsverfahren gegen Gemeingefährliche, ZStW 57 (1938), 702ff.; Fortsetzung in ZStW 58 (1938), 167ff.

Henkel, Heinrich: Strafverfahrensrecht. Ein Lehrbuch, 1. Aufl., Stuttgart, 1953; 2. Aufl., Stuttgart, 1968 (zit.: Strafverfahrensrecht)

Hentschel, Peter: Trunkenheit, Fahrerlaubnisentziehung, Fahrverbot im Straf- und Ordnungswidrigkeitenrecht, 8. Aufl., Düsseldorf, 2000

Herrmann, Joachim: Die Reform der deutschen Hauptverhandlung nach dem Vorbild des anglo-amerikanischen Strafverfahrens, Bonn, 1971

Hippel, Reinhard von: Reform der Strafrechtsreform. Maßregeln der Besserung und Sicherung, Berlin u.a., 1976

Horn, Eckhard: Tatschuld-Interlokut und Strafzumessung, in: ZStW 85 (1973), 7ff.

Hühnerfeld, Peter: Die Diskussionsbeiträge der Strafrechtslehrertagung 1972 in Kiel, in: ZStW 85 (1973), 438ff.

Jagusch, Heinrich/Hentschel, Peter: Straßenverkehrsrecht, 33. Aufl., München, 1995

Jähnke, Burkhard/ Laufhütte, Heinrich Wilhelm/ Odersky, Walter: Leipziger Kommentar zum Strafgesetzbuch, 11. Auflage, Berlin u.a.; Zitate aus anderen Auflagen enthalten einen entsprechenden Zusatz (zit.: LK-Bearbeiter)

Jakobs, Günther: Strafrecht Allgemeiner Teil. Die Grundlagen und die Zurechnungslehre. Lehrbuch, 2. Aufl., Berlin u.a., 1991

Jakobs, Günther: Probleme der Wahlfeststellung, in: GA 1971, 257ff.

Jakobs, Günther: Schuld und Prävention, Tübingen, 1976 (zit.: Schuld und Prävention)

Jescheck, Hans-Heinrich: Der Einfluss des schweizerischen Strafrechts auf das Deutsche, in: SchwZStr 73 (1958), 184ff.

Jescheck, Hans-Heinrich: Der Strafprozeß – Aktuelles und Zeitloses, in: JZ 1970, 201ff.

Kaenel, Peter: Die kriminalpolitische Konzeption von Carl Stooss im Rahmen der geschichtlichen Entwicklung von Kriminalpolitik und Straftheorien, Diss., 1981, Bern

Kahlo, Michael: Der Begriff der Prozeßsubjektivität und seine Bedeutung im reformierten Strafverfahren besonders für die Rechtsstellung des Beschuldigten, in: KritV 1977, 183ff.

Kaiser, Günther: Kriminologie, 3. Aufl., Heidelberg, 1976 (zit.: Kriminologie)

Kaiser, Günther: Strategien und Prozesse strafrechtlicher Selbstkontrolle. Legitimation, Wirklichkeit und Alternativen, Frankfurt a.M., 1972 (zit.: Selbstkontrolle)

Kaiser, Günther: Befinden sich die kriminalrechtlichen Maßregeln in der Krise?, Heidelberg, 1990 (zit.: Maßregeln)

Kant, Immanuel: Metaphysik der Sitten. Rechtslehre, 3. Aufl., Leipzig, 1919

Katholnigg, Oskar: Strafgerichtsverfassungsrecht. Kommentar zu den allgemeinen und den die Strafrechtspflege regelnden Vorschriften des GVG, des EGGVG und des Gesetzes zur Wahrung der Einheitlichkeit der Rechtsprechung der Obersten Gerichtshöfe des Bundes, 3. Aufl., Köln u.a., 1999

Kern, Eduard: Die Ausschließung des Eröffnungsrichters im erkennenden Gericht, in: Festschrift für Hellmuth von Weber, Bonn, 1963, S. 368ff.

Kissel, Otto Rudolf: Gerichtsverfassungsgesetz. Kommentar, 3. Aufl., München, 2001

Kleinknecht, Theodor: „Informelles Schuldinterlokut“ im Strafprozeß nach geltendem Recht. Zur modernen Gestaltung der Hauptverhandlung, in: Festschrift für Ernst Heinitz, Berlin, 1972, S. 651ff.

Kleinknecht, Theodor: Gesetz zur Änderung der Strafprozeßordnung und des Gerichtsverfassungsgesetzes (StPÄG). Entstehung und Hauptinhalt, in: JZ 1965, 153ff.

Kleinknecht, Theodor: Ermittlungen der Polizei nach der „kleinen Strafprozeßreform“, in: Kriminalistik 1965, 449ff.

Kleinknecht, Theodor/ Meyer-Goßner, Lutz: Strafprozeßordnung. Gerichtsverfassungsgesetz, Nebengesetze und ergänzende Bestimmungen, 45. Aufl., München, 2001

Knittel, Eberhard: Zweiteilung der Hauptverhandlung nach englischem Vorbild?, in: Festschrift für Erich Schwinge, Köln u.a., 1973, S. 215ff.

Köhler, Michael: Strafrecht. Allgemeiner Teil, Berlin u.a., 1997 (zit.: AT)

Köhler, Michael: Das angeborene Recht ist nur ein einziges... Menschenrecht, Grundrechtsverhältnisse und Rechtssystem, in: Vielfalt des Rechts – Einheit der Rechtsordnung?, Hamburger Ringvorlesung, K. Schmidt (Hrsg.), Berlin, 1994, S. 61ff. (zit.: Vielfalt des Rechts)

Kohlhaas, Max: Fehlerhafte Anklagen und Eröffnungsbeschluß, in: GA 1955, 65ff.

Kohlrausch, Eduard/ Lange, Richard: Strafgesetzbuch mit Erläuterungen und Nebengesetzen, 40. Aufl., Berlin, 1950

Kopp, Ferdinand: Verwaltungsgerichtsordnung, 9. Aufl., München, 1992

Kopp, Ferdinand/ Ramsauer, Ulrich: Verwaltungsverfahrensgesetz. Kommentar, 7. Aufl., München, 2000

Krauß, Detlef: Der Grundsatz der Unschuldsvermutung im Strafverfahren, in: H. Müller-Dietz (Hrsg.), Strafrechtsdogmatik und Kriminalpolitik, Köln u.a., 1971, S. 153ff. (zit.: Unschuldsvermutung)

Krauß, Detlef: Der Schutz der Intimssphäre im Strafprozeß, in: Festschrift für Wilhelm Gallas, Berlin u.a., 1973, S. 365ff.

Krauß, Detlef: Richter und Sachverständiger im Strafverfahren, in: ZStW 85 (1973), 320ff.

Kroschel, Theodor/Meyer-Goßner, Lutz: Die Urteile in Strafsachen, 25. Aufl., München 1988

Kulemeier, Ralf: Fahrverbot (§ 44 StGB) und Entzug der Fahrerlaubnis (§§ 69ff. StGB). Ein Beitrag zum Verhältnis dieser Sanktionsformen und zum vikariierenden System von Strafen und Maßregeln im Verkehrsstrafrecht, Lübeck, 1991 (zit.: Fahrverbot)

Kulemeier, Ralf: Fahrverbot und Fahrerlaubnisentzug – Sanktion zur Bekämpfung allgemeiner Kriminalität?, in: NZV 1993, 212ff.

Kurth, Hans-J.: Rechtsprechung zur Beteiligung des Verletzten am Verfahren, in: NStZ 1997, 1ff.

Lackner, Karl/ Kühl, Kristian: Strafgesetzbuch, 23. Aufl., München, 1999

Lange, Hubertus: Die Gerichtshilfe und ihr Einbau in das Erkenntnisverfahren des überkommenen Strafprozesses, Diss., Freiburg, 1980

Lange, Richard: Wandlungen in den kriminologischen Grundlagen der Strafrechtsreform, in: Hundert Jahre Deutsches Rechtsleben, Festschrift zum hundertjährigen Bestehen des Deutschen Juristentages, Karlsruhe, 1960, S. 345ff.

Lang-Hinrichsen, Dietrich: Die kriminalpolitischen Aufgaben der Strafrechtsreform. Gutachten für den 43. Deutschen Juristentag. Verhandlungen des 43. Deutschen Juristentages, Band 1, 3. Teil B, Tübingen, 1960, S. 42ff.

Lenckner, Theodor: Strafe, Schuld und Schuldfähigkeit, in: Göppinger-Witter, Handbuch der forensischen Psychatrie, Band I, Berlin u.a., 1972, S. 3ff.

Loritz, Hartmut: Kritische Betrachtungen zum Wert des strafprozessualen Zwischenverfahrens, Diss. Freiburg (Breisgau), 1994

Lühring, Frank: Die Berichtspflicht des Jugendgerichtshelfers und ihre Grenzen, Frankfurt a.M., 1992

Mayer, Hellmuth: Behandlung der Rezidivisten (gefährlichen Gewohnheitsverbrecher) im deutschen Strafrecht, in: ZStW 80 (1968), 139ff.

Mayer, Hellmuth: Das Strafrecht des Deutschen Volkes, Stuttgart, 1936 (zit.: 1936)

Mayer, Hellmuth: Strafrecht, Allgemeiner Teil, Stuttgart u.a., 1967 (zit.: AT)

Meyer-Goßner, Lutz: Theorie ohne Praxis und Praxis ohne Theorie im Strafverfahren, ZRP 2000, 345ff.

Meyer-Goßner,Lutz/ Appl, Ekkehard: Die Ausweitung des Widerspruchserfordernisses, in: StraFo 1998, 258ff.

Mohr, Georg: Unrecht und Strafe (§§ 82 - 104, 214, 218 - 220), in: L. Siep (Hrsg.), Grundlinien der Philosophie des Rechts, Berlin, 1997, S. 95ff.

Müller, Christian: Das Gewohnheitsverbrechergesetz vom 24.11.1933. Kriminalpolitik als Rassenpolitik, Baden-Baden, 1997

Müller-Dietz, Heinz: Grundfragen des strafrechtlichen Sanktionensystems, Heidelberg u.a., 1979

Nagler, Johannes: Echter und unechter Strafprozeß (Anschlußverfahren), Der Gerichtssaal 112 (1939), 133ff.

Nagler, Johannes: Das Adhäsionsverfahren im geltenden Recht und im Entwurfe der Strafverfahrensordnung, Der Gerichtssaal 112 (1939), 308ff.

Niedersächsisches Ministerium der Justiz (Hrsg.): Empfehlungen zur Bewährungshilfe, Führungsaufsicht, Gerichtshilfe. Bericht der Planungskommission für den Sozialdienst in der niedersächsischen Strafrechtspflege, Hannover, 1979

Niemöller, Martin/Schuppert, Gunnar Folke: Die Rechtsprechung des Bundesverfassungsgerichts zum Strafverfahrensrecht, in: AöR 1982 (107), S. 387ff.

Nowakowski, Friedrich: Zur Rechtsstaatlichkeit der vorbeugenden Maßnahmen, in: Festschrift für Hellmuth von Weber, Bonn, 1963, S. 98ff.

Oetker, Friedrich: Die Begründung des Strafprozesses, in: Der Gerichtssaal 99 (1930), 241ff.

Peters, Karl: Strafprozeß, 4. Aufl., Heidelberg u.a., 1985 (zit.: Strafprozeß)

Peters, Karl: Fehlerquellen im Strafprozeß, Band 2: Systematische Untersuchungen und Folgerungen, Karlsruhe, 1982 (zit.: Fehlerquellen II)

Peters, Karl: In welcher Weise empfiehlt es sich, die Grenzen des strafrichterlichen Ermessens im künftigen Strafgesetzbuch zu regeln (Ermessensfreiheit oder gesetzliche Bindung des Richters bei der Verhängung der Strafe und sonstigen Unrechtsfolgen)?, in: Verhandlungen des 41. DJT, Bd. I, 2. Halbband, Tübingen, 1955, S. 5ff. (zit.: Verhandlungen)

Pfeiffer, Gerd: Strafprozeßordnung und Gerichtsverfassungsgesetz. Kommentar, 3. Aufl., München, 2001 (zit.: Pfeiffer)

Pfeiffer, Gerd (Hrsg.): Karlsruher Kommentar zur Strafprozeßordnung und zum Gerichtsverfassungsgesetz mit Einführungsgesetz, 4. Aufl., München, 1999 (zit.: KK-Bearbeiter)

Platon: Sämtliche Werke, Band I, Hrsg. von U. Wolf, auf der Grundlage der Bearbeitung von W.F. Otto, E. Grassi und G. Plamböck, Hamburg 1994, zit. nach den Seiten- und Abschnittszahlen der Platon-Ausgabe von Henricus Stephanus (Paris 1578) gemäß der Oxford-Ausgabe von I. Burnet

Pohl, Günter: Praxis des Strafrichters, 1987, Heidelberg

Preisendanz, Holger: Strafgesetzbuch. Lehrkommentar, 30. Aufl., Berlin, 1978

Rath, Jürgen: Zum Begriff der Verhandlungsfähigkeit im Strafverfahren, in: GA 1997, 214ff.

Rebmann, Kurt/ Roth, Werner/ Herrmann, Siegfried: Gesetz über Ordnungswidrigkeiten. Loseblattkommentar, 2. Aufl., Stuttgart, 1995

Rennig, Christoph: Die Entscheidungsfindung durch Schöffen und Berufsrichter in rechtlicher und psychiologischer Hinsicht. Theoretische Untersuchungen zur Laienbeteiligung an der Strafgerichtsbarkeit, Marburg, 1993

Renschler-Delcker, Ute: Die Gerichtshilfe in der Praxis der Strafrechtspflege. Eine Untersuchung über die Arbeit der Erwachsenengerichtshilfe aus der Sicht der Gerichtshelfer und deren Auftraggeber, Freiburg, 1983

Rieß, Peter: Die Durchführung der Hauptverhandlung ohne den Angeklagten, in: JZ 1975, 265ff.

Rieß, Peter (Hrsg.): Löwe-Rosenberg. Großkommentar zur Strafprozeßordnung, 25. Aufl., Berlin u.a., 1988, (zit.: LR-Bearbeiter)

Roesen, Anton: Der Eröffnungsbeschluß, in: NJW 1959, 1861f.

Rogall, Klaus: Der Beschuldigte als Beweismittel gegen sich selbst. Ein Beitrag zur Geltung des „Nemo tenetur seipsum prodere“ im Strafprozeß, Berlin, 1977

Romberg, Harold P.: Guilty or not guilty? Schuldbekenntnis vor englischen Gerichten, in: ZRP 1971, 280f.

Röme, W.: Guilty or not guilty? Im Anschluß an Romberg ZRP 1971, 280f., in: ZRP 1973, 79f.

Römer, Wilhelm: Das Schuldinterlokut. Ein Beitrag zur Strafprozeßreform, in: GA 1969, 333ff.

Roxin, Claus: Strafverfahrensrecht, begründet von E. Kern, 25. Aufl., München, 1998 (zit.: Strafverfahrensrecht)

Roxin, Claus: Die Reform der Hauptverhandlung im deutschen Strafprozeß, in: H. Lüttger (Hrsg.), Berliner Gastvorträge. Probleme der Strafprozeßreform, Berlin u.a., 1975, S. 52ff. (zit.: Reform)

Roxin, Claus: Strafrecht Allgemeiner Teil. Band I, 2. Aufl., München, 1994 (zit.: AT I)

Roxin, Claus: Fragen der Hauptverhandlungsreform im Strafprozeß, in: Festschrift für Erich Schmidt-Leichner, München, 1977, S. 145ff.

Rudolphi, Hans-Joachim/ Horn, Eckhard/ Günther, Hans-Ludwig u.a.: Systematischer Kommentar zum Strafgesetzbuch, Loseblattausgabe (ab 1975), Neuwied u.a. (zit.: SK-Bearbeiter)

Rudolphi, Hans-Joachim/ Paeffgen, Hans-Ullrich u.a.: Systematischer Kommentar zur Strafprozeßordnung und zum GVG, Loseblattausgabe (ab 1987), Neuwied u.a. (zit.: SK-Bearbeiter)

Rüping, Hinrich: Funktionen der Laienrichter im Strafverfahren, in: JR 1976, 269ff.

Rüping, Hinrich: Das Strafverfahren, (1. Auflage unter dem Titel „Theorie und Praxis des Strafverfahrens“, 1979), 3. Aufl., München, 1997

Saage, Erwin/ Göppinger, Horst: Freiheitsentziehung und Unterbringung, 2. Aufl., München, 1975

Sauer, Wilhelm: Zurechenbarkeit, Zurechnungsfähigkeit und Verantwortlichkeit im Jugendstrafverfahren. Zugleich ein Beitrag zur Schuldkonkurrenz, in: NJW 1949, 289ff.

Sax, Walter: Grundsätze der Strafrechtspflege, in: Bettermann/ Nipperdey/ Scheuner, Die Grundrechte Bd. III/2, Berlin, 1959, S. 909 ff.

Schäfer, Leopold/ Wagner, Otto/ Schafheutle, Josef: Gesetz gegen gefährliche Gewohnheitsverbrecher und über Maßregeln der Sicherung und Besserung mit dem dazu gehörigen Ausführungsgesetz, Berlin, 1934

Schlothauer, Reinhold/ Weider, Joachim: Untersuchungshaft, 2. Aufl., Heidelberg, 1995

Schlüchter, Ellen: Das Strafverfahren, 2. Aufl., Köln u.a., 1983

Schmidhäuser, Eberhard: Einführung in das Strafrecht, 2. Aufl., Opladen, 1984 (zit.: Einführung)

Schmidhäuser, Eberhard: Strafrecht Allgemeiner Teil. Lehrbuch, 2. Aufl., Tübingen, 1975 (zit.: AT)

Schmidhäuser, Eberhard: Vom Sinn der Strafe, 2. Aufl., Göttingen, 1971 (zit.: Sinn der Strafe)

Schmidt, Eberhard: Probleme der Struktur des Strafverfahrens unter rechtsstaatlichen Gesichtspunkten, in: DRiZ 1959, 16ff.

Schmidt, Eberhard: Anklageerhebung, Eröffnungsbeschluß, Hauptverfahren, Urteil. Betrachtungen zur Strafprozeßreform, in: NJW 1963, 1081ff.

Schmidt, Eberhard: Der Strafprozeß. Aktuelles und Zeitloses, in: NJW 1969, 1137ff.

Schmidt, Eberhard: Einführung in die Geschichte der deutschen Strafrechtspflege, 3. Aufl., Göttingen, 1965 (zit.: Einführung)

Schmidt, Eberhard: Lehrkommentar zur Strafprozeßordnung und zum Gerichtsverfassungsgesetz, Teil 1: Die rechtstheoretischen und die rechtspolitischen Grundlagen des Strafverfahrensrechts, Göttingen, 1952; 2. Aufl., Göttingen, 1964, Teil 2: Erläuterungen zur Strafprozeßordnung und zum Einführungsgesetz zur Strafprozeßordnung, Göttingen, 1957, Nachträge und Ergänzungen. Nachtragsband 1: StPO, 1967, Nachtragsband 2: Nachträge und Ergänzungen zu Teil 2 (StPO), 1970 (zit.: StPO I; StPO II)

Schmidt, Eberhard: Staatsanwalt und Gericht. Betrachtungen zur Verfahrensstruktur aufgrund der Novellengesetzgebung zur Reichsstrafprozeßordnung und der Reformvorschläge, in: Festschrift für Eduard Kohlrausch, Berlin, 1944, S. 263ff.

Schmidt, Richard: Die Aufgaben der Strafrechtspflege, Leipzig, 1895

Schmidt, Werner: Das Prinzip der Zweispurigkeit und seine teilweise Durchbrechung im Entwurf 1962, Diss., München, 1964

Schmidt-Futterer, Wolfgang: Erübrigt die außerstrafrechtliche Anstaltsunterbringung von Geisteskranken eine Anordnung nach § 42b StGB?, in: MDR 1967, 357ff.

Schmitt Glaeser, Walter: Verwaltungsprozeßrecht, 14. Aufl., Stuttgart u.a., 1997

Schöch, Heinz: Strafzumessung und Persönlichkeitsschutz in der Hauptverhandlung, in: Festschrift für Hans-Jürgen Bruns, Köln u.a., 1978, S. 457ff.

Schöch, Heinz: Die Gerichtshilfe aus kriminologischer und verfahrensrechtlicher Sicht, in: Festschrift für Heinz Leferenz, Heidelberg, 1983, S. 127ff.

Schöch, Heinz/ Schreiber, Hans-Ludwig: Ist die Zweiteilung der Hauptverhandlung praktikabel? Erfahrungen mit der Erprobung eines informellen Interlokuts, in: ZRP 1978, S. 63ff.

Schönke, Adolf/ Schröder, Horst: Strafgesetzbuch, 25. Aufl., München, 1997

Schorn, Hubert: Sind die Richter überfordert?, in: JR 1959, 332f.

Schreiber, Hans-Ludwig: Die Hauptverhandlung nach dem Modell „Runder Tisch" - Utopie oder realisierbare Möglichkeit?, in: Schreiber/Schöch/Bönitz, Die Jugendgerichtsverhandlung am Runden Tisch, Göttingen, 1981, S. 1ff. (zit.: Runder Tisch)

Schreiber, Hans-Ludwig: Akteneinsicht für Laienrichter? Zu den Grundsätzen von Mündlichkeit und Unmittelbarkeit im Strafprozeß, in: Festschrift für Hans Welzel, Berlin, 1974, S. 941ff.

Schreiber, Hans-Ludwig: Die Hauptverhandlung am Runden Tisch. Jugendpsychiatrie und Recht, in: Festschrift für Herrmann Stutte, Köln 1979, S. 271ff.
Schreiber, Hans-Ludwig: Die Zweiteilung der Hauptverhandlung, in: Bewhilfe 1980, 132ff.
Schröder, Horst: Bedingte Verurteilung, in: NJW 1952, 8
Schröder, Horst: Die „Erforderlichkeit" von Sicherungsmaßregeln. Beurteilungszeitpunkt und Beurteilungsmaßstab, in: JZ 1970, 92ff.
Schüler-Springorum, Horst: Perspektive einer Gerichtshilfe für Erwachsene, in: Bewhilfe 1977, 224ff.
Schultz, Hans: Das Erbe von Franz von Liszt und die gegenwärtige Reformsituation in der Schweiz, in: ZStW 81 (1969), 787ff.
Schulz, Georg/ Händel, Konrad: Kommentar zur Strafprozeßordnung. Mit Erläuterungen für Polizeibeante im Ermittlungsdienst, Heidelberg, 62. Lieferung zur 7. Aufl., Sept. 2000
Schunck, Bernd: Die Zweiteilung der Hauptverhandlung. Die Erprobung des informellen Tatinterlokuts bei Strafkammern, Göttingen, 1982
Schünemann, Bernd: Zur Reform der Hauptverhandlung im Strafprozeß, in: GA 1978, 161ff.
Seidl, Ralf: Der Streit um den Strafzweck zur Zeit der Weimarer Republik, Bern, Frankfurt a.M., 1974
Sessar, Klaus: Wege zu einer Neugestaltung der Hauptverhandlung, in: ZStW 92 (1980), 698ff.
Stooss, Carl: Strafe und sichernde Massnahme, in: SchwZStr 18 (1905), 1ff.
Stooss, Carl: Zur Natur der sichernden Maßnahmen, in: SchwZStr 44 (1930), 261ff.
Stratenwerth, Günter: Strafrecht Allgemeiner Teil I, 3. Aufl., Köln, 1981
Stree, Walter: Deliktsfolgen und Grundgesetz. Zur Verfassungsmäßigkeit der Strafen und sonstigen strafrechtlichen Maßnahmen, Tübingen, 1960
Terhorst, Bruno: Information und Aktenkenntnis der Schöffen im Strafprozeß, in: MDR 1988, 809ff.
Tröndle, Herbert: Aus der Arbeit des Srafrechtsausschusses der DRB, DRiZ 1968, 123ff.
Tröndle, Herbert/ Fischer, Thomas: Strafgesetzbuch und Nebengesetze, 50. Aufl., München, 2001
Ukena, Gert: Die Unterbringung in einem psychiatrischen Krankenhaus, Frankfurt a. M. u.a., 1991, S. 46ff.
Ule, Carl Herrmann: Verwaltungsprozeßrecht, 9. Aufl., München, 1987
Ulmen, Harald: Das Schuldinterlokut. Die Teilung des Strafverfahrens in zwei Abschnitte: Schuldspruch und Strafausspruch, Diss., Bonn, 1973

Volckart, Bernd: Das Recht des Vollzugs der Unterbringung nach §§ 63, 64 StGB in einem psychiatrischen Krankenhaus und in einer Entziehungsanstalt. Mit den Gesetzen der Bundesländer im Anhang, 4. Aufl., Neuwied u.a., 1997

Volk, Klaus: Der Laie als Strafrichter, in: Festschrift für Hans Dünnebier, Berlin, 1982, S. 373ff.

Volk, Klaus: Der Begriff der Strafe in der Rechtsprechung des Bundesverfassungsgerichts, in: ZStW 83 (1971), 405ff.

Wassermann, Rudolf (Hrsg.): Alternativkommentar zur Strafprozeßordnung, Bd. 3 (§§ 276 – 477), 1996, Neuwied

Weider, Hans-Joachim: Pflichtverteidigerbestimmung im Ermittlungsverfahren und Opferschutzgesetz, in: StV 1987, 317ff.

Weigend, Thomas: Entwicklungen und Tendenzen der Kriminalpolitik in den USA, in: ZStW 90 (1978), 1083ff.

Welzel, Hans: Das Deutsche Strafrecht, 11. Aufl., Berlin, 1969

Wenz, Michael: Das Verhältnis der strafrechtlichen Unterbringung geistesgestörter Täter zu außerstrafrechtlichen Maßnahmen der Gefahrenabwehr, Diss., Mainz, 1970

Westphalen, Daniela: Karl Binding (1841 - 1920). Materialien zur Biographie eines Strafrechtsgelehrten, Frankfurt a.M. u.a., 1989

Wolter, Jürgen: Schuldinterlokut und Strafzumessung. Rechts- und Sozialstaat, Rechts- und Sozialwissenschaften im Strafprozeß, in: GA 1980, 84ff.

Zipf, Heinz: Reform des Strafverfahrensrechts, in: Sieverts/Schneider (Hrsg.), Handwörterbuch der Kriminologie, begründet von A. Elster, Ergänzungsband, 1. Lieferung, 2. Aufl., Berlin, 1977, S. 121ff. (zit.: Handwörterbuch)

Zipf, Heinz: Kriminalpolitik. Eine Einführung in die Grundlagen, 1. Aufl., Karlsruhe 1973, 2. Aufl., Heidelberg, 1980, (zit.: Kriminalpolitik)

SCHRIFTEN ZUM STRAFRECHT UND STRAFPROZESSRECHT

Herausgegeben von Manfred Maiwald

Band 1 Christian-Peter Frees: Die steuerrechtliche Selbstanzeige. Zur kriminalpolitischen Zweckmäßigkeit des § 371 AO. 1991.

Band 2 Norbert Joachim: Der Hörensagenbeweis im Strafverfahren. 1991.

Band 3 Alfred A. Göbel: Die Einwilligung im Strafrecht als Ausprägung des Selbstbestimmungsrechts. 1991.

Band 4 Karl-Heinz Vehling: Die Abgrenzung von Vorbereitung und Versuch. 1991.

Band 5 Heiko Hartmut Lesch: Das Problem der sukzessiven Beihilfe. 1992.

Band 6 Dirk Schwerdtfeger: Besondere persönliche Unrechtsmerkmale. 1992.

Band 7 Stefan Göhring: Polizeiliche Kontrollstellen und Datenverarbeitung. § 163 d StPO und novellierte Polizeigesetze der Länder zwischen Strafverfolgung, Gefahrenabwehr und vorbeugender Straftatenbekämpfung. 1992.

Band 8 Werner Kemper: Horizontale Teilrechtskraft des Schuldspruchs und Bindungswirkung im tatrichterlichen Verfahren nach der Zurückverweisung. §§ 353, 354 Abs. 2 StPO. 1993.

Band 9 Ovvadias Namias: Die Zurechnung von Folgeschäden im Strafrecht. 1993.

Band 10 Jan Zopfs: Unfallflucht bei eindeutiger Haftungslage? Unverzüglichkeitsgebot und Wahlmöglichkeit in § 142 Abs. 2 und 3 StGB. 1993.

Band 11 Stefan Hiebl: Ausgewählte Probleme des Akteneinsichtsrechts nach § 147 StPO. 1994.

Band 12 Ralf Krack: List als Straftatbestandsmerkmal. Zugleich ein Beitrag zu Täuschung und Irrtum beim Betrug. 1994.

Band 13 Henning Radtke: Zur Systematik des Strafklageverbrauchs verfahrenserledigender Entscheidungen im Strafprozeß. 1994.

Band 14 Bernd J. A. Müssig: Schutz abstrakter Rechtsgüter und abstrakter Rechtsgüterschutz. Zu den materiellen Konstitutionskriterien sog. Universalrechtsgüter und deren normentheoretischem Fundament – am Beispiel der Rechtsgutsbestimmung für die §§ 129, 129a und 324 StGB. 1994.

Band 15 Heinz Koriath: Über Beweisverbote im Strafprozeß. 1994.

Band 16 Burkhard Niepoth: Der untaugliche Versuch beim unechten Unterlassungsdelikt. 1994.

Band 17 Karsten Altenhain: Die Strafbarkeit des Teilnehmers beim Exzeß. 1994.

Band 18 Ina Walbaum: Schuldspruch in der Revisionsinstanz nach freisprechendem Urteil des Tatgerichts. 1996.

Band 19 Birgit Dalbkermeyer: Der Schutz des Beschuldigten vor identifizierenden und tendenziösen Pressemitteilungen der Ermittlungsbehörden. 1994.

Band 20 Thomas Hackner: Der befangene Staatsanwalt im deutschen Strafverfahrensrecht. 1995.

Band 21 Hartmut Loritz: Kritische Betrachtungen zum Wert des strafprozessualen Zwischenverfahrens. 1996.

Band 22 Heinz-Hermann Berghof: Therapie und Strafe im Betäubungsmittelrecht. Recht und Wirklichkeit der Behandlung Drogenabhängiger unter besonderer Berücksichtigung der §§ 35 ff BtMG. 1995.

Band 23 Oliver Mertens: Strafprozessuale Grundrechtseingriffe und Bindung an den Wortsinn der ermächtigenden Norm. 1996.

Band 24 Sönke Bahnsen: Das Akteneinsichtsrecht der Verteidigung im Strafverfahren. Dogmatische Grundlagen und Einzelprobleme im Lichte einer rechtsstaatlichen Verfahrensgestaltung. 1996.

Band 25 Dirk Schwieger: Der Vorteilsbegriff in den Bestechungsdelikten des StGB. 1996.

Band 26 Stephanie Meinecke: Die Auswirkungen von Verfahrensfehlern auf die Strafbarkeit nach den Aussagedelikten. 1996.

Band 27 Ute Lambrecht: Strafrecht und Disziplinarrecht. Abhängigkeiten und Überschneidungen. 1997.

Band 28 Carsten Momsen: Verfahrensfehler und Rügeberechtigung im Strafprozeß. Die Strukturen der Revisionsberechtigung unter besonderer Berücksichtigung des Begriffs "Rechtsnormen, die lediglich zugunsten des Angeklagten gegeben sind" in § 339 StPO. 1997.

Band 29 Ursula Epp: Die Abgeordnetenbestechung – § 108 e StGB. 1997.

Band 30 Bernd Scheiff: Wann beginnt der Strafrechtsschutz gegen kriminelle Vereinigungen (§ 129 StGB)? 1997.

Band 31 Ulrike Fontaine: Max Grünhut (1893-1964). Leben und wissenschaftliches Wirken eines deutschen Strafrechtlers jüdischer Herkunft. 1998.

Band 32 Claudia Keiser: Das Kindeswohl im Strafverfahren. Zur Notwendigkeit eines am Kindeswohl orientierten Umgangs mit minderjährigen Opfern und Zeugen, den Möglichkeiten de lege lata und den Erfordernissen de lege ferenda. 1998.

Band 33 Wiebke Schürer-Mohr: Erlaubte Risiken. Grundfragen des "erlaubten Risikos" im Bereich der Fahrlässigkeitsdogmatik. 1998.

Band 34 Stephan Voigtel: Zum Freibeweis bei Entscheidungen der Strafvollstreckungskammer. Eine Untersuchung zu ausgewählten Fragen des Beweisrechts im gerichtlichen Verfahren in Strafvollstreckungs- und Strafvollzugssachen. 1998.

Band 35 Volkmar Wißgott: Das Beweisantragsrecht im Strafverfahren als Kompensation der richterlichen Inquisitionsmaxime. Die Judikatur des Reichsgerichts zum strafprozessualen Beweisrecht. 1998.

Band 36 Susanne Merz: Strafrechtlicher Ehrenschutz und Meinungsfreiheit. 1998.

Band 37 Uwe Schlömer: Der elektronisch überwachte Hausarrest. Eine Untersuchung der ausländischen Erfahrungen und der Anwendbarkeit in der Bundesrepublik Deutschland. 1998.

Band 38 Michael Liedke: Die Vermögensstrafe gemäß § 43a StGB in ihrer kriminalpolitischen Bedeutung. 1999.

Band 39 Danja Domeier: Gesundheitsschutz und Lebensmittelstrafrecht. Zur Konkretisierung der Verkehrspflichten und ihrer Strafbewehrung, insbesondere mit Blick auf §§ 8 ff. LMBG. 1999.

Band 40 Ritva Westendorf: Die Pflicht zur Verhinderung geplanter Straftaten durch Anzeige. Eine kritische Betrachtung der §§ 138, 139 StGB im Kontext der Unterlassungsdelikte. 1999.

Band 41 Hans Theile: Tatkonkretisierung und Gehilfenvorsatz. 1999.

Band 42 Nicole Lange: Vorermittlungen. Die Behandlung des staatsanwaltschaftlichen Vorermittlungsverfahrens unter besonderer Berücksichtigung von Abgeordneten, Politikern und Prominenten. 1999.

Band 43 Tanja Gunder: Der Umgang mit Kindern im Strafverfahren. Eine empirische Untersuchung zur Strafverfolgung bei Sexualdelinquenz. 1999.

Band 44 Sven-Markus Thiel: Die Konkurrenz von Rechtfertigungsgründen. 2000.

Band 45 Jan Schlüter: Die Strafbarkeit von Unternehmen in einer prozessualen Betrachtung nach dem geltenden Strafprozeßrecht. 2000.

Band 46 Detlef Heise: Der Insiderhandel an der Börse und dessen strafrechtliche Bedeutung. Eine Untersuchung des neuen deutschen Insiderrechts speziell unter Bezugnahme auf die strafrechtstheoretischen und strafrechtsdogmatischen Grundlagen. 2000.

Band 47 Hermann Wichmann: Das Berufsgeheimnis als Grenze des Zeugenbeweises. Ein Beitrag zur Lehre von den Beweisverboten. 2000.

Band 48 Rainer T. Cherkeh: Betrug (§ 263 StGB), verübt durch Doping im Sport. 2000.

Band 49 Kristian Hohn: Die Zulässigkeit materieller Beweiserleichterungen im Strafrecht. Eine Untersuchung über Erscheinungsformen und Grenzen der Lösung beweisrechtlicher Probleme im materiellen Strafrecht. 2000.

Band 50 Malte Rabe von Kühlewein: Der Richtervorbehalt im Polizei- und Strafprozeßrecht. 2001.

Band 51 Donata Meinecke: Die Gesetzgebungssystematik der Versuchsstrafbarkeit von Verbrechen und Vergehen im StGB. 2001.

Band 52 Joachim Bock: Begriff, Inhalt und Zulässigkeit der Beweislastumkehr im materiellen Strafrecht. 2001.

Band 53 Gabriele Rose: Grenzen der journalistischen Recherche im Strafrecht und Strafverfahrensrecht. 2001.

Band 54 Wiebke Reitemeier: Täuschungen vor Abschluß von Arbeitsverträgen. Zum Verhältnis zwischen dem Straftatbestand des Betrugs und dem Anfechtungsrecht wegen arglistiger Täuschung (§§ 263 Abs. 1 StGB, 123 Abs. 1 Alt. 1 BGB). 2001.

Band 55 Peter Rackow: Das DNA-Identitätsfeststellungsgesetz und seine Probleme. 2001.

Band 56 Frank Zschieschack: Geiselnahme und erpresserischer Menschenraub (§§ 239a, 239b StGB) im Zwei-Personen-Verhältnis. 2001.

Band 57 Natascha Sëyfi: Das Sicherungsverfahren (§§ 413 - 416 StPO). 2002.

FSC
www.fsc.org
MIX
Papier | Fördert
gute Waldnutzung
FSC® C083411

Kolibri 360 GmbH
Ferdinand-Jühlke-Straße 7
99095 Erfurt, Deutschland
produktsicherheit@kolibri360.de

Druck:
CPI Druckdienstleistungen GmbH
im Auftrag der
Kolibri 360 GmbH
Ferdinand-Jühlke-Str. 7
99095 Erfurt